THE GREAT KOREA

문무대왕릉비연구

문무왕

당태종

추홍희

2020

문무대왕릉 연구 제1권

『위대한 한국 문무대왕릉비 연구』
제1권: 문무왕 & 당태종

2020

추홍희

저자 소개

『위대한 한국 문무대왕릉비 연구』 제1권: 문무왕 & 당태종

추홍희

· 고려대학교 법과대학 졸업

· 고려대학교 경영대학원 경영학석사 졸업

· 뉴사우스웨일즈 대학교 로스쿨 졸업 (JD)

· 뉴사우스웨일즈 대학교 법학석사 졸업 (LLM)

· COL 사법연수원 수료 (GDLP)-호주 변호사

· KATUSA, LG 투자증권, Clyde & Co

· 호주법무법인 오스틴하워드 변호사

· 세계법제연구원 이사(현)

· VKN 국회 방송 자문위원(현)

· "어떻게 성공할 것인가" 저자

· "행복 국가를 정치하라" ("The Politics of Happiness") 번역자

· "월 스트리트 변호사 이야기: A Story of Wall Street (바틀비 스토리)"

· "누가 최후의 심판자인가? 미국과 독일의 충돌: 사상의 자유시장론 vs 전투적 민주주의"

· e메일 ausanz681@gmail.com

· 블로그 blog.daum.net/blacksilk

· 페이스북 www.faccbook.com/

▎추천의 글

왜 이 책을 꼭 읽어야 하는가?

변호사 박찬종

이 책은 신라 문무왕의 비석에 기록된 비문의 내용을 완전히 해독한 책으로서 그동안 역사책에 나오지 않는 사실들을 알 수 있는 책입니다. 이 책으로 인해서 우리 한국사가 바뀌게 되는 귀중한 자료로서 어린이들에서부터 어른들까지 모두가 필독해야 하는 소중한 내용을 담은 책이라 할 수 있습니다.

그동안은 문무왕의 비문을 해독하지 못하여 진실이 왜곡한 상태로 가르칠 수 밖에 없었다. 우리 한국사는 위당 정인보선생과 단재 신채호선생과 박은식선생 등이 함께 마무리한 역사서다. 선생들은 열악한 여건 속에서도 한국사를 마무리 했다는 것은 우리 선조들의 자부심 그 자체 아닌가 싶다. 우리는 반쪽짜리 역사를 배워왔고 지금 후세들도 그대로 반쪽역사를 배우고 있는데 이 책이 나오므로 몰라서 묻어둔 사실이 일부라도 만천하에 알려지게 되는 것입니다. 역사는 진실을 알려야 합니다. 진실을 왜곡하고 국익을 내세우는 오랑캐 근성이나 왜구들의 근성은 후대들을 부끄럽게 하는 것이라 할 것입니다. 이제 우리는 한국사에 진실 된 내용을 담아야 하고 후세들을 올바르게 가르쳐야 한다고 봅니다. 이번 추홍희 변호사의 역사발견은 혁명수준으로 높이 평가하고 싶습니다. 바른 역사를 가르치는 선생님과 바르고 진실된 역사를 배우는 학생들은 바른 나라를 만들 것입니다.

조선의 문신이자 행정가였던 추사 김정희 선생이 문무왕의 비문을 해석하여 역사에 전해져 내려온 것이 전부라고 알고 있는데, 근대의 학자들이 연구를 더 이상할 수 없었던 이유는 비문 자체의 글씨가 훼손되어 어떤 학자도 쉽게 접근을 할 수 없는 상태라서 연구를 할 수 없었고, 누구도 쉽게 도전할 수 없었던 것이라 할 수 있을 것입니다.

이 어려운 일을 하기 위한 결심을 굳히고 묵묵히 오랫동안 비문을 해독한 추홍희 변호사는 보통사람을 넘어서 신의 경지에 올라간 분이라고 말하고 싶고, 한 인간의 끈질긴 노력과 집념으로 이루어 낸 결실은 아름다우며, 왜곡된 역사를 바로잡는 것은 인류에게 주어진 과제 아닐까 생각됩니다.

이 책이 나오게 됨으로서 역사는 바뀌게 될 것이고 수백 년 동안 잊고 살아온 우리 민족의 자긍심을 더욱 높이게 될 것입니다. 공자가 창시한 성리학이 조선에서는 국교가 되었고 성리학을 무기로 조선의 권력과 기득권을 쥔 조선의 사대부들은 세종이 한글을 편찬하는 것을 목숨 걸고 반대하였고, 그만큼 기득권을 쥔 자들은 자신과 자손 천대 만대까지 권력과 기득권을 놓지 않기 위해 저항하며 백성들의 안위는 뒤로하고 저들의 기득권 지키는데 전력을 다한 것을 보면 그것이 조선이 망한 가장 큰 이유 아닌가 생각됩니다.

새로운 정권이 탄생할 때마다 권력에 줄 서는 정치인들은 과연 조선의 기득권을 쥔 사대부들과 다를 바가 있는가 묻고 싶습니다. 외국에서 로스쿨을 하고 변호사로 활동하면서 조국의 잘못된 역사를 바로 세우기 위해 이 큰 업적을 연구한 추홍희저자에게 찬사를 보냅니다. 이 책이 발행되어 전 국민들이 필독하고 또 잘못된 역사를 바로잡는 역사혁명이 되기를 기원합니다.

2020. 5. 30. 박찬종

▌추천의 글

꼭 읽어야 할 책

미래통합당국회의원 신상진

조선의 문신이자 행정가였던 추사 김정희 선생이 문무왕의 비문을 해석할 때에는 비문의 글씨가 얼마 남지 않았고 많이 훼손되어 있었고, 또 사실 이를 연구하는 데 적극적으로 나서는 역사학자들이 없었던바, 지금 역사에서 가르치는 교재의 허점이 진실이 왜곡될 수밖에 없는 이유일 것입니다.

왜곡된 역사를 가르치는 것은 수치지만 역사를 왜곡하는 데는 여러 가지 이유를 들 수 있습니다. 그중에서 일본은 역사 자체를 내세울 수 있는 자랑거리가 없으므로 역사를 왜곡하여 국가의 자존감을 높이고 있으며, 심지어 독도가 자기네 땅이라고 왜곡해서 경제적 이익을 보려고 하고 있습니다. 일제 식민지 때 광개토왕비를 양회로 발라서 왜곡하는 수법은 일본 전유물로 볼 정도이며, 중국도 이에 질세라 광개토왕비문은 물론이고 고려사 전체를 왜곡하고 있으며, 동양 삼국 중에 역사 왜곡에 중독되어있을 정도입니다.

조선은 초기에 고려사를 완성하지 못했는데, 그것은 집필진들과 관련된 이해관계가 얽혀 있어서 발표하지 못했다는 부끄러운 사실을 우리는 익히 알고 있습니다. 역사는 사실에 근거한 내용이어야 하며, 한 자도 거짓으로 기록하면 안 되는 것입니다. 이제 첨단과학과 지식이 만천하에 공개되어있는 세상이므로 선조들의 자의든 타의든 잘못된 역사는 막대한 자금을 투입해서라도 바로잡아야 한다고 생각합니다.

이 책은 추홍희 변호사가 신라 문무왕의 비석에 기록된 비문의 내용을 완전히 해독한 책으로서 그동안 역사책에 나오지 않는 사실들을 알 수 있도록 한 책입니다.

이 책으로 인해서 우리 한국사가 바뀌게 되는 귀중한 자료로써 어린이들에서부터 어른들까지 모두가 필독해야 하는 소중한 내용을담은 책이라 할 수 있습니다.

역사 왜곡으로 경제적 이익을 얻을 수도 없겠지만 진실을 파묻고 거짓된 사실을 후세에 전하는 것을 결코 묵과하거나 내버려둘 수 없는 까닭은 진실의 추구가 국가의 생존을 좌우하는 가장 중요한 국가적 대사이고, 또 이것이 참된 교육이기 때문입니다. 역사는 그 진실이 무엇보다 값진 것이고 추구하는 내용이 사실이어야 할 것입니다.

그동안에는 문무왕릉이 바다에 있다는 전설과 비문해석을 제대로 해내지 못해서 생긴 왜곡되고 단편적인 사실을 역사에 기록할 수 밖에 없었는데 힘들고 고달픈 여정을 이기고 오직 연구에 매진하여 왕릉을 발견하고 비문을 해독해낸 것은 기적과도 같은 일입니다. 그동안 진실이 묻히고 역사가 왜곡된 상태로 일부만 가리키는 반쪽짜리도 되지 않은 것을 가리킬 수밖에 없었는데 국운이 불어오고 자유를 만끽하며 숨어있는 모든 역사의 진실이 계속해서 밝혀지기를 기대합니다.

역사가 없는 민족은 미래가 없다고 했는데 역사가 왜곡된 것을 그냥 방치하고 거짓을 후세에 가르치는 것은 빛나는 우리 조상들에 대한 예의가 아니며, 우리 자신에 대한 긍지와 자부심을 잃어버리게 하는 위험천만한 일입니다. 추홍희 저자가 결코 지치지 않고 끝까지 비문연구를 완성한 업적을 높이 평가합니다.

이 책의 발행을 계기로 다시 한번 대한민국의 미래를 위해 아직도 밝혀지지 않고 있는 수많은 역사적 사실들이 밝혀져서 대한민국의 새로운 역사의 장이 열리기 바랍니다.

2020. 5. 18.

미래통합당국회의원 신 상 진

VE RI
TAS

정부와 국회의 관련 대책 수립 및 즉각 실행 요구

1. 국사편찬위원회에게 요구한다. 국사편찬위원회는 "문무왕릉비" 비문 해석을 위한 "전문가 평가 자문회의"를 즉시 개최하라.

2. 정부는 국립경주박물관에 보관중인 "문무왕릉비"를 대한민국 국보로써 즉시 지정하고, 유네스코 세계유산 지정을 위한 관련 절차를 곧바로 개시하기를 촉구한다.

3. 국회에 요구한다. ① 국회의원은 "문무왕릉비" 국보 지정 및 문화국가론에 대한 정부 관련 부처의 현황을 파악하고 문화재보호법 등 제정법안 정비와 개선책을 즉시 마련하라. ② 국회 입법조사관의 검토보고서를 제출하라.

4. 청와대에 요구한다. 청와대는 가야 역사 연구와 복원 프로젝트를 대선공약으로 제시하였다. 대통령은 이 책의 연구 결과와 기여도를 즉시 평가하고 마땅한 후속 조치를 행정부에 지시하라.

5. 집권여당에게 요구한다. 여당은 역사 재조명 등 여러 관련 사업을 공약하였다. 집권여당은 이 책의 연구 결과와 기여도를 평가하고 후속조치를 즉각 실행하라.

6. 야당에게 요구한다. ① 우리나라 헌법에서 규정하고 있는 "문화 국가(Kulturstaat)"론에 기초하여 "문화 창조 경제(cultural and creative economy)"를 구체적으로 구현하기 위한 제관계법령을 제정하고 정비하는데 최대한의 협조와 힘을 보태주기를 바란다. ② 문무대왕릉비를 국보로써 즉시 지정하고, 첨성대를 포함한 금성 왕릉 공원을 유네스코 세계유산으로 지정하는데 모든 노력을 경주하라.

7. 국사편찬위원회와 교육부와 문화체육관광부 등 정부당국자와 학교 교과서 대학 참고서 발행사 등 관련 당사자들은 현재 역사 교과서에 기술된 잘못된 관련 내용에 대해서 이 책이 지적하고 역사적 진실을 새롭게 제시하는 이 책의 내용을 따라서 즉시 수정하기를 요구한다.

목차 Contents

I

이 책의 주요 내용 요약

순서	내용	쪽
1	① 비문앞면3행의 "鯨津氏"(경진씨)는 문무왕의 인 태종 무열왕 김춘추를 지칭한다. "鯨津氏"(경진씨)가 신라 제29대왕 태종 무열왕 김춘추를 지칭한다는 사실을 밝혀냄으로써 반만년 한국사의 최대의 미스터리가 풀리게 되었다. ② 비문 뒷면 20행에 나오는 "粉骨鯨津"(분골경진)은 나라를 위해 "분골쇄신한 경진씨"라는 뜻이다. 粉骨鯨津(분골경진)은 국편위의 해석대로의 "경진에 뼈가루를 날리셨네"라는 뜻이 아니다. "鯨津"(경진)은 지금까지 다수가 해석하는대로의, '어느 바닷가 포구'를 말하는 지명이 아니다. "粉骨鯨津"(분골경진)의 粉骨(분골)은 삼국사기에서 기재하고 있는 "粉骨碎身"(분골쇄신)의 약자로써 "몸이 부서지는 것도 마다하고 진심전력으로 나라를 위해서 온몸을 던져 헌신한 사람"을 지칭하는 비유적인 의미로 쓰였다.	(73-119)
2	비문앞면2행 □□□通三後兵殊□□□에서 5행 不可得而稱者까지의 문장 내용은 문무왕의 부친인 태종무열왕 김춘추의 영웅적 인물상을 묘사 서술하고 있다. 이와 같이 비문의 맨 처음 부분을 아버지 태종무열왕의 공적부터 서술하고 또 비문 마지막 명부분에서 충효정신을 강조하는 "因心孝友"(인심효우)의 문구로써 끝맺고 있는 점에서 신라의 이효치국(以孝治國)의 정치 이념이 파악된다.	(73-119; 187-228)
3	비문앞면3행의 황룡(黃龍), 주몽(朱蒙), 백무(白武) 이 단어들의 정확한 의미를 밝혀냈다.	(100-108)

순서	내 용	쪽
4	비문앞면4행의 "勳超三□"(훈초삼□) 부분을 勳超三皇(훈초삼황), 勳超三讓(훈초삼양)으로 해석해내어 국편위가 해석한 "勳超三韓"(훈초삼한)이 잘못되었음을 통박한다.	(109 - 119)
5	비문앞면5행의 "傅七葉"(부칠엽)의 글자판독을 "傳"(전)이 아니라, "傅"(부)로 판독하고 "傅七葉"(부칠엽)의 의미가 '천자의 후손으로서 7대의 조상까지 제사를 모신다'는 7대 선조에 대한 제사 七代之廟(칠대지묘)로 해석해냄으로써 여지껏 해결해내지 못했던 "秺侯祭天之胤"(투후제천지윤)의 실체를 밝힐 수 있게 되었다. "七葉"(칠엽)은 "七世之廟"(칠세지묘) 즉 "七廟"(칠묘)의 뜻과 같고, 七廟(칠묘)는 "王朝"(왕조)의 뜻으로 대신 쓰이는 말이다. 비문의 "傅七葉"(부칠엽)은 국사위가 해석한대로의 "7대를 전하여"의 뜻이 아니라, "敷七葉"(부칠엽)의 뜻으로 쓰여서, '천자국을 떨어져 나와 새로운 왕조를 부설했다'는 뜻이다. 비문의 傅七葉(부칠엽)은 건릉 술성기에 나오는 칠묘지기(七廟之基)의 뜻으로 새기는 것이 옳다. 따라서 "秺侯祭天之胤傅七葉以□□□" 문장은 '천자의 후예인 투후는 새왕조의 기틀을 다졌다. (그리하여 선조를 빛냈다)'는 뜻이다.	(120 - 140)
6	비문앞면5행의 "秺侯"(투후)의 실체적 인물이 누구인지를 밝혀냈다. 그리하여 신라의 시조를 흉노족 출신 "金日磾"(금일제)라고 주장하는 일설에 대해 사료로써 정면으로 통박할 수 있게 되었다. 그리하여 민족혼을 되찾을 수 있게 되었다.	(120 - 140)
7	비문앞면 5행의 火官之后(화관지후)는 국편위의 번역대로의 "화관의 후손"이라는 뜻이 아니라, 저자는 "后"를 "君"으로 주해한 ("后 君也") 주석을 따라서 화관(火官)과 后(후)는 동일한 사람 즉 화관대제를 지칭함을 밝혀냈다. 신라인의 선조는 멀리는 요순우의 태평시대 성군 요임금의 후손임을 밝혀낸 것이다.	(120 - 140)

순서	내 용	쪽
8	비문앞면6행의 "星漢王"(성한왕)의 의미를 밤하늘 "은하수"를 의미하는 보통명사 "星漢"(성한)의 뜻으로 새겨서, 성한왕을 후대에 이르러 김수로왕으로 전해온다는 결론으로써 사라진 가야왕국의 역사를 복원할 수 있게 되었다.	(142 - 148)
9	비문앞면9행 "□□者□知其際承德者咸識其隣" 구절에 대해 국편위는 " 한 자는 그 시기를 알고, 덕을 이어받은 사람은 모두 그 이웃을 알아보니"라고 번역했지만, 저자는 "그가 남의 뜻을 받들고 베푸는 사람 즉 승의자(承意者)임은 국내에서는 모르는 사람이 없고, 그가 승덕자(承德者) 즉 많은 은사와 덕택을 받은 사람임은 이웃나라들에까지 널리 알려졌다"고 해석하여 영웅의 조건이 무엇인지를 파악해냈다.	(142 - 148)
10	비문앞면12행의 "詩禮之訓姬室拜橋梓之□" 구절에 대해서 姬室(희실)과 拜(배)와 橋梓之道(교재지도)와 詩禮之訓(시례지훈) 뜻을 以孝治國(이효치국)의 통치이념으로 해석해냈다. 희실(姬室)은 주나라 왕조를 지칭하는 단어이고, 주공단은 주나라 건국 시기의 최고권력자로서 먼 훗날 공자가 태어나는 공자의 고향 곡부가 위치한 산동성의 노나라에 자신의 아들 백금을 제후에 봉했던 인물로서, 姬室(희실)과 橋梓(교재)와 拜(배)의 세 단어를 조합하면 고사성어 "伯禽趨跪"(백금추궤)의 의미가 찾아진다. 橋梓(교재)는 부자지간의 마땅히 해야할 도리를 뜻하는 말이다. 跪(궤)는 무릎 꿇고 절을 하는 것 拜(배)의 뜻을 갖는 글자이다. 姬室(희실)과 橋梓(교재)와 拜(배)의 세 단어에서 나타나는 내용은 자식은 부모의 뜻을 받들고 이어받는다는 자승부교(子承父教), 자승부업(子承父業), 백금추궤(伯禽趨跪)의 의미이다. 백금추궤(伯禽趨跪)는 주공단이 그 아들 백금(伯禽)을 노나라의 제후로 봉하고서 제아무리 최고권력자라고 해도 결코 교만해서는 아니된다는 겸손의 국정철학을 가르친 고사성어이다.	(187 - 215)

순서	내 용	쪽
11	비문앞면12행의 "大唐太宗文武聖皇帝應鴻社□" 구절을 당태종의 哀死之道(애사지도) 즉 吊祭哀哭(조제애곡) "傷遼東戰亡"(상요동전망)으로 해석해냄으로써 당태종과 문무왕의 역사적 관계와 그 의미를 고증해냈다.	(216 - 228)
12	비문앞면14행의 "□舜海而霑有截懸堯景以燭無垠" 구절에 대해 '슬픔은 파도를 타고'의 哀思如潮(애사여조)의 의미로 해석해냄으로써 문무왕릉비 내용의 참뜻을 이해할 수 있게 되었다. 시경에 海外有截(해외유절)의 표현이 나오는데, 후대에 들어서 많은 문인들이 海外(해외)라는 말을 생략하고 有截(유절)만 써서 그 뜻을 나타냈다. 여기의 "유절"은 "해외유절"의 생략형으로 "유절"은 "해외"라는 말을 대신했다. 有截(유절)은 절단하다, 반듯이 잘라지고 가지런한 모습을 나타내는 뜻에서 "해외"까지를 보탠 의미이다. 건릉술성기에서의 "財成有截"(재성유절), 이백의 명당부의 "武義烜赫於有截"(무의훤혁어유절), 백거이의 "方今華夷有截"(방금화이유절) 구절의 有截(유절) 의미가 그것과 같다. 또 여기의 舜海(순해)와 堯景(요경)의 堯(요)와 순(舜) 글자는 요임금과 순임금을 지칭하는 인칭명사로 쓰인 것이 아니라, 댓구법의 표현기교로써 쓰였다. □舜海而霑有截 懸堯景以燭無垠(순해이점유절 현요경이촉무은) 문장은, '슬픔과 사모의 정이 솟구치고 밀물처럼 밀려와 그 애도의 물결은 파도를 타고 바다 건너 먼 해외에까지 적셨다, 높이 내걸린 추모의 등불은 끝없이 넓은 곳 광대무변의 지역까지 비추었다 (존경하고 숭모하는 추모의 정이 끝없이 모든 지역에서 타올랐다)' 이런 의미이다. 이렇게 번역되는 이 구절의 정황을 부연하면 다음과 같다. 문무왕은 수많은 사람들에게 덕행을 베풀었던 성현철인 같은 분이었는데 그런 존경받는 사람이 갑자기 세상을 떠나니 사람들의 슬픈 감정은 어떠했겠는가? 전국적으로 모든 사람들이 마치 자기 부모친척이 세상을 떠난 것처럼 슬픔이 밀물처럼 솟구치고 애도의 감정이 넘쳐나 바닷물을 적시고 그 바닷물이 불어나 저 먼 지구 반대편 외국에까지 적셨다는 것 아닌가? 상가는	(229 - 246)

순서	내용	쪽
	밤새 불을 밝혔고 조문객들로 꽉 들어차서 인산인해를 이루었으며, 해외에서도 찾아온 조문 행렬이 그치지 않았다는 애도의 정황을 말해준다.	
13	비문앞면15행의 "而光九列掌天府以" 구절에 대해서 저자는 "九列"(구열)을 "9성"의 별들로 이루어진 騎辰尾星(기진미성)-사람이 죽으면 그 혼을 기탁한다는 즉 소크라테스의 오라클(信託)과 같은 의미 즉 동방청룡의 끝자리 아홉개 별들로 이루어진 별자리-로 해석해내어 15행의 내용이 '우리들의 운명을 부열성에 맡기고 쉬지 않고 항해를 계속하여 마침내 하늘의 뜻을 얻어냈다'는 의미로 풀어냈다. 다시 말하면 진인사대천명의 자세로써 자강불식의 노력을 한 결과 마침내 바라던 꿈을 성취해냈다는 내용이다.	(247 - 253)
14	비문앞면17행의 " 近違鄰好頻行首鼠之謀外信 " 구절에 대해서 국편위는 "이웃나라와의 우호를 어기고 자주 이쪽 저쪽으로 붙으려 하면서, 겉으로는 …을 믿는 척하니 …"으로 번역하였는데, 이에 대해 저자는 국편위의 번역은 "頻行"과 "首鼠之謀"의 의미를 제대로 파악해 내지 못한 부족함이 있다고 통렬히 지적하고, '이웃나라와의 선린우호 관계를 조금이라도 해치는 것을 결코 용납하지 않는 그러한 단호한 외교 정책을 기본으로 하고, 처한 상황에 따라 수시로 변경할 수 있다는 외교 정책의 유연성의 지혜를 병행하였다 '(선린우호, 수서지모, 당랑포선 황작재후, 외유내강의 외교 정책의 기조하에) 외국에는 신임을 얻고 그들을 안심시키는 정책을 펼쳤다'는 의미로 저자는 번역했다. 螳螂捕蟬黃雀在後(당랑포선 황작재후)는 오월춘추와 장자에서 설명하는 뜻대로, 바로 눈 앞에 전개되는 일보다 그 뒤에 숨어 있는 상대방의 의도와 음모를 경계해야 한다는 말이다. 이와 같이 首鼠之謀(수서지모)의 의미를 정확하게 해석해냄으로써 문무왕의 삼국통일의 위대한 업적을 재조명하게 되었다.	(259 - 264)

순서	내 용	쪽
15	비문앞면19행의 "列陣黃山蝟聚鴟張欲申距□" 구절에 대해서 국편위는 "황산(黃山)에 군진을 펼치니, 적들이 고슴도치와 올빼미처럼 모여들어 (진군을) 가로막고자 하였다"라고 번역하였는데, 저자는 이를 정면 반박하고, '황산에 전투 전개의 진을 쳤다 송곳처럼 돌격해오는 적의 어린진 공격에 독수리매가 양 날개를 펼치듯 학익진을 치고서 적을 포위하고, (적의 결사대가 직진돌파를 시도할 것으로 예상하고서) 중앙지휘부는 뒤로 약간 물러나 있다가 (양 옆에서 조이고 뒤에서 후려치는 그리고 어떠한 상황에서도 결코 흔들리지 않는 목계술을 전개했다)'는 뜻으로 해석한다. 비문의 蝟聚鴟張(위취치장)은 전장터에서의 양측이 어떤 전투대형으로 전투를 전개했는지를 묘사해주는 구절이다. 신라와 백제는 황산벌 전투에서 삼국사기가 기재한 "遂鏖戰"(수오전) 즉 결렬한 섬멸전을 전개하였다. 鏖戰(오전)은 격렬한 전투(激烈地戰斗)를 벌린 것 즉 인명살상이 큰 섬멸전을 의미한다. 어린진과 학익진은 당태종이 죽기 일년전인 648년에 완성하여 태자에게 전한 "帝範"(제범) 서문의 "夕對魚鱗之陣 朝臨鶴翼之圍"(석대어린지진 조임학익지위) 구절에서 등장한다. 鴟(치)는 큰수리매 올빼미를 말하고 鴟張(치장)은 鴟囂張(치효장) 즉 큰수리매가 날개를 쫙 펼치다는 뜻이다. 당태종의 파진무도에서 그려낸 '날개를 펼친다'는 翼舒(익서)와 같은 뜻이다. 날개는 옆으로 쭉 펼쳐지는 것이니 익서는 횡렬대열로 펼치는 대진법을 묘사한다. 箕張(기장)은 "兩旁伸張開去如簸箕之形", 箕張而進(기장이진)의 의미로 공격대열을 뜻한다. 문무왕릉비에서의 蝟聚(위취)는 고슴도치가 송곳칼날을 솟구치며 움추리고 모이는 모습을 뜻한다. 蝟(위)는 고슴도치를 지칭하는 단어이다. 聚(취)는 聚集(취집)하다, 모이다, 會合(회합)하다의 뜻이다. 그러므로 蝟聚(위취)는 고슴도치의 날카로운 송곳들이 함께 모여서 찌르며 돌격하는 전투 대진을 비유한다.	(267-276)

순서	내 용	쪽
	고구려-백제-일본으로 이렇게 남북 종대로 서로 연계해서 슈퍼 파워 당나라에 맞서려고 했던 것은 소진의 합종책에 가깝고, 신라와 당나라가 동서로 서로 연결된 전략적 제휴를 맺은 것은 장의의 연횡책과 가깝다. 섬멸전의 황산벌 전투에서 일대십의 절대적 수적 우위를 점한 신라군이 절대적 수적 열세의 백제군을 포위하는 학익진 즉 문무왕릉비문에서의 "鴟張"(치장)진을 쳤으면 백제군이 취할 진형으로는 일당천의 결기로 오천 결사대를 조직하고 정면돌파를 시도하는 최후의 선택을 할 수 밖에 없게 된다. 결국 계백의 오천 결사대는 전부 몰살하고 말았다. 문무왕릉비의 "蝟聚 鴟張"은 건릉 술성기의 구절 "殲蝟結而殄鴟張"의 표현과 같은 의미를 갖는다. 즉 문무왕릉비의 "蝟聚鴟張"은 무측천의 술성기 "蝟結鴟張"의 표현과 의미가 같다. "聚"와 "結"은 그 의미가 취집(聚集)으로 서로 같은 뜻이다. 聚(취)는 聚集(취집)하다, 모이다, 會合(회합)하다의 뜻으로 結(결)과 같은 말이다. 이와 같은 분석에 따라서, 국편위가 "적들이 고슴도치와 올빼미처럼 모여들[었]"다고 번역한 것은 잘못된 해석임이 분명해졌다. 蝟聚鴟張(위취치장)은 고슴도치와 올빼미라는 개별적 낱말 뜻으로 쓰인 것이 아니라, 좌전과 손빈병법과 제갈량의 팔진도, 당태종의 파진무 12진도, 무측천의 술성기에서의 "蝟結鴟張"(위결치장)과 같은 의미로써 황산벌 전투에서 펼쳤던 전투대형 군진법을 지칭하는 비유적 의미로 쓰였다. 계백의 오천결사대가 고슴도치형 돌격대 공격을 취할 때 신라군은 독수리가 양날개를 펼치듯이 군사들을 양 옆으로 쭉 벌려 펼치는 독수리 날개진 치장진 즉 학익진의 포위전술을 구사했음을 말해준다. 학익진에서는 삼군 중 중앙지휘부는 약간 뒤로 물러서서 마치 닭의 며느리발톱이 뒤로 나 있지만 그 며느리발톱을 숨기고 있다가 한 순간에 냅다 후려 갈겨치는 닭싸움과 같은 전략-이러한 전투대열을 묘사하는 구절이 문무왕릉비문의 이어지는 "欲申距□" 표현이다.	

순서	내 용	쪽
16	비문앞면23행의 無爲(무위)와 無不爲(무불위)의 의미에 대해서 저자는 天下自和淸寧無事 (천하자화 청녕무사)라는 노자 도덕경 제38장의 개념으로써 설명해냈다.	(287 - 292)
17	비문앞면24행의 "泰伯之基"에 대해서 국편위는 "秦伯"(진백)으로 판독했으나, 저자는 "泰伯"(태백)으로 판독하고 오나라 시조 오태백으로서 해석하여 '민족 중흥'의 의미와 그 조건을 풀어냈다.	(293 - 296)
18	비문앞면25행의 "北接挹婁蜂▨" 구절에 대해서, 저자는 蜂翔吐飯(봉상토반)의 의미로 해석해내어, 읍루족이 '완전히 변해서 새사람이 되었다'는 뜻으로 번역했다. 이로써 신라의 덕화정치 德政(덕정)의 실체를 설명해내고, 읍루족 여진족 거란족 몽고족 만주족 등 북방민족들과의 역사적 관계 그 실체를 밝혀냈다.	(297 - 310)

들어가기

서문

책을 펴내면서

이 책은 삼국통일을 이룩한 문무왕에 대한 역사 교과서, 대학 참고서, 학계 연구서의 서술 내용을 정면으로 도전하고, 정면으로 반박하고 새롭게 역사적 진실을 밝혀낸다. 이 책은 문무왕릉비 비문 내용을 새롭고 정확하게 해석하고, 지금까지의 "국사편찬위원회"(이하 "국편위"로 표기)가 문무왕릉비 비문을 번역하고 해석한 그 글과 내용을 정면으로 통박한다. 또 문무왕릉비의 정확한 해석을 통해서 삼국사기와 삼국유사가 저지른 역사 조작을 만천하에 밝혀내, 오천년 한국사의 비밀의 문을 열어낼 황금열쇠를 제공한다. 따라서 이 책은 학문의 전당에 들어선 대학생은 물론이고 교육자, 역사가, 박물관, 예술관 담당자, 문화 정책을 담당하는 공무원과 교수와 교사에게 매우 중요하고 절대적으로 필요한 책이다. 무엇보다 역사로부터 도피할 수 없는 한국인 모두에게 결코 놓칠 수 없고 꼭 필요한 책이다.

이 책은 지금까지의 행해진 기존의 학설이나 해석과는 정면으로 크게 차이가 나므로 역사의 혁명적인 과업에 해당한다. 그리하여 황금 시대와 한국인의 삶의 원형을 확인하고 다시한번 한국인의 우수성을 세계 만방에 떨칠 위대한 한국인들이 대나무 우후죽순처럼 나타날 것을 기약해 주는 진실한 민족혼의 금등궤 황금사과상자에 해당할 것이다.

"진정한 학자란 기존의 학문을 답습하는 것이 아닌 창조적 학문의 길을 걸어야 한다". "삼국사기"가 완성된 해는 1145년, "삼국유사"가 편찬된 해가 1281년인데, 왜 이 책이 나온 2020년 때까지 그간 875년, 740년의 장장 유구한 세월 동안 어느 누구도 비문 연구에 성공한 사람이 나타나지 못했을까?

"新羅文武王陵之碑"(신라문무왕릉지비) 이 비석이 682년 건립된 이후 지금껏 어느 누구도 비문에 쓰여 있는대로 그 역사적 진실을 찾아낸 사람이 없지 않는가? 그런데 왜 나에게 이런 차례가 오게 되었을까?

문무왕릉비 이 비석은 1795년경 발견되어 홍양호가 그 탁본을 구했고 또 김정희가 1817년 경주 천왕사 부근에 방치되어 있던 그것을 답사해서 확인해 봤다고 추사 자신이 말했다. 비문의 많은 부분이 마모되거나 소실되어 현재 비문의 일부만이 남아 있고 또 파편으로 전하고 있어서 비문의 전체 내용을 정확하게 해석하기란 극히 힘든 것이 지금까지의 상황이다. 비록 전체가 아닌 일부 파편이긴 하나 문무왕릉비의 탁본을 뜬 이후 수많은 학자들이 연구해 왔다. 그 결과가 현재 역사 교과서에 지금껏 실려 왔다.

지금까지 기라성같은 학자들이 수많이 명멸해 갔지만 한국 역사의 기본 골격을 흔들만큼 새롭고 진실한 연구 결과는 별로 많지 않다. 보통의 사람들은 자신의 무지나 무관심으로 인해서 간과하고 그냥 지나친 부분에서 다른 사람이 나타나 큰 보물을 발견하는 경우 대체로 여우의 신포도 비유와 같은 냉소적인 태도를 보이기 마련이다. 이 책은 한국인의 그간의 학문 탐구의 태도와 자세를 근본적으로 되돌아보기를 요구한다. 이 책은 681년 문무왕 서거이후 1,338년의 긴 역사와 세월이 흐르고 난 오늘까지, 한국인이 간과하거나 놓쳐버린 매우 중요한 관점과 핵심을 집도의가 수술칼을 들이대듯이 날카롭고 세세하게 짚어내고, 현미경을 최초로 만들어서 미세한 세균의 움직임을 관찰한 업적을 이룬 레벤후크, 망원경을 우주로 내다보며 천체의 진리를 발견한 갈릴레오의 탐구의 자세로써 사마천 이후 역사 해석 분야에 있어서 형형색색의 아름다운 무늬가 반짝이는 만화경을 보는 것 같이 다양하고 흥미진진하며 무엇보다 새롭고 진실한 역사의 황금을 캐내 세계인 모두에게 던져 주고 있다.

이 책은 첨성대와 문무왕릉비와 더불어 천년 뒤에도 남을 한 권의 귀한 책이 될 것을 소망하고 기대한다.

하나를 어떻게 성취하는가?

'구슬도 꿰매야 보배'라는 속담이 있다. 그런데 사람들은 작은 것을 무시하거나 간과하는 경향이 있다. 하지만 세상의 모든 일은, 참나무도 도토리에서 나오듯이, 하나의 작은 일에서부터 시작된다. "제 아무리 천하의 어려운 일이라도 쉬운 일부터 시작하면 풀리는 법이고, 제 아무리 천하의 큰 일이라고 해도 반드시 아주 미세한 부분에서부터 시작된다."[1)]

열자가 "우공이산"의 비유를 잘 설명해주고 있는데, 성공의 결정적인 측면 하나는 한 걸음에서부터 시작된다는 사실이다. "천리 길도 한 걸음에서 시작된다."[2)] 결국은 실행만이 중요한 의미를 가져온다. 실행없이 탁상공론으로 맹자왈공자왈만 외친다면 어찌 한 걸음의 시작이 있을 수 있겠는가?

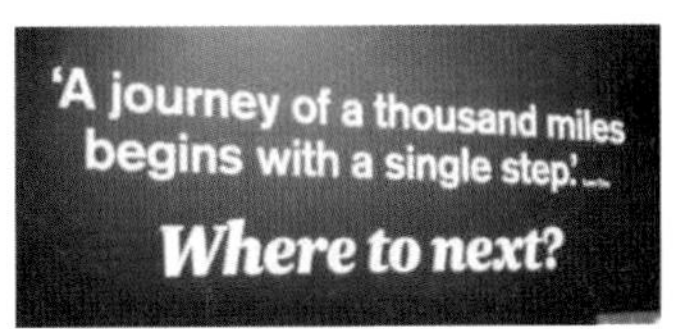

뉴튼은 사과 하나를 얻어서 만유인력을 발견했고, 아인슈타인은 $E=mc^2$ 공식 하나를 얻어서 천하를 평정했다. 하나를 얻어서 온누리를 얻는다. 이 말의 의미는 개인이든 조직이든 국가이든지 간에 그것을 지탱하는 가장 중요한 것에 해당하여 만약 그것 하나가 없으면 그 사람 그 조직 그 국가가 파괴되고 쓰러지게 될

---

1) "天下難事 必作於易 天下大事 必作於細", 노자 도덕경 제63장.

2) "九層之臺 起於累土 千里之行 始於足下 A tower nine stories high begins with a mound of earth. A journey of a thousand miles begins under one's feet.", 노자 도덕경 제64장 중.

만큼 가장 중요한 골간과 그런 척추등뼈같이 중요한 그것[3] 수주화씨벽 보배같은 그것에 대한 경의와 존중을 의미한다. 또 세상만사는 한 끝 차이로 승부가 결정되고, 운명은 마지막 한 순간에 결정된다는 말과 같은 표현이다. 이를 비유로 말하면 '삶은 일인치 게임'[4]이고, 이론적으로 예를 들자면 카오스 이론[5]이요, 경제학에선 한계이론이고, 글래드웰의 "티핑 포인트" 개념이며, 동양예술이론에선 "화룡점정"이요, 노자의 말로는 "세상 만물은 하나에서 생명을 나고 자라며, 제후와 왕은 하나를 얻어서 지도자로 올라서는 것이니, 모든 것은 하나인 바로 그것에 의해 결정된다."[6]이다.

先虧一簣功(선휴일궤공). 같은 컵의 반쯤 차 있는 물을 보고도 어떤 사람은 컵에 물이 반쯤 찼다고 보는 반면 어떤 이는 물이 반쯤 비어있다고 바라보는 그런 관점의 차이라고 설명할 수 있을지 모르지만, 공자와 노자의 관점은 서로 정반대로 바라본다는 차이가 있다. 공자는 아홉길 높이의 산을 쌓는 데 한 삼태기 흙이 모자라서 쌓지 못하다 즉 '성공을 눈앞에 두고서도 실패할 수 있다'는 막판의 실수를 경계하는 입장이고, 반면 지극정성으로 최선을 다해 대업을 성취해낸다는 노자의 입장에선 화룡정점 즉 마지막 한 순간까지 한 줌의 흙이 모여서 태산을 쌓는다는 우공이산의 지혜가 성공의 법칙임을 말해준다.[7]

---

3) "The one thing that changes everything."
4) "Life is just a game of inches."
5) 요즈음 경제적 이론으로 잘 익숙한 "나비 효과"의 예가 여기에 해당한다. 마치 거미줄처럼 서로 연결된 글로벌 경제에서는 "나비 효과(Butterfly Effect)"라고 부르는 연쇄 파장 효과의 결과를 미리 점치기란 매우 어려운 문제이다. 나비를 움직이게 하는 원인은 무엇일까? 그것은 바람이라는 '외생변수'다. 바람은 나비의 움직임에 영향을 미치지만 나비의 움직임은 바람에 영향을 주지 못한다. 그러나 카오스 이론을 개척한 미국의 기상학자 로렌츠의 1961년 세미나 발표 논문" "브라질에 있는 한 나비의 날개 짓이 미국 텍사스주에 발생한 폭풍의 원인이 될 수 있을까?"을 상기해 보자. 로렌츠는 1961년 컴퓨터에 숫자를 입력하던 중 아주 미세한 0.000127이라는 숫자 하나가 계산결과에 큰 영향을 미치지 않을 것이라는 생각으로 단순하게 0.506127 대신 0.506을 입력했다. 그러나 실제 계산결과는, 애초의 생각과는 다르게, 처음의 아주 미세한 차이가 전체적으로는 엄청난 차이를 낳는 결과를 가져왔다.
6) "萬物得一以生 侯王得一以爲天下正Creatures attained oneness and lived and grew. Kings and nobles became the leader of the world after getting the One.", 노자 도덕경 제39장 중.

성공과 실패는 종이한장 차이라는 말이 있는데, 실패냐 성공이냐[8] 이 둘은 동전의 양면과 같지만, 실패하지 말아야 한다는 타율적 입장의 공자의 시각과, '난 해낼 수 있다' 캔-두-정신(can-do-spirit)과 자신감을 갖고 도전하는 개척 정신, 긍정적 입장인 노자의 시각과는 실제적으로 그 차이가 존재한다.

사마천 이후 2천년의 역사가 흐른 뒤, 외람되게도 저자는 옛부터 세상에 전해 내려오는 이야기들을 총망라하여 그 중 간략하게 고증하고 시작과 결말을 종합 정리하여 사람의 성공과 실패와 국가의 흥망성쇠에 대한 역사적 법칙을 고찰했다. 우주만물의 법칙과 국가와 사람의 운명의 관계를 연구하고 동서고금중외 변화의 역사를 살펴서 최고의 권위가 있는 책을 완성하고자 했다.[9]

이런 측면에서 문무왕릉비 비문 내용에 대한 이해는 필수불가결로 요청된다. 문무왕릉비에는 오천년 한국 역사의 전부라고 말할 수 있을만큼 역사적 진실이 무궁하게 담겨져있는 한국사의 수주화씨벽 보배이다.

이 책은 사라진 성배를 찾아서 생빽쥐빼리의 어린왕자가 갈릴레오의 죽대롱으로 밤마다 화목토금 부열성을 여행하면서 단기필마로 가화 구루마를 타고 추노성지 목석진을 나서 유유히 흐르는 장강[10] 적벽과 삼협의 물살을 타고 두백 촉한의 자취를 돌아 백이의 양산과 사마천의 한성과 유자산의 금릉을 배회하고 회남에 해당화 핀 청와의 토총과 조조 서문표의 눈물방울을 낙랑해로 쏟아내며 모인

---

7) "Most great people have achieved their greatest success just one step beyond their greatest failure." (Napoleon Hill).

8) 뛰어난 의사는 병든 사람의 죽음과 삶을 바로 알 수 있고, 훌륭한 임금은 계획한 일의 성공과 실패를 미리 알아낸다, "良醫知病人之死生 聖主明於成敗之事"(양의지병인지사생 성주명어성패지사), "전국책(戰國策)", 진책(秦策三).

9) 사마천, 보임소경서, "近自託於無能之辭 網羅天下放失舊聞 略考其行事 綜其終始 稽其成敗興壞之紀".

10) "滾滾長江東逝水 浪花淘盡英雄" (곤곤장강동서수 랑화도진영웅), 청산은 의구하고 거대한 양자강의 강물은 구비구비 동쪽으로 유유히 흐르는데 부딪쳐 부서지는 큰 강물결에 씻겨 갔는지 옛 영웅들의 자취는 찾을 길이 없네, 楊愼의 "臨江仙 滾滾長江東逝水" (임강선 곤곤장강도서수) 시 중.

이 백경을 타고 소요유의 모험에서 얻은 하늘나라 엄부자모로부터의 선물이다.

저자는 진실을 왜곡하고 가짜 역사를 거짓으로 꾸며 낸 "화랑세기" 등 조작된 위서[11]들이 현재 시중에 버젓이 떠돌아 다니면서 거짓과 혼란을 부추기는 말세의 혼탁을 일거에 쓸어 버리고자, 이순신 장군의 맹서문 "三尺誓天 山河動色 一揮掃蕩 血染山河" (삼척서천 산하동색 일휘소탕 혈염산하), "삼척장검을 들고 하늘 앞에 맹세하니 강산도 감동하여 색깔을 바꾸는도다"의 결기를 담았다.

11) 위서들이 노리는 의도를 간파하고 그 폐해의 심각성을 경계해야 한다. 요괴 왕망같은 역사와 문화 파괴자들이 저질러 놓은 과거사를 반추하여 거짓과 조작의 패악질로부터 진실을 보호해 낼 책무가 무엇인지를 알고 영혼의 울림에 따라서 행동하는 양심을 나타내야 한다. 이에 대해서는 저자의 "투후 제천지윤" 책과 "역사 혁명: 문무대왕 유언 비밀해제: 삼국사기는 이렇게 조작됐다" 책을 참조하라.

1. 이 책의 기여도

① 문화 국가론 "Kulturstaat"

우리나라 헌법은 "문화 국가"를 지향하고 있음을 선언하고 있다. 헌법 제9조의 규정이 그에 해당한다: "국가는 전통문화의 계승·발전과 민족문화의 창달에 노력하여야 한다." 국가가 문화를 보호하고 육성하고 창달해야 한다는 국가적 의무를 담당하고 있는 체제를 "문화 국가"(Kulturstaat)라고 말하는데, 이 문화국가론은 원래 독일의 헌법 이론에 기초한다. 그런데 독일은 우리나라 헌법 제9조와 동일한 규정을 주헌법에서만 규정하고 있고 연방헌법에서는 규정하고 있지 않고 있는 실정이다. 따라서 헌법적 규정으로만 본다면 한국이 독일에 비해 보다 상위 규범을 두고 있는 상황이다.

독일의 베를린 주 헌법 규정을 보자. 독일 베를린 주 헌법 제20조2항의 규정 독일어 원문은, "Das Land schützt und fördert das kulturelle Leben.", 이 조항의 영어 번역은, "The Land shall protect and promote cultural life."

우리나라 헌법 조항은 "문화" 개념을 "전통 문화"와 "민족 문화"라고 규정하고 있어 일반적인 "문화" 개념보다 다소 제한적인 개념으로 이해될 측면이 있을지 모르지만, 민족과 전통의 의미는 제한적 수식어구로 이해되든 그렇지 아니하든 대한민국 헌법은 한민족과 한국인의 삶을 다루는 최고기본법이므로 문화의 개념은 헌법 전체 포괄적 해석상 전통문화와 민족문화의 의미를 확장적으로 해석하는 것이 옳다.

"전통"과 "전통문화"에 대한 개념을 "이 시대의 제반 사회 · 경제적 환경에 맞고 또 오늘날에 있어서도 보편타당한 전통윤리 내지 도덕관념이라 할 것"으로 해석한 헌법재판소의 판결(헌재 1997. 7. 16. 95헌가6등, 판례집 9-2, 1, 19) 내용을 보면, 전통의 역사성과 시대성을 말해주므로 꼭 제한적인 규정이라고는 생각되지 않는다. 그러한 개념은 오늘날의 의미로 재해석된 것으로써 이해되어야 한다고 말하고 있기 때문이다.

헌법 전문에서 "유구한 역사와 전통에 빛나는 우리 대한국민"이라는 표현 또한 사실적 묘사이다. 또 대통령의 취임 선서문 (제69조)은 다른 나라하고는 달리 특징적으로 "민족문화의 창달에 노력하여"라는 선서 조항이 들어 있음을 놓치지 말아야 한다.

그리고 일반적인 문화 개념에 속하는 핵심 영역으로써 종교의 자유 (제20조), 학문의 자유 (제22조), 예술의 자유 (제22조), 교육을 받을 권리 (제31조), 지적 소유권 (제22조 2항) 등 문화 영역에서의 기본권 보장을 명시하고 있다.

이와 같이 헌법에서 규정하고 있는 "문화 국가" 원리를 구체적으로 구현하기 위해서 문화관계법령을 제정하고 있는데, 그러한 법령으로 문화예술진흥법 등을 비롯한 다수의 문화 행정법이 시행되고 있다. 이 가운데 문화재보호에 관한 법률인 "문화재보호법"과 "박물관 및 미술관진흥법"의 관련 법규의 재정비가 즉시 요구된다.

문화의 개념은 거대한 물결을 타고 전세계로 퍼져나가는 한류의 흐름이 잘 말해주듯이, "문화 창조 경제(cultural and creative economy)"라는 보다 직접적이고 고차원적인 영역으로 이미 들어섰음을 볼 때, "문화 국가(Kulturstaat)"론을 기초로 이 책의 연구 결과가 새로운 국부 창조에 미칠 기여도와 그 범위는 매우 크고 넓다.

② 국제적 영향력 세계적 보편성 확인

이 책의 문무왕릉비 연구 결과는 한국내에 머무르는 협소한 정도가 아니라 주변국인 중국과 일본의 관심은 물론이거니와 인류 지식과 전통 전승의 측면에서도 근본적인 평가를 불러올 것이므로 국제적 연구 결과에 해당한다. 또 현재 한반도를 둘러싼 국제 정치 상황에 대한 통찰력을 더불어 높여줄 수 있고, 인류의 보편성을 확인하는 대단한 작업에 해당된다.

저자는 새로운 미래를 스스로 개척하지 않으면 곧 도태되고 만다는 다윈의 통찰에서, 현재의 혼란 상황을 타개하기 위해서는 과거와 미래를 연결하는 역사의 생명력과 역사의 혼과 그 끈의 발견이 절실하다는 생각에서 시작하였던 작은 출발이 마침내 엄청난 국부의 창조를 낳고 밝은 미래를 열어갈 수 있는 길을 제시하는 결과를 이루게 되었다.

문무왕릉비의 정확한 내용을 파악하지 않으면 어찌 황금시대를 확인할 수 있겠으며 오천년 한국사의 비밀의 문을 열 수가 있겠는가? "금석이 국사보다 나은 점이 이와 같으니, 옛 사람들이 금석을 귀중하게 여긴 까닭이 어찌 하나의 고물(古物)이라는 것에만 그칠 뿐이겠는가"[12] "돌이켜 볼 때 이 40년 동안 깊숙이 숨은 것을 찾아내고 비밀스러운 것을 척발(剔發)하며 고심한 것이 어찌 호사가(好事家)가 기이한 것을 좋아하여 한 것이겠는가?"[13] "1천200년이 지난 고적(古蹟)이 하루아침에 크게 밝혀져서 무학비라고 하는 황당무계한 설이 변파(辨破)되었다"고 스스로 밝힌 김정희의 회고담을 크게 능가할 저자의 결론이다.

③ 토인비의 역사 연구

저자의 작은 연구 하나가 한국의 지식 교육 환경을 지배하고 있는 거대한 틀을 바꾸는 어떤 획기적 계기로 작용하게 되리라는 기대와 희망을 갖는다. 순자가 파악한대로 작은 물방울 하나가 모여서 백천강물을 이루고 연적 하나가 백천의 물꼬를 트고 대해로 다다르게 한다. 진실로 아름다움과 순수함의 고갱이를 간직한 위대한 한국인들이 우후죽순처럼 솟아나 수많은 한국인들이 노벨상을 수상하게

---

12) 김정희, "완당전집" 권3.
13) 김정희, "顧此四十年搜幽剔秘之苦心 豈好事喜奇爲哉".

될 밝은 미래의 큰 희망을 미리 내다본다.

수많은 세월의 흔적 속에 걷어내기 힘들 정도로 깊이 쌓여진 유교적 적폐 불교적인 적폐, 편견과 선입관 등이 새로운 미래를 개척하는데 큰 방해 요소로 작동되고 또 무엇보다도 한국의 풍토병인 교과서 암기 위주의 교육 방법론과 천박한 지적 풍토를 근본적으로 바꾸는 작업에 큰 힘을 보탤 것이다. 조선왕조실록의 기록에서 살펴지는 바와 같이, 불교가 국교였던 고려시대와 유교가 국교였던 조선시대에는 도교를 이단시하고 배척하였다. 하지만 오늘날까지 배척의 시대적 잔존 유물의 영향력이 뿌리깊게 자리잡고 있는 한국적인 정치 교육 지형과 편향성을 곧바로 극복하지 않고서는 어느 누구든 결코 진리를 탐구하는 진실의 장막 안으로 들어오기 어렵다.

"도전과 응전"의 역사의 연구로 유명한 아놀드 토인비(1889-1975)는 세계 종교에 대한 연구 분야에서 막스 베버를 능가할 정도로 큰 업적을 남긴 역사가였는데, 그는 문명의 성공은 크게 종교에 의존한다고 말했다. "문화의 성공과 실패는 국민들이 믿는 종교에 밀접하게 달려 있다. 문명은 그 기반으로 삼고 있는 종교의 질(quality)에 의해 결정된다." (토인비 대담).[14)]

토인비의 견해는 동양의 역사를 설명해 주는 데 있어서도 적용되는 탁견이다. 중국을 통일해낸 진시황제, 세계 최대의 제국을 형성한 한무제, 중국의 분열을 극복하고 민족 중흥의 대업을 이뤄낸 당태종, 몽골 이민족의 지배를 끝내고 중국의 부흥을 이뤄낸 명태조 주원장의 경우는 그들이 중화민족 정통 종교인 도교에 기반을 두지 않았다면 아마 그같은 통일과 대제국으로의 성장을 이뤄내기란 불가능하였을 것이다. 이렇게 볼 때 토인비의 견해는 역사와 인간 문명의 성공에 대한 조건을 시사해준다.

"한 나라가 종교에 대한 믿음을 잃게 되면 그 문명은 국내적으로 사회적 분열

---

14) "I think the success or failure of a culture is deeply related to the religion of the people. That is, a civilization is decided by the quality of the religion on which it is based."

을 겪거나 외부 군사적 침략의 위험에 노출되거나 경제적 식민지 노예 상태로 전락할 그럴 위험에 처하게 된다. 믿음의 상실이 가져온 결과로 인해서 문명이 쇠퇴하면 다른 종교나 다른 믿음의 체계에 의해서 고무된 새로운 문명에 의해서 대체되었다."[15]

이러한 토인비의 견해는 신라의 발전과 멸망, 고려의 건국과 이민족의 침입, 조선의 건국과 임진왜란과 병자호란과 제국의 멸망, 대한민국의 발전과 한계의 대강과 족적을 설명해 준다. 종교는 세계사의 발전과 민족 사회의 발전 과정에서 사람들에게 중요한 세계관적 해석의 구체적인 틀과 정치 사회적 통합의 기능을 수행해 온 매우 중요한 제도에 속한다. 그런데 그토록 중요한 제도에 대한 해석이 배제되거나 올바른 접근을 하는데 큰 장애가 되거나 부족함을 노출하고 있다면 새로운 미래 창조를 열어가기란 매우 힘들다. 따라서 장애는 즉시 제거되어야 하고, 부족함은 바로 채워 넣어야한다.

노자의 "애민치국", 사랑과 화합으로 이 땅에서 모든 사람들의 잠재적 인간성이 발현되고, 꿈과 희망이 실현되고, 국가 사회의 진보를 향한 꺾이지 않는 불굴의 인간 정신[16]과 민족 문화의 고갱이가 확인될 것을 기대한다.

---

15) Each time a nation has lost faith in its religion its civilisation has succumbed to domestic social disintegration, foreign military attack or economic enslavement. The civilisation that has fallen as a result of the loss of this faith has been replaced by a new civilisation inspired by a different faith or religion.

16) 정신(spirit)은 창조적 에너지 또는 영감(靈感), creative energy or inspiration을 말한다.

2. 어떻게 임무를 달성해 낼 것인가?

"충신장"은 일본인들의 마음 속에 들어있는 진수를 나타내준다고 흔히 말하는데 충신장 47인 의사들이 추앙받고 있는 이유는 47인 무사들은 죽음을 무릅쓰고 스스로 뜻을 세웠고 그 뜻을, 모든 난관을 뚫고 즉 최고권력에 맞서서까지 정해진 시간내에 한정된 자원으로 정해진 목표를, 달성해냈다는 것에 있다. 47인의 사무라이들이 영웅으로 칭송받은 까닭은 한정된 자원과 제한된 시간 가운데 전략적으로 움직여 목표를 실행해냈다는 그러한 전쟁 전략의 성공과 또 그것을 이끈 사람의 정신의 위대함에 깊은 공감을 함께 나누기 때문이다. 사람은 모두가 죽는다. 모든 사람은 죽는다는 명제는 소크라테스의 삼단논법을 거들먹거릴 필요도 없이 장삼이사 초동목동도 다 알고 있는 진리이다. 인간의 삶은 유한하다. 물과 공기는 무한정이라고 하지만 무한정인 물과 공기마저 살아 있는 동안에만 가능할 뿐인 원초적 제한성을 갖고 있다. "돈이 전부"라는 요즈음같은 극도의 이기적 자본주의 사회에서 그 많은 황금과 다이아몬드는 다 어디로 갔을까? IT(외계인)이 훔쳐갔다고 말하는 사람이 어찌 나오지 않을 수 있을까?

나는 충신장을 흠모했고, 어릴 적 세웠던 목표를 내 죽기 전에 이룩해냈다. 모두가 버리고 간 돌 하나에서 세상의 진실을 되찾는 거대한 역사 혁명을 이끄는 문무왕릉비와 첨성대 연구 작업을 완성해낸 것이다. 한정된 자원과 한정된 시간과 한정된 돈과 한정된 지식을 전략적으로 배분하면서 학해의 바다를 건너 어릴 적 세웠던 목표를 달성해낸 것이다. 뜻이 있는 곳에 길이 있다는 말은 과연 옳은 말이지 않을까?

저자가 이 책을 쓰게 된 동기를 조지 오웰이 설명한 글쓰기의 동기를 인용하여 "역사 혁명: 문무대왕 유언 비밀 해제" 책 서문에서 장황하게 적어두었다. 오웰의 4가지 동기 중 개인적 동기가 내게는 가장 강하다. 왜냐하면 언젠가 비문을 꼭 해석해내리라는 어릴 적에 품었던 꿈을 이제서야 이룬 것에 해당하기 때문이다. 변화는 진화와 마찬가지로 서서히 일어나고, 혁명의 꿈은 오랜 시간을 거쳐서 이루어진다.[17] 내 가슴 속에 품었던 이제까지의 생각을 이 책을 통해서 이제 세상에 드러내니 감개무량하다. 장자가 말한 "盡其所懷 爲天下配"(진기소회 위천하배)의 포부로써 말할 수 있다. '도는 천하의 도이다. 그것을 품 속에 넣어 감출 수만은 없다. 천하에 충만하고 후대 만세까지 행해질 수 있도록 해야 한다.' 그같이 가슴 속에 품은 것을 흉금없이 털어 놓고, 천하의 사람들과 함께 하고자 한다.

17) 한비자, 화씨지벽 설명 무문 이하 잠조. "夫珠玉 人主之所急也 和雖獻璞而未美 未爲王之害也 然猶兩足斬而寶乃論 論寶若此其難也 今人主之於法術也 未必和璧之急也 而禁群臣士民之私邪 然則有道者之不僇也 特帝王之璞未獻耳". 또 '희망'에 대해서는 보다 광범위한 국가 개입의 필요성과 정당성 주장한 "페비안 협회" 이념-영국 노동당 이념 기초-을 참조하라. (Pease, "The History of the Fabian Society", 1916).

3. 나는 어떻게 비밀을 풀었는가?

① 삼천년 동안 잠자던 트로이 유적은 어떻게 발견되었는가?-하인리히 슐리만

트로이 목마로 유명한 트로이 전쟁은 기원전 12-14세기경에 벌어졌다고 고고학적으로 규명되었다. 트로이 역사가 알려지게 된 것은 트로이 전쟁을 묘사한 호머의 "일리아스"와 "오딧세이"라는 문학작품이 전해져 내려왔기 때문이었다. 그런데 이 작품을 쓴 호머는 기원전 700년의 사람이므로 그가 트로이 전쟁을 배경을 묘사한 때는 토로이 전쟁이 끝나고도 그 후 약 5-6백년이 지난 시기였다. 비록 인걸은 간데 없지만 산천은 의구하다는 익숙한 싯구와 같이 호머가 묘사한 트로이의 산천은 실제 묘사하고 크게 다르지 않았다. 왜냐하면 이 호머의 배경 묘사에 어려서부터 크게 감명 받았던 고고학자 하인리히 슐리만(Heinrich Schliemann, 1822-1890)에 의해서 구전으로만 전해오던 트로이의 유적이 1868년에 드디어 발견되었기 때문이다.

슐리만은 어린 시절 호머의 문학 작품을 읽고서, 트로이의 성지가 실제로 존재하리라는 믿음을 확고하게 가졌었다. 그는 트로이 유적을 발견하리라는 어린 시절의 꿈을 좇았고, 마침내 흙 속에 묻혀 3천년 동안 잠자고 있던 역사를 소생시키는데 크나큰 역사적인 업적을 이루게 되었다.

트로이 유적은 그가 발굴하기 전 그 자리 그곳 거기에 줄곧 있어왔다. 다만 사람들이 구성한 역사 속에서 잊혀졌을 뿐이다. 슐리만은 그 역사를 거슬러 어떻게 찾아냈을까? 그것은 첫째로 어려서 감명깊게 읽었던 호머의 작품이 전하는 바를 스스로 믿었고, 그 꿈을 일구겠다는 열의를 가졌으며, 그 꿈과 열정을 실천할 수 있는 도구를 가졌기 때문에 그것이 가능했다. 슐리만의 업적을 이루게 만든 도구는 언어이었다. 슐리만은 모국어인 독일어뿐만 아니라 프랑스어와 영어는 물론이고 라틴어와 그 이외 유럽 주변 여러 언어들을 망라할 정도로 여러 언어를 터득했던 바 그런 언어의 도구를 이용하여 트로이 유적을 발굴해 내는 개가를 올릴 수 있었다.

내가 글자를 배우기 이전 보았던 비석들에 새겨진 한문들을 보면서-어릴 적엔 읽어내지를 못했으니- 다음에 커서 언젠가는 제대로 의미를 깨우치리라는 의지를 다졌다. 역발산기기개의 항우가 어릴 적 "書足以記名姓而已"(글이라는 것은 본래 자기 성과 이름을 쓸 줄 알면 족하다)고 말하며, 무력에 의한 패권 추구와 중원 통일의 꿈을 키웠는데, 나는 그와 반대로 영어 표현으로 인구에 회자되는 "The pen is mightier than the sword(펜은 칼보다 힘이 더 크다)"는 뜻의 문화 덕화 교화의 가치에 보다 더 큰 비중을 두었고, 항상 '글의 힘'[18] (the power of language)을 믿었으며, 책을 신주단지 모시듯 신성시하며 책은 발뒷금치로도 넘지 않고 애완동물 다루듯 사랑했다. 우리집 기둥에 매달아 놓은 "명심보감" 책을 장백단이 매달아놓은 굴비고기 쳐다보듯 하며 오병이어의 기적을 꿈꿨다.[19] 할

---

18) Words do indeed make worlds. Saying what we believe and believing what we say. '言靈信仰'을 참조하라. 한편 생각이 언어를 오염시킬 수 있다면 언어도 생각을 오염시킬 수 있다는 조지 오웰의 언어의 타락에 대한 우려를 참고하라. 또 프랑스 한림원의 탄생과 그 의무 그리고 프랑스의 원형 프랑스의 정신을 계승하고 전승하려는 구체적인 노력이자 최후의 보루로써 심혈을 쏟아 발간하는 프랑스어 사전 편찬 임무의 프랑스 한림원 아카데미 프랑세즈의 역할을 참조하라. 참고로 짧게 보충하면, 오웰은 정치와 영어의 관계에 대해서 짧게 평했는데, 정치의 타락과 영어의 타락은 상호 밀접하게 영향을 준다고 봤다. "In our time, political speech and writing are largely the defence of the indefensible". 우리 시대에 정치적 말하기와 글쓰기는 대체로 방어할 수 없는 것에 대한 방어이다. 홍길동이가 말한대로 아버지를 아버지라고 부르지 못한 세상에서는 추상적인 완곡화법-euphemism유퍼미즘-은 거짓말이나 기득권 체제 유지의 선전 수단이 된다. 한편 'PC'가 사회를 변혁시키는 수단이 되지 못한다고 볼 수 없다. 'Political Correctness' 또한 정치와 사회를 변화시키는 장치가 된다.

19) 나는 어린 시절 부모님께서 한시도 빠지고 않고 얘기하신 추씨 가문의 선조 노당(魯堂) 추적(秋適, 1246-1317) 선생이 펴낸 "明心寶鑑"(명심보감) (16세기 말 스페인어로 번역되어 서양 최초의 동양서 번역에 해당하는 책으로 20세기에 영어로 번역되었고 영어책명은 "The Precious Mirror of Bright Mind"), "명심보감" 이 책을 장백단이 기둥동량에 매달아두며 매일

머니는 동짓달 시린 밤 손자들을 위해 다락방에 꼭꼭 감춰둔 군고구마의 정을 심어주셨는데, 우리들이 어렵게 살던 보릿고개 시절,[20] 어머니로부터는 오태백의

쳐다본 굴비고기와 같이 하루도 거르지 않고 쳐다보면서 자랐다. 나는 언제나 언어의 마력을 믿는다. '글의 힘'에 대한 신앙적 형태는 우리나라보다는 일본에서 보다 쉽게 확인된다. 일본 신도의 코토다마 신앙 '言靈 信仰'(언령 신앙)이 그것인데, 이러한 글의 힘은 심리학적으로 이해하면 초기 심리학자로 유명한 윌리엄 제임스의 심리학 이론-가장 위대한 발견은 인간은 마음가짐을 바꿈으로써 인생을 바꿀 수 있다는 것, 최근 셀리그만의 긍정심리학에 가깝다.

20) 추홍희, "이스털린 경제학" 책 가운데 빗나간 케인즈의 예언을 설명하는 다음 부분을 참조하라. 케인즈는 마르크스가 죽은 해인 1883년에 태어났다. 경제학자 케인즈의 머리속에 자리잡은 테마 하나는 사람들이 "어떻게 지혜롭고 즐거우며 또 풍족한 삶을 누릴 수 있는가?"이었다. 제1차 세계 대전(1914-1918)의 전화로 유럽이 황폐화되고 지성의 힘이 흔들릴 때 케인즈는 러시아 혁명의 사례 같은 폭력이 수반하는 급진적 변화에 기대지 않고서도 자본주의를 절대절명적 위기로부터 구해낼 수 있다는 신념을 가졌다. 1929년 뉴욕주식시장의 대폭락으로 대공황이 일어났다. 1930년대 대공황은 심각한 경제불황에 빠져들었고 실업자로 넘쳐났다. 모든 것이 부족한 "결핍의 시대"이었다. 사람들이 먹고 살기가 힘든 시대이었다. 거듭된 정부의 경제실책으로 인해서 실업은 비정상적으로 더욱 확대되고 있었다. 자본주의는 암울한 절망 속에서 빠져 들었다. 하지만 모두가 무력하게 손을 놓고 있던 암울한 절망의 시기에서도 케인즈는 자본주의의 미래에 대해 낙관적인 전망을 가질 수 있었다. 케인스는 경제성장의 핵심이 기술혁신과 자본축적에 있다고 보았기 때문이다. 자본주의는 이를 통해 경제성장을 이루어내고 빈곤과 실업의 문제를 해결할 수 있다고 케인즈는 그의 담대한 주장을 펼쳤다. 케인즈의 담대한 희망은 그가 1930년 발표한 "100년후의 경제 전망"이라는 에세이 "Economic Possibilities for Our Grandchildren"(우리 손자 세대가 맞이할 경제적 가능성) 논문에서 잘 나타난다. 여기에서 케인즈는 다음과 같이 말했다: '자본주의는 단점이 많이 있음에도 불구하고 사람들에게 좋은 삶의 여건들을 가져다 줄 수 있다. 자본주의의 엔진은 "돈에 대한 사랑"이라는 강박관념에 의해 굴러가는 체제인데, 이것은 또한 선을 위한 수단이 되기도 한다. 자본주의는 복리(double interest)의 위력이 작용하여 미래에 소득이 늘어나게 된다. 100년 후에는 사람들의 소득이 크게 늘어날 것이다. 보다 구체적으로 전망하면 이렇다. 만일 자본이 연 2%의 비율로 증가하고 인구 증가가 안정적으로 이루어지며, 생산성이 연1% 증가한다면 1백년 후 문명 세계에 살게 될 사람들은 지금보다 훨씬 적은 노력으로도 1920년대에 비해 4배에서 8배 높은 생활수준을 누리게 될 것이다.' 이와 같은 예측에 따라 케인즈는 결핍의 시대가 사라지고 대신 풍요의 시대가 오게 된다고 전망하면서 물질적 풍요와 더불어 정신적 풍요도 함께 성장하는 놀라운 변화가 일어날 것으로 내다봤다. 케인즈의 유토피아적인 견해를 나타나는 문단을 보자: "종교적 원칙과 전통적 미덕이 부활할 것이다. 탐욕은 악이고, 고리대금업은 범죄이며, "돈에 대한 애착"은 가증스러운 것이고, 미덕과 올바른 상식의 길을 걷는 사람은 내일을 걱정할 필요가 없을 것이다. 우리는 수단보다 목적을 더 높게 평가할 것이고, 유용성보다 선함을 선호할 것이다. 우리는 어떻게 하면 하루 시간들을 귀중하고 선하게 사용할 수 있을지를 가르쳐주는 사람들, 있는 그대로의 사물로부터 직접적인 맛을 볼 수 있는 즐거운 사람들, 수고도 없고 걱정도 없는 들판의 백합꽃과 같은 사람들을 존중하게 될 것이다." 그러나 그러한 케인즈의 담대한 예언은 여지없이 빗나가고 말았다. 물질적 풍요의 시대가 오고, 실업

겸양지덕을 아버지로부터는 엄격한 '충신장'의 길을 배웠다.

트로이 유적은 항상 그 자리에 존재해 왔고, 그 동안 유구한 세월의 흐름 속에서 사람들에게 잊혀져 왔건만 오로지 슐리만의 호기심과 탐구 덕분에 새로운 발견이 성공한 것이다. 그의 발견은 어려서부터 꿈을 좇았다는 측면에서 보면, 그의 직관에 의해서건 지식을 추구한 노력에 의한 개인적 성취인가? 아니면 어떤 신의 계시에 도움을 받아서 이룩한 것일까? 나는 정확히 구분해내기 어렵다. 한 가지 분명한 것은 하늘은 스스로 돕는 자를 돕는다는 말이 시사하듯, 직관이든 계시이든 어떤 외부적 도움을 받는 것은 오로지 그것을 준비하고 꿈을 실행한 사람에게만 주어진다는 사실이다.

의 위험이 사라지고, 노동시간은 적고, 풍요한 여가가 넘치고, 고상한 삶으로 충만한 세상이 펼쳐질 것이라던 케인즈의 예언은 실현되지 못했다. 케인즈의 예언과는 다르게, 사람들은 더 오래 일하게 되었고 (그로닝겐 통계에 의하면, 1973년 이후 미국의 1인당연간 근로시간이 204시간 더 늘어났다), 사람들의 삶은 행복하지 못하고, 빈곤과 실업의 문제는 아직 해결의 실마리도 찾지 못하고 요원하기 때문이다. 걸핍의 시내가 사라져 더이상 경제문제가 생기지 않을 것이라던 케인즈의 예언은 크게 빗나가고 말았다. 마르크스의 담대한 예언이 여지없이 빗나간 것처럼, 불행하게도, 케인즈의 낙관적 예언도 빗나가고 말았다. 이런 점에서, 자본주의는 비관론이건 낙관론이건 선지자적 예언의 전망을 허용하지 않는 복잡한 체계인지 모른다.

② 나는 어떻게 비밀을 풀었는가?-"힌트와 추측일 뿐, 추측이 따르는 힌트일 뿐"

근대 사회학의 태동은 뒤르껨과 막스 베버에 의해서 정립되었다. 이들은 내가 아닌 다른 개인들의 행동을 통해서 사회가 어떻게 돌아가는지를 알 수 있다는 지식터득의 방법론을 적용하였다. 정신분석학의 창시자 프로이트 또한 다른 사람들이 써 놓은 자서전 등의 케이스에서 자신의 이론을 정립하였다. 사회는 구성원의 전체적인 합 이상의 그 무엇으로써, 구성원 개인들과는 독립적일지라도 그 구성원들에게 나타나는 행태를 통해서 파악될 수 있다. 사람은 다른 사람을 자기 자신과 비교함으로써 자신을 재평가할 수 있기 때문에 그 진실은 자기 자신이 직접 평가할 수 있다. 프로이트가 무의식의 정신분석 이론을 정립할 수 있었던 기초는 자신의 직접적인 외디푸스 콤플렉스 심리적 경험이었으며 또 그것을 다른 사람의 작품과 연결시킬 수 있는 상호 관찰 작용의 덕분이었다. 사람의 행동은 남에게 본보기가 될 수 있을 때 진정으로 그 가치가 있다는 것은 사람들의 모방성, 행동성의 성격에 기인한다. 이러한 사람들의 자기분석과 사람들의 관계성은 노자 도덕경에서 또한 찾아진다.[21] 프로이트가 수긍했다시피, 비록 진정한 자기분석이란 불가능한 작업에 해당할지 모르지만, 사람은 자기 자신과 타인과의 주고 받는 작업 속에서 새로운 진리를 발견하게 된다.

금석문이란 남의 글을 자신의 눈으로 보고 듣고서 객관적인 진실을 파악하는 대상이다. 여기서 자신이 모르고 있는 것을 어떻게 알 수 있을까? 노벨 문학상 수

---

21) 노자도덕경 제54장, "확고하게 뿌리를 세운 사람은 흔들려 뽑히지 않고, 확실하게 껴안은 사람은 도망가지 않는다. 자손이 제사를 그치지 않을 것이다. 자신이 직접 실천할 때 덕이 진실로 나타나는 것이며, 가정에서 실천할 때 덕이 넘쳐나며, 고을에서 실천할 때 덕이 날로 신장되며, 나라에서 행해질 때, 덕이 풍요롭게 되며, 세상 천하에서 행해질 때 덕이 보편적이 된다. 그러므로 개인의 덕은 자신이 직접 평가할 수 있는 것이고, 집은 다른 집을 통해서 평가되고, 고을은 고을로써, 나라는 나라로써, 세상은 세상으로써 평가되는 것이다. 내가 어떻게 해서 천하-(천하가 잘 돌아간다는 것)을 알 수 있겠는가? 이렇게 해서 알 수 있는 것이다. 善建者不拔 善抱者不脫 子孫以祭祀不輟 修之於身 其德乃眞 修之於家 其德乃餘 修之於鄉 其德乃長 修之於國 其德乃豊 修之於天下 其德乃普 故以身觀身 以家觀家 以鄉觀鄉 以國觀國 以天下觀天下 吾何以知天下然哉 以此".

상자 엘리어트는 말했다. "힌트와 추측일 뿐, 추측이 따르는 힌트일 뿐".22)

이러한 나의 방법론을 대략 말하자면, 우선 개념을 정의(definition)하고, 이에 따라 분류해 나가고, 그것을 다시 재분류(subdivision, department) 세분해가는 체계적인 방법론에 해당한다. 이는 전제와 가정(assumption)을 먼저 하고 그 바탕 위에다 자신의 것을 추가하는 일 처리 방식을 말하는 것이다. 법조인들이 이런 체계성을 중요시하는 이유는 아마도 동일한 개념에 대해 같은 정의를 사용하지 않는다면 합리적인 논쟁이 성립하지 않기 때문일 것이다. 그리고 이와 같은 방법론은 뉴튼의 "내가 멀리 볼 수 있었던 것은 단지 거인의 어깨 위에 올라타 있었기 때문이다"의 고백해서 알 수 있듯이, 선례를 통하여 새로운 창조를 일구어 내는 통합적 방법론에 가깝다.23)

나의 연구 방법론은 사전적 정의와 그 의미 설명을 추구하므로, 객관성(objectivity)을 확보하는 객관적인 분석(objective analysis) 태도를 취한 실증주의 (positivism) 방법론에 해당한다. 객관적이고 구체적인 사물에서 나의 새로운 생각이 도출된다.

나의 연구는

① 이 책을 완성함에 있어서 결정적인 도움을 준 판독문 문헌 자료는 《海東金石苑》(劉喜海(1794-1852)의 편찬 1881년 이명초당 발간)과 청나라 육심원(陸心源)의 편저 "唐文拾遺" (1888)이었다 이러한 지식 전승의 인류 보편성 확보에 큰 노력을 다한 편자들과 발행인 그리고 보존자들에게 경의를 표하지 않을 수 없다.

② 기존의 번역과 해석을 제쳐 놓고, 오로지 비문 원문만 보고 나만의 번역 해석 작업을 홀로 완성해 내서, 기존의 번역과 해석이 내가 완성한 원문 해석과는

---

22) "이런 것들은 힌드와 추측일 뿐, 추측이 따르는 힌트일 뿐, 그 나머지는, 기도와 계율 준수와 극기와 사색과 실천 These are only hints and guesses, Hints followed by guesses; and the rest Is prayer, observance, discipline, thought and action", 엘리어트 T.S. Eliot, 〈네 개의 사중주〉 중 〈더 드라이 샐비지즈〉 Four Quartets, The Dry Salvages (from stanza V).

23) 뉴튼, "If I have seen further it is only by stand on the shoulders of giants."

다르다는 것을 확인하고, 나의 도전적 반론이 얼마나 또 어떻게 보편타당성을 확보할 수 있을 것인지를 생각하고 또 그것이 객관적인 시각에서 합리적으로 담보할 수 있는지를 검토하였다.

③ 문무왕릉비 비문 해석에 대한 나의 설명과 이에 대한 객관성의 확보는 漢文 중국어 사전의 설명에 의존하였다. 이 책을 씀에 있어 저자가 한문 원문을 번역하거나 해석하거나 설명하거나 서술하거나 인용하는 경우는 《漢語大詞典》《康熙字典》《辞海》 한어대사전과 강희자전과 사해 중국어 사전을 주로 이용하였다. 또 《新华字典》《现代汉语词典》 등의 중국어 사전 또는 간혹 일본어 漢和 사전을 참고한 적은 있으나, 한국에서 출판된 옥편이나 중국어 사전 등은 참조하지 않았다. 한자 사전은 대만과 중국의 한자 사전 사이트에 주로 의존하였다: http://www.ivantsoi.com/; http://www.hydcd.com/; http://hy.httpcn.com/; http://tw.ichacha.net/; http://www.zdic.net/; http://www.guoxuedashi.com/; https://www.moedict.tw 그 이외 일본어 사전 goo辞書 http://dictionary.goo.ne.jp/ 옥스포드 영어 사전 https://en.oxforddictionaries.com/ 사용하였다. 다수의 汉典 인터넷 사이트가 한자 사전의 편리한 검색 기능을 제공하고 있으므로 이 책 속에서 한문의 뜻을 설명하거나 번역이나 해석함에 있어서 인용한 사전에 들어 있는 원문의 해당 페이지 쪽수는 밝히지 않고 생략했다.

④ 道教(도교)에 대한 이해는 노자 장자 문자 열자 등의 원전과 설명서를 탐독했고, 학문적인 연구서로써 기본서는 《Daoism Handbook》《The Encyclopedia of Taoism》을 완독하고 연구서들을 섭렵했다. 사전은 《道教小辞典》《道教大辭典》을 활용하였다.

⑤ 《Daoism Handbook》을 읽으면서 도교에 대한 이해와 지식을 높이게 되었으며, 《The Great Books of the Western World》을 읽으면서 결론을 이끌어낼 수 있었다. 반악과 장재와 유신의 문장들을 《昭明文選》《分開府集箋注》을 통해서 읽고 또 《前漢書》와 《晉書》와 《周髀算經》 등을 읽고나서 저자의

책의 시작과 끝을 맺을 수 있었다. 이러한 저자의 독서 여력과 참고 서적 목록은 저자의『첨성대 연구』『문무대왕릉 나는 어떻게 발견했는가』책에서 자세하게 설명된다.

⑥ 사마천의 史記, 반고의 漢書, 방현령의 晉書는 《二十四史》를 이용하였다. 사마광의 資治通鑒은 柏杨白话版资治通鉴과 한국의 고전문헌번역DB를 참조하였다. 三洞瓊網을 포함 "道藏"(도장)은 正統道藏(정통도장)을 참고하였다. 또 이런 자료들은 中國哲學書電子化計劃 https://ctext.org/ 등 인터넷 제공 소스를 활용하였다.

③ 왜 여지껏 큰 성과와 발견이 이루어지지 못했는가?

왜 많은 사람들이 창의적인 자신의 생각을 해내지 못하는가?

한국의 국립중앙도서관, 국회도서관, 유명 대학도서관 그리고 전자도서관 검색 등의 방법을 통해서 관련 연구서들을 섭렵하고 찾으려고 노력했지만 저자가 찾고 싶었던 연구 결과 내용에 가까운 자료는 찾질 못했다. 그리하여 황야를 걸으며 혼자의 노력에 의존하지 않으면 아니되었다. 또 나의 생각을 완성하는데 있어서 세상사람들에게 유행하는 글들에는 동조하지 않았으며, 일일이 자구 하나하나 해석을 스스로 확인해 나갔고 또 다른 사람들이나 다수군중들에게 의견을 구하려는 노력을 포기하였다. 대신 나의 글을 완성한 후, 세상의 법정에서, 소크라테스의 최후진술[24] [25] [26]에서의 태도를 견지하며, 평가받을 것을 스스로 약속

---

24) THE MORAL OBLIGATION TO SPEAK THE TRUTH
"Some one will say: Yes, Socrates, but cannot you hold your tongue, and then you may go into a foreign city, and no one will interfere with you? Now I have great difficulty in making you understand my answer to this. For if I tell you that to do as you say would be a disobedience to the God, and therefore that I cannot hold my tongue, you will not believe that I am serious; and if I say again that daily to discourse about virtue, and of those other things about which you hear me examining myself and others, is the greatest good of man, and that the unexamined life is not worth living, you are still less likely to believe me. Yet I say what is true, although a thing of which it is hard for me to persuade you."

25) "어떤 사람은 이렇게 말할지도 모릅니다. "좋습니다, 소크라테스 선생! 당신이 침묵하고 외국으로 나간다면 아무도 당신을 말리지 않을 것 아닙니까?" 그러면 나는 여러분을 납득시키기에 큰 어려움을 느끼면서 이렇게 대답할 것입니다. 만약 당신이 말하는 식으로 내가 말한다면, 나는 하나님에게 불복종하는 것이 될 것이며, 따라서, 나는 내 입을 닫을 수가 없습니다. 내가 진실로 심각하게 말한대도 당신은 날 믿으려고 하지 않을지도 모릅니다. 또 만약 사람의 도덕성이란 최고의 가치를 추구하려는 아름다움에 부합하는 영혼의 활동에서 나오는 것을 말하는데 이 최상의 도덕적 가치에 대한 담론과 또 이 법정에서 행해진 나에 대한 심문과 다른 증인들의 심문에 대해서, 물론 여기 이 법정에서 나와서 증언하지 않는 사람들은 의미가 없는 것이고, 매일 다시 토론한다고 해도 당신들은 그래도 나의 말을 믿으려고 하지 않을 가능성이 큽니다. 하지만 나는 진실을 말합니다. 비록 이것은 내가 당신들을 설득시키기가 어려울지라도 말입니다."
이 소크라테스의 최후진술을 인용한 나의 번역에 대해서 눈치 빠른 독자라면 인구에 회자되는 "the unexamined life is not worth living", "성찰하지 않는 삶은 살 가치가 없다"라는 우리말로 번역되어 철학적 탐구의 자세를 말한 그런 번역과는 약간의 차이가 나는 즉 법정 용어로 번역했다는 것을 눈치챘을 것이다. 사람이 죽음을 앞두고 생의 마지막에 직면했을 때는 오로지 영

했다. 이러한 나의 자세는 상앙의 상군서에서 스스로 배웠고, 상군서의 구절을 각주로 인용한다.27)

혼 즉 양심만이 남는다. 오로지 진실만을 말하는 도덕적 의무가 어디에서 나오는가? 양심이고 영혼이다. 소크라테스의 최후진술은 법정에서 이루어진 것이다. 소크라테스가 마지막 죽음을 앞두고 영혼의 울림으로써 말한 것이다. 사마천이 죽음으로써 거짓을 말하지 않고 오로지 진실만을 말한 임소경에 대한 편지의 내용과 같다. 사람이 죽으면 육체는 없어지지만 그 영혼은 살아 있다. 소크라테스, 사마천, 그것은 문무왕의 유언과 같다. 영혼의 울림 말이다. 나는 문무왕의 유언에 대해서 진실을 캐냈다. 나의 진실은 나의 죽음과도 같이 힘든 과정이었다. 그래서 오늘날 이 세상의 법정에 서지 않으려고 지구 끝까지 도망을 치면서까지 반대심문을 받을 기회를 꺼려했다. 하지만 결코 운명의 끈은 피할 수 없다. 내가 죽음의 사선을 넘고 눈사태 속에서도 살아 돌아온 감사함으로 나의 운명을 받아들인다. 나의 말을 믿어준 사람이라고 해서 내가 달리 대하지 않을 것이고, 또 나의 말을 믿어주지 않는 사람에게 내가 달리 대할 이유가 없다. 나의 말을 믿어준 사람이라고 해서 내가 그들에게 내 말을 믿어달라고 강요한 적이 없었고 또 내 말을 믿지 않는 사람이라고 해서 무슨 해가 되는 것이 아니기 때문이다. 다만 내가 감사함을 가지고 있고 또 내가 죽는 날 소크라테스가 했던 말은 하지 않겠는가? "이제 떠날 때가 왔다. 나는 죽음으로, 당신은 살기 위해. 하지만 어느 쪽이 더 좋을지는 오로지 하나님만이 알고 있다." 'The hour of departure has arrived, and we go our separate ways, I to die, and you to live. Which of these two is better only God knows).

26) 880여년 전, 740여년 전 기재되어 그토록 오랫동안 국사의 위치로 점해온 삼국사기와 삼국유사의 기재 내용을 정면 반박하고, 또 문무왕릉비 파편이 발견된 이후 220여년이 지나는 동안 기라성 같은 대가들이 축적한 기존의 문무왕릉비 비문 해석에 대해 정면 반박하고, 또 1,340여년 전의 오래된 고문자의 의미를 추적하면서 그동안 국가와 학계가 정해놓은 기존의 국사 지식을 정면으로 격파하기란 계란으로 바위치기이고 그만큼 어려운 일에 속하지 않겠는가? 이런 전차로 나는 소크라테스의 최후의 진술을 준비했다. 사실 내가 법과대학에 입학하고서 맨 처음 읽은 책이 "소크라테스의 변명"이었다. 이렇게 오랫동안 소크라테스에 집착한 이유가 무언가 있었지 않을까?
유신의 애강남부에서 표현한대로 우리 인생에서 앞서간 성현들의 위치가 이토록 남다를 수 있다는 것인지? 유신은 말했다. "天道回旋 生民預焉 死生契闊 靈光巋然!" 밤하늘의 별자리가 돌고 돌듯이 우리들의 삶 또한 예정되어 있고 돌고 돌면서 앞으로 나아간다. 잠자리 비행기가 빙빙 맴돌듯이, 바다의 배가 선회하듯이. 삶과 죽음이란 따로 분리되어 있는 것이 아니라 그 경계선이 안개속을 헤메일 때처럼 애매모호하다. 하지만 한 가지 확실한 것이 있다면 하늘에는 신비한 광채가 빛나고 선조들이 남긴 덕택으로 우리들의 삶은 윤택해지고 이상을 실현하고자 하는 위대한 성인들이 존재한다는 것은 사과나무에서 사과가 떨어지는 것만큼 분명한 사실이 아니겠는가? 사과나무 그림 하나로 유럽의 화단을 놀랍게 변화시킨 세잔느, 사과나무에서 만유인력을 발견한 뉴튼, 빌헬름텔의 화살로 사과 맞추기 게임, 아담과 이브의 사과는 인류의 발전을 이룬 인간본성의 영광(靈光)이다. 그래서 영광은 영원히 빛난다. 靈光巋然(영광규연)! 부모님께서 지어주신 나의 이름이 바다처럼 넓고 크게 빛나라! 이러한 뜻의 이름이 내 이름 "홍희"!

27) "상군서"의 영어 번역은 J.J.L. Duyvendak, "The Book of Lord Shang" (1928), 'He who is

새로운 발견은 외부적 시각에서 전혀 새롭게 시작하지 않는 한 성취해내기 쉽지 않다는 와호장룡의 어려움이 있거나 또는 어떤 직관적이거나 계시적인 도움을 필요로 한다. 사람들이 직관력을 가지기 힘든 이유로는 이성적인 사고에서 벗어나지 못하는 습관적 태도에 있다. 만약 나의 연구 결과 가운데 직관이나 계시적인 생각이 통했다면 그것은 한국과 여러 외국의 문물과 사고를 직접 겪어 보고 스스로 통찰한 가운데 얻어진 것이다.

아인슈타인은 발견의 과정에서 어떤 내적 가슴 속에서 나오는 영감의 중요성을 다음과 같이 피력하였다: "내가 우주천체의 근원적 법칙을 발견하게 된 것은 이성적 능력으로써가 아니었다. 지성은 발견의 과정에 크게 관련이 있는 것은 아니다. 내적 가슴 속에서 튀어 오르는 무언가에 있는데-그것을 직관 또는 무엇을 하려는 의지라고 부를 수 있는 것이다- 그것과 사람들이 갖고 있는 해결책이다."[28]

우주 질서의 법칙은 '침묵'하고 있다. 다만 인간은 거기에 이미 존재한 진리를 '발견'하면서 인간의 삶을 발전시켜 왔다. 우주는 '빅뱅'하고 원자 분자 운동처럼 잠시도 쉬지 않지만, 뉴튼 아인슈타인 등 위인들이 말해주듯이 인간은 침묵 속에

---

concerned about the highest virtue is not in harmony with popular ideas; he who accomplishes a great work, does not take counsel with the multitude.' "행동하기를 주저하는 사람은 아무 것도 이루지 못한다. 거사에 참여하기를 머뭇거리는 사람은 어떠한 공훈도 얻지 못한다. 새로운 법을 신속하게 제정하는 결단을 내리고, 세상 사람들의 비판 여론에 개의치 말아야 한다. 훌륭한 업적을 성취한 사람을 세상이 알아주지 못할 수 있고, 독자적인 지식체계로 깊은 사상을 가진 사람이 세상으로부터 비난을 받기 십상이다. 우둔한 사람은 일을 끝내놓고도 그것에 대한 이해를 전혀 못하는 경우가 많은 반면 지혜로운 사람은 싹이 트기도 전에 그 사유를 먼저 알아차린다. 그러므로 거사를 도모하기 전에 세상 사람들과 의논을 나누기 보다 일을 먼저 성취해 놓고 그 기쁨을 함께 공유하는 것이 보다 낫다. 개혁정책에 성공한 곽언은 말했다: 최고의 진리를 발견하려는 사람은 세상사람들에게 유행한 생각에 동조하지 않으며, 위대한 업적을 이룬 대단한 사람은 다수군중들에게 의견을 구하지 않는다." 商鞅, "商君書", 更法편. "臣聞之 疑行無成 疑事無功 君亟定變法之慮 殆無顧天下之議之也 且夫有高人之行者 固見負於世 有獨知之慮者 必見訾於民 語曰 愚者闇於成事 知者見於未萌民不可與慮始 而可與樂成 郭偃之法曰 論至德者 不和於俗 成大功者 不謀於衆".

28) "I did not arrive at my understanding of the fundamental laws of the universe through my rational mind. The intellect has little to do on the road to discovery. There comes a leap in consciousness, call it intuition or what you will, and the solution come to you."

서 진리를 발견한다. 갈릴레오가 망원경을 이용하여 인류 최초로 우주 천체를 관측한 뒤 그가 발견한 진리를 담은 책 제목을 "별의 메신저"라고 붙인 것은 사람은 침묵 속에서도 대화를 하는 능력을 갖고 있다는 의미를 함의하고 있다. 천체 관측과 원자 운동(DNA 나선구조)의 발견의 예에서 알 수 있듯이 외양과 실체는 다를 수 있다. 사람의 논리와 감성과 이성에 의한 '해석 작업'(interpretive process)이 없다면 진리는 발견되기 힘들다.

권위에 짓눌려 완전성을 성취하려는 의지를 꺾을 수 있는가? 이에 대한 니이체의 지적을 참고로 적어둔다.

④ 문무왕릉비 비문 앞면 원문

1행

□□國新羅文武王陵之碑 及飡國學少卿臣金▨▨奉教撰

2행

□□□通三後兵殊▨▨▨匡▨配天統物畫野經圻積德▨▨匡時濟難應神▨▨▨▨▨靈命□□□

3행

□□□□□□□□□□□□□□□□派鯨津氏映三山之闕東拒開梧之境南鄰▨桂之▨▨接黃龍駕朱蒙▨▨▨▨承白武仰□□

4행

□□□□□□□□□□□□□□□□□問盡善其能名實兩濟德位兼隆地跨八夤勳超三▨巍巍蕩蕩不可得而稱者▨▨▨▨我新▨▨

5행

□□□□□□□□□□□□□□□□□君靈源自夐繼昌基於火官之后峻構方隆由是克▨▨枝載生英異秺侯祭天之胤傳七葉以□

6행

□□□□□□□□□□□□□□□□□焉▨▨十五代祖星漢王降質圓穹誕靈仙岳肇臨▨▨以對玉欄始蔭祥林如觀石紐坐金輿而」

7행

□□□□□□□□□□□□□□□□□大王思術深長風姿英拔量同江海威若雷霆▨地▨▨▨方卷蹟停烽罷候萬里澄氛克勤開▨」

8행

□□□□□□□□□□□□□□□□□□□□簡▨之德內平外成光大之風邇安遠肅▨

功盛▨▨▨於將來疊粹凝貞 垂裕於後裔」

9행

□□□□□□□□□□□□□□□挹亠舍謙乃聖哲之奇容恴以撫人寬以御物

▨▨者▨知其際承德者咸識其隣聲溢間河□

10행

□□□□□□□□□□□□□□□□記▨峯而▨幹契半千而誕命居得一以▨

▨▨▨▨▨照惟幾於丹府義符惟輿洞精鑒▨」

11행

□□□□□□□□□□□□□□□□□□□□□▨恬▨輔質情源湛湛吞納▨

於襟▨▨▨▨握話言成範容止加觀學綜古」

12행

□□□□□□□□□□□□□□詩禮之訓姬室拜橋梓之▨▨▨▨▨▨▨▨▨

▨▨▨大唐太宗文武聖皇帝應鴻社□

13행

□□□□□□□□□□□□□宮車晏駕遏密在辰以□

14행

□□□□□□□□□□□□舜海而霑有截懸堯景以燭無垠□

15행

□□□□□□□□□□□著▨▨▨而光九列掌天府以□□

16행

□□□□□□□□□□感通天使息其眚蘋安然利涉□□□□

17행

□□□□□近違鄰好頻行首鼠之謀外信□

18행

□□□□□□□□□□□□熊津道行軍大摠管以▨君王□□

19행

□□□□□□□□□□□□□□列陣黃山蝟聚䲭張欲申距□

20행

□□□□□□□□□□□□□□至賊都元惡泥首轅門佐吏□

21행

□□□□□□□□□□□□□□□□三年而已至龍朔元年□

22행

□□□□□□□□□□□□□所寶惟賢爲善最樂悠仁▨□

23행

□□□□□□□□□□□□朝野懽娛縱以無爲無▨□□□

24행

□□□□□□□□□□□□□貺更興泰伯之基德□

25행

□□□□□□□▨之風北接挹婁蜂▨▨」

26행

□□□□□□□□□□□□▨詔君王使持節▨」

27행

□□□□□□□□□□□▨軍落於天上旌▨」

28행

□□□□□□□□□□□之謀出如反手巧▨

⑤ "敎"(교)의 의미

인간 사회의 부족과 잘못은 교육을 통해서 해결할 수 있는가? 그런데 왜 여지껏 그토록 신음하는 사람들로 가득차 있는가? 한쪽에서는 많아서 넘치는 반면 다른 한쪽에선 부족해서 굶어 죽어나가고 있다. 그러므로 우리가 살아가는 이 세상에서 아픔과 고통이 사라지지 않는 이유는 사람들의 지식이 부족해서가 아닌가? 사람들의 문제의 원인을 파악하고 그것을 해결하려고 하면 즉 문제해결능력을 갖기 위해서는 먼저 교육을 받아야 하는데 누구나 평등하게 교육을 받을 공정한 기회 마저 박탈당하고 상실된 사회로 변해 버렸지 않는가? 교육은 받는 학생과 가르치는 선생이라는 양자의 존재가 필수이기에 교육에는 큰 돈이 들어간다. 교육은 도로 건설처럼 돈과 시간이 크게 들어가는 국가의 기간 인프라이고 돈과 시간이 없으면 교육의 기회를 갖질 못한다. 어떤 문제를 해결해내려고 하면 우선 문제가 있다는 사실을 먼저 인정하여야 하는데 지금 상황은 그러한 문제의식을 갖고 세상사람들에게 알릴만한 능력과 용기를 가진 선지자들은 성경시대에나 존재했던 과거지사로 보일 뿐이다. 지금 세상에서 먼저 나라의 의를 구하는 의로운 사람들을 찾아 보기란 가물에 콩 나듯이 거의 전멸되었거나 화석에서나 찾을 수 있을지 모른다. 하나님의 영광을 위해서, 아니면 행복한 사회를 만들기 위해서 이 두 가지 사람의 존재 목적이 아예 잊혀진 것은 아닌지 모를 정도가 되었다. 아픔과 고통을 겪은 사람들은 스스로 그것을 말할 수 조차 없는 자기 존재 또는 사회 존재 의미에 대한 무관심이 극도에 달한 상황에 처해 있다. 고통과 아픔이 극에 달하면 천길 낭떠러지에 서서 포효처럼 소리 높여 외칠 뿐, 그 메아리는 어디에도 반향을 찾을 수가 없는 형편이다. 천애의 낭떠러지에서 외쳐본들 메아리는 계곡 속에 함몰되고 만다. 사람들은 고대광실만 찾을 뿐 계곡의 정신을 잊은 지 오래 되었기 때문이다. 그러니 어느 누가 귀 기울려주고 관심을 갖겠는가? 지금 세상은 돈과 권력에 의해서 움직이는 철저한 헤게모니 구조가 작동된다. 따라서 돈 없고 힘 없는 사람들은 철저하게 소외되고 낙오되고 배제된다.

사람이 살아가면서 겪는 고통과 아픔은 태어난 모든 사람은 결국 죽는다는 죽음의 진리 그리고 산모의 고통 같은 것인데 그것들은 우리 모두가 그 존재를 인정하지만 오직 당사자만이 겪는 경험이고 다른 사람이 대신해 줄 수가 없다. 설령 당사자라고 해도 그 아픔의 강도를 감정적 표현의 언어 수단적 제약성 때문에 그대로 재현(representation)하기란 쉽지 않을 뿐만 아니라, 또 명확하게 재현해 낸다고 해도 하루하루 먹고 살기에 바쁜 사람들은 지식과 교육에 접근할만한 금전적 여유마저 없어 무지, 가난, 차별의 사회적 올가미에서 벗어날 길을 찾기란 결코 쉽지 않다.

대부분 사람들은 만족하든 아니하든 생각을 깊이 할 시간적 공간적 여유마저 빼앗기고 있는 형편이어서 교육을 통해 실수를 제거할 기회가 원천적으로 봉쇄되어 버린 상황에 놓여 있기도 하다. 다람쥐 쳇바퀴 돌듯이 제자리 맴도는 순환론적인 한계에 빠지게 되고, 결국 해보니 별수 없다는 체념 상태인 "학습된 무력감(learned helplessness)"에 이르게 된다. 이런 환경 속에서 어떻게 새로운 해결책을 모색할 수가 있겠는가?

그럼 어떻게 할 것인가?

현실의 보통 사람들의 본 모습은 무지와 편견에 사로잡혀 있어 판단을 내리는데 실수를 하기 마련이고, 그것도 그런 실수와 잘못을 "반복적으로" 행하게 된다. 행태경제학자들은 주장한다: "Real people make mistakes systematically." 하지만 사람들은 실수를 반복적으로 한다는 점에서 또한 실수를 되풀이하지 않을 방법을 찾아낼 수가 있다. 여기에 미래의 희망이 놓여 있다. 실수는 실수를 하게 되는 원인을 찾아내면 그것을 교정시켜내는 교육을 통해서 시정하고 예방할 수가 있다는 점에서 인간 사회의 진보와 발전이 기대된다. 이와 같은 인간의 제한성과 가능성의 조건을 발견하는 것은 위기는 위험과 기회라는 두 가지 서로 대립되는 양면성의 성격이 주어져 있다는 사실과 통한다. 인간 사회의 살아 있는 역동성과 그 힘을 가져다 주는 것은 바로 사람들은 유한하고 미약한 갈대이지만 반면 생각의 무한한 가능성의 힘 바로 이 제한성과 가능성이라는 양면성을 갖고 있다는 것이 아닐까?

희망은 어떻게 발견되는가?

인간 사회는 혼자서 살아 갈 수 없고, 또 사회를 이루고 살아가고 있다는 사실에서 보면 다른 사람에게 공감을 얻는 것이 중요하다. 공감의 창출은 어디에서 나오는가? 공감은 자기의 느낌을 있는 그대로 진실로 말하는 것에서 나온다. 다른 사람이 원하는 대로 길들여진 앵무새같이 다른 사람의 시선을 의식하는 그런 속박의 말을 하는 것이 아니라, 자기가 느낀 바를 있는 그대로 말할 때 소통이 이뤄질 수 있고 또 이것이 인간사회의 진보와 발전의 조건일 것이다.

이 점을 나의 느낌으로 말해보자. 셰익스피어의 지혜를 따라서 본다면, 마땅히 해야 될 말을 하는 것이 아니라, 우리들이 느낀 그대로를 말해야 한다. 파스칼의 다락방에서 하늘의 별을 보고, 몽테뉴의 정원에서 꽃을 가꾸듯이 순수의 생각을 자신의 가슴, 마음, 감정, 영혼, 마음 속에서 느낀 바 그대로를 말하자.

문무왕릉비 비문에서 이러한 공감의 미학과 공감의 역사 그리고 위대한 언어의 마술을 확인할 수 있기를 바란다.

까치밥
"공중을 오가는 날짐승에게 길을 내어주는
그것은 따뜻한 등불이었으니"[29)]

29) 송수권, "까치밥" 시 가운데 인용. 송수권의 깊은 정서적 이해와는 완전 딴판으로 삼국유사는 "射琴匣"(사금갑) 기사를 통해서 민족 고유의 명절과 민속인 정월대보름달 불꽃놀이와 까치밥의 의미에 대한 깊은 정서적 이해를 심각하게 훼손하고 왜곡하였다. 삼원절은 후손들이 목욕재계하고 조상을 기리는 忌日(기일)이다. 그런데 삼국유사는 이런 신성한 기일날 궁중에서 남녀가 정을 통하는 불륜극을 삽입하여 우리 선한 민족성과 사회성을 심각하게 훼손한 것이다. 삼국유사에 대한 통렬한 비판은 저자의 "첨성대 연구" 책에서 설명된다.

Ⅲ. 신라 문무왕릉비 앞면
1행-28행
해석

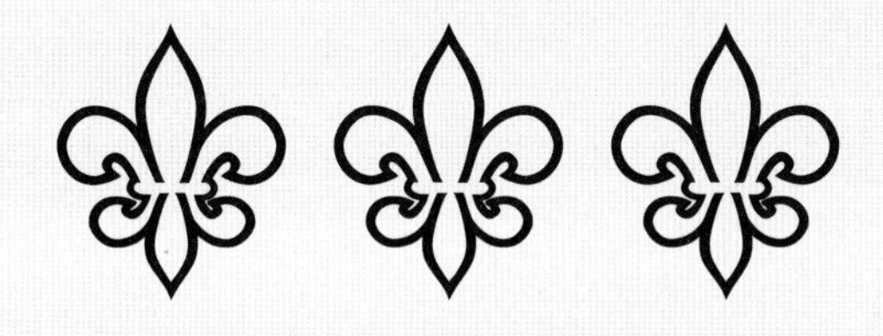

신라 문무왕릉비 앞면 1행–28행 해석

“鯨津氏”(경진씨)는 누구인가?

첨부사진은 태종무열왕의 비문 헤더 “太宗武烈大王之碑” 탁본 (劉喜海 東武劉氏著錄, “海東金石苑”, 二銘艸堂 校刊, 1881년, 12쪽)

비문 3행의 □□派鯨津氏映三山之闕 구절의 “鯨津氏”(경진씨)에 대한 아래의 해석과 설명을 참조하라.

1행 신라 문무왕 & 김소경

▨▨國新羅文武王陵之碑 及飡國學少卿臣金▨▨奉 教撰

국편위 번역: … 국 신라 문무왕릉의 비이다. 及飡인 國學少卿[30] 金□□가 教를 받들어 찬하다.

추홍희 번역: (대당 상주)국 신라 문무왕릉의 비이다. 급찬 국학소경 김□□이 왕명에 의해 비문을 짓고 이에 바친다.

▨▨국 신라 문무왕릉지비 급찬 국학 소경 신 김▨▨ 봉 교찬

教[31]撰 교찬

"教"(교)는 管教 또는 슈을 뜻하니, 국가의 이름으로 행하는 국가 명령 즉 국가 공식 행정행위를 말한다. 교(教)란 설교의 말처럼 사람들이 잘 알아들을 수 있도록 널리 알림에 있다. "文心雕龍"(문심조룡)의 "詔策"(조책)에서 "教者 效也 出言而民效也 契敷五教". 그러므로 비문의 내용이 설명조이며, 비문 앞면 4행에 "我新(羅)"(아신라)-"우리 신라인" 이라는 표현에서와 같이 국가와 사회와 개인의 아이덴디티를 동일시하는 문장들이 나타난다. 왕이 내리는 법적 문서 행정공문의 종류에 詔書(조서)와 策文(책문)가 있다. 책서의 종류에는 戒(계), 教(교), 슈(령)

---

30) "國學少卿: 國學에 대해 『三國史記』 新羅本紀와 職官志上에 장관으로 '卿' 1인을 두었다고 하는데, 여기서는 '少卿'으로 기록되어 있어 차이를 보인다. 이 비문은 국학의 장관이 찬술하여 중국의 고사성어가 많이 인용되고 있다." (국편위 주1).

31) 624년에 편찬된 藝文類聚(예문유취) 책에 詩, 賦, 贊, 箴, 시, 부, 찬, 잠 등 문학 유형을 분류하고 있다.

등이 있다.[32)]

銘(명)이란 '조상의 덕을 칭송하여 후세에까지 밝게 드러내려는 것으로 이는 효자 효손의 마음'이라고 예기(禮記) 祭統(제통)에서 기술하고 있다: "銘者 論譔其先祖之有德善 功烈勛勞慶賞聲名列於天下 而酌之祭器 自成其名焉 以祀其先祖者也 顯揚先祖 所以崇孝也 身比焉 順也 明示後世 教也".

'교찬'이란 말은 이 비문은 국가의 명령에 따라 급찬 국학소경 김□□이 책임지고 지어 바치는 나라의 공식 문서 즉 教帖(교첩)에 해당한다는 말이다. 다시 말해 국가의 통치 행정 행위로써 왕릉 비석을 정식으로 세웠다는 의미이다. 이 왕릉비를 세우는데 들어가는 비용과 비문 내용은 국가 기관이 담당하고, 따라서 이 왕릉비문은 국가적 권위와 파워를 갖는다는 뜻이 들어 있다.

撰(찬)은 글을 짓는 著書(저서)를 말한다. 찬술(撰述) 하다, 찬문(撰文)하다, 찬서(撰序)하다의 등의 비슷한 말이 있다. 찬집(撰集)하다의 말이 시사하듯 비문의 글을 지을 때는 오로지 근거에 의해서라는 조건이 요구된다. 비문을 지은 찬자(撰者)는 자기의 글을 쓰지만 그것은 오로지 진실된 사실과 진실된 말만을 쓴다는 조건을 따른다.

비문의 찬자 김소경

비문을 지은 사람의 이름의 관직 성명은 "국학소경 김▨▨"이다. 김▨▨ 김소경의 구체적인 이름자에 대해서는 저자의 "첨성대 연구" 책에서 밝히고 설명한다.

"□□國新羅" 결자 부분을 고대 당시의 비문 헤더 구성 형태들을 참조하여 추측하면, "大唐 上柱國 新羅 文武王 陵之碑" (대당 상주국 신라 문무왕 릉지 비)이다.

"上柱國"(상주국)은 무관으로서 받을 수 있는 가상 최고급의 관훈작위명이다.

---

32) 詔 `策(命 `誥 `誓 `令 `制 `策書 `制書 `詔書 `戒敕 `戒 `教).

한편 문무왕의 선왕이자 부친인 태종무열왕의 비문 헤더 "太宗武烈大王之碑" (태종무열대왕지비)의 구성과 형태를 감안하고 판단하건대, 문무왕릉비문의 헤더 문장에 대해서 삼국사기에서 답설인귀서 부분에서 기재하고 있는대로의 문무왕의 관훈작명인, "大唐樂浪郡王開府儀同三司上柱國", 또는 "鷄林州大都督左衛大將軍開府儀同三司上柱國" 등의 구절이 그대로 문무왕릉비문에 쓰여있다고 추측하는 일부 판독자의 견해에는 선뜻 동의하기 어렵다.

"及飡" vs "級飡"

반찬, 먹을거리의 뜻으로 쓰이는 餐(찬)은 飱(찬)과 같은 글자이고 飧(손), 또는 飱(손)과 같은 뜻이다. 설문해자 설명을 보면 손과 찬은 음도 뜻도 다르다고 말하고 있는데 후대에 이르러 찬과 손이 '저녁밥'을 뜻하는 동일한 의미의 글자로 쓰인 것 같다.

"及飡"을 삼국사기에서는 "級飡"으로 표기하였다. "及飡"과 "級飡"은 뜻과 음이 같은 글자이다. "飡"은 "餐"의 이체자로써 뜻과 발음이 같은 글자이다. 급찬(級飡)은 신라의 관등으로 경위(京位) 17등관계 가운데서 제9등관계라고 설명하고 있다. 신라 관등 체계에 대해서는 뛰어난 추사김정희의 연구가 있다. 하지만 추사가 미처 규명해 내지 못한 문무왕릉비 내용에 대해서 논한 저자의 글을 "곡신불사 영광불멸 문무왕릉비 비문 연구"책에서 참조하라.

1행은 비문 헤더에 해당된다.

▨▨國新羅文武王陵之碑	(대당 상주)국 신라 문무왕릉비
及飡國學少卿臣金▨▨奉教撰	급찬 국학소경 김□□이 왕명에 의해 비문을 짓고 이에 바친다.

2행 得一通三 득일통삼 & 配天統物 배천통물

□□□通三後兵殊□□□匡□配天統物畫野經圻積德□□匡時濟難應神□□□□□靈命□□□

국편위 번역: … 하늘을 짝하여 사물을 잘 다스리고, 땅의 경계를 구분하며, 덕을 쌓아 … 시대의 어려움을 구제하고, 신에 응하여 …

추홍희 번역:

통신삼부(洞眞통진 洞玄통현 洞神통신의 三部)를 통달하고 득도하였다.

군대를 일치단결 화합의 정신으로 이끌었다.

세상을 구제하는데 정치의 중심을 두고 정사를 보살폈다.

하늘의 부름으로 천자의 자리에 올라 교외의 산천에 나가서 제천의식을 거행하고 온 나라를 통치하였다.

화폭과 도면 위에 그림을 그려가는 것처럼 청사진을 펼치고 국가를 계획적으로 관리 경영해 나갔으며, 원대한 미래를 내다보고 베틀로 비단 짜듯이 치밀하게 통치해 나갔다.

덕행을 쌓고 좋은 일을 많이 베풀었다.

혼란한 세상과 어려운 시국을 구해 냈다.

세상 적폐를 청산하고 혼란한 시국을 바로 잡으라는 신령의 계시에 부응하고,

(사해 바다를 통치하라는 하늘의 명령에 부응하여 분연히 일어섰다.)

비문 결자 보충

"□□通三後兵殊□□□匡□配天統物畫野經圻積德□□匡時濟難應神□□□□□靈命□□□" 이 2행 문장의 결자들을 추가보충하여 4자 띄어쓰기로 재배열한다: 得一通三 後兵殊和 得道匡世 配天統物 畫野經邦 積德累善 匡時濟難 應神□□□□□靈命□□□

得一通三

"得一通三"(득일통삼)의 개념은 구당서 악부 시집 "告謝"(고사)에 등장하는 "得一流玄澤 通三禦紫宸"(득일유현택통삼어자신)의 구절의 의미를 통해서 이해할 수 있다. 득일통삼의 개념은 노자도덕경 제42장의 "道生一 一生二 二生三 三生萬物 萬物負陰而抱陽 沖氣以爲和"의 개념으로 이해된다. '도는 하나를 낳고, 하나는 둘을 낳고, 둘을 셋을 낳으며, 셋은 만물을 낳는다.' 이러한 노자의 '득일통삼'의 개념을 현대 우주천체이론으로 풀이한다면, 휴 에버렛의 다중 우주 무한 팽창이론에 가깝다. 다중 우주(multiple universes; the Many Worlds), 우주천체 양자 물리학의 이론은 우주는 매 순간마다 셀 수 없을 만큼 많은 평행 우주로 갈라진다는 이론이다. 이 이론을 그림으로 설명하면 다음과 같은데, 노자의 횡적팽창이론에 연결될 수 있다.

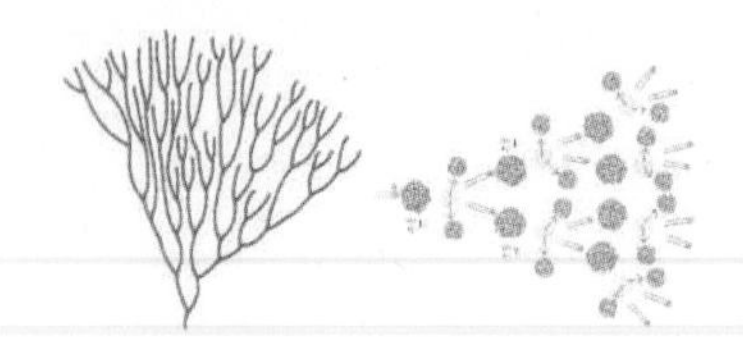

득일(得一)은 회남자 병략훈에 나오는 "得一之原"(득일지원)[33] 의미와 노자도덕경 제39장에서의 "得一"(득일)의 개념으로 이해된다.

득일의 개념에 대한 노자도덕경 제39장의 구절을 다시 읽어보자. "昔之得一者 天得一以清 地得一以寧 神得一以靈 谷得一以盈 萬物得一以生 侯王得一以爲天下正 其致之一也". 하나를 얻어 무한히 팽창 발전해 가는 득일(得一), 득도(得道)의 개념은 예로부터 존재해왔다. 하늘은 하나를 얻어 맑고 푸르게 되고, 땅은 하나를 얻어 평안해지며, 신(神)은 하나를 얻어 신령함을 얻게 되며, 골짜기는 하나를 얻어 채워지며, 만물은 하나를 얻어 각자 생명을 얻고 태어나 자라며, 제후군주는 하나를 얻어 천하를 바로 잡는다. 이 모든 것을 관통하는 극치점은 하나라는 개념이다.

도교의 원기(元氣)설은 "夫混沌分後 有天地水三元之氣 生成人倫 長養萬物"으로 풀이한다.

또 여씨춘추(呂氏春秋) 論人 구절을 보자: "無以害其天則知精 知精則知神 知神之謂得一 凡彼萬形 得一后成".

이와 같이 보면 得一(득일)은 득도(得道)의 개념과 동일한 말이다.

득일(得一)을 종교적인 의미의 득도(得道)의 개념으로 이해하면, 通三(통삼)은 "三洞"(삼통) 개념과 동일하다. 三洞은 도교 경전 분류상 洞眞통진 洞玄통현 洞神통신의 三部3부를 의미한다. 通三(통삼)은 三洞(삼통)을 통달했다는 의미로 해석할 수 있는데, 이에 대해서는 운급칠첨(雲笈七籤)에서 道門大論을 인용하면서 설명하는 부분인 "三洞者 洞言通也 通玄達妙 其統有三 故云三洞 第一洞眞 第二洞玄 第三洞神"을 참조하라. 나같은 범인들은 그토록 매우 큰 분량의 "神仙之書 道家之言"을 어떻게 전체를 통달해내기 힘들겠지만, 대개 삼통경전을 마스터

---

33) "兵失道而弱 得道而强 將失道而拙 得道而工 國得道而存 失道而亡 所谓道者 体圓而法方 背陰而抱陽 左柔而右剛 履幽而戴明 變化無常 得一之原 以應無方 是謂神明". (淮南子, 兵略訓).

하지 않고서는 득도했다고 보기 어렵지 않겠는가?

삼국사기 김유신전에 나오는 동굴 속에서 득도했다는 이야기를 참조하라.

국어 진어에 在三罔極(재삼망극)이 나오는데, 망극은 무궁(無窮)하다의 뜻이고, "父生之 師教之 君食之" 즉 부모와 스승과 임금의 군사부일체를 재삼(在三)이라고 이른다. 오늘날에도 부모가 날 낳아주고 학교 스승에게서 배우고 나라에서 먹여주니 군사부일체는 맞는 말이지 않는가?

後兵殊和

通三後兵殊扌▨▨▨▨配天統物畫野經圻積德積德▨▨匡▨▨▨

후병(後兵)은 후학(後學)을 양성한다는 우리말의 의미에서와 같이 군대를 통괄한다는 御兵(어병) 또는 訓兵(훈병)이란 말과 같다. 後兵殊智(후병수지)-군대를 통괄하는데 큰 지혜를 발휘하다, 後兵殊遇(후병수우), 後兵殊能(후병수능)-군대통솔 또는 병법에 큰 재능을 발휘하다, 後兵殊和(후병수화)-군대를 일치단결 화합으로 이끌다는 뜻의 문장이 오는 것이 문맥상 자연스럽다.

또 '殊'자 다음에 결자된 글자를 '邈'자로 추측하면, 殊邈(수막)은 탁월하다 출중하다의 단어이고, 같은 뜻으로써 殊能(수능)이 있다. 남다르게 뛰어나고 출중하다는 같은 의미로써 殊群(수군)이 있고 또 비슷한 의미로써 殊勝(수승)이 있다. 또 비슷한 의미로써 殊遇(수우)라는 단어를 생각해 볼 수 있는데 殊遇(수우)는 특별한 대접 즉 제왕적 신임을 뜻하는 말이다. 따라서 兵(병) 즉 군대, 군사들로부터 특별한 신임을 얻었다는 의미로 해석된다. 이와 같이 어떤 글자를 써도 문맥상 의미는 거의 일치하는데 "得一后成"(득일후성), "삼군일심"이라는 여씨춘추의 기록을 감안해 보면, 군대를 일치단결 화합으로 이끌었다는 뜻의 "後兵殊和"(후병수화)가 문맥상 보다 적절하다.

得道匡世

"□□匡□" 부분의 결자를 "得道匡世"(득도광세)라는 숙어적 표현으로 쉽게 유추해 볼 수 있다. 갈홍의 포박자(抱樸子) 석체(釋滯)에 나오는 "古人多得道而匡世 修之于朝隱 蓋有餘力故也"의 표현의 의미가 여기에 쓰였다고 생각된다. 그런데 앞에서 득일 개념이 득도의 개념과 동일하므로 여기서 중복을 피하기 위해서 다른 표현으로 대체하자면, 輔佐政事(보좌정사)라는 뜻의 亮采(량채)라는 단어가 무난하다. 백도사전을 보면, 서경 皋陶謨(고도모)에 나오는 "日嚴祗敬六德亮采有邦" 구절에 대한 "此言助事有邦 謂有土者之臣" 주해를 실고 있다.

亮采匡世(량채광세)는 '세상을 구제하는데 정치의 중심을 두고 정사를 보살폈다'는 뜻이다.

配天統物 배천통물

配天의 사전적 풀이를 보면, ① 소식의 "伏愿皇帝陛下 配天而治 如日之中 安樂延年" 구절에서와 같이 "하늘의 짝 그에 따라서" 즉 하늘의 도리에 맞게끔 다스린다는 뜻 ② 한서(漢書, 郊祀志下)에서의 "王者尊其考 欲以配天 緣考之意 欲尊祖推而上之 遂及始祖 是以 周公 郊祀 后稷 以配天" 구절과 같이, 왕이 제천(祭天) 행사를 가질 때 선조에 제사를 지내는 선조배제(先祖配祭)의 뜻 ③ 장자 천지天地의 "齧缺 可以配天乎"(교결가이배천호)에서와 같이, 하늘로부터 제왕의 왕업을 받는 일 受天命天子(수천명천자) 즉 진명천자를 일컫는 말이다. 여기서 配天(배천)이 천명을 받은 천자를 뜻하는 말인지 아니면 시경에 나타난 의미로써의 왕이 조상에 대한 제사를 지내는 祭天(제천) 시제를 의미하는 말인지는 좀 더 깊이 살펴보아야 한다.

"□□匡□ 配天統物" 부분의 결자를 "得道匡世"(득도광세)라는 말로 새기면, '득도광정한 후 천자의 자리에 올라 조상에 대한 제사까지 지내고'의 뜻으로 풀이

된다. 배천 앞에 결자된 글자를 그 앞의 글자인 匡과 연결되는 의미로써 '得道匡世', '視爲匡世'라는 말이 연상된다. 匡世(광세)는 잘못된 세상을 바로잡는다는 의미 즉 挽救世道(만구세도)의 뜻이다. "古人多得道而匡世 修之於朝隱 蓋有餘力故也" (葛洪, 抱樸子, 釋滯). 이런 측면에서도 배천을 천명을 받은 천자로서 해석하는 것이 옳다. 또 배천통물 다음에 이어지는 표현인 畫野經圻(화야경기)는 '나라를 경영함에 있어서 들판을 도면에 그림으로 그려 놓고 쳐다보다 즉 사전에 미리 계획하거나 나라의 원근 모든 곳까지 꿰뚫어 보고 관리 경영했다'는 의미이므로, 이런 뜻에서도 배천을 천자의 의미로 해석하는 것이 자연스럽다.

배천 다음에 바로 이어지는 단어가 "統物"(통물)인데, 여기서 物은 統-거느리고 통솔하다의 의미, 또 待人接物-사람을 응대하고 환경에 접하다-라는 단어에서의 뜻처럼, 자기 이외의 다른 사람 또는 자기와 상대되는 개념으로서의 환경을 의미하는 것으로 해석하는 것이 옳다.

配天統物(배천통물)은 '하늘의 부름에 응해서 천자의 자리에 올라 교외의 산천에 나가서 하늘에 제천의식을 거행하고 나라 전체를 통솔하였다'는 의미로 해석된다.

왕위에 오르면 하늘에 제사를 지내는 제천의식 즉 봉선 행사를 가졌으니, 배천을 제천의례로 해석하는 것 또한 큰 무리가 없어 보이지만 배천을 제천의례로 해석하게 되면 통물의 주체적인 대상인 천자의 의미가 해석되지 않으므로, 여기서 배천은 장자의 글에서 나타난 의미로써 즉 천자에 오를 정당한 권위를 하늘로부터 받았다는 진명천자(眞命天子)를 비유하는 말로 해석하는 것이 바람직하다.

配天은 '하늘에 비추어'라는 일반적인 뜻이 있으므로 (蔡沈, 集傳, "故殷 先王終以德配天 而享國長久也") 인덕으로써 사람이나 세상을 대하고 다루었다는 의미로 해석하는 것이 옳다. 이와 같이 '덕을 쌓아야만 천자에 오를 수 있다'는 장자의 "以德受命"(이덕수명)의 개념에 따라서 배천의 의미를 해석하는 것이 옳다.

진명천자라는 것은 새로이 왕조를 개창하였다는 것을 의미한다. 태종무열왕의 김씨 왕조의 개창이 그것이다. 중국역사상 진명천자의 사례는 한나라 유방, 후한의 광무제, 당나라의 당태종, 송나라의 조광윤, 명나라의 주원장이다. 신나라 왕망은 정통성을 결여한 요괴스런 별종에 속한다. 한나라의 적통을 유린하고 15년간을 제왕으로 군림했던 왕망의 멸망 이후를 신라의 건국과 그리고 신라김씨와 연결시키려고 시도하는 유사학계의 논자들이 제멋대로 떠들고 있지만 그러한 잘못된 견해에 대해서 저자는 통렬하게 비판한다. 신나라 왕망이 저지른 죄과에 대해선 저자의 "역사 혁명: 문무대왕 유언 비밀 해제: 삼국사기는 이렇게 조작됐다" 책과 "투후 제천지윤" 책에서 설명된다.

畫野經圻 화야경기

유희애는 "畫野經圻"로 글자 판독을 하였다. "邦"(방)으로 판독한 판독자가 있는데, 방이든 기이든 그 뜻에는 차이가 없다. 圻(기)은 서경 필명(畢命)의 "申畫郊圻"(신화교기) 표현처럼 경계, 지계, 변계를 뜻하는 말이다. 설문해자에서 "圻垠或從斤"으로 풀이하고 있고, 비문14행에 나오는 "垠"(은) 글자와 같은 뜻으로, 無圻(무기)는 회남자의 설명대로 無境(무경), 無垠(무은)과 같은 의미이다.

畫野經邦(화야경방)은 나라 전체를 화폭이나 도면 전체에 그려 가듯이 미리 사전에 계획하고 일을 추진했고, 지역을 구분하여 관리 경영한다는 의미이다. 여기서 畫(화)는 도면(圖面) 즉 설계도를 말한다. 여기서 그림은 예술가의 추상화가 아니라 건축사가 설계하는 도면 그림을 말한다. 아파트 빌딩을 지을 때 우선 도면을 그려야 한다. 현대 건축사에게 도면그리기 프로그램 캐드(CAD)가 없으면 제도사의 일을 할 수 없을텐데, 그러므로 도면은 계획, 플랜(plan)을 의미한다.

경(經)은 경도와 위도라는 말에서와 같이 직물을 짤 때 가로 즉 횡선을 말하고, 방(邦)은 국가를 뜻하니, 여기서 經邦경방은 經邦緯國(경방위국)이라는 말과 같다. 즉 국가 경영을 베틀 짜듯이 미리 계획하고 원대한 입장에서 길게 보고 치밀하게 통치한다는 비유법으로 쓰인 말이다. 나라의 경계와 범위를 도면에다 먼저 그려 놓고 즉 사전에 계획적으로 움직이고 관리 경영했다. 한 나라의 건설은 오합지졸이나 중구난방식으로는 달성할 수 없고 설계도면처럼 치밀한 사전 준비에 의해서만 성공할 수 있다.

畵野(화야)는 산수화 풍경화의 그림 보듯이 또는 지도를 보듯이 한 눈에 펼쳐 보이듯이, 국가 경영에 있어서 미리 조감도 청사진을 그려 놓고 계획적으로 관리 경영한다는 뜻이 들어 있다. 지역을 나눠서 통치하는 畵野分疆(화야분강)이라는 말을 상기하면 더욱 이해하기 쉽다. 화야분강은 진시황제의 추역산 순수비에 나오는 "分土建邦"(분토건방)과 같은 뜻이다.

국가경영은 사회주의 계획 경제이든 자본주의 경제이든 모든 경제는 투입 예산과 산출이 연계되는 성격을 가지고 있으므로 미리 계획하고 추진하는 것이 분명하게 보인다. 전쟁은 군수물자와 인력 동원을 본래적으로 필요로 하는 행위라는 측면에서 우발적인 전쟁은 없으며 모두 미리 준비하고 진행하는 사전적 계획성의 성격을 가지고 있다. 모든 국가 행위라는 것이 투입과 산출이라는 경제 효과가 상정되므로 앞서서 계획하고 추진하고 성취해 나가는 주체적 발전적인 현상을 참조한다면 요즘의 신도시 국토 개발이 그렇듯이 미리 청사진을 그려 놓고 원대하게 추진해 나가는 것이 중요하다.

積德累善 적덕루선

"積德□□" 부분의 결자는 積德累善(적덕루선)이라는 숙어 표현으로 쉽게 유추된다. 뒤따르는 匡時濟難(광시제난)의 표현으로 보면 더욱 그렇다. 積德累善은 덕행을 쌓고 좋은 일을 많이 베풀었다는 뜻이다. 인덕을 쌓고 여러 업적을 쌓았다는 뜻의 積德累功(적덕루공)이라는 표현 또한 가능하다.

匡時濟難

匡時濟難(광시제난)은 '어려운 시국을 구하다'라는 匡時濟俗(광시제속)과 같은 말이다.

應神□□□□□靈命□□□

應神□□□□□靈命□□□□의 결자 부분을 메꾸어 보면, 應神靈之符恭膺靈命撫臨四海 (응신영지부 공응영명 무림사해)와 같은 내용의 표현을 생각해 볼 수 있다. 이 구절의 의미는, 세상 적폐를 청산하고 혼란한 시국을 바로 잡으라는 신령의 계시에 부응하고, 사해 바다를 통치하라는 하늘의 명령에 따라서 분연히 일어섰다.

應神□□□□□靈命□□□□의 결자 부분을 메꿔주는 표현은, 장형의 "동경부"에 나오는 "高祖 膺籙受圖"(고조 응록수도), 참동계에 나오는 "功滿上升 膺籙受圖"(공만상승 응록수도), 명화기에 나오는 "古先聖王 受命應籙"(고선성왕 수명응록), 안진경의 "恩信侔於四時 英威達於八表 功庸格天地 孝感通神明"(은신모어사시 영위달어팔표 공용격천지 효감통신명) 구절 등을 참조하고, 구당서 孝友傳(효우전)에 나오는 "朕恭膺靈命 撫臨四海"(짐공응영명 무임사해)의 의미를 결합하여 이 표현을 생각해냈다.

靈命(영명)은 하늘의 뜻 즉 신령(神靈)의 의지, 천명 즉 왕위, 生命(생명)의 뜻을 갖는 단어이다.

"匡時濟難 應神靈之符恭膺靈命 撫臨四海" 이 구절은 '쌓인 세상 적폐를 청산하고 혼란한 시국을 바로 잡으라는 신령의 계시에 부응하고, 사해 바다 해외 모두를 통치하라는 하늘의 명령에 부응하여 분연히 일어섰다'는 뜻이다. 이런 내용의 문장은 앞과 뒤에 따르는 문맥상 의미와 서로 상통한다.

사해는 즉 바다를 의미하고 撫臨(무림)은 統治(통치), 出鎭(출진)의 뜻이니,

"撫臨四海"(무림사해)는 撫臨萬國(무림만국)의 말과 같다.

신라왕의 타이틀을 "樂浪郡王"(낙랑군왕)으로 축소시킨 의미를 배격하고 확장적인 의미로써 "樂浪海王"(낙랑해왕)으로 해석하는 "삼국사기 낙랑해와 동해왕의 역사적 진실" 제목의 글이 실려 있는 저자의 "곡신불사 영광불멸 문무왕릉비 비문 연구"을 참조하라.

2행 요약

□□□□□	
(得一)通三	통신삼부(洞眞통진 洞玄통현 洞神통신의 三部)를 통달하고 도를 깨우쳤고
後兵殊(和)	군대를 일치단결 화합의 정신으로 이끌었다.
(得道)匡(世)	세상을 구제하는데 정치의 중심을 두고 정사를 보살폈다.
配天統物	하늘의 부름으로 천자의 자리에 올라 교외의 산천에 나가서 제천의식을 거행하고 온 나라를 통솔하였다.
畫野經圻	화폭과 도면 위에 그림을 그려가는 것처럼 청사진을 펼치고 국가를 계획적으로 관리 경영해 나갔으며, 원대하게 길게 내다보고 베틀로 비단 짜듯이 치밀하게 통치해 나갔다.
積德(累善)	덕행을 쌓고 좋은 일을 많이 베풀었다.
匡時濟難	혼란한 세상 어려운 시국을 구해 냈다.
應神(靈之符恭膺)靈命	세상 적폐를 청산하고 혼란한 시국을 바로 잡으라는 신령의 계시에 부응하고,
靈命(撫臨四海)	(사해 바다를 통치하라는 하늘의 명령에 부응하여 분연히 일어섰다.)
□□□□□□	

3행 鯨津氏 경진씨

□□□□□□□□□□□□□□派鯨津氏映三山之闕東拒開梧之境南鄰□桂之□□接黃龍駕朱蒙□□□□承白武仰□□

국편위 해석: … 경진씨(鯨津氏)를 파견하여, 삼산(三山)의 궐(闕)을 비추고, 동으로는 개오(開梧)의 지경을 막고, 남으로는 ▨계(▨桂)의 ▨과 이웃하고, (북으로는) 황룡을 맞아 주몽(朱蒙)을 태우고, … 백무(白武)를 이어 받아 …을 우러르며 …

추홍희 해석: 이에 경진씨를 파견하여 한반도의 약점을 조명하고 보고하게 하였다. 한반도는 동쪽으로는 개오라는 지역을 국경으로 하고 있고, 남쪽으로는 팔계 지방에 맞닿아 국경으로 삼고 있는데, 바다를 서로 접하고 있다. 하늘의 부름에 응한 천자가 여름철 붉은 서기를 타고 (준마처럼 빠르게 배를 달려) 내려오니 (전쟁을 불러온) 백호는 (자기죄상을 자백하고 두 손을 들어 하늘에 빌었다) (그리하여 세상에 평화가 찾아오고 도의의 정치를 펼치니 인재들이 사방에서 몰려들어 궁전안에는 봉황이 내리고 교외밖엔 기린이 뛰어 놀며 바다에는 청룡이 노닐었다).

3행문장을 이해의 편의를 위해서 띄어쓰기로 재배치하면 다음과 같다.

□□派鯨津氏 映三山之闕 東拒開梧之境 南鄰八(桂)之際(海)接 黃龍 駕朱蒙(馳赤馬) (招)承白武 仰▨▨」

□派

"□派鯨津氏映三山之闕"의 "□□□派"파 앞의 결자를 메꾸어 본다면 글자 뜻 그대로 파견하다의 의미의 단어인 於是遣派(어시견파)가 적절하다. 오늘날 남한에서는 상호(相互)라고 쓰는데 북한에서는 호상(互相)이라고 쓰니 남북한간에 어감이 약간 달라진 측면이 없는 것은 아니지만, 상호존중, 상호작용이라는 말의 의미가 달라지는 것은 아니듯이, 오늘날에는 파견이라는 어순으로 익숙하지만 遣派(견파)의 어순으로 쓰더라도 같은 뜻이다. 한비자(韓非子) 팔경(八經)에서 "兵士約其軍吏 遣使約其行介"의 표현을 보라. 遣使(견사)는 派遣使者(파견사자)의 뜻인데, "견당사"의 말로 익숙한 표현이고, 使(사)는 派(파)의 뜻과 같은 '사람을 보내다, 파견하다의 뜻이다. 누가 경진씨를 파견했을까? 당연히 선왕 선후(先后)가 파견했다. 선덕여왕, 진덕여왕이 되겠다.

鯨津氏 경진씨

"鯨津氏"경진씨는 사람을 지칭하는 말이다. 경진씨는 헌원씨, 혁서씨, 신농씨, 이기씨, 중량씨 (軒轅氏 赫胥氏 神農氏 伊耆氏 仲良氏) 등의 수다한 선인선현들의 명칭에서 알 수 있듯이, 고대 제왕 귀족 등 역사상 유명한 사람들을 가르킬 때 쓰는 경칭의 표현이다. 전국시대(BC 475-BC 221)에 쓰여진 竹書紀年(죽서기년)의 黃帝軒轅氏, 帝摯少昊氏, 帝顓頊高陽氏, 帝嚳高辛氏, 帝堯陶唐氏, 帝舜有虞氏, 帝禹夏后氏 등을 참조하라.

庚辰氏

고대 역사적 기록을 탐문해 보면 "경진씨"와 같은 발음이 나는 역사적 인물이 존재한다.

경진씨의 성격은 분골쇄신하며 용맹성이 강한 사람이다. 고래잡이 용감한 사람들의 출신 배경을 역사를 찾아 올라가 보면, 대우치수 시기에 흉악무도한 사람들을 처치하여 용감성을 나타낸 "庚辰氏"(경진씨)를 찾을 수 있다. 용감한 탐험가 고래잡이 鯨津氏(경진씨)의 선조로서 庚辰氏(경진씨)를 추적해 볼 수 있겠다. 庚辰氏경진씨는 대우치수 시대에 크게 활약하여 신격화된 인물인데, 그에 대한 기록은 당나라 때 이공좌의 악독경에 전해진다. "禹 怒 召集百靈 獲 淮 渦 水神 無支祁 授之章律 鳥木由 不能制 授之 庚辰. 庚辰 以戰逐去 頸鎖大索 鼻穿金鈴 徙 淮陰 之 龜山之足下 俾 淮 水永安而流注海".

간지 세차로 "庚辰"(경진)은 "龍年"(용년)이라고도 말한다. 한반도의 고대왕국 "辰國"은 용나라이고, 동쪽은 해뜨는 시작의 동방청룡의 자리이고, 용은 고대로부터 제왕의 상징 심벌이었고, 청룡상은 고대로부터 중국문화의 핵심에 자리잡고 있다. 청룡상이 중국 문화의 핵심이라는 사실은 1959년 발굴된 중국 하남성 낙양 二里頭村(이리두촌) 고대유적지의 유물에서도 충분히 확인된다.

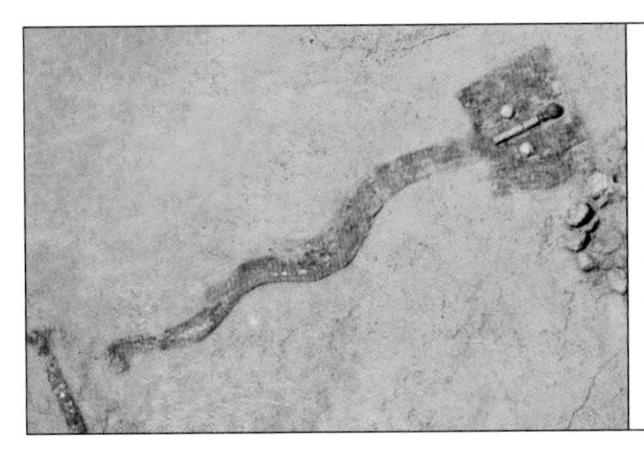

하남성 낙양 二里頭(이리두) 유적지에서 2012년 출토된 용모양 녹송석상감용기 綠松石龍形器 ("中華遺産" 圖片, 2016, 11).

동이족 동해왕 낙랑해왕의 역사를 고찰해보면 庚辰氏(경진씨)의 후손이 鯨津氏(경진씨)의 선조와 연계되는 역사가 찾아진다.

鯨津氏(경진씨)는 구체적으로 누구를 지칭하는가?

비문 전체의 문맥을 통해서 판단하면, 경진씨는 문무왕의 아버지인 김춘추 태종무열왕을 가르킨다.

돌아가신 선왕의 정식명칭을 비문 글자수에 한계가 있는 비석에다 그런 공식명칭을 쓰기 보다 또 그런 경칭은 역사상 유명 인물의 반열에 올려 놓는 경칭이라는 측면에서 보더라도 氏(씨) 글자를 생략하고서 鯨津(경진)으로만 쓴 것은 고대 당시에 허용되던 표현으로 이해된다.

비문 뒷면 20행에 등장하는 粉骨鯨津(분골경진)은 나라를 위해 "분골쇄신한 경진씨"라는 뜻이다. 粉骨鯨津(분골경진)은 국편위의 해석대로의 "경진에 뼈가루를 날리셨네"라는 뜻이 아니다. 粉骨(분골)은 삼국사기에서 기재하고 있듯이 粉骨碎身(분골쇄신)의 약자로써 "몸이 부서지는 것도 마다하고 진심전력으로 나라를 위해 온몸을 던져 헌신한 사람"을 지칭하는 비유적인 의미인 것이지, 경진에 뼈를 분(粉)하다의 개별축자적 낱말의 뜻으로 쪼개진 의미가 아니다.

삼국사기 "兄弟及兒 懷金拖紫 榮寵之極 夐古未有 粉身碎骨 望盡驅馳之用 肝腦塗原 仰報萬分之一".

"저희 형제와 아들들이 금인(金印)을 품고 자주색 인끈을 달게 되어 영예와 은총의 지극함이 전에 없었던 것이라서 몸이 부스러지고 뼈가 잘게 부서져도 모두 부리시는데 쓰임이 되기를 바랐으며, 간과 뇌를 들판에 발라서라도 은혜의 만 분의 일이라도 갚고자 하였습니다." (국편위 번역).

고래를 長鯨(장경)이라고 말하는데 장경은 큰 고래 大鯨(대경)으로 부르기도 한다. 좌사의 吳都賦(오도부)에 "長鯨呑航 修鯢吐浪" 구절이 나오는데, '고래가 배를 삼키고 도롱뇽이 물을 품는다'는 뜻이다. 송나라 陸游(육유)의 長歌行(장가행)에 "人生不作 安期生 醉入 東海 騎長鯨" 구절이 있는데 '술에 취해 동해바다로 나가 고래등을 타볼까나' 뜻인데, '고래등을 탄다'는 말은 우리나라 70년대 유행했던 대중영화 "고래 사냥"의 주제가 가사의 의미와 비슷하다.

長鯨(장경)은 巨寇(거구)를 비유하는 말이기도 하다. '큰 왜구'라는 장경의 의미를 태종무열왕 김춘추가 갖고 있었으니 문무왕이 동해왕 즉 낙랑해왕의 타이틀을 갖고서 일본해 태평양까지 바다를 주름잡았다는 역사는 신라후기 장보고의 청해진 무역, 문무왕의 중홍선조 김수로왕의 해상왕국 등의 역사를 되찾을 수 있으므로, 19세기말이 되어서야 명치유신을 단행하고 태평양을 진출한 일본의 역사에 대비하여 가야와 신라의 바다 재패 역사를 되찾는 작업이 시급하게 요청된다.

태종 무열왕 김춘추 경진씨를 長鯨(장경), 巨寇(거구)에 비유했다는 역사의 기술에 숨어 있는 의미를 들여다보면, 김춘추는 한반도의 통일을 위해서 당나라와 일본과 고구려 백제 등 동해와 황해와 태평양을 둘러싸고 서로 국경을 접하고 있는 주변국들을 차례로 돌아다니면서 외교적 책략을 구사했던 사실이 함의되어 있음을 알 수 있다. 長鯨(장경)은 술고래, 長鯨豪飮(장경호음)이라는 말이 있는 것처럼, 고래가 물을 마시듯 마시다 즉 대식가(大食家) 또는 비유적으로 巨寇(거구), 탐욕이 지나친 사람을 비유하는 말이다.

김춘추가 대식가였다는 사실은 삼국유사에 기재되어 있다. "王膳一日飯米三斗 雄雉九首 自庚申年滅百濟後 除晝膳 但朝暮而已 然計一日米六斗 酒六斗 雉十首".

"태종무열왕은 하루에 쌀 세 말과 장끼 아홉 마리씩 먹어 치웠다. 백제를 멸망시킨 뒤에는 후 점심을 거르기 시작했다. 그래도 하루 식사로써 쌀 여섯 말, 술 여섯 말, 꿩 열 마리를 먹었다." 백제를 멸망시킨 후로 점심을 걸렀다는 삼국유사에 기재된 이야기들은 태종무열왕의 영토적 확장 즉 삼국통일의 역사와 직접적으로 연관되어 있는 비유적 의미가 숨어 들어 있다. 신라에 투항했던 고구려의 역사를 반추해 보면 김춘추를 대식가에 비유하여 깎아내리고자하는 의도가 숨어 있음을 알 수 있다.

한편 삼국유사에서 김춘추를 신성스런 용모를 지닌 사람으로 기술했다. 삼국유사, "在東宮時 欲征高麗 因請兵入唐 唐帝賞其風彩 謂爲神聖之人 固留侍衛 力

請乃還". '태자 시절에 고구려 원정을 위해 군사를 빌리려 당나라에 갔다 당나라 황제가 그에게 성스럽고 존엄한 풍채라고 했다 황제가 곁에 있기를 원했지만 설득하고 돌아왔다'. 사람의 생김새 용모 풍채가 신성(神聖)스럽다는 표현은 그가 풍기는 용모가 장엄해서 감히 함부로 범접하기 힘들다는 의미이다.

사람이 신과 같은 모습이라는 의미의 神聖(신성)이란 말은 신선(神仙)이란 의미 즉 땅이 곧 무너지는 진동이 일어나도 태연하게 바둑을 두며 흔들리지 않는 마음을 보여주거나 누가 어떤 말을 해도 언제나 허허 웃으면서 사람 차별하지 않고 항상 무게중심을 잡고 있는 거인이라는 의미 이외에 생김새가 "천하대장군"의 장승처럼 또는 처용의 모습처럼 무서워서 함부로 범점하기 힘든 무인 같은 호인(好人)의 풍모를 지닌 사람을 두고 하는 말이다.

645년 일본은 다이카 쿠데타(大化改新)가 일어났고 그 이년후인 647년 김춘추가 일본을 방문하여 정세를 정탐했다. 일본서기(日本書紀) 大化三年 기사에 金春秋를 "春秋美姿顔善談咲"라고 표현했다. 김춘추의 자태가 아름다운 풍채를 지녔고 얼굴 안색은 곱고 선한 모습이며 웃으며 담소를 즐긴 사람으로 묘사한 것이다. 咲(소)는 웃음을 짓다의 소(笑)와 같은 뜻의 글자이다.

일본인들의 기사 번역을 보면 "金春秋が美男子で笑顔を絶やさない好人物であったことが記されている" 인데, 미남자라고 말할 때 얼굴이 욘사마 배용준처럼 여자같이 곱다는 뜻의 미남자라기 보다는 적국에 온 담판가로서 어떠한 극한 상황에서도 평안을 잃지 않고 웃음 지으며 말을 이어가는 침착한 사람 즉 신선 같은 영웅적 이미지를 그려놓은 표현이다.

항우의 해하가에서 나오는 표현인 虞美人(우미인)을 아름다운 여자 미녀로 해석하는 것은 항우의 절명시의 깊은 의미를 파악해내지 못한 사람의 해석에 불과하다. 목마탄 사람 즉 뱃머리에 달린 나무닭을 말하는 "목계"의 교훈이 있는데, 어떠한 절망적인 극한 상황 속에서도 흔들리지 않고 중심을 잡아 침착하게 살아 나오는 사람을 우리는 영웅적인 인물로 추앙한다.

삼국사기에서 김춘추를 "王儀表英偉 幼有濟世志"라고 평했는데, 이 구절은 태종무열왕은 '몸가짐과 태도가 남달리 위대하고 영웅적인 기개를 나타냈고 어려서부터 어지러운 세상을 구제하고 큰 뜻을 가졌다'는 의미이다. 儀表(의표)는 용모나 자태가 당당(堂堂)하다는 뜻으로 비범한 김춘추의 풍채를 말해주는데, 이 삼국사기의 구절은 문무왕릉비 비문앞면 4행의 "勳超三▨▨巍蕩蕩不可得而稱者▨▨▨▨" 문장 내용과 일치한다. 무열왕 김춘추가 천하귀인이었다는 묘사는 문무왕릉비문과 당서와 일본서기와 삼국사기 모두에서 일치되는 사실이다.

〈고래 사진〉

三山

三山(삼산)은 전설로 내려오는 봉래, 방장, 영주의 세 삼신산(三神山)을 가르킨다. 삼산은 지명으로 흔히 쓰이는 명칭이지만, 삼면이 산이나 바다로 둘러 쌓인 원뿔처럼 깊숙한 반도 지형을 가르키는 일반명사화된 흔한 표현이다. 인류의 문명은 강을 따라 형성되었는데, 강줄기는 험준한 산맥을 넘나들고 평야지대에 이르면 물고기를 잡는 그물망처럼 한 면은 트여 있는 이러한 삼산의 지형에 주로 터전을 잡는 인류의 생활 환경을 반영하기 때문이다. 따라서 三山(삼산)이라는 지역 명칭을 쓰고 있는 곳을 여러 나라들에서 찾아보면 한 두 곳이 아니고 수없이 많이 발견된다. 대표적인 삼산 지형은 복건성의 무이동 계곡, 바다를 끼고 있는 반도지형의 복주가 그에 속한다.

三面(삼면)이란 冂 형식의 구조를 말한다. 삼면이 바다로 둘러쌓인 三面際水(삼면제수)를 가르킨다.[34]

"가노라 삼각산아 다시보자 한강수야" 이 김상헌의 시조 구절 "삼각산"이 양각두(羊角頭) 즉 三列山(삼열산)을 말한다. 사람의 얼굴 생김새 일자눈썹을 가진 사람을 무인 장군될 생김새라고 말하는데, 일자각을 용각(龍角)이라고 말한다. 요즈음 자동차운전면허시험에서의 난코스인 "T"자 코스를 지칭하는데, 三面(삼면) 冂 형식은 반도 지형을 말한다. 고인돌, 돌을 지칭하는 우뚝할 兀(올) 글자가 이 뜻을 지닌다.

삼산의 모양은 송나라 曾鞏(증공)이 "道山亭記"도산정기에서 표현하듯이, "三山者鼎趾立"(삼산자정지립) 삼발이 솥이 서 있는 모양을 이른다. 세 개의 산이 서로 병렬적으로 서로 싸고 있고 한 곳은 트여 있다. 삼국지의 역사가 워낙 우리

34) 산해경(山海經)에 삼면인(三面人)이 등장한다. 大荒之中 有山名曰大荒之山 日月所入 有人焉 三面 是顓頊之子 三面一臂 三面之人不死 是謂大荒之野. 대황(大荒)의 한가운데에 대황산이라는 산이 있는데 해와 달이 지는 곳이다. 이곳의 어떤 사람은 얼굴이 셋인데 전욱의 아들로 세 얼굴에 외팔이다. 세 개의 얼굴을 가진 사람은 죽지 않는다. 이곳을 대황야라고 한다.

들의 뇌리에 깊숙하게 자리잡고 있어서 흔히 "천하삼분"이라고 말하는데, 삼발이는 가장 안정적인 형태에 속한다. 그런데 왜 삼발이가 안정하다고 여기는가? 솥은 트여 있어야 한다. 바람이 통해야 하기 때문이다. 막힌 솥은 없다. 바람이 들어가고 바람이 나오는 문이 있어야 한다.

도산정기에서 삼산의 무이동계곡을 예찬하고 묘사하고 있다. 三山鼎立(삼산정립)의 전설따라 삼천리를 가보면, 삼산은 바다 가운데 위치한 봉래(蓬萊) 방장(方丈) 영주(瀛州)의 세 三神山(삼신산)을 지칭한다고 말하지 않는가? 그래서 三神山(삼신산)은 道山(도산)과 같은 말이고, 도산은 신선이 사는 仙山(선산)과 같은 뜻이다. 당송팔대가 소식의 봉화진현량의 싯구에 나오는 "三山舊是神仙地 引手東來一釣鰲" 표현은 삼신산을 가르킨다.

한반도를 선인들이 사는 곳이라 옛부터 여겨왔는데 그것은 반도지형을 지칭하고 또 신선처럼 살아가는 한반도의 주인공 한인들이 선량한 사람들이었기 때문이다. 한반도는 삼면이 바다로 둘러 쌓인 삼산지형 즉 반도지형에 속하고, 전형적인 길상복지에 속한다.

세계에서 인구밀도가 가장 높은 곳이 한반도와 네덜란드인데 왜 그토록 많은 인구가 집중해서 살고있는 지 그 이유가 필시 있지 않겠는가? 바다나 강 바닥에 솟아오른 지형을 영어로는 그린포인트(Green Point)라고 부른다. 반도지형은 그리스 이태리 등 모든 유럽은 물론이고 아시아와 아메리카 대륙 통틀어 반도지역은 모두 길상복지이다. 바다와 뭍이 겹치는 곳에는 물고기도 풍부하다.

闕

闕(궐)은 왕이 거처하는 조정궁전, 수도 서울의 궁전대궐, 궁전 건물은 담징으로 에워싸여 있는데 그 출입문 좌우에 설치한 망루(望樓)를 가르키는 말이다. 또 石闕석궐이란 말에서 보여주듯 묘 앞에 좌우로 서 있는 비석을 가리키기도 한다.

闕(궐)은 이런 뜻만 있는 것이 아니라 다른 뜻도 가지고 있는데, 궐(闕)은 豁口(활구), 틈, 갭, 缺口(결구)의 뜻을 갖고 있는 글자이기도 하다. 예컨대 수경주에 나오는 "兩岸連山 略無闕處"이라는 표현은 산이 연달아 있어서 트인 곳이 없다는 뜻이다. 궐(闕)자가 결점(fault)을 뜻하는 말로 쓰인 예는 유명한 제갈량의 출사표, 사마천의 보임소경서에서도 확인된다.

사마천은 그 편지에서 "拾遺補闕"(습유보궐)이란 말을 쓰고 있는데, 拾遺補闕은 다른 사람의 결점이나 과실을 바로잡고 보완하다는 뜻이다. 즉 결점이나 잘못을 바로잡다는 뜻에서 補闕(보궐)을 쓰고 있다. 보궐선거라는 용어에서 그 뜻을 잘 알고 있으리라. 또 제갈량은 출사표에서 "반드시 결점을 보완할 수 있고, 널리 이로움이 있을 것"이라는 뜻으로 "必得裨補闕漏有所廣益"(필득비보궐루유소광익)이란 말을 쓰고 있다. 闕漏(궐루)는 빠지고 누락된 것, 裨補(비보)는 결점을 보충보완하다는 뜻이다.

당태종의 "제범"에서 간언의 중요성을 강조하는 納諫(납간)편에 "恐有過而不聞 懼有闕而莫補" 구절이 나타난다. 국왕은 고대광실 구중궁궐에 갇혀 살기에, 높은 누대를 받치고 있는 아랫사람들이 어떻게 살아가는지를 잘 파악하고 있어야 한다는 말이다. 아랫사람들 가운데 혹 과실이 있어도 그것을 솔직하게 알리지 않으려는 경향이 나타나고, 결함이 있어도 그것을 고치지 않으려고 하는 그러한 은폐 시도가 나타나는데 그러한 경향을 경계하라는 말이다.

이런 측면에서 세종대왕은 신문고를 설치해서 만약의 잘못을 직접 듣고자 했던 것이다. 당태종은 신하가 정의에 옳고 바른 말을 하면 설혹 그 말솜씨가 조금 서툴어도 그 부족함을 탓하지 않았으며, 논리가 곧고 이치에 맞으면 설령 그 문장 표현력이 서툴어도 문장력을 탓하지 않았다.

인간 세상이란 부족한 인간들이 살아가는 세상이라 어떤 결함이라도 전혀 없는 청정무구의 사회가 될 수 없다. 이런 저런 사람들이 함께 살아간다. 그래서 어느 누구도 결점이 없는 완전무결함이라는 것이 존재할 수도 없거니와 그러므로 인간사회는 어떤 결함이 나타나면 그것을 고치고 보충하는 것이 중요하다는 점을 말해준다. 또 실질이 중요한 것이지 외양의 바깥 형식이 중요한 문제가 아니라는 뜻이다. 물론 화려한 치장이 항상 나쁘다는 말은 전혀 아니다. 사마상여처럼 화려한 문체를 구사할 줄 아는 타고난 재주가 있는 사람들은 그 자체로 칭찬받을 만하다. 하지만 의미가 통하는대도 불구하고 괜히 꼬투리잡는 것은 못난 사람들이나 하는 하수에 속한다.

위의 예와 같이 역사상 최고의 문장가들이 불후의 명문에서 궐(闕)자를 결점이나 부족한 것을 이르는 말로 쓰고 있는데, 왜 국편위는 단어의 정확한 의미를 고려하지 않고서 그저 "삼산(三山)의 궐(闕)을 비추고"-이렇게 엉터리로 번역했는지 심히 유감이다.

삼국유사에서 삼면의 바다를 끼고 있는 한반도 지형이 신라의 약점이 된다는 것을 다음과 같이 전하고 있다: "羅人云 北有靺鞨 南有倭人 西有百濟 是國之害也"

闕文

비문의 마멸된 글자 부분을 "缺"(결)자 부분이라고 부르는데, 이 결(缺)자의 의미는 결손(缺損)되어 있다는 뜻이다. 결손되고, 흠결이 있거나 빠뜨려지고 일글어져서 판독이 안되는 글자 부분을 가르키는 말로 "闕", "上闕", "闕三字" 등의 표현들로 쓴다. 缺(결)과 闕(궐)은 같은 의미이다. 闕(궐) 글자가 빠진 것, 脫漏(탈루), 결함, 흠결, 결손의 缺(결)의 뜻을 갖고 있다는 예문사례는 공자의 "闕文"(궐문) 표현에서도 나타난다.

闕文(궐문)은 문장 중에서 빠진 글자를 지칭하는 말인데 글의 의미가 해석이 안되는 부분을 이르기도 한다. 논어 위령공(衛靈公)의 "吾猶及史之闕文也" 구절이 그런 뜻으로 쓰였다. "吾猶及史之闕文也 有馬者借人乘之 今亡矣夫" 이 구절의 뜻은 다음과 같다. 공자가 말하길, "나는 그래도 사관이 탈루된 글자나 이해가 안가는 글자가 있으면 빼놓고 공란으로 남겨두는 것을 보았고, 말을 가진 사람은 다른 사람에게 말을 타게 하였는데, 지금에는 그런 것들이 다 없어진 것 같네!"

공자의 이 말은 의문이 생기거나 이해가 안가는 부분이 있으면 그것을 비워 두거나 또는 잘 아는 사람에게 물어보고 해결하고자 하는 겸손함과 신중함이 있어야 되는데, 몰라도 아는 척하며 자기 주장을 하는 것을 마치 옳은 것인양 억지로 우기려는 세태를 비판하는 지적이다.

闕(궐)은 대궐의 뜻만이 아니라 부족한 결손의 뜻으로도 쓰인다는 사실을 공자의 말을 통해서도 알 수 있다. 그런데 우리같은 한갖 미물들이 공자가 쓴 글자의 의미마저 놔두고, 오로지 宮殿闕庭(궁전대궐)의 궐(闕)자의 뜻으로만 해석을 제한하려고 한단 말인가?

映

당나라 흘간유의 시 "海日照三神山賦(以耀輝相燭 珠庭燦然為韻)"에 나오는 "金闕互映"의 의미를 살펴보고 비문 이 구절의 뜻을 찾아보자. 金闕互映(금궐호영)의 뜻을 보자. 금궐은 선인이 거처하는 곳 또는 임금의 궁전을 뜻하고 映(영)은 서로 비추다, 서로 어울리다의 뜻이다.

그런데 비문에서의 映(영)글자는 '보고하다, 반영하다'는 의미이지, '비추다'의 뜻으로 쓰인 것이 아니다. 비문의 映(영)은 照射(조사)하다의 뜻이 아니라, 反映(반영)하다 즉 빛을 반사시켜서 조명하다 영어로 reflect의 뜻으로 쓰였다. 유신(庾信)의 咏畵屏風(영화병풍) 싯구절 "狭石分花徑 長橋映水門"에서의 映(영)이 반조(反照)하다의 뜻으로 쓰였다.

상부에 보고할 때는 곰곰이 따져보고 보고서를 올리기에 검토(reflection)의 과정을 겪는다. 그러므로 映(영)은 윗선에게 의견을 전달하는 것을 말한다. 신화사전을 찾아보면 이러한 뜻의 사례로 映映群衆意見(영영군중의견)을 들고 있다.

또 映襯(영친)하면, 서로 잘 어울리다, 서로 비추다의 뜻이고, 서로 다른 두 가지를 병렬하여 대비를 선명하게 하는 수사학을 말한다. 반딧불에 비추어 공부를 하다의 형설지공과 같은 뜻으로서 映雪讀書(영설독서)라는 표현이 있다.

따라서 "派鯨津氏映三山之闕" 구절에서의 闕(궐)은 대궐 궁전의 뜻이 아니라 결점이라는 뜻이고, 三山(삼산)은 삼면이 바다로 둘러쌓인 한반도를 지칭하고, 鯨津氏(경진씨)는 선왕 태종무열왕을 지칭하고, 映(영)은 반영(反映)하다, 조명하다, 의견을 보고 전달하다의 뜻이다. 당서와 삼국사기와 일본서기 등의 사서에서 모두 기재하고 있는 바대로 경진씨를 당나라에 파견하여 삼면의 적으로 둘러쌓인 한반도의 결점을 조명하고 반영하여 전쟁전략을 수립하였다는 역사를 전달하고 있다.

삼국유사에서 삼면의 바다를 끼고 있는 한반도 지형이 신라의 약점이 된다는 것을 다음과 같이 전하고 있다: "羅人云 北有靺鞨 南有倭人 西有百濟 是國之害也". 신라의 약점은 북으로는 말갈을 접하고 남으로는 일본을 접하고 서쪽에는 백제와 국경을 접하고 있다는 것인데, 문무왕릉비 비문에서 삼산의 결점은 동으로 개오하고 국경을 맞대고 남으로는 팔계와 바다로 접해 있는 반도지형이라는 것을 기록하고 있다.

따라서 국편위가 "삼산(三山)의 궐(闕)을 비추고" 이렇게 번역한 것은 큰 오류를 범했다는 것을 바로 알 수 있다.

비문에 말하는 삼산의 결점은 동으로 개오하고 국경을 맞대고 남으로는 팔계와 바다로 접해 있는 반도지형이라는 것이다. 비문 앞면25행에서 北接挹婁(북접읍루) 표현이 등장한다. 그런데 일부 논자들은 국편위와 같이 "□接黃龍駕"을 北接(북접)이라고 마음대로 끼워넣고 마치 동서남북의 방향대로의 기계적인 해석을 하고 있다. 하지만 북쪽으로 국경을 마주하고 있는 민족과 그 나라는 挹婁(읍루)이기에 "북접황룡"의 표현을 북쪽과 마주한 황룡의 뜻으로 새길 수 없다.

東拒開梧之境 南鄰八桂之際 海接

거(拒)는 막다, 拒守(거수)는 지키다, 拒敵(거적)은 적을 저지한다는 말이니, 동거(東拒)는 국경 동쪽을 이른다. 수서 동이 백제전에 백제의 국경을 "南接新羅 北拒高麗"(남접신라 북거고려)라고 적고 있는데 백제는 남쪽으로는 신라와 북쪽으로는 고려와 국경을 접한다는 말이다. 주서(周書) 동이 고구려전에 고구려의 국경을 "東至新羅 西渡遼水二千里 南接百濟 北鄰靺鞨千餘里"라고 적었는데, 동지(東至)신라 서도(西渡)요수 남접(南接)백제 북린(北鄰)말갈 이렇게 동서남북의 국경선을 말하고 있다.

東拒開梧之境(동거개오지경)은 동쪽으로는 개오와 국경을 맞대고 있다는 뜻이고, 南鄰八桂之際(남린팔계지제)는 남쪽으로는 팔계와 국경을 접하고 있다는 의미이다.

海接(해접)은 이 동쪽과 남쪽의 국경인 개오와 팔계가 바다를 끼고 접해 있다는 뜻이다.

拒, 鄰, 接, 承 이 단어들은 다같이 '접하고 있다'는 뜻으로 같은 의미를 갖는다. 주서 수서 구당서의 사서에서 보이듯이 국경선을 표시하는 표현들이다. 동어반복을 피하기 위해서 국경을 맞대고 있는 이웃나라들을 이렇게 각각 東拒, 南鄰, 西承, 北接 (비문앞면3행과 25행에 등장)으로 표현한 것이다.

開梧

비문에서 동쪽으로 국경을 접하고 있는 명칭을 개오(開梧)라고 말하고 있는데, 중국의 전설상 동쪽 국경을 "개오"라고 불렀다. 최초의 출전은 여씨춘추에서 찾아진다. "其以東至開梧 南撫多鶪 西服壽靡 北懷儋耳 若之何哉" (呂氏春秋, 任數). 하지만 이들 지역이 구체적으로 어디를 가르키는 지는 알 수 없다.

"蒼梧"(창오)라는 지명은 산수풍광이 아름다운 계림이라는 유명한 관광지역으로 잘 알려져 있는 오주(梧州)지역이고, 지금의 베트남인 남월(南越)과의 국경 지역에 해당한다. 창오라는 지명은 요순시대 때부터 존재했는데 한나라 때인 기원전 111년 창오군을 설치했다.

창오나 개오(開梧)나 한자훈으로는 그 뜻이 비슷한 말이다. 하지만 창오는 중국의 남쪽 국경에 해당하므로, 문무왕릉비문에서의 동쪽 국경을 접하는 지역명의 개오하고는 약간 다른 개념으로 보인다.

일본이 중국과 접하는 해협의 이름이 "대우해협"인데 이 대우는 우임금을 가르키는 말이다. 역사 기록은 현존하지 않기 때문에 사서로 입증하기는 쉽지 않겠지만 우임금의 남순 정벌 때 일본이 정벌되었다는 추측은 현재까지 남아 있는 일본의 "대우 해협(大隅 海峽)"이라는 지명으로 상상해 볼 수 있다. 大隅의 우(隅)자가 모퉁이라는 뜻으로써 일본의 최남단 큐슈 모퉁이에 치우친 곳이라는 지형상의 명칭이라고 볼 수 있지만, 일본의 역사 발전 단계상 큐슈가 가장 먼저 발전했고, 또 일본의 최초 수도가 위치한 독립국이었다는 측면에서 모퉁이라기 보다는 최첨단의 입지에 속했다. 큐슈에 위치했던 대우국이나 대우해협은 대우치수 때의 역사를 간직하고 있다고 추측되는 이유이다. 따라서 대우(大隅)는 대우(大禹)로 이해하는 데 큰 무리가 없다. 일본이 접하고 있는 국제 해협으로 대한해협이 있고 또 북동쪽으로는 홋카이도 북해도 섬을 마주 대하고 있는 "진경 해협"이 있다. 이 진경해협까지 경진씨가 치고 들어가지 않았을까 하는 추측은 충분한 근거가 있다. 홋카이도 섬은 일본의 4대섬에 해당하기는 하지만 근래 명치유신기까지는 외국으로 취급되었고 그에 따라 개항 무역항이 따로 개설되어 있었다는 사실을 볼 때 "개오"의 최대 근접치는 일본 본토섬의 동북부 맨끝 지역인 "奧州"(오주) 지역이라고 추정할 수 있다. 우리말에 산간오지라는 말이 있듯이 오주는 변경 지역을 말한다. 奧州와 梧州는 발음상으로 같은 말임을 볼 때 "開梧"(개오)는 일본의 동북부 끝인 오주를 지칭하는 것으로 추측할 수 있다. 일본의 동북쪽에 경진씨의 성씨가 남아 있고, 홋카이도와 본토 섬을 가르는 해협 명칭이 "경진" 글자의 의미를 갖는 "津軽"(쓰가루 해협)이라는 명칭 그리고 경진 관련 지명 등 어느 정도 관련성이 있다. 輕津(경진)은 물살이 빠른 나루터를 말한다.

개오를 일본의 동북쪽 끝단으로 확장하지 않더라도 일본의 비조(飛鳥)시대의 유물로 확인되는 인물들인 大海人(대해인), 대진황(大津皇), 오오쓰노 미코 大津皇子의 대해, 대진이 경진과 연관되지 않았겠는가? 물론 현재 일본에 남아 있는 기록은 당시 내전 상황을 정확하게 알 수 있는 내용으로는 부족함이 많을 것이다. 왜냐하면 역사는 승자의 전유물이라고 하거늘, 숙청된 소가씨의 기록처럼 졸지에 싹 없어지고 말았을 가능성이 크기 때문이다.

전쟁에서 승리한 측이 패자에 대한 기록을 없애버리는 이유는 후환이 두렵다는 사실에 있다. 한무제가 그랬듯이 후환이 두려워서 모조리 쓸어 없애버렸을 가능성이 높다. 1145년 '조선일천년래제일대사건'의 전쟁에서 승리한 고려의 김부식 도당이 그랬던 것처럼 말이다. 1200년대, 1500년대에 일어난 일도 조작이 가능한데 하물며 그보다 한참 오래 전인 700년대의 일을 역사조작하기란 훨씬 더 쉬었으면 쉬었지 더 어려웠을 수는 없지 않겠는가?

한서에서도 역사 도그마화하여 곽광과 상호대비시키며 "금일제"를 "투후"라며 역사를 바꿔치기한 시도가 이루어졌다. 그런 천벌받을 몹쓸 짓은 천성지금의 선조 무덤을 도굴하는 것만큼, 카톨릭의 면죄부 장사만큼, 조선말의 양반 족보 편입하기만큼 비일비재한 일이 아니었던가? 고려가 말갈족의 금나라, 거란족의 요나라, 몽고족의 원나라의 식민지로 전락하였고, 또 조선 세종의 중흥시대 이후 임진왜란과 병자호란을 맞아 여진족 만주족 청나라의 식민지로 전락하였는데 그 동안 어찌 올바른 역사가 살아 남을 수 있었겠는가? 숙신 읍루 말갈 거란 여진 만주 몽고 이들은 지파로 구분된다 하더라도 종족으로 판단하면 같은 족속에 속한다.

1135년 묘청의 패배 이후 조선 건국까지 257년, 병자호란 이후 일제합병까지 274년, 이렇게 530년 동안 만주족의 식민지로 전락했는데 어찌 민족혼이 살아 남을 수 있었겠는가? 다만 조선 건국과 임진왜란 발발까지 230년 동안 민족 중흥기를 마련했건만 그 이후 만주족과 일제의 식민지로 다시 전락하는 바람에 자주 독립 한반도 한민족 국가는 쓰러지고 말았다.

南鄰□桂之□□接

결자된 부분의 글자를 여씨춘추에 등장하는 "개오"의 기록과 같이 고대문헌을 통해서 추측해보면, 남쪽의 국경을 접하고 있는 지역은 "八桂"(팔계)라고 추측된다.

境(경)과 際(제)는 국경이란 뜻으로써 비슷한 말이다. 그리고 동쪽과 남쪽은 이와 같이 바다로 접하고 있기 때문에 "海接"(해접)이라는 표현이 적당하다.

구당서 신라전에 東及南方俱限大海 (동급남방구한대해)라고 적고 있는데 신라의 동쪽과 남쪽은 바다와 접해 있다는 사실을 그대로 반영하고 있지 않는가? 따라서 동구개오지경 남린팔계지제는 바다로 접해 있다는 "海接"해접으로 이해 된다.

결자 부분을 이렇게 채우면, "東拒開梧之境 南鄰八桂之際 海接"으로 완성된다.

그러면 八桂(팔계) 지역은 어디를 말할까? 역시 개오처럼 사료로써 증빙하기는 쉽지 않다. 산해경에 "桂林八樹 在番隅東"(계림팔수 재번우동)이라는 기록이 나오지만 구체적인 지역은 어디인지 알 수 없다. 계림이 동쪽 끝이라는 말은 이해되는데, 구체적 위치를 증빙하는 자료를 찾기 어렵다.

팔계를 창오가 있는 계림지역이라고 말하기도 하는데, 대체적으로 중국의 남쪽 지역을 가르키는 거의 일반화된 또는 시적 지명인 것 같다. 어찌됐든 한반도의 남쪽 지역은 중국의 남방 지역과 같이 연결된다. 몇 해 전 중국 남방 지역에서 뗏목을 타고서 한반도에 도착하는 실제 항해 루트를 시험적으로 성공했다는 뉴스를 본 적이 있다. 지금의 베트남 속 남월 지방이나 복건성 대만을 거쳐서 한반도로 항해하는 루트는 일찍이 개척되었다.

八荒(팔황)

八桂(팔계)는 八荒(팔황)으로 대체되는 말이다. 팔황은 팔방의 먼 곳을 지칭하는 단어이다. 한서 항적전에 '팔방 먼 곳까지 삼키는 마음이 있다'라는 "有幷呑八荒之心" 표현이 나온다. 안사고는 "八荒 八方荒忽極遠之地也", 팔황은 '팔방의 매우 먼 곳'이라고 주를 달았다.

팔방은 八紘(팔굉)으로 대체할 수 있는 단어이다. 八紘(팔굉)의 사전의 뜻은 八方極远之地(팔방극원지) 즉 세상 끝까지를 말하는 천하를 의미한다.

인(夤)은 심야 밤 깊은 시간의 인 글자의 뜻이고, 八夤은 멀리 떨어진 팔방 오지 지역 八方邊遠之地(팔방변원지지)을 이른다. 그로므로 地跨八夤(지과팔인)은 그의 활동 반경과 그 영역이 사방 팔방 먼 변방까지 뻗어나갔다는 뜻이다.

黃龍 황룡

黃龍(황룡)은 비문 뒷면에 나오는 불길한 오멘의 징조의 의미로 쓰인 "黃熊表祟"(황웅표수)에서의 황웅의 의미와 반대로 상서로운 기운을 펼치는 황룡의 의미로 쓰였다.

문무왕릉비문에서의 黃龍(황룡)은 금나라 건국 시기보다 430년 이상 오래된 그 훨씬 이전의 일이므로 지금의 길림성에 있는 금나라(금국은 만주족이 세운 나라 청나라의 전신으로 당나라가 망한 이후인 1115년 개국하여 1234년 망했다)의 수도였던 黃龍府(황룡부)를 지칭하는 지명의 의미로 쓰일 수 없다.

여기서 황룡은 지명이 아니라, 黃龍戰艦(황룡전함)을 지칭하는 말이다. 황룡전함(黃龍戰艦)을 줄여서 황룡함(黃龍艦)이라고 부른다. 위촉오 삼국지 시대 때 오나라의 손권이 건조한 함대를 青龍艦(청룡함)이라 불렀다. 남사 왕승변전에 청룡함 백호함이 등장한다. "又造二艦 一日青龍艦 一日白虎艦 皆衣以牛皮 并高十五丈 選其中尤勇健者乘之".

한편 龍艦(용함)은 천자 황제가 타고 있는 큰 배를 말하니, 황룡은 천자의 수군 해군을 비유하는 뜻으로 이해된다.

따라서 이 구절은 '천자의 수군 부대가 붉은 구름을 타고 바다로 말처럼 빠르게 달려 내려오니 서쪽의 백호는 말들이 넘어지고 말탄 군사들은 땅으로 떨어져 하늘을 쳐다보는 아수라장이 되고 크게 패하고 말았다'는 의미로 해석하는 것이 옳다.

黃龍(황룡)은 좋은 뜻을 가진 말로써 여러가지 의미로 쓰이는 단어이다. 사기 봉선서에 나오는 "黃帝得土德 黃龍地螾見"의 의미처럼 물기가 흐르고 기름진 땅에는 지렁이가 나오는 법인데 그런 누런색의 지렁이가 나오는 옥토를 말한다. 황룡은 한선제 때와 삼국시대 오나라의 연호로도 쓰였다. 한선제 때 신라가 건국되었다고 하므로 황룡은 어찌됐든 신라와 인연이 깊은 말이다. 황룡은 누런 색의 용을 말하니 노란색의 황제 복장을 입은 제왕을 지칭한다. 황룡은 큰 동물로써 하늘을 난다는 비룡재천의 의미를 갖고 있어 정복전쟁을 떠날 때 상서로운 징조로 여겼다.

용오름

용트림 용오름이라는 바닷속 회오리 선풍을 말하는 용어가 있다. 용은 회오리 바람을 말하는데 이런 비유적인 의미로 사막에 있는 모랫바람을 황룡으로 표현하기도 한다. 사막의 모래는 황색이니 사막에 먼지가 이는 경우는 차를 타고 가거나 말발굽을 달리면 사막의 먼지 바람이 장관을 이루는 것을 목격할 수 있다. 고대의 봉건사회에서 왕조의 교체는 전쟁을 통해서 일어났으니 사막에 먼지바람이 이는 경우는 전쟁을 예고하는 것이 아닌가?

황룡은 새로운 왕조를 개창한 새로운 군주를 지칭하는 말이다. 어지러운 세상을 평정하고 새로이 제왕의 자리에 오른 군주답게 새로이 정통성을 확보한 신흥 개창 군주를 진명천자(眞命天子)라고 부르는데 진명천자를 황룡에 비유한다. 백제와 일본을 멸망시킨 당시의 진명천자는 당태종이었다.

□接黃龍 , 駕朱蒙 □□□ □承白武

黃龍(황룡)은 천자를 비유하는 말이므로, 天子乘霞雲(천자승하운), “육룡이 나르샤”라는 TV안방드라마로 잘 알려진 주례의 “天子駕六”(천자가육), 명노남의 “嘉禾樓賦”(가화루부)의 “天子乃乘鸞輅”(천자내승란로)의 표현을 생각해낸다. 鸞輅(란로)는 황제와 황후가 타는 가마를 말한다.

黃龍駕朱蒙□□□ 黃龍駕朱蒙(驅百靈)	천자의 해군 전함이 붉은 구름을 타고 새처럼 말처럼 쏜살같이 달려 오니

朱蒙 주몽

蒙氣(몽기)는 지구상을 덮고 있는 대기(大氣)를 지칭했던 말이다. 지금은 하늘에 있는 공기, 대기라는 말이 흔한 표현이지만, 한서를 보면 蒙氣(몽기)라는 단어가 자주 나타난다. 대기를 지칭하니 雲氣(운기) 즉 구름을 말한다. 경방(京房)전에 “蒙氣衰去 太陽精明”, 황경전의 “蒙氣數興 日暗月散” 등의 표현이 보인다. 작금의 우리말에 몽기(蒙氣)라는 말이 있는데, 몽기는 동트기 전이나 해진 직후 곧바로 어두워지지 않고 빛이 남아 있어 어슴프레한 그 때를 이른다.

이 때 하늘에 구름이 서려 있으면 붉게 물들어 서기가 스며든듯 그런 몽롱한 기분이 드는 경우를 경험하는데, 그 때의 붉은 서기가 서린 구름을 朱蒙(주몽)이라고 말한다.[35]

따라서 비문에서의 朱蒙(주몽)은 주서와 삼국사기가 기술한 대로의 고구려의

---

35) 당태종, 제범, 崇儉第八, “朱火含煙遂鬱凌雲之焰”.

시조인 朱蒙(주몽) 그 사람을 지칭하는 이름이 아님은 불을 보듯 명약관화하다. 여기서 朱蒙은 사람 인칭이 아니라, 한자 낱말의 의미 그대로 붉은-朱 기운이 서려 있는 구름-蒙, 즉 상스러운 구름을 말한다.

만약 "주몽"이 사람을 지칭하는 글자라면 "黃龍駕朱蒙"(황룡가주몽)이 아니라, '朱蒙駕黃龍'(주몽가황룡)-'주몽이 황룡을 타고'라는 의미의 문법대로, 주몽이 주어이고, 타다-駕(가)는 동사, 황룡은 목적어로 기능하게끔 한자어순을 구성하였을 것이다. 하지만 황룡이 주어이고 주몽은 목적어의 위치에 있는 "황룡가주몽"의 어순임을 확인하라.

朱火(주화)는 불이 탈 때 나타나는 붉은 색의 불꽃, 등불 燈火(등화), 燭火(촉화)를 말한다. 또 朱火(주화)는 여름날의 더운 공기 즉 서기(暑氣)를 뜻하는 말이다. 진자앙의 싯구에 "閑臥觀物化 悠悠念群生 青春始萌達 朱火已滿盈" 표현이 나오는데 여기의 朱火(주화)는 여름날 夏天(하천) 또는 그 더운 공기 서기를 뜻한다.

삼국사기에 따르면 신라군은 여름철인 5월 26일 서울 금성을 출발해서 6월 18일 남천정에 이르고 7월 10일 백제의 수도 사비에 당나라 군대와 도킹하기로 전략을 짰다. 5만 명의 정예 신라군은 7월 9일 탄현을 넘어 황산벌로 진군했다. 백제를 칠 때의 전쟁 상황을 보면 문무왕릉비문에서 말하는 묘사가 실감난다.

"駕朱蒙□□□西承" 주몽 다음의 마멸된 3글자 □□□의 의미를 추측하면 몰다 이끌고 달리다의 뜻을 갖는 낱말이 적합하다. 이런 뜻으로 몰고 달리다의 뜻으로 치(馳), 驂(참), 馭(어)라는 글자를 생각해 볼 수 있다. 그러면 이 구절의 뜻은 황룡이 상스러운 붉은 색깔의 구름을 타고-駕朱蒙, 새처럼 말처럼 빨리 내달려 내려왔다-"馳赤馬" 또는 "驅百靈"(구백령)는 의미가 되겠다.

이와 같이 '상서로운 구름을 타고 새처럼 말처럼 치달려 내려왔다'의 의미인데, 이는 뒷면 내용을 해석할 때 설명하겠지만 승선태자비문의 문학적 시적 표현 구절인 "驂鸞馭鳳 升八景而戲仙庭 駕月乘雲 驅百靈而朝上帝"의 의미하고 부합된다. 이 구절을 번역하면, "새들과 함께 신선의 길로 날아가네. 화려한 무지개 색깔 그곳을 넘어 신선이 사는 선경에 다다르네. 달나라 수레를 타고 구름을 타고 꾀꼬리 새떼(새는 천사를 의미함)를 이끌고 옥황상제를 뵈올 듯하네".

용감한 장수는 구름처럼 달린다. 먹구름이 몰려올 때 얼마나 무섭게 빨리 다가오는지 그것을 한번이라도 경험해 본 사람은 알리라. 회오리바람이 몰려올 때 얼마나 순식간에 휩쓸어버리는지를. 그래서일까? 건릉 술성기에 猛將如雲(맹장여운)의 표현이 나온다.

□承白武

"□承白武"에 대해서 다수의 판독자는 동서남북 방향의 서쪽을 뜻한다고 보고 "西承白武"로 해석하고 있다. 국편위는 "백무(白武)를 이어 받아"-이와같이 번역 해석했다. 하지만 나는 "□承白武"에 대해서 "招承白武"(초승백무)의 의미로 해석한다.

동거(東拒) 동쪽으로는 누구와 접하고, 남린(南鄰) 남쪽으로는 누구와 접한다는 국경 표시의 말과 같이 서승(西承)은 서쪽으로는 백호와 접하고 있는 뜻이다. 구당서 신라전에 東及南方俱限大海 西接百濟 北鄰高麗 (동급남방구한대해 서접백제 북린고려)라고 적고 있는 것에서도 알 수 있듯이, 신라는 동쪽과 남쪽이 큰 바다에 임하고 있고, 그 서쪽은 백제, 그 북쪽은 고려와 마주하고 있다. 신라의 서쪽 국경은 백제이었으니 西承白武(서승백무)가 이에 해당하는 표현이다. 삼국유사에서 "北有靺鞨 南有倭人 西有百濟"라고 기술하고 있는데 서승백무는 西有百濟(서유백제)와 같은 뜻이다.

비문의 "□承白武"(서승백무)에서의 "武"(무)는 사졸, 병사, 사병, 병졸(兵卒)의 뜻 영어로 솔저(soldier)의 뜻을 품고 있다. 회남자의 "勇武一人 爲三軍雄"(용무일인 위삼군웅)의 구절에서 무는 병졸 솔저의 뜻으로 쓰였다. 그러므로 "□承白武"(승백무)는 수많은 군사들을 대파했다는 의미를 품고 있어, 따라서 수백(數

百)의 군사병졸 무(武)의 뜻으로 풀이된다.

군대에서 장군과 병졸의 차이는 하늘과 별만큼이나 큰 차이가 있다. "武"(무)가 '步武(보무)도 당당하게 씩씩하게 걷는' 군인의 모습을 그릴 때 "보무"의 "무"는 걸음 보 각보(脚步)를 뜻하고, "무인"의 무는 "문인"과의 대칭적 표현 즉 문에 대응하는 무의 뜻 즉 군사적인 일 무력을 지닌 무림의 뜻으로 쓰였고, 사무라이 무사 (武士)라고 말할 때의 무는 용맹(勇猛)한 사람을 이르는 형용사 용맹의 뜻으로 쓰인다.

한편 白武(백무)는 白虎(백호)와 같은 말이다. 삼국유사에서 문무왕을 文虎王(문호왕)이라고 기재한 이유가 무엇일까? 꼭 피휘원칙만은 아니었다. 이에 대해서는 저자의 "첨성대 연구" 책에서 설명한다.

招承(초승)

招承(초승)은 자기 죄상을 자백하고 인정하고 승인(承認)한다는 의미이다. 초(招)는 초빙(招聘)하다, 자초하다의 뜻에서 보다시피, 스스로 불러와 맞이하는 것을 의미한다. 김소월의 싯구로 잘 알려진 초혼의 뜻도 나갔던 혼을 불러와 맞이하는 것을 뜻한다. 承(승)은 계승(繼承)하다의 뜻에서 알다시피, 밑에서 받드는 모습을 이른다. 임금으로부터 은혜를 입으면 '승은(承恩)이 망극하나이다'라고 고개를 땅에다 대고 엎드려 감사함을 전하지 않는가? 텔레비전 드라마에 수없이 등장하는 식상한 장면이다. 승은(承恩)의 승은 은혜를 아랫사람이 밑에서 손을 받치고 받는 것을 말한다. 흙먼지받이 가리개, 햇빛 가리개 양산처럼 흙먼지받이 휘장막을 承塵(승진)이라고 불렀다. 한나라 유희의 석명 석상장(釋床帳)에 "承塵 施于上 承塵土也"라고 설명하였다.

이러한 초와 승의 낱말 뜻으로 알 수 있듯이 招承(초승)은 "招供承認"(초공승인)의 줄임말로써 따라서 承認罪狀(승인죄상)의 의미로 쓰인다고 사전은 풀이하고 있다.

우리말의 "초승달"의 어원에 대해선 여러가지로 나뉘겠지만 초승달은 서쪽 하늘에 뜨고 또 초승달이 연이어 연달아 반달로 향해가고 보름달로 부풀어 오르는 달의 차고 기움 그 영사기처럼 돌아가는 달의 모습에서 초승달의 어원이 생기지 않았을까?

"白武"(백무)를 삼국유사의 해석처럼 "白虎"(백호)로 풀이하고, 이러한 招承(초승)의 의미로 "□承白武"의 결자 부분을 해석하면 백호는 전쟁을 불러들이고 초래한 자기 죄상을 자백하고 자기 잘못을 인정하고 두 손을 들고 빌었다는 의미로써 문장의 내용이 이해된다.

"白虎"(백호)는 백마(白馬)와 같은 이미지로써 백기를 든 항복한 사람의 의미로 쓰인다. 우리들 가운데는 백마부대가 유명하고 이육사의 "백마타고 오는 초인"이라는 이미지가 강해서 백마, 백호를 용맹한 영웅적 이미지로 이해하는 경우가 태반이겠으나 전쟁과 연관되어서는 동서양을 막론하고 항복을 할 때는 백기를 들고 백마를 타고 나가서 고두배를 한다는 항복 의식의 전통에 따라서 백마나 백호는 항복의 이미지로 쓰여지고 있다.

백호(白虎)의 28수 별자리 의미는 서방의 수호신으로 쓰였다. 西方白虎七宿(서방백호칠수) 奎宿(규수)에 해당한다. 서방칠수는 奎, 娄, 胃, 昴, 畢, 参, 觜 이 (규, 루, 위, 묘, 필, 삼, 자)성으로 구성되어 있다. 밤하늘에 천마인 백호의 별자리가 나타날 때는 가을로 접어든 절기에 해당한다. 여름이 끝나가고 추수의 계절로 접어들면 용맹무쌍한 백호가 드높은 밤하늘을 수놓고 거닐고 있다. 뜨거운 여름날 논에 숨어든 독사 같은 사악한 것들을 쓸어버린 후에야 풍요로운 가을의 결실이 맺어지지 않는가? '접어들면'의 뜻이 '承接'(승접)의 '承'(승)이다. 서방칠수 제일수 규수를 승냥이라고 부르는데, 이 승냥이의 한자는 "狼"(랑)이다. "狼"(랑)은 승냥이, 이리를 뜻하고, 선덕여왕의 왕릉이 있는 산 이름을 "狼山"(랑산)으로 부르는데 여기의 랑산은 서방칠수를 뜻한다.

仰□□□

仰(앙)은 손을 들고 비는 모습의 仰手(앙수), 머리를 들고 하늘을 쳐다보다의 앙수(仰首)의 단어에서 알다시피 고개 들고 높이 쳐다보는 모습을 표현하는 글자이다. 仰□□□의 결자 부분의 내용을 추측해보면 仰人翻馬(앙인번마)의 의미가 이 부분의 내용이 아닐까? 바로 앞의 구절이 서승백무이고, 이 "□承白武"(서승백무)에서의 "武"(무)는 사졸, 병사, 사병, 병졸의 뜻 영어로 솔저(soldier)의 뜻으로 쓰였음을 볼 때 그렇다.

앙인번마는 "人仰馬翻"(인앙마번)과 같은 뜻이다. 인앙마번은 전쟁에 참패하여 아수라장이 되었다는 뜻의 4자성어 표현이다. 전장에서 말이 넘어지면 사람이 말에서 땅으로 떨어지고 그러면 말탄 사람과 말은 하늘을 쳐다보게 되지 않는가? 이런 묘사를 통해서 인앙마번은 전쟁에 패배하다는 뜻으로 쓰인다. 서쪽의 군사들 즉 서쪽으로 국경을 접하는 백호는 전쟁에 크게 패배하고 말았다는 내용이 이 결자 부분의 문장으로 생각된다.

하늘높이 쳐다보면서 큰 소리로 실성하듯이 외치며 웃는 모습을 두고서 仰天大笑(앙천대소)라고 말하는데 그와 같은 의미를 상기하라.

仰叫皇穹(앙규황궁)

하늘에다 통곡하는 모습을 그려보라. '하늘을 향해 살려 달라고 소리치다' 仰叫皇穹(앙규황궁)의 표현이 어울린다. 이 표현은 삼국지 위지 도겸전에 나온다.

仰鼻噓吸(앙비허흡)

발랑 뒤로 넘어져 코가 깨지고 하늘 보고 울부짖는 그 모습을 묘사하는 초사 구탄 우고(憂苦)에 나오는 구절인 仰鼻噓吸(앙비허흡)의 구절이 여기에 어울린다.

3행 요약

□□□□□□□□□	
□□□□派鯨津氏	경진씨는 문무왕의 아버지인 태종무열왕 김춘추를 지칭한다. 先后(선후)가 경진씨를 파견하여
映三山之闕	삼면이 바다로 둘러 쌓인 한반도의 (국토방위상의) 결점을 반영하게 하였다.
東拒開梧之境	동쪽으로는 개오와 국경을 맞대고 있고,
南鄰□桂之□- 南鄰(八)桂之(際)	남쪽으로는 팔계와 국경을 접하고 있다.
□接- (海)接	이 동쪽과 남쪽의 국경은 바다를 끼고 있다.
黃龍駕朱蒙□□□- 黃龍駕朱蒙(驅百靈)	천자의 해군 전함이 붉은 구름을 타고 새처럼 말처럼 쏜살같이 달려 오니
□承白武 (招)承白武	(전쟁을 불러온) 서방 백호는 (자기 죄상을 자백하고)
仰□□□- 仰(人翻馬) /(仰叫皇穹)	(두 손을 들고 항복하고 하늘에다 죄를 용서해 달라고 빌었다) (말들이 넘어지고 병졸들은 땅으로 떨어져 하늘을 쳐다보는 아수라장이 되고 크게 패했다.)
□□□□□□□□□	

4행 勳超三皇 훈초삼황 天下貴人 천하귀인

□□□□□□□□□□□□□□問盡善其能名實兩濟德位兼隆地跨八夤勳超三▨▨巍蕩蕩不可得而稱者▨▨▨▨我新▨▨

국편위 번역: 그 능한 바를 다 잘하여 이름과 실제가 다 이루어지고, 덕과 지위가 겸하여 융성해지니, 땅은 8방(八方) 먼 곳까지 걸쳐 있고, 그 훈공은 삼(한)(三(韓))에 뛰어나, 그 높고 넓음을 다 일컬을 수가 없는 분이 우리 신(라) …

추홍희 번역: 아랫사람들에게 물어보는 것을 수치로 여기지 않았고 질문하기를 주저하지 않았으며 또 결코 게을리하지 않았다. 끝낸 일이든 끝내지 못한 일이든 말한 것과 실제 결과가 꼭 일치하였다. 지위가 올라감에 따라 덕망도 겸비하고 더욱 높아졌다. 그의 활동 반경과 영역은 사방 팔방 먼 변방까지 걸쳐 뻗어나갔다. 공훈이 현저하게 뛰어난 사람이어서 (출사를 권유받았지만 겸손하게 3번이나 왕의 자리를 사양하였다/그의 공훈은 현저하게 뛰어나서 삼황을 뛰어넘을 수준이었다). 그런 위풍당당한 그의 모습, 고대 장관의 그의 모습은 어떻게 말로 꼭 끄집어내서 표현하기가 다 어려울 정도이었으니, 천하의 귀인이었다.

우리 신라 (사람들의 선조는 멀리는 황제 헌원씨이고, 제곡 고신씨이니 삼황오제의 후손들이다).

4행 문장을 이해하기 쉽도록 4자 띄어쓰기로 재배열하면 다음과 같다.

□[36]□□□□□□□□□□□□□□□問盡善其能 名實兩濟 德位兼隆 地跨八夤 勲超三▨ ▨巍蕩蕩 不可得而稀者▨▨▨▨我新▨

□□□問盡善其能

"□□□問盡善其能" 부분의 결자는 問과 盡善의 글자를 조합하여 의미를 찾아보면, "不恥下問盡善其能"으로 메꾸어 볼 수 있다. 盡善(진선)하면 진선진미(盡善盡美)-더할 수 없이 훌륭하다-는 말이 바로 떠오른다. 善能(선능)은 "상선약수"의 노자도덕경 제8장에 나오는 "心善淵 … 言善信 … 事善能" 글을 참조하면 결자를 메꾸기 쉽다. 心善淵(심선연)은 마음은 깊고 그윽하게 가지도록 하고(think in the right depth), 言善信(언선신)은 말은 믿을 수 있는 바른 말만 하고(speak with the right confidence), 事善能(사선능)은 일은 자신있게 처리하며(work with the right competence)라는 의미이다. 善能(선능)은 자신이 잘 할 수 있는 일을 하라 즉 자신감 있게 일을 처리하라는 의미이다. 자기자신이 잘 할 수 있는 분야의 일을 담당하면 자신감 있게 일을 처리하지 않겠는가? 善能과 問글자를 연결하는 문맥상 의미를 찾으면 下問(하문)이 떠오른다. 하문은 자기보다도 지위, 학문, 나이 등의 조건이 낮은 아랫사람에게 묻는다는 뜻이다. 즉 질문하기를 잘 한다는 문맥상 의미가 찾아진다.

---

36) 3행 추홍희 해석:
이에 경진씨를 파견하여 한반도의 약점을 조명하고 반영하게 하였다. 한반도는 동쪽으로는 개오라는 지역을 국경으로 마주 하고 있고, 남쪽으로는 팔계 지방에 맞닿아 있는데, 이는 바다로 서로 접하고 있다는 점이라. 하늘로부터 부름을 받은 천자가 여름철 서기어린 구름의 기운을 타고 준마처럼 빠르게 배를 달려 내려와 백호-서쪽 호랑이를 능히 제압하니 (백호는 자기죄상을 빌었다) (그리하여 도의의 정치가 펼쳐지니 사방의 인재들이 몰려들었다. 궁안에는 봉황이 내리고 교외밖엔 기린이 뛰어 놀며 바다에는 청룡이 나타났다).

불치하문 不恥下問

통치자가 모든 것을 전부 다 알 수는 없다. 그러므로 전문적인 지식을 갖고 있는 사람들에게 물어보는 것을 수치로운 일로 여기지 말아야 한다. 나무 베는 일이나 꼴을 벨 때는 하찮은 신분인 그들 나뭇꾼이나 초동에게도 물어볼 필요가 있을 것이다. 추요(芻蕘)는 꼴 베는 사람과 나무하는 사람을 지칭하는 말이다. 시경에 詢于芻蕘(순우추요)라는 표현이 나오는데, '높은 사람이라도 꼴베는 아이나 나무꾼에게도 물어 보왔다'는 말로써, 勿恥詢芻蕘(물치순추요) 즉 아랫사람에게도 질문하기를 부끄러워하지 않는 겸손한 태도를 뜻한다.

이를 종합하면 '아랫사람에게 질문하는 것을 잘하고 결코 그것을 부끄럽게 여기지 않는다'는 뜻의 "不恥下問盡善其能"(불치하문진선기능)으로 결자 부분이 메꾸어진다. 不恥下問(불치하문)은 不愧下學(불괴하학)의 뜻과 같은 말이다.

고대로부터 제왕은 신하들과 토론을 즐겼다. 당태종의 정관정요를 참조하라. 제왕이 경청하고 질문하고 활발한 토론하기를 멈추면 나라를 잃게된다는 경구를 안자춘추의 내편 문상의 "聞善不行"(문선불행)의 기사에서 살펴 볼 수 있다.

이와 같이 "不恥下問盡善其能"은 아랫사람들에게 물어보는 것을 수치로 여기지 않고 질문하기를 주저하지 않았고 또 이를 결코 게을리하지 않았다는 의미이다.

名實兩濟

兩濟(양제)는 역경의 "既濟"(기제)와 "未濟"(미제) 이 양괘를 합쳐 부르는 말이다. 未濟(미제)는 역경의 64괘 중 離上坎下(리상감하)인데 그 상은 "火在水上 未濟 君子以愼辨物居方"이다. 이에 대한 고형의 주해는 "火炎在上 水浸在下 水未能滅火 是救火之功未成"이다. 既濟(기제)는 離下坎上이고, "既濟 亨小利貞 初吉終亂"이라고 한다. 이 말을 현대식으로 대체해 풀이하면, 미제는 결재가 아직 안된 것, 기제는 일을 완성 처리한 것을 이른다.

명실(名實)은 명성과 실제가 일치한다는 뜻이니 명실상부(名實相符)라는 숙어 표현으로 이해된다. 그러면 名實兩濟(명실양제)라는 말은, 끝낸 일이든 끝내지 못한 일이든 말한 것과 실제 결과가 꼭 일치하였다는 뜻으로 해석된다.

德位兼隆

德位兼隆(덕위겸융)은 한자 낱말 뜻 그대로, 지위가 올라감에 따라 덕망도 겸비하고 더욱 높아졌다는 의미이다. 구양수의 신당서 당태종본기 찬에 나오는 "功德兼隆"(공덕겸융)의 표현과 같은 뜻이다.

공훈(功勳)과 地位(지위)가 서로 직결되어 있다는 "덕위겸융"의 개념의 다른 표현은 사기 경포전에 나오는 "同功一體"(동공일체)가 있다. 장수가 먼저 솔선수범하는 것이요, 이로인해서 지위가 높은 장수가 그 지위에 걸맞게 높은 공적을 얻을 수 있다. 지위가 높을수록 다른 사람의 모범이 되어야 한다는 처신의 조건을 요즈음의 개념으로 바꿔쓰면 "노블레스 오블리주"이다.

"노블레스 오블리주"는 "높은 사회적 신분에 상응하는 도덕적 의무", "사회의 고위직과 지도적 위치에 있는 인사들이 지녀야 할 도덕적 의무", "지위가 높을수록 책임의식과 덕망이 높아야 한다"는 개념으로 오늘날 자리잡고 있다. 노블레스 오블리주 개념에 대해서는 저자의 "어떻게 성공할 것인가" 책을 참조하라.

문무왕릉의 비문 내용을 한 마디로 요약한다면 바로 이것이다. 지위가 높은 사람이, 보다 잘 사는 사람들이, 덕을 실천하여 나라 전체를 화합시키고, 그렇게 하여서 부강한 나라를 지속해 나간다는 것을 전해준다. 비문뒷면의 내용과 숱한 사서에 등장하고 화랑의 실천도이었던 "一人善射 百夫決拾"(일인선사 백부결습) 지도층 솔선수범의 개념은 노블레스 오블리주 정신과 바로 일치된다.

살아서는 만승군이었고 죽어서는 청용의 화신으로 성인의 반열에 오른 문무대왕은 단순한 개인이 아니라, '살아 있는 법이고 신이며 국가의 화신'(인카네이션)

이 된 것 아닌가? (He will no longer be a man, but the living law; no longer an individual, but the Nation incarnate). 그런데 우리의 신적인 존재와 같은 우리 역사의 진정한 영웅이 언제적부터 잊혀진 인물이 되었으며, 누가 그 민족혼의 화신을 죽였단 말인가? 어찌하여 통일영웅은 잊혀지고 나쁘고 악하고 비라투성이의 사람들이 온나라를 휩쓸고 다니고 이러한 뉴스들로 온세상을 덮고 있지 않는가? 언제적부터 누구의 잘못이란 말인가? 고개를 들고 물어봐야 한다. 하늘이 아니라 이제 우리 자신이 직접 답할 차례이다!

隆

노영광전부(魯靈光殿賦)에 "隆崛岉乎青雲" 구절이 나오는데 隆崛岉(륭굴물)은 몹시 높은 모양을 이른다. 隆崛岉乎青雲(륭굴물호청운)은 '푸른 구름이 닿을 듯 하늘 높이 우뚝 솟아 있네'의 뜻이다. 이와 같이 隆(륭)은 하늘높이 우뚝 솟은 모습을 이른다.

地跨八夤 지과팔인

跨(과)는 가랑이를 벌리고 한계를 뛰어넘다는 과월(跨越)의 뜻, 변경 지역에 붙어있다-附在旁邊(부재방변)의 뜻이고, 地跨(지과)하면 변경 지역에 걸쳐 있는 먼 지역을 이른다. 인(夤)은 심야 밤 깊은 시간의 인 글자의 뜻이고, 八夤(팔인)은 멀리 떨어진 팔방 오지 지역 八方邊遠之地(팔방변원지지)를 이른다. 그로므로 地跨八夤(지과팔인)은 그의 활동 반경과 영역이 사방 팔방 먼 변방까지 뻗어나갔다는 뜻이다.

勲超 훈초

대개 공훈이 뛰어난 초월(超越)적인 사람을 초대빈객(招待賓客)으로 모신다.

제갈량의 삼고초려의 고사가 유명하다. 따라서 勳超(훈초)는 纁招(훈초)와 같은 뜻이다. "纁招"(훈초)를 한어사전에 찾아보면, 제갈량의 삼고초려처럼 은거하고 있는 재야인사를 조정으로 불러내는 招聘(초빙)을 뜻한다. 그러므로 은거하고 있던 야인 隱士(은사)가 出仕(출사)하는 것을 이른다. 훈초의 출전인 후한서 일민전 엄광(嚴光)에 나타나는 구절을 보자.[37]

이와같이, 纁招(훈초)는 제갈량의 삼고초려, 김춘추의 삼양 고사, 오태백의 천하삼양(天下三讓)의 의미이다. 따라서 "勳超三□"은 "纁招 三讓"(훈초삼양)의 뜻으로 해석된다.

三讓

김춘추가 3번이나 왕의 자리를 사양했다는 기사는 김춘추전에 십분 서술되어 있다. "遂奉爲王 春秋三讓 不得已而就位", "마침내 김춘추를 받들어 왕으로 삼으려 하니 그가 세 번이나 사양하다가 결국 마지 못해 받아들이고 왕위에 올랐다." 공자가 오태백을 그토록 칭송한 까닭이 바로 오태백이 왕의 자리를 3번이나 사양했다는 겸손함에 있다는 것을 논어 태백전은 물론이고 사마천 또한 빠트리지 않고 재삼 웅변해주었다. "子曰 泰伯 其可謂至德也已矣 三以天下讓 民無得而稱焉". 공자는 말했다: 오태백은 참으로 고상하고 지고의 품덕을 갖고 있었다고 정말 말할 수 있다! 천하의 임금 자리를 세 번이나 양보하였으니 백성들은 그를 무슨 말로 어떻게 칭송해야 할지 표현하기 힘들 정도였다.

勳超三讓

勳超三□의 해석은 국편위의 번역대로의 "훈공은 삼한(三韓)에 뛰어나"다는

---

37) "少有高名 與光武 同游學 及光武即位 乃變名姓 隱身不見 帝思其賢 乃令以物色訪之后 齊國上言 有一男子 披羊裘釣澤中 帝疑其光 乃備安車玄纁 遣使聘之 三反而后至".

뜻이 아니라, 공훈이 현저하게 뛰어난 사람이지만 겸손하게 3번이나 왕의 자리를 사양하였다는 태종무열왕 김춘추의 인물됨을 가르키는 말 즉 "勳超三讓"(훈초삼양)으로 새기는 것이 문맥상 십분 옳다.

국편위가 "勳超三□" 부분을 "三韓"(삼한)으로 추측하여 해석하는 것은 크게 잘못되었다. 국편위가 "훈공은 삼한(三韓)에 뛰어나다"는 의미로 해석한 것은 논리적으로도 타당하지 않다. 왜냐하면 삼한이라면 나라가 각기 다른 3 나라인데 어찌 훈공이 적국인 삼한에까지 뛰어나다는 말이 성립되겠는가? 풍신수길은 일본에게는 통일 영웅이지만 한국에게는 임진란을 일으킨 침략자 원흉일 뿐이며 이순신은 조선에게는 나라를 구한 전쟁 영웅이지만 일본에게는 전쟁 패배를 안긴 원수에 해당할 것이다. 나폴레옹은 프랑스를 역사상 최고의 나라로 올려 놓은 프랑스의 국민영웅이지만 프랑스의 경쟁적국인 영국에게는 대서양 작은 섬에서 홀로 쓸쓸히 죽어간 전쟁 포로에 지나지 않았다. 워싱톤은 미국의 국부이지만 오늘날 중국에게 어떤 의미가 있을까?

국편위가 "훈초삼한"이라고 해석한 것은 논리적으로도 타당하지 않고 언어표현법으로도 맞지 않고, 다만 역사를 빙자하여 적당히 끼워 맞춘 자가당착에 불과하다. 훈초삼한이 아니라 훈초삼황 또는 훈초삼양이라는 말이 훨씬 타당하다. 임금 자리를 세 번이나 양보하여 성군으로 이름난 오나라 시조 오태백의 "삼양"의 오래된 역사와 문무왕의 아버지 태종 무열왕 김춘추가 3번이나 왕위를 사양하였다는 그 같은 겸양지덕의 성인을 지칭하는 뜻을 가진 "삼양"으로 해석함이 타당하다.

공훈이 현저하게 뛰어난 사람이었지만-훈초(勳超), 겸손하게 3번이나 왕의 자리를 사양하였다- 삼양(三讓)은 勳超三讓(훈초삼양)으로 해석하는 것이 전후 문맥상 큰 무리가 없다.

勳超三皇 훈초삼황

勳超三讓의 의미로써의 삼양이 아니면 삼양의 미덕을 보여준 성인철현의 대표적인 사람들을 총칭하는 개념인 三王(삼왕) 또는 三皇(삼황)이란 말이 쓰였을 것이다. 더욱이 당태종의 제범에 나오는 德超三皇(덕초삼황)의 표현을 참조하면 불을 보듯 명약관화하다. 제범의 "以爲德超三皇 材過五帝 至於身亡國滅 豈不悲哉 此拒諫之惡也" 구절을 참조하라.

삼황(三皇) 시대는 역사서가 존재하기 이전의 고대 시기(BC 6727-BC 3077)를 말한다. 이 때 인류를 다스린 전설적인 시조나 이 시기 성왕들을 지칭하는 말이다. 삼황은 논자에 따라 또는 사서에 따라서 각기 지칭하는 인물들이 다르나 대개 인류의 시조라고 말하는 복희씨 신농씨 황제 등을 지칭하는 경칭으로 쓰인다. 역사 유적과 사서의 기록으로 확인되는 역사시대는 요순우 하나라 때부터라고 여겨지고 있고 따라서 그 이전의 삼황 시대는 전설적인 인물로 내려온다.

巍巍蕩蕩

"勳超三□□巍蕩蕩" 부분의 깨어진 두 글자를 메꾸어 보충하면, "巍巍蕩蕩"(외외탕탕)이라는 잘 알려진 숙어 표현임이 거의 분명하다. □巍蕩蕩(외외탕탕) 앞의 결자 부분의 글자를 외글자로 쉽게 추측하는 까닭은 "외외탕탕"이라는 단어가 논어 태백에서 보이듯이 어떤 사람의 위풍당당한 모습을 표현할 때 인구에 회자되는 익숙한 숙어 표현이기 때문이다.

巍巍(외외)는 산이 높은 고대장관(高大壯觀)의 모습을 일컫는 형용사이고, 탕탕(蕩蕩)은 탕탕거리는 가없이 넓은 물소리를 빗댄 의성어이다. 따라서 외외탕탕의 뜻은, 위풍당당한 그의 모습은 정말 고대장관이었다.

巍巍蕩蕩(외외탕탕)의 巍의 해석에 대해서 문무왕릉비 비문 뒷면 내용을 해설하는 "곡신불사 영광불멸 문무왕릉비 비문 연구" 책을 참조하라. "곡신불사영광불멸" 이 책에서 영광불멸의 개념과 관련하여 유신의 애강남부에 나오는 "靈光巍然"과 왕연수의 노영광전부의 "靈光巋然獨存"의 표현에 대해서 자세히 설명한다.

不可得而稱者□□□

노자도덕경 제1장에서 언어는 한계가 있어서 한마디 말로 본질적인 개념 규정한다는 것이 얼마나 어려운 일인지 또 그것이 불가능한 일인지를 분명하게 말하고 있다. 추상적인 개념을 단순한 말로써 설명하기란 결코 쉬운 일이 아니다. 성경의 바벨탑을 보라. 말은 소통을 분명하기 위해서 발생한 것이라면 말은 단순해야 한다. 소통을 더욱 원활하게 위해서인데 왜 말은 그토록 끝없이 우주팽창하듯이 바벨탑으로 쌓여 가는가? 국어 사전을 보고 한자 옥편을 보라. 프랑스 언어사전을 보고 옥스포드 사전을 보라. 간단하게 하자면서 오히려 더욱 많이 쌓여만 가서 더욱 복잡하게 만든 말이 아닌가? 이건 모순이지 않는가? 그런데 우주를 보라. 진리란 무엇인가?

꼭 끄집어 낼 수 없는 그것을 꼭 끄집어 내어 한 마디로 표현하겠다는 시도가 과연 성공할 수 있을까? 심오한 진리 그 道(도)를 어떻게 한마디로 정의할 수 있단 말인가? 노자도덕경 제56장에서 "불가득이명자"라는 개념을 설명하고 있다. 노자도덕경 제56장 중 "不可得而親 不可得而疎 不可得而利 不可得而害 不可得而貴 不可得而賤 故爲 天下貴".

이름 자가 없는 사람이 누가 있겠는가? 우리 부모님 존함이 있고 내 이름이 있고 내 자식의 명자가 있다. 하지만 그 이름을 부른다고 해서 우리 부모님 나 내 자식의 본질 그 무엇을 나타내는 것이 아니지 않는가? 누구와 친소 관계 때문에 달라질 것이 아니고, 누구의 이해관계에 따라 달라질 것도 아니고, 누군가 귀하고 천하게 취급한다고 해서 그 사람의 본질이 달라질 것이 아니다. 어떤 조건이나 관계 때문에 달라질 것이 아니니 천하에 귀한 것 귀인으로 대접받게 되는 것이 아닌가?

이와같이 노자도덕경 제56장의 구절을 이해한다면, “不可得而稱者□□□” 부분의 결자를 “不可得而稱者 天下貴”으로 메꾸어 볼 수 있다. 그 뜻은 다음과 같다. ‘선왕(先王)의 위풍당당한 그 모습, 고대 장관의 그 모습은 어떻게 말로 꼭 끄집어내서 표현하기란 거의 어려울 정도이었다. 그는 천하의 귀인이었다.’

이상의 설명과 같이, 2행에서 5행까지의 비문 문장은 문무왕의 부친인 태종무열왕 김춘추의 영웅적 인물상을 묘사 서술하고 있다는 결론이 도출된다. 이렇게 비문이 시작되는 맨 처음 부분을 부모의 공적으로 적고 또 비문 마지막에서 충효정신을 강조하며 끝맺고 있는 점으로 판단해 볼 때, 비문 내용은 부모 세대와 후대 자손과의 상호연결적 대응적 구성 형태가 되고 이는 영원성을 이어가는 영원불멸에 대한 믿음과 소망과 사랑을 담고 있음을 느낄 수 있다.

我新▨▨

“我新▨▨”의 결자부분은 우리 신라 사람들의 선조는 멀리는 황제 헌원씨, 제곡 고신씨라고 기술하며, 조상의 먼 뿌리까지를 거슬러 올라가는 내용이라고 여겨지므로, “我新羅人之先 祖自軒轅 帝嚳高辛氏之苗裔 三五之聖君”으로 메꾸어 본다. 교(教)란 설교의 의미를 갖는 말이라고 앞에서 설명했는데 그것처럼 사람들이 잘 알아들을 수 있도록 널리 알림에 있다. 文心雕龍(문심조룡)의 詔策(조책)에서 “教者 效也 出言而民效也 契敷五教”라고 풀이하였는데, 그러므로 비문의 내용이 설명조이며, 我新(羅)(아신라)-‘우리 신라인’이라는 표현으로 이어진다. 이 행은 국가와 사회와 개인의 아이덴디티를 동일시하는 문장들이 나타나고 따라서 공통된 선조를 열거하고 있다.

4행 번역 정리

□□□問- (不恥下)問	아랫사람들에게 물어보는 것을 수치로 여기지 않고
盡善其能	질문하기를 주저하지 않았고 또 결코 게을리하지 않았다.
名實兩濟	끝낸 일이든 끝내지 못한 일이든 말한 것과 실제 결과가 꼭 일치하였다.
德位兼隆	지위가 올라감에 따라 덕망도 더욱 높아갔다.
地跨八夤	그의 활동 반경과 영역이 사방 팔방 먼 변방까지 뻗어나갔다.
勳超三□- 勳超三(讓/皇)	공훈이 현저하게 뛰어난 사람이지만 겸손하게 3번이나 왕의 자리를 사양하였다. (공훈이 현저하게 뛰어나서 삼황을 뛰어넘을 정도였다).
巍蕩蕩- -(巍)巍蕩蕩	위풍당당한 그의 모습은 정말 고대장관이었다.
不可得而稱者 - 不可得而稱者(天下貴)	(위풍당당한 그 모습, 고대장관의 그 모습은) 어떻게 말로 꼭 끄집어내서 표현하기란 거의 어려울 정도이었으니, 천하의 귀인이었다.
我新 - 我新(羅人之先 祖自軒轅帝 嚳高辛氏之苗裔 三五之聖君)	우리 신라 (사람들의 선조는 멀리는 황제 헌원씨이고, 제곡 고신씨이니 삼황오제의 후손들이다).

5행 秺侯 祭天之胤 투후 제천지윤

□□□□□□□□□□□□□□□□君靈源自敻繼昌基於火官之后峻構方隆由是克□□枝載生英異秺侯祭天之胤傳七葉以□

국편위 번역: … 그 신령스러운 근원은 멀리서부터 내려와 화관지후(火官之后)에 창성한 터전을 이었고, 높이 세워져 바야흐로 융성하니, 이로부터 ▨지(▨枝)가 영이함을 담아낼 수 있었다. 투후(秺侯) 제천지윤(祭天之胤)이 7대를 전하여 … 하였다.

추홍희 해석: (우리 신라 사람들은 삼황오제의 후손들이다). 까마득한 옛날까지 올라가서 조상의 뿌리를 찾으면, 창성한 왕업을 화관지후에게 이어받게 하고, (불의 임금님-화후는 요임금인데, 제곡 고신씨는) 요임금님에게 왕위를 물려 주었다.) 방정하고 드높은 구조물들을 건설하며 사방으로 반듯하게 뻗어 나갔다. 조상으로부터 복록을 이어받을 자격과 능력이 있는 황족의 후예로 태어난, 비범한 재주와 인덕을 갖춘 투후(秺侯)는 천자의 후예로서, 천자국에서 떨어져 나와 새로운 왕조를 부설했다.

5행 문장을 이해하기 쉽도록 4자 띄어쓰기로 재배열하면 다음과 같다.

□□□□□□□□□□□□□□□□君 靈源自敻 繼昌基於 火官之后 峻構方隆 由是克□ □枝載生 英異 秺侯 祭天之胤 傳七葉以□

국편위는 화관이 누구를 구체적으로 지칭하는지, 투후가 구체적으로 누구를 지칭하는지를 설명해 내지 못했다.

傅七葉以□ 글자 판독-“傅”인가? “傳”인가?

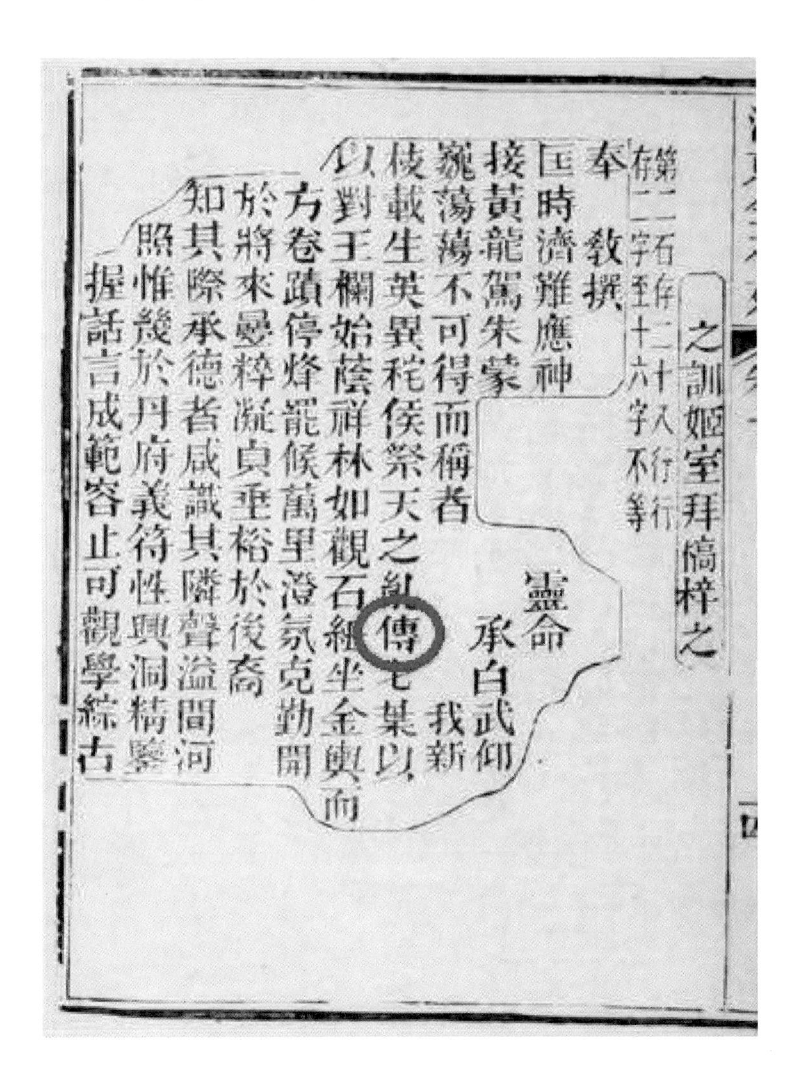
之訓姬室拜稿梓之
第二石存二十八行行存二字至十六字不等
奉 教撰
臣時濟難應神 靈命
接黃龍駕朱蒙 承白武御
巍蕩蕩不可得而稱者 我新
枝載生英異秺侯祭天之胤傅七葉以
以對玉欄始蔭祥林如觀石紐坐金輿而
方卷蹟停烽罷候萬里澄氛克勤開
於將來疊粹凝貞垂裕於後裔
知其際承德者咸識其隣聲溢間河
照惟幾於丹府義符性興洞精鑒
握話言成範容止可觀學綜古

〈“傅七葉”(부칠엽)인가? “傳七葉”(전칠엽)인가? 육심원(陸心源)의 판독글자는 “傅七葉”(부칠엽)이다〉

傅	傳
부	전

모신다는 부(傅)자와 전할 전(傳)자는 매우 혼동하기 쉬운 글자임을 중국인의 한자 훈독 책에서도 지적하고 있다는 사실을 참조하라.

여기서 글자판독은 "傅七葉"(부칠엽)이 정확한 판독이고, "傳七葉"(전칠엽)이란 판독은 오류이다. 국편위는 글자판독에서 오류를 범했다. 국편위가 판독한 "傳七葉以"이 아니라 육심원의 판독대로 "傅七葉以"이 타당하다.

만약 국편위 해석처럼, "傳七葉以" 구절을 '7대까지 전하다'의 의미로 새긴다면, 천자의 후손인데 어찌 단지 7대까지만 전해진단 말인가? 조선왕조도 30대가 넘고 신라 왕조는 56대까지였다. 이렇게 보면 천자의 후손임에도 7대까지 전해진다는 해석은 논리적으로 큰 결함을 가지고 있음을 바로 알 수 있다. 그런대도 왜 누구 하나 그것을 지적해 내지 못했는가? 논리적 사고 없이 그저 교과서를 줄줄이 외워서 사지선다형 고르기를 강요하는 교육방법론 때문이 아닐까? 교육자들은 국편위의 잘못된 번역을 그저 따라읽고만 있으니 어찌 역사의 진실이 밝혀질 수가 있었겠는가? 교육을 제대로 받지 못해서 깨우치지 못하는 무지의 고통과 아픔을 더 이상 후손에게 강요해서는 아니 될 것이다. 식민지배를 받으며 가짜의 암흑의 역사 속에서 탈출하지 못한 플라톤의 동굴속에 얽매인 사람들의 족적이 슬프지 아니한가?

傅(부)

견훤(甄萱)에 의해서 옹립된 신라의 마지막 왕 경순왕의 휘가 傅(부)이었다- "敬順王諱傅".

傅(부)는 師傅(사부), 傅國(부국)이란 말에서 알듯이 보필(輔弼) 보좌(輔佐)하다는 뜻의 글자이다. 傅(부)는 설문해자에서 재상(宰相), 수상(首相) 다른 사람을 보좌(輔佐)하는 의미 상(相)의 뜻으로 풀이했다. 좌전에 정장공이 왕을 보좌하다는 뜻으로 쓰인 "鄭伯傅王"(정백부왕)이 그 예이다.

한비자에 나오는 "毋爲虎傅翼. 飛人邑擇人而食之"(호랑이에게 날개를 달아주지 말라. 범이 날개를 달고 날 수 있게 되면 사람들이 사는 곳으로 날아와 사람들을 골라 잡아먹게 될 것이다) 구절에서 傅翼(부익)은 '날개를 달다'의 뜻이다.

장례식에 부의금을 전달하다에서의 부의 뜻이 賻(부)인데, 傅(부)는 賻(부)의 뜻을 갖고 있는 글자이다. 부의금이란 장례식 비용을 도와주는 것이니 '돕는다'는 도울 助(조)의 뜻이 들어있다.

또 傅(부)는 敷(부)의 가차자로 쓰였다. 한서 안사고는 "傅讀曰敷 敷布也"라고 주를 달았는데, 그와같이 傅(부)는 부(敷)로 읽고 그 뜻은 진열하다의 펼치다의 布(포)의 뜻이다. 흙펴기 흙깔기 바닥다지기의 뜻인 敷土(부토)를 傅土(부토)로 쓰기도 했다. 옆으로 늘어 펴듯이 부연(敷衍)설명하는 것, 부설(敷設)하다, 고수부지(高水敷地) 이런 말의 뜻에서 알다시피, 布列(포열)하고 옆으로 펴져 나가다의 뜻이다. 상서하서(尚書夏書) 우공(禹貢)편에 "禹敷土 随山刊木 奠高山大川"(우부토 수산간목 전고산대천)의 구절이 나온다. 이 구절의 뜻은, 지역을 나눠서 나무들을 베어내고 개간해 나갔는데 이런 개척 과정에서 다치고 죽어간 사람들을 위해서 명산대천에 제사를 지냈다

비문의 "傅七葉"(부칠엽)은 "7대를 전하여"의 뜻이 아니라, "敷七葉"(부칠엽)의 뜻으로 쓰였다. 그러므로 "傅七葉"(부칠엽)은 천자국을 떨어져 나와 새로운 "왕조를 부설했다"는 뜻이다.

傅(부)는 부착되다, 휴대하다, 영어로 bring의 뜻이 있는 글자이다. 따라서 "傅"(부)를 "敷"(부)로 쓰지 않고 "傅七葉"(부칠엽) 그대로 쓰더라도 칠묘에 부착

되다, 새왕조를 가져오다, 새왕조의 날개를 달다, 칠대지묘를 돕다의 뜻이 되므로 "傅七葉"(부칠엽)은 국사위가 해석한 "7대를 전하여"의 뜻이 아니라, '분토해서 새 왕조를 열고 다졌다'는 의미이다.

천자칠묘(天子七庿)

"천자칠묘(天子七庿) 제후오묘" 예기의 규정("三昭三穆 與大祖之庿而七")이 존재한다. 天子七廟(천자칠묘)는 선조7대까지를 모신다는 의례를 말한다-"七代先祖奉供"(칠대선조봉공). 천자는 7대 선조까지 종묘 제사를 지내고 제후는 5대 조상까지 종묘에 모신다는 天子七廟 諸侯五廟(천자7묘 제후5묘) 규정은 예기 등 수많은 서적에 기재되어 있다. 尚書(상서), 咸有一德에서 "七世之廟 可以觀德"(칠세지묘 가이관덕)을 말하고 있다.

칠엽(七葉)

"七葉"(칠엽)은 칠세(七世), 칠대(七代)의 뜻이다. "周車騎將軍賀婁公神道碑"(주거기장군하루공신도비) 비문에서 "七葉佐漢"(칠엽좌한)의 문구가 등장하는데, 여기의 '佐'(좌)는 '보좌하다'는 뜻으로 쓰였고, 칠엽(七葉)은 칠대(七代)의 의미이다.

"七葉"(칠엽)은 "七世之廟"(칠세지묘) 즉 "七廟"(칠묘)의 뜻과 같다. "七廟"(칠묘)는 王朝(왕조)의 뜻을 갖는 말이다. 7묘는 7대 선조를 모시는 사당 즉 종묘를 말하니 한나라 왕조를 비유한다. 가의의 과진론에서 "一夫作難而七庿墮 身死人手 爲天下笑者 何也"(한 사람이 난을 일으켜 7대 선조를 모시는 사당을 무너뜨리고 국왕은 타살되고 천하의 웃음거리가 되었는데 그것은 무엇 때문인가?)의 구절에서 칠묘(七庿)는 왕조의 뜻으로 쓰였다.

비문에서의 "七葉"(칠엽)은 王朝(왕조)의 뜻으로 쓰였다. 비문의 傅七葉(부칠엽)은 건릉 술성기에 나오는 칠묘지기(七廟之基)의 뜻으로 새기는 것이 옳다. 傅七葉(부칠엽)은 "새왕조의 기틀을 다졌다"는 뜻이다. 그러므로 비문의 "傅七葉"(부칠엽)은 "7대를 전하여"의 뜻이 아니라, "敷七葉"(부칠엽)의 뜻으로 쓰여서, '천자국을 떨어져 나와 새로운 왕조를 부설했다'는 뜻이다.

秺侯祭天之胤 비문의 "傅七葉以□□□□" 결자부분은 삼국연의의 "立七庙以光祖宗"(립칠묘이광조종)의 표현의 내용으로 추측된다. 따라서 비문을 "秺侯祭天之胤傅七葉以(光祖宗)"으로 메꾸어서, '투후는 천자의 후예로서 새왕조의 기틀을 다졌다. 이리하여 선조를 빛나게 했다'는 뜻이 된다.

(三五之聖)君- 제곡 고신씨

□□□君의 결자 부분을 메꾸어 보자. 三五之聖君은 "삼황오제"와 같은 말이다. 아득한 우리 선조의 원류를 거슬러 찾아 올라가면 삼오지성군인 제곡 고신씨에 맞닿는다. 제곡 고신씨는 삼황오제 중 한 명이다. 중국인의 공통적인 조상의 원출은 황제 헌원씨로 모아지는데, 선사시대 먼 조상에 대한 고찰은 종교와 국가, 출신 씨족에 따라서 각기 약간씩 다르게 기술해 오고 있다. 사마천 또한 고대 기록을 모두 있는 그대로 믿을 수는 없다고 결론짓고 나름대로 신빙성있는 사료를 토대로 삼아서 선사시대의 역사를 종합 약술해 냈다.

먼 조상에 대한 계보와 그 내력에 대한 한 줄 요약은 삼국시대 위나라를 세운 조조의 동생 조식이 지은 짧은 한시가 잘 표현하고 있는데 조식의 한시를 참조해 보자.

祖自軒轅 玄囂之裔 生言其名 木德帝世 撫寧天地 神聖靈察 教弭四海 明並日月 (曹植, 帝嚳贊)	조자헌원 현효지예 생언기명 목덕제세 무령천지 신성영찰 교미사해 명병일월 (조식, 제곡찬)

제곡 다음에 왕위를 이어받은 사람이 도요 즉 요임금이다. 요임금을 이어받는 왕이 순임금이고 순임금을 이어받은 왕이 우임금이다. 우리 역사상 천하 태평성대를 구가한 황금시대 파라다이스 지상낙원을 건설한 천하명군이 다스리던 시대를 "요순우"시대라고 부른다. 황제나 염제나 전욱고양씨 제곡고신씨 시대는 시기가 너무 멀어서 직접적인 느낌이 떨어져 기억하기 힘든 역사 이전의 시대라고 치부할 수 있을지 모르지만 하나라 왕조를 건설한 우임금 시대는 고고학적으로 발굴된 유적이나 유물을 통해서 그 존재가 확인된 분명한 역사에 속한다. 요순우 시대를 전설적인 존재로 격하시키고 폄하시키고자하는 사람들의 의도를 파악할 필요가 있다. 요순우 시대는 고고학적으로도 밝혀지는 엄연한 역사적 사실로 존재했다. 삼황오제에 속하는 천하명군이 누구인지는 도교 또는 유교적 전통에 따라서 각기 조금씩 차이가 나긴 하지만 삼황오제에 전욱고양씨와 제곡고신씨가 들어간다는 사실은 모두가 인정한다. 전욱과 제곡 시대까지의 기록은 문학적인 기록으로는 수다하게 존재하고 또 사마천의 사기에서도 역사적 기록으로 남겨놓고 있다. 그러므로 태평성대 황금시절의 존재를 무시하고 부정하려는 의도는 요순우 후손이 아닌 외국인 국외자 오랑캐들이 시도하는 역사적 반동이고 역사 파괴의 시도에 다름 아니다.

靈源自負

靈源(영원)은 강의 발원지를 뜻하는 말이다. 물은 세상 만물의 근원이고, 더욱

이 상선약수의 물의 노자 철학을 갈파하는 도교의 입장에서 물은 분명히 신령스러운 존재이니 강의 발원지를 영원(靈源)으로 표현한 것이다. 강의 물줄기를 따라 거슬러 올라 가다 보면 맨 처음 시작되는 발원지를 찾을 수 있는데-예컨대 한강의 발원지는 태백산이다- 그렇게 강의 물줄기 찾듯이 조상의 뿌리를 찾아 올라가보면 삼황오제인 제곡 고신씨에 맞닿는다. 제곡 고신씨의 출신은 수인씨와 마찬가지로 하남성 상구이다. 敻(형)은 멀리 먼 遠(원)이라는 뜻이므로, "靈源自敻"(영원자형)은 '까마득한 옛날까지 올라가서 조상의 뿌리를 찾으면' 이런 의미가 된다. 그러므로 역사적인 기록을 찾아 올라가보면 우리 조상의 뿌리는 제곡 고신씨가 된다는 조상의 뿌리를 밝혀주는 문장이다.

繼昌基於

昌基(창기)는 昌盛基業(창성기업) 또는 基業(기업)을 昌隆(창륭)-창성하게 만든다는 뜻이니 창성한 왕업을 화관대제에게 이어받게 하고-繼. 역사기록에 따르면, 제곡 고신씨의 왕위를 물려 받은 사람이 요임금이다 (帝嚳繼位是爲帝堯).

火官之后 화관지후

火官之后(화관지후)는 국편위의 번역대로의 "화관의 후손"이라는 뜻이 아니라, 화관과 后(후)는 동일한 사람 즉 화관이고 그 불을 다스리는 최고의 왕이라는 뜻이다. 공영달 소에 "后"를 "君"으로 풀이했다: "后 君也 于此之時 君當翦財成就天地之道". 따라서 비문의 火官之后(화관지후)는 요임금을 지칭하는 말이다.

불을 다스린 임금은 역사적으로 堯(요)임금으로 알려져 있다. 堯(요) 한자 이름 자체가 '불'의 임금님이라는 뜻을 함의하고 있다. 화관지후는 '火官=后'이니 火官大帝(화관대제)하고 같은 말이다. 화관대제는 불을 다스리는 신으로 남방화신으로 섬긴다. 요임금의 堯(요)는 높을 요(嶢), 불타오를 요(燎), 불가마 요(窯), 빛날 요(耀) 등의 낱말과 모두 연결되는 말이다.

도교에서 삼관대제 또는 삼원대제는 요순우 세 임금을 각각 가르킨다. 삼원대제는 천관대제 지관대제 수관대제를 이르는 말인데 요순우 삼대제에게 제사를 드리는 절기를 삼원절이라고 한다. 삼원절은 상원절 중원절 하원절로 구분되고, 음력 정월15일, 7월 15일, 10월 15일이 각각 해당한다.

后(후)

后(후)는 왕 이외에 왕의 부인인 왕후, 황후의 뜻을 가진 글자이다. 后(후)는 제왕의 부인을 지칭하는 황후(皇后), 태후(太后)라는 말로 더 잘 알려진 글자이지만 사실 군주, 제왕을 가르키는 말로써 먼저 쓰였다. 先后(선후)하면 先王(선왕)을 말한다. 공영달은 "后"를 "君"으로 풀이했다.

后丞(후승)은 천자 황제를 보필하는 전후좌우의 신하 四鄰(사린) 중의 하나이었다. 주나라의 선조가 黃帝之后(황제지후) 后稷(후직)이다. 후직은 天帝之子(천제지자)로서 그의 어머니가 姜嫄(강원)이고, 後(帝王)稷(穀物), 곡신, 농업신의 대표자이다. 社稷(사직)은 국가를 의미한다.

천상에 불타오르는 불의 모습

'활활' 불 타오르는 불(火)화의 모습이 새가 날개 타고 '훨훨' 하늘로 올라가는 상과 같이 상상이 되지 않는가?

공군 날개 마크 형상화	불사조 실제 사진

이글이글 타오르는 횃불이 炎炎(염염), 熊熊(웅웅), 불곰 (rampant bear)의 형상과 같구나! 불사조, 피닉스, 불이 곧 날개라는 이야기를 이제 이해하지 않는가? 왜 불의 임금이 불 타오를 요(堯) 요임금님, 赤帝(적제), 帝堯(제요)가 별자리 남방주작 익수-즉 시방새, 날개, 처녀자리, 날개에서 빛나다는 뜻의 경성, 명성으로 불리우는지 그 의미가 이해된다. 왜 북두칠성의 국자가 있고 그 반대의 위치에 남두육성 국자가 또하나 있는가? 좌우의 날개로 새가 날듯이 득도하려면 즉 하늘에 오르려면 날개를 타고 날아 올라가야 한다. 날개는 양쪽이 있어야 제 기능을 발휘한다. 한쪽이 잘못되면 추락한다. 그런데 태양까지 날아갔던 이카루스가 떨어진 이유는 무엇이었던가? 모든 것은 음양으로 이루어 있고, 만물은 서로 짝을 짓고 있다. 우주만물의 이치가 그렇다면 인간사회 또한 마찬가지가 아니겠는가?

10월 상달

한나라 때는 국가의 공식적인 한 해의 시작은 10월부터 시작하였다. 10월을 상달이라고 말한 까닭은 일년의 시작이 10월달부터이고 한 해의 마지막 달이 9월이었기 때문이다. "10월 상달"이라고 말하는 그것이 가을 추수를 끝낸 후 한 해가 다시 시작하는 절후로 삼아 온 전통을 말해준다. 우리나라에서 조상에 대한 제사를 지내는 시제는 하원절인 10월달에 지냈다. 삼원절 중 상원절인 정월 대보름날에 벌이는 횃불놀이가 요임금 화관대제에 대한 제사를 지낸 상원절의 전통풍습의 하나였다.

계 契

사기 오제본기 분류에 의하면 5대성군은, 黃帝(황제), 顓頊(전욱), 帝嚳(제곡), 唐堯(당요), 虞舜(우순)이다. 한반도의 조선과 진국과 신라는 중국 중원의 국가들과는 당요 요임금 이전 때부터 갈라져 나왔으므로 공통 시조는 제곡이 된다. 제곡의 여식 중에 간적(簡狄)이 있는데 간적이 낳은 자식이 契[38](설)이고 계가 대우 치수 때 공을 세워 상나라에 봉해지니 이가 곧 상나라의 시조가 된다. 상나라의 수도가 바로 商丘(상구)이었다. 오늘날 하남성의 상구시가 위치한 곳이다.

우리나라 사람들의 삶의 기초가 품앗이고, 상호간의 계약에 근거하여 화합하여 지상낙원을 건설했는데 이 사회계약의 기초가 바로 契(계)이며 모든 상거래의 기초 수단이 이 "契"이다. 계는 말로써 서로 믿음의 계약이고, 그런 계의 전통이 유구한 역사를 통해 오늘날까지 한국인의 심성과 전통에 가장 깊숙이 자리잡아 온 것이다.

상나라의 시조 "계"는 구체적 사람 이름임과 동시에 바로 사회계약의 기초인 계약의 계의 의미를 담고 있는 상징 비유법에 해당하기도 한다.

오늘날 자유민주주의 사회 제도는 존 로크가 설파한 "사회 계약설"에 기초하는데, 사람 사이에 "합의(consent)"와 "동의(agreement)"를 기초로 하는 "계약(covenant)" 사회가 서양 민주주의 제도의 정립 훨씬 이전에 우리나라 전통사회의 규범으로 자리잡고 있었다는 한국인의 훌륭한 역사를 분명하게 인식할 필요가 있다.

상나라 시조의 어머니 간적(簡狄)은 제곡고신씨가 죽어서 적산(狄山)에 묻혔으니 제곡의 정통성을 간직하고 있는 것으로 믿어왔다. 산해경에 따르면 제곡은 삽십세에 왕위에 올라 일백오세에 세상을 뜨니 70년을 제위했던 장수왕의 대명사이다. 제곡이 태어난 곳도 상구이이었으니 상구는 신라 왕조의 이전부터의 원고향이 된다. 사마천의 사기에서 기자를 조선에 봉했다는 기자조선의 역사가 단순히 꾸며낸 것이 아님이 확인된다. 기자조선에 대해서는 율곡이이의 설명이 유효하다.

---

38) "契"가 (상나라 시조를 가르키는 인명으로 쓰일 때는 契(계)를 "설"로 발음한다). "설"로 발음할 땐 楔(설)과 같은 말이고, 쐐기를 말한다.

화관 화정 화후 화제 화관대제 화덕진군 화관지신(火官之神)

火官(화관)은 종교적으로는 화성(火星)에 대한 제사를 드리는 신전을 담당하고, 행정적으로 모든 불(火)과 관련한 행정을 담당하는 관리를 이르는 화정지관(火政之官)이다. 火正(화정)과 화관(火官)은 같은 말이다. 한서 오행지에 이와 같이 설명하고 있다. "古之火正 謂火官也 掌祭火星 行火政"(漢書, 五行志上).

火神(화신)은 祝融氏(축융씨)이고 火帝(화제)는 염제(炎帝)라고 예기 월령가에는 기술하고 있다.

도교에서는 당요가 화제(火帝)에 해당한다. 축융씨는 제곡 때 火官을 지내고 죽어서 火神이 되었다고 하고, 국어(國語) 정어(鄭語)에 따르면 黎(려)를 화정으로 삼았다. "夫 黎 為 高辛氏 火正 以淳耀敦大 天明地德 光照四海 故命之曰 祝融 其功大矣". 축융은 이와 같은 한자의 훈 뜻과 같이 천지사방에 불을 훤히 밝히는 일에 대한 모든 것을 지칭하는 말이다. 후대로 내려오면 화덕진군 화덕성군으로도 불리운다.

여씨춘추에서 말하는 祝融神(축융신)에 대해 고유의 주해는 "祝融 顓頊氏后 老童之子 吳回也 爲 高辛氏 火正 死爲火官之神"으로 설명하였는데, 오회(吳回)는 곧 오나라의 시조에 해당한다.

위와같이 火星을 주관하는 火官, 火正에 대한 이해를 기초로 해석하면, 火后(화후)는 요임금이 해당한다. 요임금은 제곡 고신씨의 왕위를 이어받은 사람(帝嚳繼位是爲帝堯)이다.

辰國(진국) & 辰星(진성)

火星을 다른 말로 商星(상성)이라고 하고, 또 상성은 다른 말로 辰星(진성)이라고 한다. 고대 한반도에 자리잡은 왕국 중 조선 이외에 "辰國"(진국)이 존재했다. 진국은 곧 상나라의 지파이었다. 화성을 전쟁의 상징으로 이해하면 외국 정벌을 뜻한다. 전쟁은 총이든 화포이든 봉수불이 오르듯 개자추가 타죽든 그렇게 위험한 불놀이이지 않는가? 啇(상)나라는 말의 본뜻 그대로 무역 거래를 하였으니 그 성격상 외국으로 진출하지 않을 수 없었다. 고대에서 무역 거래를 군인들이 담당하였던 이유는 험난한 외국진출의 성격상 목숨을 담보로 하는 위험한 성격의 일이기 때문이었다. 오늘날에도 상선은 전쟁이 발발하면 곧바로 전선에 투입될 수 있도록 각국의 국법은 정해 놓고 있다. 상선에 타는 뱃사람들은 평소에는 민간인이지만 전쟁시에는 물자 수송 등 최전선에 투입되는 전투병이 된다.

오회(吳回)

오회(吳回)는 불을 다스리는 화신인 축융의 동생으로서 형인 축융의 화관의 지위를 이어받아-형제 상속인 바 이것은 형제간의 우의를 강조했던 당시의 시대적 이념이 표현된다- 불의 화신이 되었고, 육종을 아들로 두었으며, 육종(전욱의 현손이 된다)은 여섯 아들을 두었는데 곤오, 삼호, 팽조, 회인, 조안, 계련이었다. 이들은 춘추전국시대 위, 한, 초나라 지역에 살았고, 이들이 초나라를 건설한 직접적 조상이다. 이들은 이후 여러 성씨들의 시조가 되는데 초나라는 오씨가 조상인 셈이다. 昆吾(곤오)의 오는 옛날의 한자음으로 오나라 오(吳)와 같았기에 곤오가 오로 통했다. 사기의 저자 사마천 당시엔 천년 전의 시차가 났으니 사마천의 기록만이 정확한 설명이라고는 보기 어렵지만 대체적으로 신화전설이라고 치부되는 이야기들이 때론 역사유물의 발굴등으로 인해서 역사적인 기록으로 입증되는 바가 많으므로 사기의 기록을 전면 부정하기 어렵다. 사기의 초세가 기록에 따르면 이와 같다.

곤오는 도자기의 신으로 내려오는데, 진시황제의 능에서 발견된 '병마용'-그것에서 당시 도자기 예술의 뛰어난 기술과 미적 우수성을 볼 때 도예의 신이 한반도에서 추앙받는 까닭 또한 신라 고려 조선시대에까지 이어진 도예의 세계적 우수성이 그것을 웅변해 준다. 정유재란 때 일본의 가고시마 성주 시마즈가 납치해

간 남원 강진의 도예공 심수관-일본에서는 이참판으로 불린다-이 어떤 연결점이 없이 우연적으로 발생한 것이 아니었다.

도예공은 혼을 다해 일을 하는 전문가 장인이고, 기술자들은 세계적 표준을 추구하며, 금은 세련뿐만 아니라 철을 제련하여 칼 등 무기를 뽑아내기에 무사들과 연결되고 또 신안 태안 등에서 좌초된 도자기 유물선에서 발견되듯이 배를 타고 무거운 물건을 실어 나르며 장사하는 무역인이기도 하다. 장사꾼은 거래시 신의에 바탕을 두며, 험난한 바닷길을 이용한 먼 거리 무역의 모험을 감행하는 개척자이기도 하다. 이런 측면에서 상인 정신은 무사 정신과 서로 통한다. 오나라를 멸망시킨 월나라 구천을 재상으로써 섬긴 범려가 상인의 화신으로 추앙받는 동시에 도자기 도예의 도공신으로 추앙받는 이유가 어렵지 않게 이해되리라.

峻構方隆

峻(준)은 험준(險峻)하다는 말처럼 산이 높이 우뚝 높이 솟은 것을 말하고, 構(구)는 땅에 솟은 구조물을 뜻하고, 方방은 사각형, 隆(륭)은 흥성(興盛)하고 높이 솟다-高起의 뜻이니, 峻構方隆(준구방륭)은 땅에다 건물 구조물을 건설해 냈다는 의미이다. 건릉 술성기에 "方隆七廟之基"의 표현이 나타나는데, 그것과 같은 '나라의 기틀을 다졌다'는 의미가 方隆(방륭)에 들어 있다.

도교에서 삼혼의 존재를 믿듯이, 기독교에서 삼위일체를 믿듯이, 사람의 혼에는 靈(성령)과 光(빛) 精(마음)이 들어 있다. 한 나라를 건설하려면 해와 달과 별의 정기를 받아야 가능할 큰 일일테고, 이는 하늘과 땅과 사람의 힘이 서로 합쳐져만 가능하다.

峻構(준구)는 締構(체구)와 같은 말로써 그 뜻은, 얽어 만들다, 틀을 짜다, 즉 현대 건축에서의 구조틀, 비대, 스캐폴딩을 말한다. 기틀을 짜다는 의미에서 결구(結構)와 비슷한 말이다. 結構(결구)는 일정한 형태로 얼개를 만들고 그에 따라 건축물을 짓는 그와 같이 건축물을 올리는 구조를 가리킨다.

사조(謝朓)의 싯구에 나오는 結構에 대해 이선은 "結連構架以成屋宇也"라고 주를 달았는데, 결구는 '얼개를 엮어서 집을 만드는 것'을 이른다.

태세 신앙

도교에서 땅의 신 지관대제로서 섬기는 임금님이 순임금이다. 고대 우리나라에서 지신 신앙의 내용의 한 단면을 여실히 보여 주는 예가 남포의 덕흥리 고분 벽화 묵서에서 보여주는 "태세 신앙"이다. 건축물을 올릴 때는 택일을 하였고 방위를 결정하였고, 길일 날짜를 택일해서 결정했으며 건물의 구조와 방향과 개시 일정의 결정은 신중에 신중을 기했다. 풍수 이론이 그것을 여실히 말해주듯이, 구조물을 파고 올릴 때는 건축물의 방향과 위치와 날짜를 매우 중요시했다. 건축 노동이라는 것이 기상여건과 주위 환경과 지반 여건에 직결된다는 점에서 매우 실용적이고 실제적인 근거가 충분했던 것이다. 집 하나 건축할 때도 상량문을 써놓고 영원하기를 기원했는데, 불국사의 석가탑을 해체 보수할 때 발견된 無垢淨光大陀羅尼經(무구정광대다라니경)과 묵서지편이 영원성을 기원하는 믿음이 없었다면 어찌 그런 것들이 먼 훗날까지 이어질 수 있었겠는가?

峻構方隆(준구방륭) 이 표현의 뜻은 '방정하고 드높은 구조물들을 건설해가며 사방으로 반듯하게 뻗어 나갔다'.

由是克▨ ▨枝載生

"由是克□□枝載生" 여기의 결자된 부분을 "由是克祚 天枝"으로 메꾸어 볼 수 있다. 天枝(천지)는 황족의 후예를 뜻하는 단어이고, 克祚(극조)는 선조로부터 복록을 능히 계승해 나갈 수 있다는 뜻의 단어이고, 由是(유시)는 이유(because of) 뜻의 단어이니, "由是克祚 天枝載生"(유시극조천지재생)의 구절은 '조상으로

부터 복록(福祿)을 이어 받아나갈 능력이 있는 천자의 후손으로 태어났다'는 뜻이다. 고대사회에서 부모로부터 상속은 그만한 능력있는 자식이 물려받았다. 요순시대 이래 선양의 방식이 그것이고 이런 상속법은 인류가 존속되고 발전되기 위해서 필요하며 이는 경제학 이론으로도 입증된다.

天枝(천지)는 황족의 후예 (皇族后裔), 천자의 후손을 이른다. 이백의 화성사 대종명의 "系 玄元之英蕤 茂列聖之天枝 生于公族 貴而秀出" (계 현원지영유 무열성지천지 생우공족 귀이수출)의 구절의 뜻이 그것이다.

克祚(극조)는 조상으로부터 복록을 이어 받을 자격과 능력이 있음을 비유하는 말 "能繼承祖輩的福祿"으로 중어사전은 풀이하고 있다. 진서(晉書) 완종(阮種)전의 "天聰明自我聰明 是以人主祖承天命 日愼一日也 故能應受多福而永世克祚"(천총명자아총명시이인주조승천명일신일일야)의 예문이 그것을 설명하고 있다.

克(극)은 '일본을 이기고 극복하자'는 구호를 쓸 때 극일(克日)이라고 쓰는데 이 극은 이기다, 전승(戰勝)의 뜻으로 일본에 빼앗긴 실지를 회복하는 克復(극복)의 의미이다. 제압하고 이겨내다의 의미로써 克服(극복), 克己奉公(극기봉공)이 쓰인다. 극기봉공은 자신의 이기적인 생각을 극복하고 공공의 이익에 봉사하는 것을 이르므로 멸사봉공(滅私奉公)의 뜻과 같다. 이와 같이 克(극)은 능히 해낼 수 있다는 것을 말하는데 미국의 국부로 유명한 프랭클린이 강조한 바대로 부의 원천은 근면검소함에 있다.

근면검소의 미덕을 극구강조한 사람은 당태종이었는데 그런 당부에 대해선 저자의 "역사 혁명" 책에서 설명하고 있는 당태종의 "제범"편을 참고하라.

근면검소와 같은 의미로 克勤克儉(극근극검)이 쓰인다. 이러한 의미의 克勤(극근)이 비문앞면 제7행의 "克勤開□" 문장에서 쓰이고 있다. 克勤開□은 '사람들은 농업 등 오로지 사기 맡은 바 일에 힘쓰게 되었고, 그리하여 나라를 새롭게 열어갈 수 있었다'는 의미이다.

조상으로부터 유산을 상속받기 위한 조건은 이렇듯 근면검소하고 능력있는 자식임을 요구했다. 克祚(극조)는 이러한 의미가 내포되어 있다.

□枝載生의 결자부분을 메꾸면, (天)枝載生이 되고 천지재생의 뜻은, '황족의 후예, 천자의 후손으로서 태어나다'.

天降金樻 천강금궤

삼국사기에서 논하길, "新羅古事云 天降金樻 故姓金氏 其言可恠而不可信 臣修史以其傳之舊 不得刪落其辭", "신라 고사(古事)에는 '하늘이 금궤(金櫃)를 내려 보냈기에 성(姓)을 김씨(金氏)로 삼았다'고 하는데, 그 말이 괴이하여 믿을 수 없으나, 내가 역사를 편찬함에 있어서, 이 말이 전해 내려온 지 오래되니, 이를 없앨 수가 없었다." (국편위 번역).

국편위는 天降金樻(천강금궤)를 천강 "금궤(金櫃)"라고 번역하였는데 삼국사기에 적힌 "金樻"(금궤)는 황금 나무가지를 말한다. 樻(궤)는 "柜"(거)와 같은 뜻의 글자로써 가구궤짝을 의미하는 말이기도 하지만, 나무지팡이, 목다리, 버팀목, 환자의 다리를 대신해주는 목발을 뜻하는 말 즉 拐杖(궤장)을 의미한다.

신라인들이 어찌 하늘에서 내려왔겠는가? 중국의 땅에서 바다를 건너 한반도로 피난오거나 또는 금수강산 무릉도원이라는 전언을 듣고 진시황제 때처럼 파견나온 전문가가 귀국을 마다하고 자발적으로 이민을 결정했던 것이지, 따라서 국가체제도 중국에서 형제간 사이로 수립된 것이 아닌가? 이런 측면에서 진나라 당숙우의 역사처럼 桐葉封弟(동엽봉제)의 역사로써 이해하는 것이 합리적인 추론이다.

따라서 "金樻"(금궤)는 국편위가 번역한대로의 나무궤짝의 금궤(金櫃)가 아니라 황금나뭇가지로 새기는 것이 합리적이다. 한반도의 사람들은 중국의 선조와 마찬가지로 같은 나뭇가지에서 갈라져 나온 지파 가운데 조상이 서로 같은 형제로서 다만 지역이 멀리 떨어져 있는 먼 동해 바다를 건너서 정착한 곳에 새로운 나라를 세웠기에 같은 형제국으로서 서로 우애좋게 평화를 추구하며 자립적으로 살아갔던 역사가 아니었겠는가?

桐葉封弟(동엽봉제)

사기 진세가(晉世家)편에 桐葉封弟(동엽봉제)의 고사성어의 의미가 전해진다. 유종원의 桐葉封弟辯(동엽봉제변) 한시를 인용하여 당숙우의 진나라 봉후의 역사를 살펴보자.

成王以桐葉(성왕이동엽) 與小弱弟戲曰以封汝(여소약제희왈이봉여) 周公入賀(주공입하) 王曰戲也(왕왈희야) 周公曰天子不可戲(주공왈천자불가희) 乃封小弱弟於唐(내봉소약제어당)	성왕이 오동나무잎을 나이 어린 동생에게 주며 장난기로, '이것으로 너를 제후로 봉한다'라고 말했다. 주공이 들어와 축하를 드리니 왕이 '농담으로 한 말이었네'라고 답하였다. 주공이 '천자가 농담으로 희롱하면 옳지 않습니다'라고 반론하자 결국 어린 동생을 제후로 봉하고 땅을 떼어주고 자립하게 했다.
…	
吾意周公輔成王(오의주공보성왕) 宜以道(의이도) 從容優樂(종용우락) 要歸之大中而已(요귀지대중이이)	내 생각에는 주공이 성왕을 보필함에 있어서는 마땅이 바른 도로써 점잖고 부드러우며 여유있고 즐겁게 하여 위대한 황금시대로 되돌아가게 시도했을 것으로 판단된다.
…	
急則敗矣(급칙패의)	국정을 급하게 다그치듯 처리하면 결국 실패하기 마련이다.
…	
是直小丈夫缺缺者之事(시직소장부결결자지사) 非周公所宜用(비주공소의용) 故不可信(고불가신) 或曰封唐叔(혹왈봉당숙) 史佚成之(사일성지)	이러한 것은 바로 소인이 못되고 작은 꽤를 써서 하는 일이니 주공같은 현인이 썼을 리가 없다. 따라서 그런 것을 믿을 수 없다. 어떤 사람은 당숙우를 중원의 당국에 봉한 사실은 시대의 변천에 따라 역사를 윤색해서 일어난 일이라고도 말한다.

英異 秺侯

載生의 재(載)는 안사고(顔師古)가 "載 始也"라고 주해하고 있는 바와 같이, 태어나 삶을 시작한다는 뜻이다. 英異(영이)는 "才智超群 神采絕俗", "德才非凡的人"으로 사전은 풀이하고 있다. 양무제의 사남교대사조에서 "可班下遠近 博采英異"의 표현이 나온다. 英異(영이)는 풍채가 뛰어난 사람, 발군의 지혜와 재기를 가진 사람, 비범하게 재덕(才德)을 갖춘 사람을 뜻하는 단어이다. '타고난 호걸에다 글 쓰는 솜씨가 비범하다' 뜻인 "天然俊杰 毫翰英異"(천연준걸 호한영이)의 예문이 그것을 보여준다. 毫翰(호한)은 붓글씨 毛筆(모필)을 말하니 문장력, 서법이 뛰어나다는 뜻이다. 여기서 載生英異(재생영이)는 天生神異(천생신이)라는 말과 같고, '영특하고 비범한 재덕을 갖고 태어났다'는 뜻이다.

한편 英異(영이)는 뒤따르는 구절인 秺侯(투후)라는 인물을 꾸며주는 형용사로 쓰여서 才德 비범한 재주와 인덕을 갖춘, 秺侯(투후)라는 뜻으로 해석할 수 있다. 靈異(영이)는 神靈(신령)스럽다의 뜻이다. 사조(謝脁)의 싯구에 대해 이주한은 "靈異 靈仙也", 영이(靈異)는 영선(靈仙)과 동의어로 주해했다.

또 영이(靈異)는 神奇怪異(신기괴이)의 약어로 신이(神異)스럽다는 뜻이다. 또 력도원의 수경주에 "表述靈異"(표술영이)의 구절에서와 같은 靈驗(영험)스럽다의 뜻이 있다.

또 靈異(영이)는 뛰어난 인재를 말하는 賢俊(현준), 奇才(기재)의 뜻이 있다. 유량은 "靈 英 并賢俊"으로 주했다. 영이(靈異)는 영재와 동의어이고, 그러므로 영이는 비범하게 지혜를 가진 聰慧(총혜)를 의미한다. 당태종의 晉祠銘(진사명)에 靈異(영이)의 뜻이 나온다: "猗歟勝地 偉哉靈異 日月有窮 英聲不匱 天地可極 神威靡墜 萬代千齡 芳猷永嗣".

秺侯 투후

秺侯(투후) 그는 누구인가? 秺侯祭天之胤(투후제천지윤). 우리 신라인은 투후 천자의 후손이다. 투후(秺侯)는 역사상 구체적으로 누구인가? 이에 대한 구체적인 연구 결과는 저자의 "투후 제천지윤"의 책에서 자세하게 설명한다.

祭天之胤 제천지윤

祭天(제천)은 하늘에 제사를 드리는 祭祀天神(제사천신) 제천의식을 말한다. 공양전(公羊傳) "魯 郊何以非禮 天子祭天 諸侯祭土"의 기록에 대해 하휴의 주해는 "郊者 所以祭天也 天子所祭 莫重于郊"인데, 이 공양전을 참조하면 天子祭天(천자제천)이므로, 秺侯祭天之胤(투후제천지윤)은 천자의 후예인 투후라는 의미가 된다. 투후가 천자의 후예이면 당연히 우리들 신라인들은 모두 천자의 후손이 된다.

祭天之胤(제천지윤)은 天子之胤(천자지윤)과 같은 의미이다. 진자앙이 쓴 묘지명에 "雖存天子之胤 已類咸陽布衣 植德早夭(수존천자지윤 이류함야포의식덕조요)"의 구절이 나온다.

胤(윤)은 후사를 잇는다, 후대자손이라는 뜻의 단어이다.

秺侯=祭天之胤=新羅人之先祖	투후=천자후손=황족=신라시조
新羅人=天枝=皇族后裔	신라인=천손=황족 후예=황손

신라인의 먼 조상은 요임금에게 왕위를 물려준 제곡 고신씨이라는 사실, 가깝게는 황족의 후예인 투후(秺侯)라는 사실이다. 신라 건국이 한나라 때이고 투후는 황족이니 신라 김씨는 한나라 황실의 성씨인 유(劉)씨의 劉자에서 칼자루 변을 떼어낸 金씨라는 사실이 밝혀지는 것이 아닌가? 한나라 황실의 劉(유)씨에서 김씨가 파생되었다는 설은 우리나라에는 전하지 않고 주로 중국의 동해안가 지

방에서 전해 내려오는 전설적인 이야기로 치부되어 왔다. 하지만 나는 여기서 신라 건국의 주체 세력은 한나라 특히 한무제의 유교통치이념에 대항하여 도교 통치 문화를 계승해 온 도교 중심 세력으로써 보다 직접적으로는 한나라의 5대 6대 황제인 효문제와 효경제의 후손임을 밝힌다.

5행 번역 요약

□□□□君- (三五之聖)君	(우리 신라 사람들은 삼황오제의 후손들이다).
靈源自敻	까마득한 옛날까지 올라가서 조상의 뿌리를 찾으면
継昌基於	창성한 왕업을 (화관지후)에게 이어받게 하고
火官之后	불의 임금님-화후는 요임금을 말하는데, (제곡 고신씨는) 요임금님에게 (왕위를 물려 주었다)
峻構方隆	방정하고 드높은 구조물들을 건설하며 사방으로 반듯하게 뻗어 나갔다.
由是克□- 由是克(祚)	조상으로부터 복록을 이어 받을 자격과 능력이 있는
□枝載生- (天)枝載生	황족의 후예, 천자의 후손으로서 태어나
英異秺侯	비범한 재주와 인덕을 갖춘 투후(秺侯)는
祭天之胤	하늘에 제사를 드릴 자격이 있는 투후 황족의 후예로서
傅七葉以□	칠대지묘를 짓다 즉 새로운 왕조를 다졌다.

〈문무왕릉비 비석 파편-경주박물관 보관〉

6행 星漢王 성한왕

□□□□□□□□□□□□□□□□□爲

十五代祖星漢王降質圓穹誕靈仙岳肇臨

以對玉欄始蔭祥林如觀石紐坐金輿而」

국편위의 번역: … 15대조 성한왕(星漢王)은 그 바탕이 하늘에서 내리고, 그 영(靈)이 선악(仙岳)에서 나와, ▨▨을 개창하여 옥란(玉欄)을 대하니, 비로소 조상의 복이 상서로운 수풀처럼 많아 석뉴(石紐)를 보고 금여(金輿)에 앉아 … 하는 것 같았다. … □

추홍희 해석: 우리 신라의 중흥을 일으킨 중시조 성한왕은 15대조 선조이다. 신선이 사는 신령이 깃든 산에서 탄생하여, 광야가 시작되는 산모퉁이에서 삶을 시작했다. 산맥이 내려와 광야가 펼쳐지는 산모퉁이 구릉지에 두 쌍의 난간을 세우고, 상림 수목원을 가꾸기 시작했는데, 상림은 마치 하나라 시조 우임금이 태어난 곳인 석뉴를 보는 듯 했다. 상림에서 금수레를 타고 세상을 나서, (천리마 말을 달리며 여우와 토끼를 쫓아내고, 세상 가는 곳마다 큰 이름을 떨치고 남겼다).

▨爲▨▨十五代祖星漢王降質圓穹誕靈仙岳肇臨

以對玉欄始蔭祥林如觀石紐坐金輿而 구절에 대해서 띄어쓰기로 공간재비치하면 다음과 같다.

十五代祖 星漢王 降質圓穹 誕靈仙岳 肇臨▨▨

以對玉欄 始蔭祥林 如觀石紐 坐金輿而」

□□□□□□□□□焉

"敬宗尊祖 享德崇恩 必也正名 以崇大禮 禮之正焉" 또는 "禮之大者 聿追孝饗 德莫至焉"의 문장 내용으로 결자 부분을 메꾸어 볼 수 있다. 이와같이 하는 것이 '예의상 바른 것'이다는 禮之正焉(예지정언), 또는 歲時饗祭焉(세시향제언)의 내용, 이와같은 '禮(예)를 지키는 것이 바르다'는 것을 강조하는 내용이다.

▨焉▨▨十五代祖星漢王

▨焉▨▨十五代祖星漢王- 이 결자 부분은 "15대조 성한왕"을 신격화하여 칭송하고 있는 내용의 첫 줄 시작하는 표현인데, 여기에 적절하다고 여겨지는 말은 성한왕이 민족을 중흥기를 일으킨 성왕임을 표시하는 단어이다. 그렇다면 조상 가운데 매우 뛰어난 조상을 일컫는 말인 "顯祖"(현조) 또는 광무제처럼 쓰러져 간 나라를 다시 구해내고 부흥을 이룩한 "중홍 군주"라는 뜻으로써 "中宗"(중종)이란 말이 적합하다. 조상의 역할을 살펴서 조와 종을 구분하기도 하지만 여기서 성한왕의 위치를 감안한다면 祖와 宗 어떤 수식어를 붙여도 큰 차이는 없다. 유신의 애강남부에서 중홍 군주, 中興之業(중홍지업)을 이룬 왕이라는 뜻으로써 "中宗"이란 말을 쓴 것을 참조하여 "中宗十五代祖星漢王" 중홍군주 15대조 성한왕으로 메꾸어 본다.

星漢王

星은 별, 漢은 天河, 銀河의 뜻이니 星漢은 銀河즉 밤하늘에 총총 빛나는 은하수를 이르는 일반 명칭이다. 물론 여기 비문에서의 성한왕은 구체적인 인물이다. 그러면 성한왕(星漢王)이 누구인지가 제대로 설명되어야 하는데, 이에 대해 국편위는 침묵하고 있다. 星漢은 밤하늘 은하수를 뜻하는 단어이고, '은하수'는 물길, 바닷길을 이르니 수로와 동일한 의미이다. 따라서 물길의 왕 김수로왕이 되지 않을까? 물론 삼국사기 전하는 수로왕의 "수로"는 "首露"王이다. 하지만 저자가 삼국사기와 삼국유가가 어떻게 조작되었는지 그것을 구체적으로 밝혀내는 책에서 논하는바대로, 국왕 이름의 한자들을 바꿔치고 장난질치고 조작질을 가했다는 가설을 설정하고 수많은 입증 사례로써 가설에 합당한 과학적 결론을 도출해냈다. 따라서 삼국사기에서 붙인 한자명칭들이 고고학적 결론과는 배치되는 경우가 적지 않다.

왜 삼국사기나 삼국유사에는 星漢王(성한왕)의 명칭이 전혀 등장하지 않는다는 말인가? 그 이유는 간단하다. 삼국사기 편찬자 김부식가 삼국사기를 지을 때 "疏漏 編纂(소루편찬)하고 妄作(망작)의 큰 죄(罪)"를 저질렀기 때문이다. 1년여이나 지속된 극심한 묘청의 전란에서 승리한 김부식이 삼국의 역사를 조작하여 금나라에 갖다 바친 역사조작서가 삼국사기인 것이다. 김부식도당은 역사조작자이었고 역사 망작의 천성지금의 천벌을 받을 자들이다. 김부식도당들은 신라 왕조를 부정하고 북방민족의 역사로 도치시키려는 의도에서 역사 조작을 감행했다. 김부식도당은 한민족의 정통성을 부정하기 위해서 삼국의 역사를 고의적으로 조작질하고 난도질하고 망작했다는 사실이다.

"성한왕"만이 삼국사기와 삼국유사에서 등장하지 않는 왕의 이름일까? 2015년 밝혀진 금관총의 주인공 "尒斯智王"(이사지왕) 또한 삼국사기나 삼국유사에는 전혀 등장하지 않는다. 왕조 역사를 기록하면서 왕의 이름이 나타나지 않다니? 그게 무슨 역사서란 말인가? 1921년 금관총에서 발굴된 환두대도 칼집에서 2013년 발견한 명문에는 분명하게 금속 도금하여 새겨 놓은 글자인 "尒斯智王"이 나타나는데 그 분명한 국왕의 이름이 왜 삼국사기와 삼국유사의 역사서에는 등장하지 않는단 말인가?

中宗 중종

조선시대에도 중종 임금이 있었는데, 당시 통일 신라시대의 中宗(중종)은 구체적 인물로는 당나라 제4대 황제 중종 이현(李顯)이었다. 하지만 문무왕릉비의 "中宗"(중종)은 유신의 애강남부에서의 "中宗之夷凶靖亂"(중종지이흉정란) 표현의 의미와 같이 "中興之業"(중흥지업)을 일으킨 중흥지조를 가리키는 일반명사이기도 하다. 유신의 애강남부에서의 "中宗"(중종)은 양나라 원제 소역을 지칭한다. 중흥지조는 우리나라 족보상의 익숙한 표현으로는 "중시조"를 말한다.

降質圓穹

穹圓(궁원)은 하늘 天(천)의 의미이다. 穹質(궁질)은 숭고한 뜻을 의미하는 高尚(고상) 氣質(기질)을 뜻하는 단어이다. 降(강)은 하강하다의 뜻이다. 質(질)은 본성(本性), 본질의 뜻이 있고 또 단순하고 질박(質樸)하다의 뜻 그리고 질문(質問)하다 책문(責問)하다의 뜻이 있다.

한편 質(질)은 贄(지)의 동의어로 禮物(예물), 폐백을 뜻하는 낱말이다. 폐백(幣帛)은 결혼식 때 신부가 시부모에게 예물을 올리는 예식인데, 그와같이 폐백은 윗사람을 처음으로 만날 때 올리는 예물을 뜻한다. 당태종의 진사명에 "誕靈降德"(탄영강덕)의 구절이 나온다. 降德(강덕)은 예물을 내려보내는 것-賜予恩惠을 뜻한다. 따라서 降質(강질)은 降德(강덕)과 같은 뜻의 말이된다. 降質圓穹(강질원궁)은 '천자가 예물을 보내왔다'는 뜻이다.

상림

상림원은 노교의 발생지인 종남산에 위치했다. 종남산은 노자가 도덕경을 윤회에게 주었다는 도교의 성지 가운데 하나이고, 유명한 루관대(樓觀臺)가 있으며, 조조의 위나라, 이연의 당나라가 일어서는데 중심적인 역할을 한 곳이다. 상림원은 진시황제 때뿐만 아니라 한나라 때에 중건되었고, 그리고 낙양, 하남 남경 등에도 가꾸어진 국왕의 정원을 가르키는 명칭이다. 문무왕 비문에 나타난 성한왕의 정황 묘사를 읽고나서 느껴보면, 사마상여의 上林賦(상림부) 내용이 반영된 내용으로 읽혀지고 또 우임금의 탄생 신화가 중첩되어 읽혀진다.

誕靈仙岳

靈仙岳(영선악)은 신선이 사는 신령이 깃든 산의 의미이니, 誕靈仙岳(탄령선악)은 '드높은 하늘에서 내려와, 신선이 사는 신령이 깃든 산에서 탄생하여'의 의미가 된다.

肇臨▨▨

肇臨曠野

肇(조)는 개시開始하다 뜻, 肇生조생이고, 臨은 만나다 到 조우(遭遇)하다의 뜻이니, 강가에 마주하다의 臨川(임천)의 뜻이 어울린다. 임천 아니면 확 트인 曠野(광야)에 임하여라는 말도 적절하다. 지형학적으로 본다면, 배산임수(排山倒海)의 지형이라는 뜻이다. 이를 해석하면, 산맥이 내려와 광야가 펼쳐지는 산모퉁이 구릉지-山麓(산록)에서 자라났다.

玉欄

以對 玉欄

玉欄옥란은 돌로 쌓은 난간(欄桿)을 말한다. 양나라 비창의 行路難(행로난) 시에 玉欄金井牽轆轤(옥란금정견록)로 구절이 나오는데, 도르래로 물을 길어 올리는 우물 위에 난간을 세운 모습이 상상된다. 대옥란이니 두 쌍의 난간 또는 돌기둥을 쌓아 올렸다는 뜻이다. 그러므로 이것은 저택 앞에 세운 두 개의 큰 둥근 기둥 楹(영)을 말한다. 楹(영)을 세우는 것은 천하대장군 지하여장군처럼 자기 지역임을 알리는 경계 표시이다. 난간이나 절 입구에 새워 놓은 두 기둥은 신성한 경계 표시를 나타낸다. 산록이나 강에 접한 낮은 구릉지에 농장 정원을 짓고 시작하는데 먼저 돌로 두 쌍의 난간-목책이나 우리를 돌로 쌓은 것-을 쌓고 경계를 표시하고 대업을 준비했다는 의미이다.

한편 글자 판독을 似對(사대)로 해도 의미는 같다. 似는 如, 好像의 뜻이기 때문이다. 似는 뒤따르는 始蔭祥林 如觀石紐와 병렬적 설명을 하는 연결어이다.

以對玉欄(이대옥란)은 산맥이 내려와 광야가 펼쳐지는 산모퉁이 구릉지에, '두 쌍의 난간을 세우고'의 뜻이다.

始蔭祥林

蔭(음)은 수풀 우거진 산림의 그림자를 뜻하고, 始蔭祥林(시음상림)은 산림이 우거져서 그림자가 생길 정도로 되었다는 의미이다. 祥林(상림)은 정원의 이름이다. 사마상여의 上林賦(상림부)가 바로 연상된다. 수렵에 대한 내용과 묘사는 우리민족의 시조 신화에 바로 연결되어 있으므로, 사마천의 사기에 소개되어 있는 사마상여의 상림부, 유신의 三月三日 華林園馬射賦(화림원마사부)에 대한 이해를 해두는 것이 문무왕릉 비문 이해에 도움이 된다. 시음상림은 '상림 수목원을 가꾸기 시작하니 곧 울창해졌다'는 뜻이다.

如觀 石紐

石紐(석뉴)는 양웅(揚雄)의 蜀王本紀(촉왕본기)에서의 禹生石紐(우생색뉴)라는 말에서 알 수 있듯이 하나라 우임금의 탄생지로 알려진 곳이다. 지금의 사천성(四川省) 汶川縣(문천현)이다.

如觀石紐(여관석뉴)는 상림 정원은 마치 하나라 시조 우임금이 태어난 곳인 석뉴를 보는 듯 했다. 뛰어난 현조이자 중홍 시조인 성한왕의 영웅상을 요순우의 우임금에 비유하는 내용이다.

坐金輿而 (出游天下)

金輿(금여)는 제왕의 마차이니 坐金輿而(좌금여이)는 '이곳에서 금수레를 타고 세상을 나서'의 의미가 된다. 석뉴라는 표현으로 우임금을 상기시켰으니 아마도 坐金輿而(좌금여이) 이후의 구절은 우임금의 주행천하를 비유한 것으로 추측하여 金輿而出游天下(금여이출유천하)라는 말로 결자 부분을 메꾸어 볼 수 있다. 우임금의 주행천하에 나오는 묘사를 참조하여 결자를 메꾸어보면 "坐金輿而出游 驅鐵馬逐狡兔 遷皆成名" 구절을 만들 수 있다. 이 구절은 '천리마 말을 달리며 여우와 토끼를 쫓아내고, 세상 가는 곳마다 큰 이름을 떨치고 남겼다'는 의미이다.

6행

(禮之正)焉	(이와같이 하는 것이 예의상 바른 것이다)
(中宗)十五代祖星漢王	중흥군주 15대조 성한왕은
降質圓穹	천자의 예물을 받고
誕靈仙岳	신선이 사는 신령이 깃든 산에서 탄생하여
肇臨(曠野)	산맥이 내려와 광야가 펼쳐지는 산모퉁이 구릉지 산록에서 자라났다.
以對玉欄	두 쌍의 난간을 세우고
始蔭祥林	상림 수목원을 가꾸기 시작하니 곧 울창해졌다.
如觀石紐	이 상림 정원은 마치 하나라 시조 우임금이 태어난 곳인 석뉴를 보는 듯 했다.
坐金輿而	이곳에서 금수레를 타고 (세상을 나서며)
(出游 驅鐵馬 逐狡兔 遷皆成名)	(천리마 말을 달리며 여우와 토끼를 쫓아내고, 세상 가는 곳마다 큰 이름을 떨쳤다)

7행 피 흘리는 것을 멎게 하고 소리없이 낫게 하는 치유의 권능

▨▨▨▨▨▨▨▨▨▨▨▨▨▨▨▨大王思術深長風姿英拔量同江海威若雷霆▨地▨▨▨方卷蹟停烽罷候萬里澄氛克勤開▨」

국편위 번역: □… 대왕은 생각하심이 깊고 멀었으며, 풍채가 뛰어났고, 도량은 하해와 같았으며 위엄은 우뢰와 같았다. … ▨은 바야흐로 자취를 거두고 봉화는 멎고 척후는 파해지니, 만리의 맑은 기운은 부지런히 … 를 열었다. …

추홍희 해석: 문무대왕은 생각하는 것과 생각하는 그 방법이 매우 깊고 넓었으며 멀리까지를 내다보았다. 그의 풍채와 자태는 모란꽃 봉오리같이 출중하게 뛰어났다. 사람됨의 그릇 크기는 장강과 동해만큼 크고 넓었다. 그의 권위와 위엄은 마치 천지를 진동하는 우뢰와 벼락 천둥 소리같이 크고 엄해 보였다. 피 흘리는 것을 멎게 하고, 소리 없이 낫게 하는 치유의 권능을 가졌다. 천리만방의 검은 먹구름도 일거에 쓸어 버릴 만큼 큰 파워를 가졌다. 봉화불은 멈추고 척후병은 그만 돌아가니, 맑고 깨끗한 평화의 기운이 저 멀리 만리까지 불어서, 사람들은 농업과 잠업 등 오로지 자기 맡은 바 일에만 힘쓰게 되었고, 그리하여 나라를 새롭게 열어갈 수 있었다.

7행 구절에 대해서 띄어쓰기로 공간재비치하면 다음과 같다.

大王 思術深長 風姿英拔 量同江海 威若雷霆 □地□□ □方卷蹟 停烽罷候 萬里澄氛 克勤開□

□□大王

(文武)大王 문무대왕

思術深長

思術(사술)은 생각하는 깊이와 방법, 深長(심장)은 '뜻을 깊이 새겨보다'는 뜻으로 尋味(심미)와 같고, 뒷면 명에 나오는 欽味(흠미)하고 같은 말이다. 의미심장(意味深長)-깊은 뜻이 들어 있다, 耐人尋味(내인심미)의 단어 뜻에서 쉽게 알 수 있으므로, 思術深長(사술심장)은 문무대왕은 '생각하는 것과 생각하는 방법이 매우 깊고 넓었으며 멀리까지 내다보았다'는 뜻이다.

風姿英拔 풍자영발

風姿(풍자)는 풍채, 신채(神采)하고 같은 말이고, 英拔(영발)은 出衆(출중)하다의 뜻이다. 진서에 "操行殊異 神采英拔" 구절이 나오는데 이같은 의미이다.

風姿英拔(풍자영발)은 그의 풍채와 자태는 모란꽃 장미꽃 봉오리같이 남보란 듯이 출중하게 뛰어났다는 뜻이다.

量同江海

同量(동량)은 같은 그릇 同等器量, 等量의 뜻이다. 양동은 그릇 크기 수량을 의미하므로, 양동강해의 뜻은 그의 사람됨의 그릇 크기는 장강과 동해만큼 크고 넓었다.

威若雷霆

威(위)는 위엄, 권위에 대한 위력을, 若(약)은 비교격으로 마치, 雷霆(뢰정)은 천둥 벼락치는 소리를 뜻하니, 위약뢰정(威若雷霆)은, 그의 권위와 위엄은 마치 천지를 진동하는 우뢰와 벼락 천둥 소리같이 크고 엄해 보였다. 雷霆(뢰정)은 당 태종의 제범 농무편의 "威可懼也 則中華慴軏 如履刃而戴雷霆" 구절에서도 나온다.

□地□□ □方卷蹟

威若雷霆▨地▨▨▨方卷蹟-열두자 가운데 결자 부분을 글의 행간의 뜻을 유추하여 추측상상하여 메꾸어 보면, 한나라 고대 문헌에도 나타나는'雷霆所擊萬鈞', '儀態萬方' ("北風吹白云 萬里渡河汾"-唐 蘇頲, 汾上驚秋)의 의미와, 격외(格外)-각별히, 유달리, 부들부들 떨게 하다- 發抖(발두)의 뜻을 갖고 있는 格地地(격지지)라는 단어를 추측해 낼 수 있는데, 그리하면 威若雷霆▨地▨▨▨方卷蹟의 빈칸은 다음과 같은 단어들로 채워진다.

威若雷霆 格地地云 萬方卷蹟, 이 구절을 해석하면, 그의 권위와 위엄은 마치 천지를 진동하는 우뢰와 벼락 천둥 소리같이 크고, 천리만방에 흩어진 구름도 일소에 쓸어 버릴만큼 큰 힘이 있어 보였다.

권(卷)은 책 권자의 글자로 잘 알려진 뜻이지만 그 이외에 여러 가지 뜻이 있는바, 여기서는 뒤에 이어지는 글자인 蹟(적)이 흔적을 뜻하는 글자이므로 석권(席卷)하다의 뜻으로 여겨지고, 따라서 권적(卷蹟)은 매트를 일거에 말아 쓸어 버리다, 청소하다의 의미로 해석하여, 천리에 걸쳐 떠 있는 구름-萬方云이 되고, 그 구름 흔적-蹟을 일거에 말아버린다-卷는 뜻으로 풀이해 볼 수 있다.

현대의 일기예보 기상학에서 구름의 이농은 매우 큰 관심과 비중을 차지하는데, 새털구름을 권운, 조개구름을 권적운, 무리구름을 권층운이라고 부른다는 사실을 참조하라.

한편 약간 달리 해석하면, 卷(권)은 권토중래(捲土重來)에서의 뜻에서와 같이, 파도가 일렁이고 용솟음치는 모습을 말하는 掀起(흔기), 翻騰(번등)의 뜻이 있으므로, 만방에서 비구름이 일거에 몰려오듯이 그처럼 무섭다는 뜻으로 해석되겠다. 우뢰가 치고 천둥 소리가 칠 때는 먹구름이 비구름이 몰려 올 때이므로 이와 같이 해석하는 것은 큰 무리가 없다. 권(卷)자에 대해서 新華字典이나 漢語大字典을 참조하면 이같은 뜻이 들어 있음을 쉽게 알 수 있다.

威若雷霆 이 부분은 무서운 권위와 위엄을 가지고 있다는 것을 묘사하는 문장인데, 권위에 대한 도전은 엄한 형벌로 다스려질 것이고, 한편 구름 운雲자는 남의 말을 인용하는 引文, 전거하다의 云의 뜻도 가지고 있음을 이해할 필요가 있다. 예컨대, '詩云'은 시경詩經에 이르기를 뜻한다. 흰구름을 뜻하는 백운白雲이란 단어는 고대 전설의 황제 시대 때 형벌과 감옥을 담당하는 관리를 지칭했던 말이기도 하였다.

白云(백운)은 黃帝(황제) 시기에 刑獄官, 후대에 刑官의 별칭으로 쓰였다. "黃帝 云師云名 顏師古 注引 漢 應劭 曰 黃帝 受命有云瑞 故以云紀事也 由是而言 故春官為青云 夏官為縉云 秋官為白云 冬官為黑云 中官為黃云" (漢書, 百官公卿表上).

□方卷蹟

가의의 과진론(過秦論)에 나오는 "席卷天下"(석권천하)라는 말은 힘이 강대해서 전국을 제압하는 것을 이른다. 석권천하는 四方八方席卷이라는 말과 같으니, "方席卷而橫行 見王師之有征"이라는 구절의 의미를 참작하여 "外方卷跡"(외방권적)이라는 말을 생각해 낼 수 있다. 外方은 먼 곳, 외지를 뜻하는 말로 원방, 팔방의 단어로 대체된다. 八方風雨(팔방풍우)는 질풍처럼 소나기가 퍼붓는 모습을 일컫는 말인데, 비먹구름처럼 갑자기 표변하는 모습을 비유한다. 비먹구름을 갑자기 몰고 올 그럴 파워를 가졌다는 뜻이다.

검은 먹구름이 몰려와 비를 퍼붓게 한다는 의미가 전후 문맥상 연결되므로 ▨地▨▨ ▨方卷蹟 결자 부분을 "黃地暗化" "八方卷蹟"으로 연결하여 메꾸어 볼 수 있다. 팔방권적은 "천리만방의 검은 먹구름도 일거에 쓸어 버릴 만큼 큰 파워를 가졌다".

黃地를 地黃으로 해석하면 피 흘리는 것을 멎게하는 약초이므로, 느끼지도 알지도 못하는 사이에 변화를 가져온다는 암화(暗化)의 치유적 권능과 파워풀한 권위를 비유한다. 이 부분은 그의 위엄과 권위가 그토록 크고 엄하고 무섭다는 의미를 시적표현으로 묘사한 것으로 이해된다.

停烽罷候

봉화불-烽은 멈추고-停, 척후병-候은 그만두니-罷, 罷(파)는 파업, 파직에서와 같이 그만두다(stop) 해제의 뜻이므로 앞의 停자의 뜻과 같다. 候(후)는 기후의 뜻으로 기상과 분위기를 살피다 즉 군대에서의 정찰병을 이른다. 봉화불은 적이 나타날 때 위급을 알리는 신호체계로 작동하였으니 이런 것이 멈춘다면 그 때는 평화의 시기이리라. 停烽罷候(정봉파후)는 봉화불은 멈추고 척후병은 그만 돌아갔다의 뜻이다.

萬里澄氛

澄(징)은 수정처럼 맑고 깨끗함을 뜻하고, 氛(분)은 기분, 기상, 정세, 분위기를 뜻하는 단어이므로, 萬里澄氛(만리징분)은 맑고 깨끗한 평화의 기운이 저 멀리 만리까지 불어서의 뜻이다.

克勤開□

克勤(극근)은 근로에 극진하게 매진하다의 뜻이므로, 克勤開□의 문장 내용은 사람들은 농업 등 오로지 자기 맡은 바 일에만 힘쓰게 되었고, 그리하여 나라를 새롭게 열어갈 수 있었다는 뜻이 된다.

克勤開□ 다음의 결자 부분은, 克勤의 단어가 등장하는 상서(尚書) 대우모(大禹謨)의 "克勤于邦 克儉于家"를 바탕으로 이를 추측해 보면, 克勤開□의 결자는 나라 방(邦) 또는 농업(農業) 등 자기 하는 일을 뜻하는 업(業), 그리고 이를 확대하면 개강척토(開疆拓土)의 단어를 생각해 볼 수 있다. 이 뜻은 '사람들이 전쟁을 생각하지 않고 대신 농업 등 오로지 자기 맡은 바 일에만 힘쓰게 되었으며, 그리하여 나라를 새롭게 열어갈 수 있었다.'

7행 번역 요약

(文武)大王	문무대왕은
思術深長	생각하는 것과 생각하는 방법이 매우 깊고 넓었으며 멀리까지 내다보았다.
風姿英拔	그의 풍채와 자태는 모란꽃 장미꽃 봉오리같이 출중하게 뛰어났다.
量同江海	사람됨의 그릇 크기는 양자강과 동해만큼 크고 넓었다.
威若雷霆	그의 권위와 위엄은 마치 천지를 진동하는 우뢰와 벼락 천둥 소리같이 크고 엄해 보였다.
(黃)地(暗化)	피 흘리는 것을 멎게 하고, 소리 없이 낫게 하는 치유의 권능을 가졌다.
(八)方卷蹟	천리만방의 검은 먹구름도 일거에 쓸어 버릴 만큼 큰 파워를 가졌다.
停烽罷候	봉화불은 멈추고 척후병은 그만 돌아가니
萬里澄氛	맑고 깨끗한 평화의 기운이 저 멀리 만리까지 불어서
克勤開(邦/業)	사람들은 농업 등 오로지 자기 맡은 바 일에만 힘쓰게 되었고, 그리하여 나라를 새롭게 열어갈 수 있었다.
□□□□□□□	

8행 垂裕於後裔 후손들에게 남기는 풍부하고 값진 유산

□當簡▨之德內平外成光大之風邇安遠肅▨功盛▨▨▨於將來疊粹凝貞 垂裕於後裔」

국편위 번역: 간▨(簡▨)의 덕에 내외가 평화로워지고, 광대한 기풍에 원근이 편안하고 깨끗해지니, ▨공(▨功) 성▨(盛▨)은 장래에 … 하고, 쌓이고 뭉친 순수함과 곧음은 후예들에게 넉넉함을 드리워 주었다. …

추홍희 번역: 선과 악을 분별할 줄 알고 악을 경계하고 선한 행동이 무엇인지 가려내고 선을 좇아서 사리분별에 맞고 이치에 맞게 세상을 대하니, 국내의 지방 세력들은 하나의 나라로 결속되어 화평하고 안정한 삶을 누리고, 주변 적국들 또한 교화되어 평화를 도모하고 그리하여 모두가 함께 무탈하고 안정된 삶을 살아가게 되었다.

지켜내려온 전통문화와 미풍양속을 더욱 고취시켰다. 국내 정치가 맑고 깨끗해서 사람들이 안락함을 누리니 먼 타국에서까지 자발적으로 사람들이 순종하고 귀순해 왔다. 이러한 성대한 공적과 크나큰 업적이 먼 장래 먼 미래에까지 오래도록 미치고 드리나리라. 순수하고 고결한 그의 정신과 곧고 바른 그의 행동 모두는 후손들에게 남기는 풍부하고 값진 유산이다.

8행 문장을 띄어쓰기로 재배열하면 다음과 같다.

□當 簡▨之德 內平外成 光大之風 邇安遠肅 ▨功盛▨ ▨▨於將來 疊粹凝貞 垂裕於後裔」

▨當 簡▨之德

▨當簡▨之德의 결자부분은 "尊當簡(節/儉)之德"으로 메꾸어 볼 수 있다. 간소하고 절약하고 근검하는 미덕으로서 簡儉(간검)은 진서 원제기(元帝紀)에 "帝性簡儉沖素"의 표현이 나오고, 당태종의 제범, 검소와 절약 절검의 중요성을 강조한 崇儉(숭검)편에 "此節儉之德也"의 표현이 나온다. 簡節(儉)之德의 뜻은, 불필요하고 거추장스러운 허례허식인 번문욕례(繁文縟禮)를 거부하고, 절차를 간단하고 심플하게 간소화하는 간이, 간정, 간절의 미덕 그리고 검소하고 절약하는 근검의 미덕이 장려되었다.

簡▨之德

"簡▨之德 內平外成 光大之風 邇安遠肅" 뒤에 이어지는 구절의 의미와 글자판독은 "簡"(간)이 아니라 고문자 "𥳑"(간)이라는 사실에서 달리 해석되는데 이런 측면에서 결자부분을 메꾸면, "𥳑善之德"이 된다. 𥳑善之德(간선지덕)은 인간세상에는 선과 악이 동시에 존재하는데, 악을 보면 경계를 하고 선을 보면 그것을 좇아서 행동하는 것 즉 사리 분별을 할 줄 알아서 선한 행동을 하는 것 그렇게 이치를 분별할 줄 아는 사람다운 사람 올바른 길을 가기에 세상 모두가 그것을 반기고 통일된다는 것을 말한다. 올바른 세상이 되는 것을 모두가 원한다. 그래서 세상이 하나가 될 수 있다. 간선지덕은 중용의 도이고, 순자가 내세운 수신의 방법이다. 세상은 분명히 악이 존재한다. 하지만 그런 악이 존재한다고 내가 굴복하면 되겠는가? "삼인행에 필유아사"라는 격언이 있고, 또 그러기에 진짜 친구와 가짜 적을 구별할 줄 알고 사리와 이치가 올바른 대로 행동을 옮기면 세상은 올바르게 된다. 그렇지 않는가?

內平外成

內平내평은 국내가 화평하고 안정된 것 安靜無事를, 外成외성은 국외의 외부의 적국을 교화시켜 안정무사한 것을 이르는 말이다. 그러니 內平外成내평외성은 '국내의 지방 세력들을 한 나라로 결속시켜 화평하고 안정한 삶을 누리도록 하고, 주변 적국들을 교화시켜 평화를 도모하고 서로가 안정 무탈한 삶을 살아가게 하였다'는 뜻이다.

光大之風

光大는 혁혁하고 성대하게 드러내다 즉 發揚光大(발양광대)의 뜻이니 光大之風(광대지풍)은 지켜온 전통문화와 미풍양속을 더욱 고취시킨다는 의미이다.

邇安遠肅

邇安遠肅(이안원숙)은 邇安遠至(이안원지)하고 같은 말이다. 邇(이)는 근처, 安(안)은 안락(安樂), 遠-먼 곳에서 至-오다 즉 가까운 곳에서 안락함을 누리고 그래서 먼 곳에서도 기부해 오고 귀순해 사람들이 늘어났다는 뜻이니, 정치가 말고 깨끗해서 그렇다는 의미가 된다. 이 구절은 논어에 출전한다. 肅(숙)은 공경(恭敬)하다는 의미이니, 고개 숙이고 들어오는 이안원지하고 같은 의미가 된다. "邇安遠肅"의 뜻은, 국내 정치가 맑고 깨끗해서 사람들이 안락함을 누리니 먼 타국에서까지 자발적으로 사람들이 순종하고 귀순해 왔다.

▨功盛▨

▨功盛▨의 결자 부분은 豊功盛烈 또는 豊功盛德이라는 숙어 표현으로 쉽게 메꾸어 볼 수 있다. 비문 뒷면 명 부분에서 "盛德"이란 표현이 나온다. 비문 앞면

9행 ▨功盛▨에서는 盛烈(성열)로 새긴다.

豊功(풍공)은 글자 그대로 큰 업적 光大 功業을 뜻하고, 盛烈(성열) 또한 盛大 功業으로써 같은 뜻이다. 풍성한 공과 성대한 업적이 줄줄이 들어서 있다는 뜻이다.

豊功盛烈▨▨於將來

'於將來'(어장래)에 앞의 훼손된 두 글자는 오랜 미래에까지 기억될 정도로 크나큰 업적이라는 뜻이 어울리지 않을까? 그래서 '만년장래'라는 의미의 낱말이 적절하게 어울린다. 豊功盛烈萬年於將來 (풍공성열만년어장래)는 '성대한 공적과 크나큰 업적이 먼 장래 먼 미래에까지 오래도록 미치고 드러나리라'.

疊粹凝貞 垂裕於後裔

일부판독자는 疊粹凝貞 글자 판독을 "疊"(첩)으로 하고 있으나, 정확한 판독은 유희애의 판독에 따라 疊(첩)이 옳다. 설혹 疊(첩)으로 판독해도 疊(첩)은 "叠"(첩)과 같은 뜻의 글자이므로, 疊(첩)으로 판독하는 경우와 뜻이 달라지지 않는다.

"震 動也 疊 應也 天下無不動而應其政教" 구절에 대해서 양웅의 설명을 참조하면, 疊(첩)은 應(응)이므로 그리고 설문해자를 좇아서 疊(첩)으로 판독하는 것이 옳게 보인다. "詩莫不震疊韓詩薛君傳曰 震 動也 疊 應也 天下無不動而應其政教 李固曰 此言動之於內而應之於外者也 按疊爲應 卽得其宜乃行之之說也".

粹(수)는 불순물이 섞이지 않는 纯粹(순수)한 고갱이, 정화(精華)를 뜻하니 고결한 정신의 의미로 해석된다.

貞(정)은 좋은 징조 길상을 말하는 禎(정)과 같으니 凝貞(응정)은 길상의 축복을 의미한다. 건릉 술성기에 "高祖神堯皇帝晦電凝禎 流虹降祉" 구절에서 응정이 나오는데 여기의 뜻이 그것이다.

垂裕於後裔

정신과 그 외양적 표현인 길상(예컨대 신라 금관 등이 이에 해당한다) 둘 다 모두 後裔(후예) 후손들이 본받아야 할 값진 유산이라는 의미가 된다. 裕(유)는 부유(富裕)하다는 뜻이고 垂裕(수유)는 후손들에게 남기는 업적 또는 그 명성이라는 뜻이다. 건릉 술성기의 "官貽後昆而作範"의 의미와 비슷한 뜻이다.

壘粹凝貞 垂裕於後裔은 고결하고 응축된 정신과 축복을 가져다줄 길상의 징표 모두는 후세들에게 남기는 풍부하고 값진 유산이다.

8행 번역 요약

□□□□當	
簡(善)之德	선과 악을 분별할 줄 알고 악을 경계하고 선한 행동이 무엇인지 가려내고 선을 좇아서 사리분별에 맞고 이치에 맞게 세상을 대하니
內平外成	국내의 지방 세력들은 한나라로 결속되어 화평하고 안정한 삶을 누리고, 주변 적국들 또한 교화되어 평화를 도모하고 그리하여 모두가 함께 무탈하고 안정된 삶을 살아가게 되었다.
光大之風	지켜내려온 전통문화와 미풍양속을 더욱 고취시켰다.
邇安遠肅	국내 정치가 맑고 깨끗해서 사람들이 안락함을 누리니 먼 타국에서까지 자발적으로 순종하고 귀순해 왔다.
(豐)功盛(烈)	성대한 공적과 크나큰 업적이
(萬年)於將來	먼 장래 먼 미래에까지 오래도록 미치고 드러나리라.
壘粹凝貞	고결하고 응축된 정신과 축복을 가져다줄 길상의 징표(모두는 후세들에게 남기는 풍부하고 값진 유산이다.)
垂裕於後裔	후세들에게 남기는 풍부하고 값진 유산이다.

9행 承意者 승의자 & 承德者 승덕자

□□□□□□□□□□□□□□□□□挹宀舍謙乃聖哲之奇容恖以撫人寬以御物□□者全知其際承德者咸識其隣聲溢間河□

국편위 번역: ▨▨사회(▨▨舍誨)는 곧 성철(聖哲)의 뛰어난 모습이라, 은혜로써 사람들을 어루만지고 너그러움으로써 사물을 다스리니, … 한 자는 그 시기를 알고, 덕을 이어받은 사람은 모두 그 이웃을 알아보니, 그 명성이 한하(閒河)에까지 넘쳤다. …

추홍희 번역:

挹宀舍謙 乃聖哲之奇	겸손함은 성현철인들에게서 보여지는 특이한 점인데, 그는 매우 겸손하였으니 성인철현의 반열에 들어섰다고 말할 수 있다.
容恖以撫人 寬以御物	그는 남을 용서하고 포용하고 받아들여서, 정성껏 키워주는 은혜를 베풀었으며, 임금님 자신에게 속하는 물건에도 관대하게 대해 남들에게 후하게 베풀었다.
□□者皆知其際	그가 남의 뜻을 받들고 베푸는 사람 즉 승의자(承意者)임은 국내에서는 모르는 사람이 없으며,
承德者咸識其隣	그가 승덕자(承德者) 즉 많은 은사와 덕택을 받은 사람임은 이웃나라들에까지 널리 알려졌다.
聲溢間河 □	그의 명성은 바다를 건너 멀리 장안 낙양까지 알려졌다.

挹□舍謙 乃聖哲之奇

▨挹□舍□의 결자를 다수의 판독자가 謙, 誨으로 판독하고 또 그 앞에 나오는 挹(읍)자를 고려하면, "挹□舍□" 부분의 의미는 謙遜(겸손)하다는 뜻을 나타내는 것으로 모아진다. 挹(읍)은 퍼주다, 양보하다, 겸양하다의 뜻의 글자이다. 挹降, 欽挹, 謙挹, 挹挹이란 단어들은 모두 이와 같은 뜻을 나타낸다. 이런 의미의 挹읍은 寄托기탁하다 寄付기부하다 뜻의 寄(기)글자하고 어울려 의미를 강조하는 뜻으로 쓰일 수 있다. 舍(사)는 기숙사, 병영 막사 등의 말에서 알다시피, 사치와 화려함을 거부하고 작은 집에서 검소하게 살아간다는 뜻이 있고 또 보시布施, 시사施舍의 말과 같이 의연금을 내다, 희사하다(give alms)의 뜻이 있다. 또 舍弟, 舍親의 경우처럼 겸사謙辭로도 쓰이는 말이다.

그러면 "挹□舍□" 부분을 "挹寄舍謙"으로 메꾸어질 수 있는데 이 말은 희사하다, 기부하다, 겸손을 보이다의 의미로 해석할 수 있다. 남에게 퍼주고 보시하고 희사하고도 극도로 겸양하고 겸손을 보이는 그런 면은 사실 보통 사람이 하지 못하는 특이한 점에 속하지 않는가? 빌 게이츠 같은 특출한 사람 정도라고 말할 수 있지 않을까? 그렇다. 남에게 봉사하는 사람들, 남을 돕는 마음, 겸손한 사람들은 분명히 보통 사람들이 지니지 못한 그 무언가 특별한 것을 갖고 있다. 그렇지 않는가? 겸손함은 성현철인들에게서 보여지는 특이한 점인데, 그는 매우 겸손하여서 성인철현의 반열에 들어섰다고 말할 수 있다.

겸손함이란 자기가 손(損)해 볼 수도 있다는 것, 그렇게 자신을 낮추는 자세를 말한다. 회남자(淮南子)에 나오는 "魯陽公與韓构難 戰酣日暮 援戈而撝之 日爲之反三舍", "拱揖指撝 而天下响應 此用兵之上也" 등의 구절이나 역(易)경에서의 "無不利 撝謙" 표현 등이 겸손함의 가치를 보여주고 있다.

이러한 겸손함이란 그 다음에 나오는 문장인 聖哲之奇(성철지기) 즉 성인이나 철현들에게서 나오는 어쩌면 범인들이 이해하기 힘든 성인철현들의 특출함이기도 하다. 聖哲(성철)은 성인과 철인을 합한 말이다. 성현철인들이란 남들이 그들을 우러러보는 사람들인데 왜 정작 자신들은 자세를 낮추는 모습을 보인다는 말인가? 그렇다. 그런 덕망이 높고 도를 닦은 성인철현들일수록 겸손함을 갖춘다는 것은 사실이다. 그래서 성현철인들은 다른 사람들을 용서하고 은혜를 베품으로써 다른 사람들을 아우르는 지혜의 철학을 실천해 낸 사람들이 아닌가?

撫(무)는 위무하고 안아주고 아우르다의 뜻이다. 용서와 은혜를 베푸는 사람만이 다른 사람들을 아우르고 포용할 수 있으며 또 남들로부터 존경을 받을 수 있다는 엄연한 인간사회의 진리를 말하는 것이 아닌가? 벼는 익을수록 고개를 숙인다는 우리 속담이 바로 그것이다. 오늘날 우리들에게 가장 절실하게 요구되는 덕목 노블레스 오블리주 그것 아닌가?

비문 8행에서 후손에게 크나큰 자산을 물려줄 만큼 뛰어난 사람이라고 칭송을 자자하게 했는데, 비문 9행에서 말하는 의미를 음미해 보면, 그럼에도 불구하고 그는 결코 겸손함을 잃지 않는 성인군자의 모습을 보여주었다는 것을 말한다.

容恩以撫人

容恩以撫人(용은이무인)은 容人(용인)과 恩撫(은무)라는 단어로 구성되어 있는 바, 容人(용인)은 사람을 받아들이다, 타인을 용서하고, 포용하다의 뜻을 지닌 단어이고, 撫(무)는 위문(慰問)하다, 돌보고 보호하다, 쓰다듬고 어루만져주다, 키워주다의 뜻을 가진 낱말이고, 撫育(무육)은 사람을 정성껏 키우고 육성해 주는 은혜를 뜻하는 단어이다. 그러므로 容恩以撫人의 뜻은 남을 용서하고 포용하고 받아들여서, 정성껏 키워주는 은혜를 베풀었다는 의미로 해석된다. 恩撫(은무)는 키워 주신 은혜-撫育之恩을 뜻하는 말이다. 진서(晉書) 유요(劉曜)전의 "妾少養於叔 恩撫甚隆 無以報德" 구절에 나온다.

寬以御物

御物(어물)은 임금님에게 속하는 물건을 뜻하는 단어이고, 寬(관)은 관용을 뜻하는 말이므로, 寬以御物(관이어물)은 제왕인 자신이 가진 것에는 관대하게 대했다는 것 즉 남에게 많이 그리고 크게 베풀다 후하게 베풀었다는 뜻이다.

국편위는 "寬以御物"을 "너그러움으로써 사물을 다스리니"으로 번역 해석했는데, 여기서 "御物"(어물)이란 단어를 썼기 때문에 "사물을 다스리다"의 뜻으로 해석하는 것은 옳지 않다.

御物(어물)은 제왕의 물건, 국왕에게 속하는 왕의 개인 소유물, 帝王專用之物을 말한다. 나라 것이 다 왕에 속한다는 즉 전부가 국가 소유권이라는 개념은 고대 당시에도 존재하지 않았다. 국왕 또한 한 개인의 신분으로서 자신의 소유 물건이 따로 있었고, 왕실 재산과는 별개의 자기 소유물이 존재했다는 사실이다.

시경의 "普天之下 莫非王土 率土之濱 莫非王臣"-온 하늘 아래 왕의 영토가 아님이 없고, 온 나라의 영토 안에 왕의 신하가 아님이 없다- (보천지하 막비왕토 솔토지빈 막비왕신)의 구절은 공자의 천하주유의 사실을 고려한다면 올바른 개념이 아닐 것이다.

承德者咸識其隣(승덕자함식기린)은 그가 承德者(승덕자)-즉 덕을 많이 받은 사람이란 것은 그 이웃나라 사람들까지 모두가 다 잘 알고 있다는 뜻이다. 그런데 국편위는 이 구절을 "덕을 이어받은 사람은 모두 그 이웃을 알아보니"으로 번역 해석하였다. 하지만 국편위 번역은 낱말 해석은 물론이거니와 문구 해석에서 주어 동사 목적어 구문의 문법을 무시한 잘못된 번역이다.

咸識에서 咸(함)은 모두 전부, 識식은 인식하다 지식 알게 되다의 뜻으로 영어의 (know,recognize, be aware of) 뜻이다. 그러므로 承德者咸識其隣은 그가 승덕자라는 그 사실은 이웃나라에게까지 다 알려지게 되었다는 의미이다.

승덕(承德)은 많은 덕택-은사를 받았다는 의미를 뜻하는 단어이다. 咸(함)은 모두 다, 識(식)은 인식하다 즉 잘 알고 있다, 鄰(린)은 그 인접한 이웃나라들을 의미하니, 그가 은혜를 받은 사람 즉 덕이 큰 사람-덕망 높은 사람임은 이웃나라 사람들에까지 잘 알려졌던 사실이라는 것이다. 그가 어떤 사람이라는 것을 국내의 모든 사람들이 다 알고 있다는 말인가? 그렇다면 덕을 스스로 실천한 사람이 아니겠는가? 하늘은 스스로 돕는 자를 돕는다고 말하니 은혜를 받은 사람들이라면 스스로 덕을 실천한 사람이 아니겠는가?

□□□□知其際

寬以御物 구절 다음에 이어지는 결자 부분 "□□□□知其際"의 4글자는 어렵지 않게 유추할 수 있다. 왜냐하면 그 다음에 이어지는 문장-承德者咸識其隣의 7글자와 댓구적인 의미로 쓰였음이 분명하게 보이기 때문이다. 따라서 결자 부분을 "承意者"(승의자)라는 말로 메꾸어진다.

승의(承意)는 모두를 받아들인다 즉 찾아오는 모든 사람들을 기꺼이 받아준다는 뜻이고, 또 마음으로 먼저 받아 들이고 기꺼이 모신다는 뜻이니 그가 승의자라는 사실은 국내에서는 모르는 사람이 없다는 것을 표현하는 문장이다. 承意(승의)에 대한 문장은 장자외물편과 사기 급정열전 등에서 찾아진다.

"彼教不學 承意不彼"(莊子, 外物), 성현영의 소 "稟承教意以導性 而眞道素圓不彼教也", "天子置公卿輔弼之臣 寧令從諛承意陷主于不義乎" (史記, 汲鄭列傳).

承은 받다, 받들다의 뜻이고, 따라서 承意(승의)는 뜻을 받드는 것-秉承意旨 즉 남의 뜻을 받들고 남에게 먼저 주고 베푸는 것-을 말하고, 승덕(承德)승덕은 그 결과 자신이 돌려 받는 것 즉 이어받는 것-은사와 덕택을 나타내는 단어이다.

(承意者皆)知其際 承德者咸識其隣	(승의자개)지기제 승덕자함식기린

皆은 댓구적 위치에 있는 글자 咸(함)의 의미가 '모두 다'의 뜻이므로, 같은 뜻의 글자인 皆(개) 글자가 적절하다. "皆知"(개지)는 세상 사람들 모두에게 알려져 있다는 뜻의 단어이다.

국편위는 "□□□□知其際" 부분을 "한 자는 그 시기를 알고"으로 번역 해석 했는데, 이것은 옳은 해석이 아니다. 여기서 "際"(제)는 交界 地方 국경 지방을 지칭하는 말이다. 끝없이 펼쳐진 곳을 바라보며 일망무제(一望無際)라는 표현을 쓰는데, 여기의 무제(無際)는 무변무제(無邊無際) 즉 경계선이 보이지 않을 정도로 한없이 넓다는 의미하고 같은 뜻으로 쓰였다. 비문앞면 3행에서 동서남북 국경선을 제시한 구절 "東拒開梧之境 南鄰(八)桂之(際 海)接"에서의 "際"의 의미하고 같이, 교계 변경의 의미로 쓰인 것이다.

際(제)글자가 생사존망지제라는 표현에서 알다시피 시기 시후(時候)라는 뜻이 있는 것은 분명하지만 여기서 국편위처럼 "그 시기를 알고"라고 번역하면 전후 구절의 문맥상 의미가 전혀 통하지 않게 된다. 특히 댓구적 병렬적으로 위치한 앞뒤 구절의 의미를 고려한다면 국편위 번역은 생뚱맞이 번역으로 잘못되었음이 분명하다.

특히 "皆知"개지는 '세상 사람들 모두에게 알려져 있다'는 뜻의 단어임을 고려한다면 더욱 그렇다. 따라서 국편위 번역처럼 "한 자는 그 시기를 알고"가 아니라, '국내의 사람들 모두가 그가 덕을 먼저 베푼 사람임을 다 알고 있다'는 의미가 올바른 해석이다.

"其際"라는 말은 댓구적 위치에서 쓰인 "其隣"(기린)-그 이웃나라-까지라는 의미와 댓구로 쓰여서 '그 국경선 내' 즉 국내를 지칭한다. 승의자개지기제는 국내에서는 모르는 사람이 없었고, 숭덕자함기린은 숭덕자라는 사실은 이웃나라에까지 알려졌다는 의미가 된다.

聲溢間河□

溢(일)은 넘쳐 흐르다, 분출하다의 뜻으로 성일은 분익(噴溢)과 비슷한 말이고, 만약 글자판독을 閒河(한하)로 하면 한하는 한수이북, 한강이남 등에서와 같이 한수, 한강과 같은 말이므로 오늘날의 한강으로 대체할 수 있다. 聲溢閒河(성익한하)하면 그의 名聲(명성)은 閒河(한강)을 넘어섰다는 뜻으로 편하게 새길 수 있을지 모르지만 글자판독을 유희의 판독에 따라서 間河(간하)라고 판독한다면 어떻게 해석해야 할까?

국편위는 閒河(한하)로 글자판독하였으나 유희애는 間河(간하)로 판독했다. 한하閒河는 글자가 간하間河과 비슷하다. 하지만 유희해의 판독에 따라 한하가 아니라 間河(간하)라고 판독하는 것이 옳게 보인다.

"河間"(하간)이란 명칭이 우공(禹貢)과 수경주(水经注)에 나타난다. 하간이란 말은 김해평야처럼 강의 하류에 형성되는 삼각지 지역을 말한다. 하간지河間地는 인접한 두 강이 서로 만나는 지역에서 두 강 사이에 솟아오른 철형凸形 지형의 강가의 언덕 지역을 이른다. 강 하구의 삼각주나 고수부지처럼 강 수면보다 더 높이 솟아 오른 지역을 말하니 하간을 넘친다는 표현을 강둑을 넘쳐났다는 표현으로 바꿔 말할 수 있을 것이다. 황하가 동해로 흘러가는 평탄습지 지역이 하간에 속한다. 이 곳에 봉지를 받았던 하간왕(河間獻王) 유덕이 생각난다.

間河는 장자(莊子) 칙양의 "丘山積卑而為高 江河 合水而為大"의 표현에 비추어 범람하는 큰 강을 말하는 시적 표현인 것으로 보이지만, 양자강의 최대 지류로써 중국의 무한시에서 양자강으로 흘러 들어가는 한수 漢水가 연상되고 또 당나라 때 수도였던 낙양을 통과하는 강 이름이 間河(간하)이었음을 고찰해 보면, '문무왕의 명성은 당시 중국의 수도 낙양까지 알려졌다'는 의미로 이해된다.

河(하)는 큰 물 즉 바다로 새길 수 있으므로 間河(간하)는 陸間河(육간하) 陸間海(육간해) 즉 육지와 바다에 낀 지중해 같은 황해, 동해(중국의 입장에서)의 뜻이 된다. 河(하)는 銀河(은하)수를 연상시키므로 불후의 이름을 남겼다는 의미로 연결된다.

聲溢間河(성일간하)의 명성이 자자했다는 의미는 사마천의 임소경서에 나오는 "此人皆身至王侯將相 聲聞鄰國" (차인개신지왕후장상 성문린국) 구절의 표현의 의미와 같다: "이런 사람들은 각각 황제 · 제후 · 장군 · 제상의 자리에 올라 이웃나라까지 명성을 떨쳤던 사람들이었다".

9행 번역 요약

□挹宀舍□ 挹(寄)舍(謙)	그는 희사하고 기부하고 겸손함을 보이며 살았다.
乃聖哲之奇	그런 것은 성현철인들에게서 보여지는 특이한 점인데, (그는 매우 겸손하여서) 성인철현의 반열에 들어섰다고 말할 수 있다.
容恩以撫人	남을 용서하고 포용하고 받아들여서, 정성껏 키워주는 은혜를 베풀었다.
寬以御物	자기 가진 것에는 관대하게 대했고, 남에게 후하게 베풀었다.
(承意)者(全)知其際	모든 사람들을 정성껏 받들고 기꺼이 모시는 승의자라는 사실은 국내에서 모르는 사람이 없었다.
承德者咸識其隣	남에게 먼저 주고 베푼 결과로 은사와 덕택을 입은 승덕자라는 사실은 이웃나라 사람들에게까지 다 알려지게 되었다.
聲溢間河□	그의 명성은 (당시 중국의 수도였던) 낙양에까지 알려졌다.

10행 천년 왕조 개창

▨▨▨▨▨▨▨▨▨▨▨▨▨▨▨▨記▨峯而▨幹契半千而涎命居得一以▨▨▨▨▨▨照惟幾於丹府義符惟興洞精鑒▨」

국편위 번역: … ▨봉(▨峯)을 ▨하여 ▨간(▨幹)하고, 5백년을 기약하여 큰 명을 내려주니, 거하면 모두 … 함을 얻었고, □… 비춤은 단부(丹府)에 거의 가까웠다. 의(義)는 성(性)에 부합하여 일어나고, 깊은 정은 … 을 살펴 …□

추홍희 해석: (유유히 돌아가는 강물이 내려다 보이는 곳에 기러기 떼가 붕정만리를 질서정연하게 쉬지도 않고 날듯이) 오래도록 나라가 오백년 이상 갈 천명을 보장하는 기운과 지맥을 가진 오봉에서 하늘의 명령 천명을 받고, 심산유곡 동굴에서 수련하고 득도하여 천하를 바로잡고자 일어섰다. 오로지 도를 통달하고 나서야 세상을 바로잡을 수 있는 것이다. 오직 지극정성으로 다했는지 자신의 가슴 깊은 곳에 비추어 보아야 한다. 믿음은 믿음으로 흥하는 것, 따라서 믿음의 신뢰체계가 중요하다. 또 그런 믿음의 신뢰체계는 세밀한 통찰력과 변별능력을 필요로 한다.

10행 문장을 이해의 편의를 위하여 띄어쓰기로 재배열하면 다음과 같다.

▨▨▨▨▨▨▨▨▨記▨峯而疏 幹契半千 而涎命居得一以▨▨ ▨▨▨▨照惟幾於丹府義符惟興洞精鑒▨」

▨峯而疏

疏(소)는 막힌 것을 트다, 소통시키다의 뜻으로 산봉우리가 뻗어 내린 그 모습을 표현한 말이다. 그러므로 결자 부분이 산봉우리 이름을 적고 있다는 것을 유추할 수 있는데 실제 산봉우리 이름이 무엇인지는 찾아내기란 쉽지 않다. 전후 문맥상, '오래도록 나라가 천년 이상 갈 천명을 보장하는 기운과 지맥을 가진 ▨峯 산봉우리에서 하늘의 계시를 받고 태어나, 심산유곡 동굴에서 수련하고 득도하여 천하를 바로잡고자 일어섰다'는 뜻이다. 비단같이 뻗어 내린 산봉우리라고 해서 繡(수)봉, 오래간다는 장수 측면의 壽(수)봉, 기러기처럼 횡으로 쭉 연결되어 있다고 해서 雁(안)봉 등 수없이 많은 이름을 연결해 볼 수 있겠으나, 당태종의 제범에 나오는 五嶽含氣(오악함기)의 구절, 당시(唐詩) 酒令 招手令의 싯구절 "死其三洛 生其五峰"을 참조하여 五峰(오봉)으로 메꾸어 본다. 五峰(오봉)은 다섯 손가락을 뜻하는 말이기도 하지만, 사기 천관서론天官書論의 "水 火 金 木 塡星 此五星者 天之五佐"의 표현대로, 명운(命運)을 관리는 오행성(五星)의 의미를 담고 있기도 하다. 삼황오제, 오로(五老)의 개념 또한 그 궤를 같이한다. 이백의 "登廬山五老峰"에 "廬山 東南 五老峰 青天 削出 金芙蓉"의 표현이 나온다.

幹契半千

幹(간)은 追求(추구)하다 求(구)하다의 뜻이 있고 또 함께 관련되어 있다는 關連(관련)의 뜻이 있는 글자이다. 여기서는 "幹系"(간계)의 뜻으로 이해된다. 간계는 서로 책임을 지는 것, 두 줄의 새끼줄처럼, 용이 서로 맞물려 올라가는 교룡의 모습처럼, 오백년-반천-을 교대로 담당한다는 뜻으로 쓰였다. 契(계)라는 말도 약속을 의미하는데, 계는 상대방이 있어서 상대방과 하는 약속이므로 默契(묵계)의 뜻이 있다. 굳이 보증서를 쓰고 도장을 꼭 찍지 않더라도 암묵적으로 약속하고 동의하고 지킨다는 뜻이다.

干契(간계)는 골간(骨干)을 말하는데 골간은 骨幹으로도 쓴다. 햇수 계산하는 간지(干支)는 天干(천간)과 地支(지지)의 합성어로 간지는 서로 배치시키는 쌍으로 육십갑자를 만든다. 干支(간지)는 幹枝(간지)로도 썼다. 따라서 "幹契半千"(간계반천)이라고 말하면, 반천년 즉 오백년을 갈 운명이 아니라, 교대로 5백년 합해서 천년을 약속한다는 의미이다.

涎命(연명)인가? 誕命(탄명)인가?

誕命(탄명)은 천명(天命) 즉 대명을 받았다는 뜻이다. 후한서 광무제기찬의 "光武 誕命 靈貺自甄" 표현이 여기의 의미이다. 국편위는 誕命(탄명)으로 판독하였으나 유희애는 涎命(연명)으로 판독하였다. 涎(연)은 탐을 내어 군침을 삼키다의 뜻이다. 口角流涎(구각유연)이란 말은 입에서 침을 흘리다는 뜻이다. 涎(연)은 토함산의 토(吐)자의 의미와 같이 流(류)-흐르다의 뜻이다. 또 涎(연)은 누에고치처럼 자승자박 스스로 얽어매는 것, 토사자부(吐絲自縛)의 뜻이 있다. 그러므로 涎命(연명)이라고 하면 자연스럽게 천명을 받은 것이므로 자신감이 넘쳐서 어디에 내놔도 부끄럽지 않다는 자신감을 표출한 것이다. 맹자의 "역천자망 순천자존"의 천명관을 나타낸다.

강가의 삼각주는 바닷물이 역류해서 모래를 토해내서 형성된다. 토함산의 토는 동해 바닷가에서 안개가 올라와 토해내서 생긴다. 구형 나이키 미사일 공군기지가 위치했던 양산의 천성산 정상 부근에 습지가 형성되어 있는데 이 산 정상에 습지가 형성된 이유는 바다 안개가 올라와서 생긴 것 즉 바닷물이 토해내서이다. 그러므로 吐(토)는 물이 흐르는 流(류)와 같은 뜻이다. 涎(연)은 누에고치처럼 자승자박 스스로 얽어매는 것, 토사자부(吐絲自縛)의 뜻이 있다. 누에는 자기 침으로 누에고치 실을 뽑아낸다. 누에고치가 스스로 얽어매서 만들어내는 것 즉 자기 스스로를 속박하는 행동은, 누에가 뽑아내는 그 가느다란 실을 똘똘 뭉쳐서 그토록 단단한 고치를 생산해내듯이, 자신감이 강한 사람은 쉽게 무너뜨릴 수 없다.

지금은 약간 부정적인 늬앙스를 가지고 있지만 涎(연)은 "얼굴 두껍다"는 의미를 갖고 있는 글자이다. 여자 입술에 윤기가 흐르고 광택이 빛나는 것을 보고 군침을 삼키지 않을 상남자가 있을꺼나? 입술에 물기가 촉촉하고 빛나는 여자의 심리 상태는 어떠할까? 양귀비처럼 자신감이 넘쳐 있다. 미스월드 미스유니버스들의 자신감에 빛나는 육감적 몸매를 보라. 자신의 몸매를 자랑하는데 어찌 부끄러워할 것인가? 자신감이 넘치는 포스이지, 상남자를 유혹하는 모습이 아니다. 이러한 자신감을 가질 때 탄탄하다고 말한다. 한서 五行志(오행지)에 전한 성제 유오(BC 51-BC 7) 시기의 동요를 전하고 있는데, 그 동요 가사는 이렇다: "燕燕尾涎涎 張公子 时相見". 연연미연연 구절의 의미에 대한 당나라 안사고의 주석은 "涎涎 光澤貌也". 涎涎(연연)은 광택(光澤)을 이른다고 했는데, 이 광택은 '광택이 빛나다'의 말처럼 '광채(光彩)가 빛나다' 즉 세종로 광화문의 광화(光華)와 같은 말이다. 청와대 앞 세종로의 "광화문"이라고 하면 그 숨겨진 의미를 잘모를 수 있고, 또 어떤 이는 광화문은 광화(光化)이니 뜻이 다르다고 반박할지 모른다. 하지만 새로운 왕조를 개창하고서 그만큼의 자신감이 없다면 바로 멸망하고 말 것이 아닌가? 광화문은 새로운 왕조의 개창으로 빛나는 국가의 미래에 대한 자신감을 담아낸 표현이다. 초등학교 졸업가에 "빛나는 졸업장을 타신 언니께"라는 가사가 있는데 자신감을 가질 때 광채가 빛난다. 왜 늪, 습지의 뜻인 澤(택)의 글자를 쓸까? 높은 산 위에 올라가서 평야의 연못을 내려다보면 그 연못이 거울처럼 반짝반짝 빛난다. 연못은 밤이 다가와도 빛이 난다.

居得一以▨▨▨▨▨▨照

居得一(거득일) 이후의 결자 부분을 노자도덕경 제39장의 의미를 참조하여 메꾸어 볼 수 있다. 노자 도덕경 제39장의 한 구절을 보자. "萬物得一以生 侯王得一以爲天下正 其致之一也 天無以淸 將恐裂 地無以寧 將恐發". 세상 만물은 하나에서 생명이 시작되고, 제왕군주는 하나를 얻어서 천하에 올라선다. 이 모든 것들을 관통하는 궁극적인 것은 오직 하나이다. 정치가 투명하지 않으면 장차 분열할 것이요 국가가 안정되지 않으면 장차 넘어질 것이다. 득일得一은 득도(得道)와 같은 개념으로 이해된다. 그리하여 "居得一以 爲天下正致一"으로 이해하여, 그 뜻을 풀이하면, '오로지 도를 통달하고 나서 그 이후에 세상을 바로잡을 수 있는 것이다'.

照惟幾於丹府

丹符(단부)는 제왕의 부신 帝王 符信이라는 말이고, 丹府는 丹田단전 또는 '지극한 정성', '진실한 마음'을 이르는 단어이다. 육기의 변망론에 보이는 "接士盡盛德之容 親仁罄丹府之愛"을 유량은 "丹府謂赤心也"라고 주해하고 있음을 참조하면, 여기서 丹府(단부)는 지극한 정성을 다하는 그 마음을 뜻한다고 해석된다. 照(조)는 마음에 비추어 보다, 마음에 對照(대조)해 보다는 뜻이니, 照惟幾於丹府(조유기어단부)의 뜻은 '오직 지극정성으로 다했는지 자신의 마음 속 깊은 곳에 비추어 보아야 한다'.

義符性興

믿음은 믿음으로 흥하는 것, 따라서 믿음이 없으면 흥할 수가 없다.[39] "無信不立"(무신불립). 믿음은 보이지 않는 것의 실재이고 믿음은 바라는 것들의 실상이다. (히브리서10:32-11:6). 따라서 믿음의 신뢰 체계가 잘 지켜져야 나라가 발전할 수 있다. 또 의부-신부-믿음의 징표는 세밀한 통찰력과 변별능력을 필요로 한다. 意符(의부)는 義符하고 같은 말이다. 의(義)는 믿음과 의리가 있다는 뜻의 신의(信義)와 동의어이므로 의부(義符)는 信符(신부)와 같은 뜻이다.

---

39) "同言而信 信在言前 同令而行 誠在令外" (文子).

단련이나 기 수련의 방법론을 놓고서, 남종의 선명후성(先命后性), 북종의 성선후명(先性后命), 또는 성명쌍수 등의 이론적 논쟁이 역사적으로 존재해 왔는데, 그런 이기론적 철학적 종교적 논쟁에 대한 구체적 이해 없이도 '정신이 우선 맑아야 신령을 접할 수 있다 靈清然後自然而接神靈'(영청연후자연이접신령)의 입장은 일반인들에게도 크게 어렵지 않게 받아 들여졌을 것이다.

'性은 信, 命은 氣'이라는 주석을 참조하여 보면, 의부(義符)는 信符(신부)와 동의어로 볼 수 있다.

신부는 군대에서의 적군과 아군의 피아구별을 하는 수암구호나 통행증 등의 믿음의 증거 표식 憑證(빙증) 符節(부절)을 지칭한다. 이러한 작동 체제는 그러한 것에 대한 절대적 믿음이 없다면 제대로 통할 수가 없다. 묵자가 말했다. "門二人守之 非有信符勿行 不從令者斬". 만약 그런 것을 엄격하게 지키지 않게 되면 신뢰 체계가 제대로 잡히지 않을 우려가 크다.

무협지 영화에서 자주 나오는 설정이기도 한데, 어려서 헤어질 때 커서 다시 만날 기약의 징표로써 구슬 옥을 반반씩 쪼개 나눠 간직한 경우 훗날 다시 만날 때 그 반쪽이 완전히 부합할 때 믿음은 더욱 커질 것이며, 다른 한 예로 먼 길 떠날 때 생면부지의 상대방에게 그 사람을 소개해 주는 편지는 의심이 아니라 편지를 쓴 사람의 권위와 믿음을 향상시키는 효과를 가져올 것이고, 또 오늘날의 신분증이나 여행시 여권 제도는 그런 징표의 제도가 사람들간의 의심을 키우는 것이 아니라 신뢰감이 더욱 커지는 효과가 있을 것이라는 제도의 기초적 전제와 같이 사회 규약의 선순환의 의미를 강조하는 표현이다.

洞精鑒▨

精(정)은 정화(精華), 정신(精神)에서의 뜻과 같이 순수한 고갱이, 그리고 세밀細密하다, 주도면밀하게 생각하다, 총명하다는 뜻을 갖는 낱말이고, 鑒(감)은 거울, 비추어 보다의 뜻이다. 洞鑒(통감)은 통찰洞察하다, 명찰明察하다 즉 완전하게 꿰뚫어 보다의 뜻이고, 精鑒(정감)은 식별력이 남다르게 뛰어나다는 明于鑒別의 뜻이고, 통정洞精은 통시通視, 또는 정치한 논리를 지칭하는 流利精妙(유리정묘)의 뜻이니, 이들 단어들이 공통적으로 갖고 있는 뜻으로 볼 때, 사물을 통찰하고 세밀하게 관찰하고 차이를 찾아낼 수 있는 식별능력, 변별(辨別)능력을 말할 때의 감별(鑒別)이라는 단어를 추측해 낼 수 있다. 감별(鑒別)은 병아리 감별사라는 직업 명칭에 들어 있는 뜻으로 알 수 있듯이 변별辨別이라는 말과 같다. 따라서 "洞精鑒"(통정감) 부분의 문장의 뜻은 세밀한 통찰력 변별능력이 뛰어나다는 통찰세밀감별(洞察細密鑒別)이라는 뜻이 들어 있는 문장으로 새기는 것이 논리적으로 타당하다.

"洞精鑒▨"은 '세밀한 관찰력과 통찰력, 뛰어난 변별능력을 필요로 한다'는 뜻이다.

鑒(감)은 거울을 뜻하니 운전대의 백미러(mirror)처럼 앞으로만 볼 수 있도록 달려 있는 사람들의 두 눈이 보지 못하는 곳까지를 보게 만드는 성찰의 기구로 작동한다. 여자들은 현빈 부분을 거울을 비추어서 그 상태를 체크해낸다. 호수의 물은 햇빛에 빛난다. 그리하여 기러기는 물이 있는 호수를 발견할 수 있다. 비문 뒷면에 나오는 표현인 '백대의 현왕이요 천년의 영수'이라고 표현하면서 문무왕은 춘추만대에 걸쳐서 위대한 영도자로서의 귀감이 되리라는 비문의 담대한 선언을 참조하라. "곡신불사 영광불멸 문무왕릉비 비문 연구" 책을 참조하라.

10행 번역 요약

記	
▨峯而疏- (五)峯而疏	오봉의 산봉우리가 뻗어 내려
幹契半千	교대로 오백년 즉 천년을 약속한
而誕命	하늘의 뜻을 받들어
居得一以 ▨▨▨▨▨▨ (爲天下正致一)	오로지 도를 먼저 깨우치고 나서 (그 이후에 세상을 바로잡을 수 있는 것이다).
照惟幾於丹府	오직 지극정성으로 다했는지 자신의 가슴 깊은 곳에 비추어 보아야 한다.
義符惟興	(성공이 성공을 낳고) 믿음이 믿음을 낳는다. 믿음의 신뢰 체계가 잘 지켜져야 나라가 발전할 수 있다.
洞精鑒▨- 洞精鑒(別)	세밀한 관찰력과 통찰력, 뛰어난 변별능력을 필요로 한다.

11행 恬雅輔質 염아보질 & 學綜古今中外 학종고금중외

▨▨恬▨輔質情源湛湛呑納▨於襟▨

握話言成範容止加觀學綜古」

국편위 해석: 바탕을 돕고, 정(情)의 근원은 맑디맑아, 삼키어 받아들임은 금▨(襟▨)에 ▨하였다. … 하시는 말씀은 규범을 이루고, 용모와 행동은 가히 볼 만하였으며, 학문은 고(금)을 두루 통하였다.

추홍희 해석: 恬(雅)輔質 情源湛湛 呑納(總)於 襟(內) (運籌唯)握 話言成範 容止加觀 學綜古(今中外)▨」

(조용하고 차분한 마음과 바른 자세를 추구하고 길러서) 아름다운 문체로 질박하고 소박한 것을 보충하여 소박하지만 조잡하지 않고 단순하되 아름다우며, 원래부터 맑고 깨끗함이 깊고 넘치니, 허심탄회한 자세로 진실하게 터놓고 말하면 모든 것을 받아들이는 사람이었다. 멀리 내다보고 책략을 수립하는 것, 전장에서든 어디에서든 사람들을 휘어잡는 그의 말과 화술은 타의 모범이 되었다. 그의 행동과 매너는 다른 사람들이 본받을 만한 모델이었다. (어려서부터 배움을 좋아하여), 많은 분야에 걸쳐서 학식을 연마하고 쌓아 올렸고, 그 수준은 옛 것과 현대의 지식 (그리고 자기나라뿐만 아니라 외국의 그것까지를) 다 함께 통달하였다.

11행 문장 내용에 대한 이해 편의를 위해서 띄어쓰기로 재배열하면 다음과 같다.

恬▨輔質 情源湛湛 呑納▨▨襟▨▨▨ ▨▨▨握 話言成範 容止加觀 學綜古▨」

恬(雅)輔質: 아름다운 문체로 질박하고 소박한 것을 보충하여 소박하지만 조잡하지 않고 단순하되 아름다우며

情源湛湛: 원래부터 원천이 깊고 맑고 깨끗한 사람이어서

呑納(總)於襟(內): 임금님 앞에서 허심탄회하게 가슴 속을 터놓고 말하면 모든 것을 용납하고 받아들이는 사람이었다.

(運籌唯)握: 야전 천막 안에서 군사 전략을 계획하고 수립하는 것

話言成範: 사람들을 휘어잡는 그의 말과 화술은 다른 사람들에게 모범이 되었다.

容止加觀: 그의 행동과 매너는 다른 사람들이 능히 참고하고 본받을 만하였다.

學綜古(今中外): 많은 분야에 걸쳐서 학식을 연마하고 쌓아 올렸고, (옛 것과 현대의 지식 그리고 자기나라뿐만 아니라 외국의 그것까지를) 다 함께 통달하여 일가를 이루었다.

恬(雅)輔質

▨▨恬▨ 恬(념)글자 앞 뒤로 글자가 마멸되어서 정확한 글자를 판독할 수가 없다. 하지만 앞 뒤 문맥의 뜻을 살려 추측해 본다면, 恬和(염화)라는 단어를 생각해 낼 수 있다. 염이(恬夷), 恬而(염이)라는 단어는 恬和(염화)와 같은 뜻이다. 恬淡(염담), 恬養(염양)은 안정평화를 기르고 배양하는 사상을 이르는 말이므로, 비문에서 염자의 앞의 글자는 조용하고 차분한 마음을 배양培養한다는 의미의 글자가 들어가는 것이 적절하다. 염화(恬和)는 安靜(안정), 安然(안연)하다는 말과 동의어이다. 편안하다의 恬(념), 화평하다의 和(화)이니, 방긋한 미소를 짓는 安靜(안정)과 平和(평화)를 뜻하는 단어이다. 석가의 염화미소라는 말이 인구에 회자되나, 사실 해맑은 웃음과 잔잔하고 온화한 안정과 평화의 마음 상태를 시람

의 기본적인 성격이라고 규정한 사람은 노자이었다. "老子 曰 淸靜恬和 人之性也" (文子, 微明).

恬雅

이러한 염화(恬和)의 뜻과 같은 단어에 恬雅(염아)가 있다. 文質(문질)은 文采(문채)와 本質(본질), 文華와 質朴의 합성어이다. 염아(恬雅)와 비슷한 단어로는 恬澹(염담), 恬淡(염담)이 있다. 맑고 담박하다는 뜻이다. 마음이 담박하다는 말은 세상의 명성과 세상의 이윤 그런 부귀영화를 좇지 않는다는 뜻, 淸靜無爲(청정무위)의 뜻이다. 왕충의 논형에 "充性恬澹 不貪富貴" (충성염담 불탐부귀) 구절이 나온다.

恬雅(염아)의 뜻에 가까운 단어에 文雅(문아)가 있는데, 문아는 아름답다, 조잡스럽지 않다는 뜻이다. 요즈음 영어가 상용화된 시대의 표현으로 여성잡지의 이름으로도 잘 알려진 세련된 말로 엘레강스(elegance)가 이에 해당한다.

恬雅(염아)는 소박하지만 세련되어 우아한 멋을 풍긴다는 뜻이니, 交錯文質, 質而不野의 표현과 같은 뜻이다. 마음이 따뜻한 사람은 겉치레를 싫어하지만 그렇다고 해서 예의를 갖추지 않는다는 의미가 아니다. 문(文)과 질(質)이 적절히 배합되어 우아한 문장이 탄생된다. 군자의 탄생도 마찬가지이다. 한서 반표전에 "然善述序事理 辯而不華 質而不野 文質相稱 盖良史之才也" 표현이 나온다. 유종원의 晋問(진문)에 "交錯文質 饗有嘉樂" 표현이 나온다.

염아보질의 의미를 새긴다면, 　　恬(雅)輔質의 앞의 결자부분의 문장 내용은 당태조의 진사명에 나오는 "揭日月以爲躬 麗高明之質 括滄溟而爲量 體宏潤之資"(게일월이위궁 려고명지질 괄창명이위량체굉윤지자) 구절과 같은 내용을 담고 있을 것으로 추측된다.

資(자)는 지혜(智慧)와 능력(能力) 자질(資質)이 굉장하다 즉 번쩍번쩍 빛나는 자질-지혜능력-을 體(체)-갖추다의 뜻이고 또 그만큼 출신 경력이 화려하다는 뜻이다. 이런 사람은 속이 꽉차있으니 밖으로도 나타나 얼굴에서도 매끈한 윤기가 흐르고 광택이 빛나지 않는가? 麗質(려질)은 麗高明之質, 곱고 아름다운 여자의 모습처럼 풍모자태가 아름답고 품성이 부드러운 사람을 묘사하는 표현이다.

10년이면 강산도 변한다고는 하나 사람의 타고난 천부적 성정은 쉽게 바뀌지 않는다는 말이 있는데 이 표현은 "江山易改 秉性難移"(강산이개병성난이) 구절이다. 삼국사기의 문무왕 유조문에 기재된 "且山谷遷貿 人代推移" (차산곡천무인대추이) 구절의 느낌과는 상반된 내용이다. 삼국사기가 "산과 골짜기는 변하여 바뀌고 사람의 세대도 바뀌어 옮겨가니"라고 기재했지만 인간의 선하고 착한 본성은 지구가 오래된 만큼이나 크게 변하지 않고 유구히 전해진다.

* 불교가 기본적으로는 다신교인 힌두교의 개념에 뿌리를 두고 있기는 하지만 중국에 유입되는 과정에서 탈인도화하고 그리고 중국의 본래 고유 종교인 도교와 유교를 수용하면서 제3의 길을 모색하여 발전하고 중국화된 그 배경과 내용을 이해할 필요가 있다. 최소한 일본에서는 중국의 도교 유교 불교에 대한 중국서적의 일본어 번역은 물론 영어 번역까지 이루어진 학문의 발전 상황에 비추어보면 한국은 "유불선"에 대한 이해가 매우 빈약하고 부족한 실정이라고 단언할 수 있다. "조선일천년래제일대사건"으로 유명한 신채호는 "유불선"에 대한 기초적이고 구분적 개념조차 깨닫지 못하면서 조선상고사를 펴냈는데, 그럼에도 불구하고 그의 오류를 지적하기는커녕 그의 "조선상고사"가 오히려 일제 식민지학의 비호와 장려를 받은 까닭이 무엇이겠는가? 일제가 대륙 침략을 본격화하던 시기인 1920년대에 조선일보를 통해서 신채호의 "조선상고사"가 대대적으로 소개되었다. 신채호가 민족의 원류를 만주족으로 내세운 잘못된 사학이 일제의 비호와 장려를 받았던 까닭은 신채호가 만주를 이주한 그것과 같이 일제의 만주경략에 필요한 그것을 제공했기 때문이었다. 청나라에서는 만주 땅을 자신들의 선조

땅이라고 여기고 신성시하고 자연보호 성지로 설정하여 비워 두었는데 그 틈을 신채호 같은 사람이 나서서 한국이 만주족이라고 우기면서 잘못된 이론을 전개하니 일제로써는 불감청고소원의 입장을 넘어서 적극 지원하게 된 것이 아니겠는가? 하지만 문무왕릉의 비문에서 분명히 선언하듯이, 우리 한반도의 한민족의 원류는 숙신 부여 선비 읍루 돌궐 말갈 거란 여진 만주족이 결코 아니다. 그들과는 다르게 한민족은 상나라 때부터 하나라 때부터 아니 그 이전의 요순시절로 거슬러 올라가 보면, 분명한 "염황"의 자손이기 때문이다. 우리민족의 주류는 서역북방의 5호들이 결코 아니요, 요나라 금나라 원나라 청나라의 만주족 여진족 몽고족 거란족속이 결코 아니다. 비록 고려시대에 몽고 만주족의 원나라의 식민지배를 받고서 원의 부마국 즉 왕의 어머니와 왕의 아내가 공식적으로나 혈통적으로나 몽고족 만주족이었으니 고려를 이은 나라가 조선이고 조선을 이은 나라가 대한민국인 이상 한 때의 굴곡진 역사의 흔적을 전혀 지울 수가 없는 것이지만. 조선이 건국되면서 고려 왕씨를 족보에서 지워버렸다고 하지만 그 혈통을 어찌 부정할 수가 있겠는가? 고려가 원나라의 식민지배로 전락하면서 합천으로까지 팔만대장경을 내려보내며 한반도를 접수하면서 스며들은 이민족의 혈통을 이제와서 문서로 지운다고 또 조선말기 들어 고종이 했다시피 그 고려왕들의 무덤의 흔적을 지운다고 해서 그 섞인 피가 순혈로 바뀌지겠는가? 굴절된 역사의 정신 그 에스프리를 회복하는 것이 보다 중요하다.

김부식의 삼국사기, 보장왕조 기사에서도 논하듯이 기자조선은 실체가 분명하게 존재한다. 기자조선의 사료는 사마천의 사기에 기재되어 있다. 기자는 상나라가 곧 주나라에 망하기 전에 조선으로 피란을 온 사람이었으니 조선 또한 역사상 상나라 사람이 세운 국가임이 확인된다.

그런데 5백년 이상을 요나라 금나라 원나라 청나라의 식민지로 신음하다 보니 핏줄도 섞이고 그래서 민족혼마저 송두리째 빼앗기게 된 것이 아닌가? 병자호란이 임진왜란의 폐해만큼 크지 않았다고 단언할 수 있는가? 임진왜란으로 거의 피폐화되었기 때문에 병자호란에서는 더 이상 불탈 자원이 많지 않아서였는지는 모르지만. 또 만주로 끌려간 부녀자들이 후에 환향녀로 돌아오는 사람은 소수에 불과했다지만 그 수가 몇 십 만명이었던가?

質情 질정

情은 사람의 희로애락의 마음 상태를 나타내는 낱말이고, 質은 사람의 바탕 본성 본질을 뜻하는 낱말이니(質, 性也), 質情(질정)은 정질(情質)과 같은 말이다. 質情(질정)은 정질(情質)과 같은 말이다. 情質(정질)의 한자사전의 뜻은 사람의 충정衷情의 상태를 비유하는 말 그리고 性情素質(성정소질)이라고 풀이하고 있다. 굴원의 초사 九章 惜誦(석송)에 이 情質의 쓰임새가 등장한다. "恐情質之不信兮 故重著以自明".

源원은 샘의 원천, 사물의 근본, 연원淵源, 이유의 뜻이고, 湛湛담담은 물이 깊고 가득차다, 농밀 농후濃厚하다, 맑고 깨끗하다 淸明澄澈의 뜻이니, 源湛湛은 원래부터 맑고 깨끗하다는 뜻으로 해석된다. 양무제 逸民(일민) 시 중에 "岩岩山高 湛湛水深"의 표현이 나온다.

情源湛湛

源원은 샘의 원천, 사물의 근본, 연원(淵源), 이유의 뜻이고, 湛湛(담담)은 물이 깊고 가득차다, 농밀 농후(濃厚)하다, 맑고 깨끗하다 淸明澄澈(청명징철)의 뜻이니, 源湛湛(원담담)은 원래부터 맑고 깨끗하다는 뜻으로 해석된다.

情(정)이란 무엇일까? 열자가 정의 개념에 대해서 연구해 놓았는데, 정은 인간의 본성(本性)이다. 여씨춘추에서 "情, 性也"라고 말하고 있다. 천부적 情性(정성), 情心(정심)을 말하고, 사람이 살면서 느끼는 희로애락의 감정, 마음 속의 품은 회포, 정포(情抱), 있는 그대로의 정황(情況)과 실정(實情)과 表情(표정) 등을 숨기지 않고 가슴을 열어제치고, 흉금(胸襟)을 터놓고 정을 나누는 것을 그런 생각 그런 思想(사상) 그러한 정신(精神= 情神)을 가리킨다. 한서와 삼국사기에서 조선사람들은 '천성이 착한 사람들'이어서 다른 사람들과는 다르다는 사실을 명기하고 있는데, 대한사람들은 천성적으로 본성이 유순하고 착한 사람들임이 틀림없다.

呑納□□襟

탄납(呑納)은 삼키고 용납하다는 뜻이고 襟(금)은 소매를 뜻하는 낱말이니, 이런 뜻을 갖고 있는 단어 가슴 속을 울리다, 흉금을 털어 놓다, 심금을 울리다의 심금(心襟)이 떠오른다. 궁중 드라마에서 흔히 등장하는 장면인 소매안에 밀서를 감추는 내시들의 장면에서 보여지듯이, 소매는 팔을 감추는 것이고 그래서 무언가를 감추는 것을 비유하는 뜻을 갖는다. 그런데 그러한 소매안을 열어 보인다는 말은 감추어진 것이 없이 흉금을 털어 놓는 것 즉 가슴을 열고 진심으로 진실한 대화를 나눌 때 쓰이는 말이다. 소매안을 보이고 즉 가슴을 열어 제치고 소매안의 손을 붙잡고 마주 앉아서 서로의 가슴 속에 들어 있는 말을 진실 그대로 얘기하는 것, 흉금을 터놓고 얘기하면 모든 것이 풀리는 경우가 많다. 사람은 기계가 아니라 감정의 동물이라고 하기에 진실하게 대하면 상대방도 따라서 움직이고 변하는 법이라고 말하지 않는가? 심리학에서 말하는 공감의 법칙, 힐링의 법칙이기도 하다.

이러한 소매 안 소매가 닿은 거리 안에 있다는 뜻으로 금내(襟內)가 있다. 금내는 임금님을 경호하는 궁궐 수비대를 금위영이라고 불렀던 사례와 같이 임금님 궐내라는 비유어 파생어의 뜻을 갖고 있다.

容納總於襟內

呑納□拎襟□□□□-결자 부분의 글자를 추측해서 메꾸어 본다면, '呑納總於襟內'이 되겠고, 이 문장 부분을 번역하면, 가까이 마주 앉아서 가슴 속을 털어 놓고 나눈 이야기는 모든 것을 용납하고 받아들였다.

恬▨輔質情源湛湛呑納▨於襟▨ 이 문장 부분을 번역하면, 조용하고 차분한 마음과 바른 자세를 추구하고 길러서, 사람의 본성을 보충한데다, 원래부터 원천이 깊고 풍부하니, 임금님 앞에서 허심탄회한 자세로 진실하게 터놓고 말하면 모든 것을 받아들이는 사람이었다.

心襟(심금)은 抱負(포부) 즉 원대한 뜻을 이르는 단어이다. 사람이 서로 마음을 터놓고 소통하지 않는다면 어떻게 함께 일을 추진할 수 있겠는가?

사람이 서로 함께 일을 하기 위해서는 소통이 필요하다. 장자는 "盡其所懷 爲天下配"(진기소회 위천하배)라는 말을 했는데, 이는 "마음 속에 품은 것을 모두 털어 놓음으로써, 천하의 사람들과 짝이 될 수 있다"는 대망론을 의미한다. 도는 천하의 도이고, 따라서 그것을 한 사람의 품 속에 넣어 감출 수만은 없는 것이며, 그 도가 천하에 충만하고 만세에 까지 행해질 수 있도록 널리 전파해야 한다.

▨▨▨握

握(악) 앞에 들어있는 글자가 무슨 글자인데 정확하게 알 수는 없으나 앞뒤 문맥상의 연결고리를 찾아내고자 한다. 帷幄(유악), 唯握(유악)은 한나라를 세운 유방이 개국공신인 군사책략가 장량을 극구 칭찬할 때 등장한 표현인 "帷幄指軍帳 不可作唯握"이 출전인데 여기의 문장 내용에 어울리는 말이다. 帷幄(유악)은 군대 친막을 지칭하고, 運籌(운수)는 군대 막사 야전 천막 안에서 군사 전략을 계획하고 수립하는 것을 말한다. 군사전략을 짜는 전략가는 전투 실행에 직접 나서지는 않지만 전투의 승리는 이 군사작전계획을 수립하는 전략가 책략가에 달려 있음을 고금의 전장사는 증거하고 있다. 역사상 가장 유명한 전략가 중에 한 사람이 한고조 유방의 장자방 장량이다. 그에 대해서 사마천의 사기 고조본기에서 유방이 평가한 말을 전하는 기사 한 마디를 인용한다. 유명한 이야기이지만 그에 관련된 성어 "運籌唯握"(운주유악)이 여기 비문의 결자 부분의 내용으로 추측되기 때문이다.

"夫運籌策帷帳之中 決勝於千里之外 吾不如子房 鎭國家 撫百姓 給餽饟 不絕糧道 吾不如蕭何 連百萬之軍 戰必勝 攻必取 吾不如韓信 三者皆人傑 吾能用之 此吾所以取天下者也 項羽有一 范增而不用 此所以為我所禽也".

야전 천막 안에서 전략을 잘 짜서 작전을 세우고 천리 밖의 전투에서 승리를 얻게 하는 데에는 내가 장량만 못하고, 국가를 진정시키고 백성들을 어루만지며 군량 공급의 보급로가 끊기지 않도록 하는 데엔 소하만 못하며, 백만 군사를 이끌고 싸워서 반드시 이기는 것은 한신만 못하다. 이 세 사람은 모두 걸출한 인물이었고 나는 그들을 잘 쓸 수 있었다. 이것이 내가 천하를 얻게 된 이유일 것이다. 항우에겐 단 하나의 걸출한 인물인 범증이 있었으나 그마저도 쓰질 못했다. 이것이 항우가 나에게 잡혀 패한 이유이었다.

話言成範

握은 把握(파악)하다 掌握(장악)하다의 단어에서 알 수 있다시피, 사물의 핵심을 파악하고 좌중의 사람들을 휘어잡는 능력 그 언변이 출중하다는 것을 묘사하는 말이다. 話言成範(화언성범)은 사람들을 휘어잡는 그의 말과 화술-話言은 성범(成範) 즉 타의 모범이 되었다.

容止加觀

容止(용지)는 단아한 용모, 언행, 행동거지를 뜻하는 단어이므로, 그의 행동과 매너는 가관(加觀) 즉 다른 사람들이 능히 참고하고 본받을 만하였다.

學綜古▨

'學綜古' 다음에 이어지는 글자는 훼손되어 떨어져 나가서 판독할 수 없으나, 學綜은 綜學과 같은 말이므로, 그 뒤에 따르는 말은 고금지학, 融通古今, 古今中外(현대와 고대, 자기 나라 것과 외국의 것을 다 포함하여), 博覽古今(박람고금)의 의미가 들어 있는 표현일 것으로 어렵지 않게 짐작을 할 수 있다.

綜學(종학)은 학식을 연마하고 쌓아 올린 것을 뜻한다. 그 학식이 옛 것과 현재의 새 것을 다 함께 통달한 수준이라는 것이다. 어려서부터 배움을 좋아하여- 少而好學, 많은 분야에 걸쳐서 학식을 연마하고 쌓아 올렸고, 고금중외 古今中外-옛 것과 현대의 지식 그리고 자기나라뿐만 아니라 외국의 그것까지를 다 함께 통달하였다-博綜諸學 融通古今中外.

11행 요약

	(사람은 마음의 안정과 평화, 조용하고 차분한 마음의 상태를 기르고 배양하는 것이 중요하다)
恬(雅)輔質	아름다운 문체로 질박하고 소박한 것을 보충하여 소박하지만 조잡하지 않고 단순하되 아름다우며
情源湛湛	(조용하고 담담한 마음과 바른 자세를 추구하고 길러서, 사람의 부족한 본성을 보충한데다), 원래부터 천성적으로 성정이 맑고 깨끗한 사람이어서
呑納(總)於襟(內)	임금님 앞에서 허심탄회하게 가슴 속을 터놓고 말하면 모든 것을 용납하고 받아들이는 사람이었다.
▨▨▨▨▨▨	
(運籌唯)握	야전 천막 안에서 군사 전략을 계획하고 수립하는 것

話言成範	사람들을 휘어잡는 그의 말과 화술은 다른 사람들에게 모범이 되었다.
容止加觀	그의 행동과 매너는 다른 사람들이 능히 참고하고 본받을 만하였다.
學綜古(今中外)	많은 분야에 걸쳐서 학식을 연마하고 쌓아 올렸고, (옛 것과 현대의 지식 그리고 자기나라뿐만 아니라 외국의 그것까지를) 다 함께 통달하여 최고의 전문가의 경지에 이르렀다.

12행 문무왕 & 당태종 以孝治國 이효치국

12행

□□□□詩禮之訓姫室拜槁梓之□□□□□□□□□□□□大唐太宗文武聖皇帝應鴻社□

국편위 번역: 시(詩)와 예(禮)의 가르침에 … (하고), 주나라는 교재(橋梓)의 ▨에 경의를 표하였다. … 당나라 태종문무성황제(太宗文武聖皇帝)가 사직의 ▨에 응하여 □…

추홍희 해석: (신하들은 항상 바른 길을 걷고 국가와 정의를 위해서 진실대로 간언하여야 하고)[40], 자녀들은 부모의 가르침을 믿고 따르며, 제후는 부자간의 믿음의 원칙을 지키고 결코 패역을 저지르거나 교만하면 아니된다. 당태종 이세민은 (전쟁에서 희생된 군사들에게 깊은 애도를 표하고 국가가 나서서 위령제를 지내주었다).

12행 不言而信(불언이신)과 以孝治國(이효치국)-아버지의 엄명은 무엇이었는가?

以孝治國(이효치국)

姫室(희실)과 橋梓之道(교재지도), 移木之言(이목지신)

40) (家教 尚存乳臭 反己正身 以順天常 雕琢切磋 敬佩弦韋 六位三親)▨▨▨▨▨(懂得 君臣守義方之德 嫡親振)詩禮之訓 姫室拜槁梓之敎▨▨▨▨▨▨▨▨▨▨▨大唐太宗文武聖皇帝應鴻社▨」

최초의 왕으로 도교의 시조로 추앙받는 黃帝(황제)의 성(姓)이 희(姬)성이다. 주나라 선조 후직(后稷)씨는 황제지후(黃帝之后), 황제의 희(姬)성이고, 주나라 황실의 성씨도 희(姬)성이니 주나라 왕조를 희주(姬周)라고 부른다. 주나라 문왕 희창(姬昌)을 姬伯(희백)으로 부르고, 주왕조의 성씨가 희(姬)이니, "朕本姬室远裔"(짐본희실원예)이라고 말하면 '짐은 본래 주나라 황실의 먼 후손'이라는 뜻이고, "姬室"(희실)은 주나라 왕조를 지칭하는 단어이다.

姬室(희실) 주공단

周公旦(주공단)은 주나라 시조 주문왕(周文王)의 넷째 아들이고 주무왕周武王(BC 1087-BC 1043)의 동생으로 태어나 아버지와 형의 주나라 건국 대업을 보좌했다. 반란을 평정하고 수도를 천도하고, 예악을 마련하여 사방의 인재들을 버선발로 뛰쳐나와 예우하고 교화의 덕정을 펼쳐 나라의 기틀을 굳건히 하자 천하 모두가 귀부해왔다. 조조의 단가행에서 읊은 "周公吐哺 天下歸心"(주공토포 천하귀심)이 주공단의 역사적 위치를 핵심적으로 집약 평가해준다. 무측천이 690년에 "褒德王"(포덕왕)으로 추봉했다.[41]

姬室(희실)과 拜(배)와 橋梓之道(교재지도)

"희실(姬室)"은 주나라 왕조를 지칭하는 단어이고, 주공단은 주나라 건국 시기의 최고권력자로서 먼 훗날 공자가 태어나는 공자의 고국 공자의 고향 곡부가 위치한 곳 산동성의 노나라에 자신의 아들 백금을 제후에 봉했던 역사적 성인의 반열에 오른 인물로서, 姬室(희실)과 橋梓(교재)와 拜(배)의 세 단어를 조합하면 고사성어 "伯禽趨跪"(백금추궤)의 의미를 갖는다. 橋梓(교재)는 부자지간의 마땅

41) 주공단의 역사적 평가 요약, "生於周室 輔佐父兄, 周公吐哺 東征平叛, 制禮作樂 教化四方, 教誨后嗣, 千古流芳".

히 해야할 도리를 뜻하는 말이다. 跪(궤)는 무릎 꿇고 절을 하는 것 拜(배)의 뜻을 갖는 글자이다. 姫室(희실)과 橋梓(교재)와 拜(배)의 세 단어에서 나타나는 내용은 자식은 부모의 뜻을 받들고 이어받는다는 자승부교(子承父教), 자승부업(子承父業), 백금추궤(伯禽趨跪)의 의미를 갖는다.

백금추궤(伯禽趨跪)는 주공단이 그 아들 백금(伯禽)을 노나라의 제후로 봉하고서 제아무리 최고권력자라고 해도 결코 교만해서는 아니된다는 겸손의 국정철학을 가르친 고사성어이다.[42]

따라서 비문 12행의 "姫室拜橋梓之▨" (희실배교재지□)의 문구에 대해서 국편위가 번역한 "주나라는 교재(橋梓)의 ▨에 경의를 표하였다"는 해석은 의미가 전혀 연결조차 되지 않는 엉터리 번역이다. 비문 12행의 "姫室拜槗梓之▨"은 '제후는 부자간의 가르침과 믿음의 원칙을 지키고 결코 패역을 저지르거나 교만하면 아니된다'는 의미이고, 이를 당시의 국정철학 이념으로써 표현하면 以孝治國(이효치국)을 의미한다.

12행 □□□詩禮之訓姫室拜槗梓之□ □□□□□□□ 구절 내용은, 以孝治國(이효치국)의 국정철학을 기술하는 내용에 해당한바 그 뜻은, (신하들은 항상 바른 길을 걷고 국가와 정의를 위해서 진실대로 간언하여야 하고)[43], 자녀들은 부모의 가르침을 믿고 따르며, 제후는 부자간의 믿음의 원칙을 지키고 결코 패역을 저지르거나 교만하면 아니된다.

백금추궤, "周魯伯禽 觀於橋梓 入門而趨 登堂而跪" (주노백금 관어교재 문이추 등당이궤) 표현은 상서대전과 문선 등 거의 모든 역사서에서 기재하고 있는

---

42) 사마천, 사기, 주노공세가, 백금, 伯禽即位之後 有管 蔡等反也 淮夷 徐戎亦并興反 於是伯禽率師伐之於肸 作肸誓 曰 陳爾甲冑 無敢不善 無敢傷牿 馬牛其風 臣妾逋逃 勿敢越逐 敬復之 無敢寇攘 踰墻垣 魯人三郊三隧 峙爾芻茭 糗糧 楨榦 無敢不逮 我甲戌筑而征徐戎 無敢不及 有大刑 作此肸誓 遂平徐戎 定魯.

43) (家教 尚存乳臭 反己正身 以順天常 雕琢切磋 敬佩弦韋 六位三親)▨▨▨▨▨(懂得 君臣守義 方之德 嫡親振)詩禮之訓 姫室拜槗梓之(道)▨▨

문구이다. 아래의 글은 이에 대한 자세한 설명을 덧붙이는 문단이다.

仰俯(앙부)와 入門而趨登堂而跪(입문이추등당이궤)

橋梓(교재)의 의미에 대해서 문자해석을 해보자. 俯(부)는 고개를 숙이다의 低頭(저두)의 뜻 그리고 고개를 숙이고 절을 한다는 측면에서 상대방을 어른으로 모시는 경칭의 의미를 갖고 있다. 시경에서의 "入門而趨 登堂而跪" (입문이추 등당이궤) 표현의 뜻과 같이, 고귀한 왕족의 신분이지만 말단 청소부터 시작하여 배움의 길에 정진하고 이런 각고의 과정을 통해서 성장발전하고 그리하여 부모의 뜻을 깨닫게 되었을 때-이런 때를 득도했다는 표현을 쓴다- 기쁜 마음으로 부모에게 달려가-趨(추), 제아무리 부자지간이라고 해도 군신관계처럼 예의를 갖추고 무릎을 꿇고서 아뢰는 모습을 상기하라. 跪(궤)는 무릎 꿇고 절을 하는 것 拜(배)의 뜻을 갖는 글자이다. 仰(앙)은 俯(부)의 상대적인 의미로써 하늘을 위로 쳐다보는 것 앙수(仰首)의 의미 그리고 약봉지를 입에 털어 넣고 먹을 때와 같은 모습으로 상상되듯이 仰藥(앙약)이라는 말은 독약을 먹고 자살을 한다는 의미이다. 주나라가 상나라의 폭정 왕을 토벌하는 정벌을 나설 때 죽음을 각오하고 나서는데 만약 전쟁 포로가 되면 자살을 택할 테니 그러면 자식이 관(재목梓木은 관 널판을 짜는데 쓰이는 나무) 앞에서 무릎 꿇고 슬픔을 거둔다는 전쟁과 포로의 역사를 생각나게 한다. 다리 橋(교)는 원고료의 稿(고) 글자하고 비슷하니, 아버지는 미리 계획을 하고 그림을 그려 놓으면 그림의 완성은 아들이 아버지를 이어서 해낸다. 아버지는 하늘을 우러러 한 점 부끄러움 없이 타협 없니 대쪽과 같이 살다가 적국에 결코 굴복하지 않고 죽음마저 선택하면 아들은 그 아버지의 삶을 이어받고자 꼭 살아남아서 아버지의 시체를 거두고 (전장터에 묘를 써놓고 가로세로의 십자가 나목으로 표시해둔다) 장례를 치루고 (전쟁이 끝난 후에 반장함) 아버지의 유언을 완성해낸다-는 부자지간의 엄명 완수 恪守父命(각수부명)의 이야기는 사마천의 사기의 주노공세가에 기재된대로 역사적 의미를 찾아낼 수 있다. 부모의 엄명을 완수하는 것이 효의 근본이라고 효경은 "孝莫大于嚴父" 적고 있다. 부모의 말씀에 순종하는 착한 사람들이라면 어찌 법을 지키지 않을 수가 있겠는가? 보통의 착한 사람들은 스스로 법을 지키고-"人皆趨令"(인개추령), 따라서 이런 착한 사람들은 법 없이도 살아가는 사람들이다. 법을 제대로 지킨다면 어찌 "집집마다 다 넉넉하고 사람마다 다 만족하지 않을 수 있겠는가?-" "家給人足"(가급인족).[44]

아버지의 엄명은 무엇이었는가?

교만하지 말라

梓木(재목)은 관을 짜는데 사용되는 질이 좋은 나무이다. 요즈음은 가로수로 은행나무를 주로 심는데 옛날에는 재(梓)-가래나무를 궁전 앞 도로에 가로수로 많이 심었다고 한다. 굴원과 유신의 시에 재나무가 등장하는데 이런 까닭에 '재나무가 보이는 곳'을 임금이 사는 궁전에 비유하는 뜻으로 쓰이기도 했다. 교목은 대들보 써가래라는 우리 목조건축용어에서 보듯이 동량-집의 기둥이 되는 중심적인 목재로 쓰인다. 橋木(교목)은 한자 뜻으로 보면 교량목이다.[45] 지구의 경위는 직물을 짜듯이 가로 세로로 엮어 있는데, 교목은 다리를 놓는 가로대 벌판-다리의 횡목 빔(beam)을 이르고, 梓(재)목은 세로대 즉 기둥받침을 이른다.. 사다리를 만들 때 종적과 횡적으로 널판과 버팀목이 필요하다. 가로대와 세로대

---

44) 사마천, 史記, 商君列傳.

45) 橋(교) 다리는 발판을 의미하므로 희생의 가치가 들어 있다. 아버지가 어린 아이를 자기 어깨 위에 무등을 태워주는 경우가 흔히 보이는데 아이는 그 어깨 위에 무등을 타면 무척 즐거워한다. 거인의 어깨 위로 넘어다보며 배운 지식과 무등을 타고 멀리 내다보는 안목의 지혜를 발견한 인류의 시식 전승 전통을 표현한 뉴튼의 비유를 기억하라. '아버지 날 낳으시고 어머니 날 기르실재' 그와 같은데 어찌 부모의 희생없이 자식의 삶이 있으리오? "Great achievement is usually born of great sacrifice, and never the result of selfishness." (Napoleon Hill). 橋木(교목)과 서로를 이어주는 다리(橋)의 이미지에 대한 자세한 설명은 "곡신불사 영광불멸 문무왕릉비 비문 연구" 책을 참조하라.

의 서로 이음매 없이 다리나 사다리를 만들 수 없다. 사람의 일 또한 혼자서는 이룰 수 없다고 단언한 법치주의의 대가 상앙의 말을 기억하라.

이와 같은 비유법에 따라서 부모는 횡목 널판대 가로대요, 자식은 그것을 떠받치는 기둥 세로대라고 말하는 것이다. 아버지가 종적이면 자식은 형제지간으로 나란히 양쪽으로 펴져나가는 횡적 팽창적 존재이다. 사람이 갈비뼈로 태어나고, 또 어머니의 '옆구리에서 태어난다'는 말의 뜻은 "교"의 특성적 모습에 기인한다. 矯(교)는 왕연수의 노영광전부에 나오는 "旁夭蟜以横出"에서의 夭蟜(요교)의 의미를 갖는 말이다. 蟜(교는) 절지동물 누에곤충을 지칭하는데, 박물관의 공룡의 뼈 구조물이 보여주듯, 절지동물 뱀과 악어의 배의 모습이 그러하듯, 龍(용)의 모습을 이른다. 이런 절지동물의 뱃가죽이 보여주듯이 옆으로 이어지는 모습이다. 오늘날에는 칸막이가 수없이 이어지면서 달리는 기차의 모습이고 기차가 다니는 사다리 모양 철로가 그것이다. 기차가 터널 속을 들어갔다 터널 밖으로 나오는 모습을 높은 산에 가서 보면 장관인데 그렇게 옆으로 나오는 모습을 교라는 글자로 쓴다. 따라서 도교에서 최고의 민족 신으로 추앙받는 황제(黃帝)의 장지가 교산(橋山)에 위치한다. 다리가 터널 속으로 들어갔다 터널 속으로 나오는 모습을 하고 있는 곳이기에 교산(橋山)이라고 부르고, 최고의 장지 길지 최고의 명당 자리로 알려져 있다. 요즈음의 토목 공학에서 최고의 예술이 다리 건축 아닌가? 그 이유가 무엇인가?

橋(교)는 굽은 것을 바르게 펴는 교정하다, 匡正(광정)하다 뜻의 矯(교)와 통하는 글자이다. 矯(교)는 도연명의 귀거래사에 나오는 "時矯首而遐觀"(시교수이하관) "때때로 머리 들어 먼 하늘을 바라본다"의 구절에서의 의미와 같이 교수(矯首)는 앙수(仰首)와 같은 뜻으로 높이 쳐다본다는 뜻이다.

다리 구조를 알다시피, 교목은 높은 곳으로 쳐다 보는 仰(앙)이요, 재목은 빔, 위에서 아래로 굽어 보는 俯(부)라고 말할 수 있다. 따라서 仰俯(앙부)는 음양 자웅암수 오목볼록 요철(凹凸)하고 같은 개념이다. 세상 만물은 홀로 선 것이 아니라 짝으로 서로를 필요로 한다. 다리가 그렇듯이 집을 지을 때 가로대와 세로대가 서로 요철로 맞물려 하나가 되듯이 말이다.

詩禮之訓 시례지훈

詩禮之訓(시례지훈)의 의미는 논어에 출전한다. 공자 같은 대성인도 자기 자식을 가르칠 때는 다른 학생들과 다르게 취급하지 않고 똑같이 공평무사하게 대했다. 공자가 자기 자식이라고 해서 어떤 특별과외-논어에는 '특이한 가르침'이라는 뜻의 "異聞"(이문)으로 적었다-를 시킨 것이 아니었다는 사실이다. 논어에서 분명히 말했다: "孔子之敎其子無異於門人", (공자지교기자무이어문인), 공자께서 아들을 가르침에 다른 제자들과 다름이 전혀 없었다. 교육은 평등해야 한다. 배움의 기회를 다같이 부여하는 기회의 균등뿐만 아니라 모든 학생들을 똑같이 대우하고 길러내는 평등의 교육관이 중요하다. 국민평등교육이 실현되려면 누구에게나 똑같이 가르치는 교육자의 公平無私(공평무사)함을 요구한다. 공자 같은 대성현도 자기자식이라고 해서 특별하게 공부시키지 않고 다른 학생들과 똑같이 시경과 예기를 배우게 했다는 뜻에서 시례지훈이라는 말은 "子承父敎"(자승부교)와 같은 의미로 쓰인다. 공자는 교육자이었으니 공자와 그의 아들인 백어를 두고서 자승부교라는 말이 적합할테지만 다른 일반 사람들은 자식이 부친의 사업을 계승한다는 의미로 자승부업(子承父業)을 쓴다. 봉건시대 왕권에 비유한다면 문무왕이 부친인 태종무열왕의 왕위를 계승하여 이어받는다는 것, 嗣君(사군)을 의미한다.

자승부교

봉건시대에서는 대부분 부친의 직업을 자식이 계승했으니 직업을 배제하고 가정교육측면에서 보면, 子承父敎(자승부교)는 자식은 부모의 가르침을 공경하고 따른다는 준승부모교회(遵承父母教誨)의 뜻이다. 시례지훈의 의미에 대해서 그 출전인 논어 계씨장을 인용하면 다음과 같다.

陳亢問於伯魚曰 子亦有異聞乎 對曰 未也 嘗獨立 鯉趨而過庭 曰 學詩乎 對曰 未也 不學詩無以言 鯉退而學詩 他日又獨立 鯉趨而過庭 曰 學禮乎 對曰 未也 不學禮 無以立 鯉退而學禮 聞斯二者 陳亢退而喜曰 問一得三 聞詩聞禮又聞君子之遠其子也	진항이 백어에게 물었다. 스승께 특별한 가르침이라도 들었는가? 백어가 대답했다. 없다. 한번은 스승께서 당상에 홀로 서 계실 때 내가 총총걸음으로 뜰을 지나가는데, 시경(詩經)을 배웠느냐? 하고 물으시기에 아직 못하였습니다라고 대답하였다. 그랬더니 시경을 배우지 않으면 사람을 만나 대화를 나눌 때 말을 제대로 할 수가 없다라고 말씀했다. 나는 되돌아가 곧장 시경(詩經 시문학)을 배웠다. 또 어떤 다른 날 그 때처럼 뜰 앞을 바삐 지나치는데 스승이 예법禮(禮記예기)을 배웠느냐하고 물으시기에 아직 못하였습니다 하고 대답했더니 예기를 배우지 않으면 바로 설 수가 없다라고 말씀하셨다. 나는 돌아와 곧장 예(禮記)를 배웠다. 나는 이 두 가지를 들었다. 진항이 물러 나와 기뻐하면서 말했다. 하나를 물었는데 셋을 깨우쳤다. 시경에 대해서 알고 예법에 대해 알았으며 또 군자가 그 자식을 편애하지 않음 그것이었다.

시례지훈 설명 구절에 나오는 趨而過庭(추이과정)은 교재지교의 구절에 나오는 "入門而趨 登堂而跪"(입문이추 등당이궤)의 구절의 의미와 같다. 趨(추)는 종종걸음으로 걷다는 뜻으로 배우면 머뭇거리지 않고 즉시 실천한다는 뜻이다. 문턱을 넘지 못하고, 문 앞에서 서성거리면 무언가를 주저한다는 의미인데 부모자식간에는 무엇을 주저할 필요가 없으며 무언가를 배우고 깨우치면 즉시 실행하는 것이 포인트이다. 그래서 학교를 갈 때는 즐겁게 빨리 가서 배우고 수업이 끝나면 그 배운 것을 부모에게 직접 말씀드리는 기쁨을 누리기 위해서 손살같이 뛰어서 부모님이 계시는 집으로 달려오지 않았는가?

伯禽趨跪(백금추궤)와 교재지도

유향의 說苑(설원) 건본(建本)편에 시경에서 언급한 伯禽趨跪(백금추궤)의 의미를 설명한 다음과 같은 이야기가 실려 있다.

아버지가 자식을 왜 그렇게 엄히 다스리는지에 대해서 의문을 하자 상자(후에 진시황의 진나라를 부국강병으로 이끈 법가의 대표적인 인물인 상앙이 저술한 "商君書"를 "商子"라고도 부른다)가 다음과 같이 설명한다.[46]

주공단의 장자 백금은 상자를 스승으로 삼고 공부에 일로매진한다. 상자는 백금에게 부자지도가 어떤 것인지에 대해서 교재지교의 비유로써 설명했다.

<table>
<tr>
<td>商子曰
「二子盍相與觀乎南山之陽
有木焉 名曰橋」
二子者往觀乎南山之陽
見橋竦焉實而仰
反以告乎商子 商子曰
「橋者父道也」
商子曰「二子盍相與觀乎南
山之陰 有木焉 名曰梓」
二子者往觀乎南山之陰
見梓勃焉實而俯 反以告商子
商子曰 「梓者 子道也」
二子者明日見乎周公
入門而趨 登堂而跪
周公拂其首 勞而食之曰
「安見君子」 二子對曰
「見商子」 周公曰 「君子哉
商子也」</td>
<td>"두 사람[47]은 남산의 북쪽에 가서 거기에 자라고 있는 나무를 보고 오라. 그 나무이름은 교(橋)라고 부른다." 두 사람은 시키는 말대로 남산 북쪽에 자라는 나무를 살펴 보니, 교목이 실로 하늘 높이 꼿꼿하게 솟구쳐 서 있었다. (그 꼿꼿한 자세에 두려움이 느껴질 정도였다). 돌아와 상자에게 보고 느낀 바를 보고하자 상자가 답을 말했다, "교목(橋木)은 아버지의 가는 길 그 부도(父道)를 말해준다. 그러면 이제 두 사람은 남산의 남쪽을 가서 거기에 자라는 재(梓)나무라고 부르는 나무를 보고 오라. 학생 두 사람은 지시대로, 파도치듯 왕성하게 자라고 있는 재목(梓木)을 관찰해보니, 땅에 엎드린 모습 굴복의 자세를 하고 있음을 알게 되었다. 돌아와 선생 상자께 보고하니, 선생은 말했다: "재목(梓木)은 자식이 취해야 할 예의를 말해준다". 이만하면 교육과정을 마쳤다고 여겨진 두 학생은 다음날로 주공단을 알현할 수 있었다.</td>
</tr>
</table>

46) 상앙, 상군서, 更法편 서두에 "慮世事之變 討正法之本 求使民之道" 구절이 나오는데, "세상사는 부침이 있고 그렇게 변하는 것인데 어떻게 하면 법을 바로 세우고 사람들을 일하게 만들 수 있을까의 방법론" 즉 국토를 개척하고 나라를 부강 발전시킬 법률개혁과 그 성공 방법을 논한 책이 상군서이다.

	아들은 대문을 들어서는 순간 총총걸음으로 마루에 올라 엄부자모 앞에 무릎을 꿇고 큰 절을 올렸다. 주공단은 그의 머리를 쓰다듬으며 그 동안 배움의 노고를 치하하고 후한 음식을 내주며 말을 건넸다. "선생은 누구였던고?" "소개받은대로 상군 밑에서 배웠습니다." "상군서[48]는 현재까지도 뛰어난 가치가 있는 훌륭한 책이로구나!"

47) 왜 "두" 사람인가? 당태종도 당고종도 아버지의 분부를 받들어 통일을 완성해냈다. 문무왕 또한 아버지의 엄명을 실천하여 삼국의 통일 과업을 성취해냈다. 집을 짓거나 다리 놓는 토목건축물은 혼자서는 올릴 수 없다. 인간 세상에서 사람은 홀로 선 단독자가 아니다. 전쟁도 상대방이 있는 법이고, "천상천하 유아독존"이 아니다. 누군가의 도움을 필요로 한다. 공간적 존재뿐만 아니라 사회적 존재에서도, 물리학 철학 정치학의 대가 아리스토텔레스가 파악한대로 사람은 "사회적 동물"이다. 따라서, 이어가는 존재이고, 서로 주고받는 상부상조의 존재이다. 무엇보다 배움의 과정은 학교에 가서 여러 학생들과 함께 배우고 읽히는 것이 중요하다. "3인행에 필유아사". 법조인은 고독한 절간에서 혼자 고시법전 외우는 과정으로 길러지지 않는다. 세상에서 큰 일을 성취하려면 누군가하고 함께 일을 도모해야 한다. 팀-워크를 필요로 한다. 여씨춘추 孝行覽 本味에 나오는 구절: "不謀而親 不約而信 相爲殫智竭力 犯危行苦 志懽樂之 此功名所以大成也 固不獨" (불모이친 불약이신 상위탄지갈력 범위행고 지환락지 차공명소이대성야 고불독), '굳이 만나서 애기를 나누기 전에도 서로 마음 속으로 통하고, 굳이 문서를 만들어 꼭 도장을 찍지 않아도 서로 신뢰한다. 서로 모든 지혜를 총동원하고 있는 힘을 다하며, 위험을 무릅쓰고 괴로움도 참아가면서, 마음 속으로 기뻐하고 즐거워하는 것, 이것이 큰 공을 세우고 이름을 크게 날리는 까닭이 된다. 진실로 혼자서는 공을 이룰 수 없다.'

"Man is by nature a political and social animal."-(토마스 아퀴나스, 인간은 본래 정치적, 사회적 동물이다.), 인간은 타고난 순간 사회적 존재이다. 토마스 아퀴나스가 강조한대로, 인간은 무엇보다 이성적인 사고를 할 수 있는 사유의 능력을 가지고 있기 때문에 사람은 깊은 숲 속에서 홀로 떨어져 살아가지 못하고 그 대신 다른 사람들과 더불어 함께 섞어 살면서 공동체 사회 속에서 조화롭고 아름다운 삶을 살아가는 "사회적 존재"이다. 따라서 공동체 사회에서 공동체 사회 전체의 공통된 공공의 공동선(共同善)을 추구하는 전제와 본능이 개재되어 있다. 따라서, 아리스토텔레스가 말한대로 "Anyone who either cannot lead the common life or is so self-sufficient as not to need to, and therefore does not partake of society, is either a beast or a god.", "공동체 사회의 선한 삶을 살아가지 못하거나, 혼자로도 자급자족이 충분하기에 사회 생활의 참여가 필요없는 고립적 삶을 살아가는 사람은, 짐승이 아니면 신이 틀림없다."

48) 상앙(BC 395-BC 338)의 저서 "商君書"(상군서)를 "商子"(상자)라고 부르기도 한다.

비문 뒷면 20행 번역

비문 뒷면 20행의 구절은 4자 띄어쓰기 구조로 비문을 재정리하고 이 행의 구절을 번역하면 다음과 같다.

嚴命凝眞 貴道賤身 欽味釋軀 葬以積薪 薪盡火傳/穀神不死 靈光不滅[49]粉骨鯨津 嗣王允恭 因心孝友 岡

아버지의 엄한 분부-엄명을 진실로 이루었네.

도를 중하게 여기고, 자기 몸은 천히 여기셨네.

평소 존경한 고인을 흠모하면서 운구를 쌓은 나뭇단 위로 옮기어

불을 태워 화장식으로 장례식을 치루었네

나무는 타고 나서 재가 되어도 나무불은 다시 타오르듯이 인간의 정신은 자자손손 면면히 이어간다네.

신진화전처럼 곡신불사처럼 인간의 정신은 꺼지지 않고 영원하다네.

목숨을 돌보지 않고 기꺼이 몸바쳐 충성을 다한 분골쇄신의 경진씨-태종무열왕 김춘추-를 이어받은 왕으로서 정말 믿음직스럽고 공경스럽네.

그것은 부모에게 효도하고 형제간에 우애가 깊었던 까닭이리라.

(저 높은 산의 우뚝 솟은 바위처럼 성배처럼 영원무궁토록 문무왕의 그 큰 이름 자손만대까지 전해지리라!)

---

49) 薪盡火傳 谷神不死 靈光不滅, 땔나무의 형체가 사라지고 난 뒤에도 불은 다른 나무에 옮겨 붙어 불씨를 계속 이어가 꺼지지 않고 영원히 전해지듯이, 비록 몸은 사라진다고 해도, 신비스럽게 빛나는 정신과 마음은 꺼지지 않고 대대손손 영원히 이어진다는 것이 아닌가!

국가의 의무

당태종은 전투를 마치고 귀환도중에 나라를 위해 전장에서 장렬히 쓰러진 군인들을 위해서 떨어진 기러기를 보듬어 주듯이 해골을 수습하여 장례를 지내주면서 조문을 직접 지어 대성통곡을 하며 명복을 빌어 주었는데 그 때 시 구절을

옮겨보자. 그토록 뛰어난 재주를 가졌던 당신이 정작 당신의 몸을 보호할 만한 재주는 가지지 못했던가요? 그러면서도 나라에 충성할 마음은 남아 있었던지 나라를 위해서 홀연히 몸을 던졌다는 말입니까?

관자의 교육 이론

□詩禮之訓 姬室拜橋梓之□

비문의 이 구절은 경제적 기초 관계를 형성하는 嫡親(적친)과 姬室(희실) 사이의 집안 가정 교육 문제를 거론하는 내용이다. 당태종의 제범 서문에 나오는 "汝以幼年 偏鍾慈愛 義方多闕 庭訓有乖" 구절에서의 庭訓(정훈) 즉 가정교육에 대해서 그 의미를 기술하고 있다. 詩禮之訓(시례지훈), 橋梓之敎(교재지교) 이 구절에 의거하여 앞뒤 문맥상 의미를 연결해 본다면, 이 부분은 교육에 대한 정책을 설명하고 있는데 그 내용을 추가해 본다면 다음과 같다.

君臣守義序之德

嫡親振詩禮之訓

姬室拜橋梓之敎

인간 사회는 육친화목하고 이사엄부의 교육을 통해서 후세를 이끄는데, 신라의 교육 국정 철학이 시례지훈과 교재지교의 불언지교의 교육 철학을 택하고 있었음을 전하고 있다. 좀 더 자세하게 설명한다. 상서대전에 나오는 교재지도의 의미를 보자. 숲 속에 가면 큰 나무가 있고 그 아래에는 작은 나무도 함께 자라난

다. 숲 속에는 교목이 있는가 하면 재목도 있는 것처럼 사람은 능력은 각자 다르지만 모두 쓸모가 있는 존재이다. 아랫사람은 윗사람이 하는 것을 쳐다보고 배우며, 윗사람은 올라오는 아랫사람을 굽어 보며 가르치고 배우며 지도하고 학습하는 교육 방법, 중세 시대로 말하면 도제 교육 방법론인 것이다.

不言之敎

현대 경제학의 태두로 알려진 아담 스미스의 자본주의 사상, 실용주의의 사상을 스미스보다 2천년 전 이전에 국정에 반영하고 실천해서 부강한 나라를 건설했던 관자의 교육철학과 정책이 불언지교 즉 자신이 직접 행동으로 몸소 모범을 보여서 가르쳐서 다른 사람들이 스스로 알아차려서 변화시키는 교화의 교육실천철학이다.

도교의 중심철학자 한 사람인 관자의 교육 철학과 교육정책의 근저가 불언지교이다. 불언지교의 교육이념은 노자 도덕경 제2장과 제43장에도 분명히 제시되어 있는 개념이다.

노자도덕경 제2장의 말씀 중 불언지교의 구절을 보자. "聖人處無爲之事 行不言之敎 萬物作焉而不辭". "성인은 의도적이 아니라 자연스럽게 살아가고, 말로써가 아니라 행동으로 몸소 모범을 보임으로써 가르친다. 영어로 리드바이이그잼플(lead by example)의 교육방법론이다. 사람은 모방의 귀재이기에 남이 따라하기 쉽도록 자신이 직접 나서서 쉽게 가르칠 때 학생도 쉽게 따라할 수 있다. 세상의 모든 일과 우주만물은 말없이 잘 돌아가고 발전한다.[50]

노자도덕경 제43장 중의 구절 "不言之敎 …天下希及之" (불언지교 천하희급

---

50) 도덕경 제2장 구절을 영어로 번역하면, "Sages live the life in flow like a water (instead of acting on purpose or pretending) and lead by example (instead of teaching in words). All things in the world and universe work well and flourish, not by way of command in words."

지). 말 대신 행동으로 몸소 보여주고 가르치는 불언지교로써 세상사람들 모두가 바라고 소망하고 희망하는 것을 이룰 수 있다. 불언지교를 영어로 번역하면, the benefit of leading by example instead of preaching by speech이 되겠다.

또 노자도덕경 제10장의 구절로 반복 강조하고 있는데 그것을 보자. "生之畜之 生而不有 長而不宰". 아무리 자신은 연장자이고 어른이고 지위가 높고 반면 상대방이 하인이나 첩같은 신분이 낮은 사람이라고 해도 좋은 말로 타일러서 스스로 깨닫게 해야지, 결코 윽박지르거나 지배하려거나 군림하려고 해서는 아니 된다. 상대방을 잘 되도록 도와주고 길러주되, 자기 것으로 소유하지 않고, 연장자라고 해도 지배군림하지 않는다.

분명히 부모가 자식을 낳지만 자식은 부모의 소유물이 아니다. 부부유별이라고 하는데 부부관계는 평등한 계약관계이지, 힘 센 장부라고 해서 또 연약한 아녀자라고 해서 힘으로 제압하려거나 지배하고 복종시키려는 태도는 결코 옳지 않다. 짠물에도 순서가 있는 법이고, 군신간에는 의리가 개입되는 윤리와 질서의 관계가 작동된다.

이와 같이 不言之敎(불언지교)는 교육자가 피교육자 학생들에게 직접 모범을 보임으로써 교육생들이 스스로 배우고 깨우치는 교육철학을 함의한다. 시례지훈, 교재지교, 의방지덕 이런 말들은 불언지교의 교육방법론에 속한다. 건릉 술성기에 나오는 "刑不怒而威 不言而信"의 표현 또한 불언지교의 의미를 담고 있다.

불언지교를 정치에 적용하면, '서로 다투지 않는다'는 국정 철학을 의미한다. 노자 도덕경 제73장 구절의 "天之道 不爭而善勝 不言而善應 不召而自來 繟然而善謀" (천지도 부쟁이선승 불언이선응 불소이자래 산연이선모) 구절의 의미가 바로 이것을 말해준다. 하늘의 도는 발버둥치거나 다투지 않아도 잘 이기고, 말하지 않아도 잘 반응하며, 부르지 않아도 스스로 오며, 유유자적 만만(漫漫)한 것 같지만 계획대로 잘 돌아간다.[51] 사람은 하나님의 이미지로 창조된 인간이고 또 그러기에 선하고 착한 본성을 갖고 있다. 사람의 자율성의 가치를 믿는다면, 사람의 선한 본성을 발현하게끔 옆에서 도와주는 것이 좋은 결과를 가져오지, 모른다고 해서 또 자기보다 못한 아랫사람이라고 해서 윽박지른다거나 강요하려 들지 않고 대신 윗사람이 행동으로 직접 모범을 보이면 아랫사람들은 스스로 알아 깨우친다. 그러니 굳이 무엇을 다툴 필요가 있겠는가? 이와같이 사람은 타율적으로 강제하는 것이 아니라 자율적으로 스스로 문제를 해결하도록 유도해 주고 끌어주는 방법론이 더욱 효과적이다. 노자 도덕경 제48장 "爲學日益 爲道日損 損之又損 以至於無爲 無爲而無不爲 取天下 常以無事 及其有事 不足以取天下" 구절이 그 이치를 말해준다. 새로운 지식을 배울수록 매일 할 일이 많아지는 반면, 도를 행하면 날마다 할 일이 줄어든다, 줄어들고 또 줄어들어 마침내 더 이상 시도할 일이 없게 된다, 여기에 이르면 일부러 하는 일도 없고, 굳이 하지 않아도 될 일 자체가 없게 된다, 천하를 차지할 때도 억지로 해야 될 일이 없는 것처럼 자연스럽게 이루어진다, 억지로 시켜서 일을 하게 되면 천하를 얻기에는 부족하다.[52] 결론을 따오면, 정치의 장에서도 "以德政感化人民"(덕정감화인민) 즉 상대방을 덕으로써 감화시켜 변화시키는 방법이 보다 옳다.

橋梓之敎 교재지교

교육방법론으로써 아이들에게 매질을 해도 좋다는 엄한 체벌 허용론이 근자까지 통용되고 있는데 이것은 큰 잘못이다. 부자지간 골육지간에도 교육은 자승부교(子承父教)라고 하여, 부모는 자식에게 자애와 사랑으로써 가르치고, 자식은 부모를 공경하고 부모의 가르침을 이어 받는 것을 교육론의 기초로 삼았다. 매질

---

51) 영어 표현은, The Way of heaven does not strive; yet it wins easily. It does not speak; yet it gets a good response. It does not demand; yet all needs are met. It is not anxious; yet it plans well.

52) 영어 번역을 보면, The pursuit of learning is to increase day by day. The practice of the Way is to decrease day by day. Less and less is done until one reaches non-action. When nothing is done, nothing is left undone. The world is led by not interfering. Those who interfere cannot lead the world.

은 타율적인 방법인데, 한 순간 반짝 효과가 있을지는 모르나 계속적인 효과를 나타내는 근본적인 처방으로써 기능하기 어렵다. 도교의 교육철학을 국정에 반영하고 실천했던 사람이 관자인데 관자는 우리들에게 관포지교의 고사성어로 유명한 관중을 지칭한다. 관중은 교육방법론으로 德刑相補(덕형상보)의 가치를 내세웠는데, 그 근본은 윗사람이 모범을 보이며 사랑으로 가르치고 아랫사람은 스스로 깨우치고 배우는 자율의 교육철학을 우선적으로 강조하였다. 덕화를 기본으로 삼지만 법을 어긴 자는 엄격히 처벌하여 그 죄를 경계하였다. 사람은 공과가 함께 하는 부족한 인간이므로 功過相補(공과상보)의 이치를 적용하는 것이 옳다. 잘못에 눈감기보다 잘못을 깨우치고 새로운 발전을 해나가는 것이 중요하다. 사람은 교육을 통해 발전하는 존재이므로 풍상을 겪으며 큰 인물로 자라난다. 모든 초목은 바람을 맞고 찬이슬을 맞으며 자라나지 않는가? 자연의 이치이지 않는가? 南齊書(남제서) 최조사전에 다음의 구절이 나온다.[53] "論儒者以德化爲本 談法者以刻削為體 道教治世之粱肉 刑憲亂世之藥石 故以教化比雨露 名法方風霜".

嫡親(적친)과 희실(姬室), 종실과 종친(宗親)의 의미

姬室(희실)의 의미를 말할 때, 姬(희) 글자가 첩을 이르는 뜻이 있다고 해서 첩 관계를 지칭하는 비칭으로 쓰인 말이 아니다. 희(姬)는 여자를 좋게 부르는 미칭이다. 강희자전 옥편에 姬자를 찾아보면 고문은 㚢(희)의 글자라고 설명하고 있다. 희실(姬室)이란 단어는 고대 모계 사회의 남녀상배 여와 전통이 남아 있음을 말해준다. 희(姬)는 偏房(편방), 첩(妾)의 뜻을 갖는 말로써 첩실(妾室), 소실(小室), 측실(側室), 방실(房室), 별가(別家)와 비슷한 말이다. 우리말로 "작은집" 즉

---

53) 南齊書, 崔祖思傳, 「論儒者以德化爲本 談法者以刻削為體道教治世之粱肉 刑憲亂世之藥石 故以教化比雨露 名法方風霜 是以有恥且格 敬讓之樞紐 令行禁止爲國之關楗 然則天下治者 賞罰而已矣 賞不事豐 所病于不均 罰不在重 所困於不當 如令甲勛少 乙功多 賞甲而捨乙 天下必有不勸矣 丙罪重 丁眚輕 罰丁而赦丙 天下必有不悛矣 是賞罰空行 無當乎勸沮 將令見罰者寵習之臣 受賞者仇讎之士 戮一人而萬國懼 賞匹夫而四海悅」

방계혈족에 해당한다. 측실이란 "四方是則" 즉 횡적으로 동등하게 퍼져나가는 관계를 갖고 있다. 첩의 제도가 일본에서 법적으로 폐지된 시기는 1912년에 이르서였다. 한국은 보릿고개 지배당하던 이승만의 자유당 시절 1960년대까지 비공식적으로 성행했었다. 하지만 직계와 방계의 법적 경제적 이유를 정확하고 심도있게 파악할 필요가 있다.

嫡親(적친)과 姫室(희실) 이 두 글자는 모두 여자 女변이 있는데 그 뜻을 보라. 고대는 모계사회였기 때문에 여자가 집안 살림을 담당했고, 여자가 후사를 이었고, 여자가 광의 키를 쥐고 일가를 이끌며 중요한 집안 역할을 담당했다는 의미가 아닌가? 혼자서는 큰 물고기를 잡을 수 없듯이, 사람이 큰 일을 이룩하고자 할 때는 다른 사람의 도움을 필요로 한다. 남녀상배와 여와의 역할이 중요하다. 이와같이 희실(姫室)이란 단어는 親屬(친속)의 개념을 말해준다. 같은 일가, 같은 겨레를 일컫는 親屬(친속) 또는 친족(親族)이란 개념은 嫡親(적친)과 姫室(희실)로 나눠지는데 적친은 직접적인 친자(親子)관계에 있는 직계(嫡親血脈), 희실은 방계혈족(傍系血族)의 의미를 갖는다. 직계 가족은 종적인 의미, 방계는 횡적인 개념이다. 동엽봉제(桐葉封弟)의 고사성어가 말해주는대로 진나라의 통치질서가 그러했듯이, 당태종이 종실에게 분봉하고 통치의 기본으로 삼았듯이, 직계(直系) 방계(傍系)는 돈독한 우애 관계를 기초로 함께 번창하는 인간사회의 발전의 기초관계를 말해준다. 직계와 방계의 구분은 호적법에 따르면 그 실익이 존재한다.

일가친족의 경제적 이유

親屬(친속)을 뜻하는 嫡親(적친)은 핏줄 혈연으로 연결된 혈연적 기초를 필요로 하는 부자지간을 이른다. 하지만 꼭 핏줄과 혈연에 한정된 부자지간의 관계만을 이르는 말이 아니다. 고대사회에서 일가친척은 경제적 단위로 기능하였기 때문이다. 적친은 종실이요, 희실은 방계 종실 일가에 해당된다. 희실(姫室)은 핏줄 혈연으로 연결된 관계가 아니라 부부관계처럼 계약으로 연결된 사람 사이를 포함한다. 세상 만물은 베틀로 직물 찌듯이 경위-가로와 세로-로 연결되어 만들어 진다. 지구가 경도와 위도로 구성되어 있는 것처럼 천구와 천망 또한 그러하고, 인간 사회의 질서 또한 그런 규칙이 작동한다.

고대에는 집안 즉 일가의 구성 범위는 혈연적 기초에서만 성립한 것이 아니라 경제적 기초와 정치적 필요에 의해서도 성립되었다. 황족의 종실(宗室) 개념을 보라. 室(실)은 '집안'을 말하는데 室은 주로 경제적 의미에서 정치 경제적 단위를 구성하는 개념이었다.

주나라 주왕조를 周室(주실)이라고 표현하는데, 좌전에서도 周室로 적었고, 당 두보의 싯구절에도 周室(주실)로 표현했다. 五侯九伯 女實征之 以夾輔 周室 (左傳); 身退卑 周室 經傳拱 漢皇 (杜甫, 冬日洛城謁玄元皇帝廟). 왕연수의 영광전부에서 한나라 왕실을 漢室(한실)로 표현했다: 瑞我漢室 永不朽兮(서아한실 영불후혜), '상서로운 우리 한나라 황실이여, 영원무궁토록 존속하리라'.

요즈음은 宗家(종가)의 개념이 장자 큰 아들에게만으로 한정되는 개념이지만 고대에는 동족(同族)의 개념으로 쓰였다. 종친(宗親)의 개념도 지금은 범위가 협소해졌지만 과거에는 같은 어머니 뱃속에서 나온 형제는 모두 종친에 속했다. 고대사회는 모계사회가 그 바탕이었음을 상기하라. 유태인은 지금까지도 모계사회의 동족 개념을 적용하고 있다. 이스라엘의 시민권자가 되려면 어머니가 유태인의 혈통임을 증명해야 한다. 아버지가 아니라 어머니가 유태인의 혈통을 입증해준다. 사실 씨를 검사하는 유전자검사 방법이 쓰여지는 때는 과학이 발달한 오늘날에서야 적용되는 방법이 아닌가? 그리고 씨를 기준으로 하면 조선후기 들어 청나라 식민지배로 전락하면서 청나라 지배층에 연계된 김씨성이 우후죽순처럼 늘어난 사례가 보여주듯이 남의 자식이라도 호적에만 올리면 자기자식이 되어 경제적 기초가 무너질 위험성이 크므로 (분배할 땅은 한정되어 있는데 자식이 불순간 급증하게 되면 잘게 쪼개기를 해야 되고 그리하여 한계효용의 경제학 법칙에 의해서 산업생산력이 저하된다), 유태인 여부를 어머니의 혈통에 따르는 유태인

방법이 보다 합리적인 방법이었을 것이다.

또 동족이라는 개념이 고대사회에선 꼭 혈연적 기초에서만 성립하는 것이 아니었다. 유방에게 패해 자살한 서초패왕 항우가 자살하였지만 유방은 항우의 집안을 유방의 유씨 황족으로 편입하고 예우하였다. 항우 본인은 비극적 최후를 마쳤지만 항우는 죽어서 그의 집안을 황족으로 살린 자기 희생이 아니었던가?

'꼭 자식에게만 의존하지 말라'는 노자의 가르침이 있었고, 요순우 시대의 황금시대에는 왕위를 자신의 핏줄인 자식에게 물려주지 않고 대신 선양의 제도를 통해서 왕위를 물려 받을 만한 자격이 되는 사람을 골라서 미리 시험을 해보고 그런 연후에야 왕위를 그에게 물려 주었다. 왕의 자격이 되는지 여부를 사전에 테스트해 보고 그 시험을 통과한 사람만이 왕위를 물려 받았으니 황금시대가 그토록 오래 지속될 수 있었던 것이 아닌가? "천도무친 상여선인"이라는 노자의 말씀을 사마천의 웅변으로 다시 한번 상기해 보라. 노자의 사고는, 아브라함의 자손이 온지구상에 퍼져나갔듯이, 횡적 팽창 개념이지, 협소한 종적 구속의 개념이 아니다.

계약 사회

한국 사회의 기초는 계에 있다. 각종의 계모임을 보라. 문중계는 물론이요 저축하고 적금들고 하는 계모임, 동기동창 계모임뿐만 아니라 봄가을 상춘과 만추를 만끽하고자 놀러가는 계모임까지 실로 각종 다양한 계모임이 있다. 신라 사회의 기초는 계약에 있었다. "계"라는 전통이 오늘날까지 내려오는 이유가 무엇이겠는가? 우리나라에 지금까지 전해 내려오는 하백이 강을 건널 때의 개구리 신화 그 개구리와 전갈의 우화는 아담 스미스가 인간사회를 서로 바게인(bargain)하는 계약관계, 자신의 이익을 위해서도 서로 타협하는 계약 관계로 규정한 것의 정치 도덕 철학의 기초를 말해 준다. 민의를 존중하고 민심이 천심이라는 정치철학으로 부강한 나라를 건설했던 관중의 정치 사상이 바로 계약관계에 기초한 인간 사회의 건설이었다. 이런 계약 관계에 기초한 나라가 바로 商상나라가 아니던가? 상나라가 바로 조선이요 신라이요 바로 한반도를 지상낙원으로 건설했던 우리의 선조들이다. 공자가 극구 칭찬했던 기자, 유가들이 받드는 기자 조선의 실체 또한 기자는 상나라가 망할 때 상나라의 반체제 인사로 감옥에 갇혀 있었기 때문에 상나라가 망하고 주나라가 들어설 때 기자가 조선에 봉해졌으니 기자 자신은 상나라 사람이었다. 조선은 동이족 상나라가 해외 진출했던 역사를 보여준다.

세상 만물은 베틀로 직물 찌듯이 경위-가로와 세로로 연결되어 만들어 진다. 지구가 경도와 위도로 구성되어 있는 것처럼 천구 천망 또한 그러하고, 인간 사회의 질서 또한 그런 규칙이 작동한다. 사회계약의 기초를 서양의 존 로크 등의 서양 사상가들이 기초한 것으로 한정하는 정치경제학의 이론은 한쪽만 보고 다른 것에 불과하다. 관중의 民富論(민부론)과 國富論(국부론)의 정치경제 철학을 참조하라.

어떻게 부강한 나라를 만들 것인가?

송나라 왕안석의 상앙의 시를 보면 국가의 신뢰는 어디에 있는지를 알 수 있다. 왜 자본주의 체제에서 사기를 치지 않는 것이 각자 자신의 이익을 위해서도 유리한지에 대해서는 이미 아담 스미스가 밝혀냈다. 지위 고하를 막론하고 엄정하게 법집행의 중요성을 강조한 법가의 대표적인 사상가는 상앙이었다. 진시황제가 태어나기 약 1백년 전에 상앙은 "개간령"[54] 법률을 제정하여 전답을 개척하고 국부를 창조하고자 했다. 그런데 새로운 법의 효과에 대해서 국민들은 의구심이 컸다. 황금을 캐려고 하면 실제로 황금이 발견되어야 한다. 금광이 발견되었

54) "墾草令"(간초령), 진(秦)나라 효공(秦孝公) BC 356년 상앙(商鞅)을 재상에 임명하고 토지개간령을 시행함.

다는 소문만 나면 사람들은 누가 가지 말라고 해도 서로 가려고 난리가 난다. 사람의 동기는 누가 어떻게 부여하는가? 나라가 부강해지려면 그것은 오로지 국민에게 달려 있다. 전쟁의 승리도 전쟁계획과 전략은 장수가 책임지고 마련하지만 실제 전투장에서의 승리는 그 명령에 따르는 사졸들에게 달려 있다. 캘리포니아 1849년 금광 발견의 소문을 듣고 일확천금을 노린 수많은 사람들이 일시에 몰려들어 미국의 발전은 하루 아침에 도약했다. 사람에게 돈을 주지 않고서 무상노동으로 국부를 창조할 수 있는가? 범죄자들을 한데 몰아서 천리장성을 쌓아본들 무슨 소용인가?

왕안석과 상앙

自古驅民在信誠 一言爲重百金輕 今人未可非商鞅 商鞅能令政必行 (자고구민재신성 일언위중백금경 금인미가비상앙 상앙능령정필행)	옛부터 국민을 움직이는 근본은 진실로 믿음을 지켜내는 데 있었다. 말 한마디는 천금의 가치보다 더 크다. 지금 세상 사람들이 어찌 상앙을 비난할 수 있을텐가? 상앙은 법률과 정책을 새로 제정하면 엄정하게 집행하였으니. (왕안석, "상앙")

땅을 백날 파보니 동전 하나 나오지 않는데 그저 농민들에게 땅을 일구라고 명령을 내려본들 그것이 먹힐 리가 없다. 어떻게 하면 새로운 땅을 개척할 수 있을까? 노력에 대한 대가와 보상을 지급하지 않으면 아무도 쳐다보질 않을 것이다. 맨 처음 맨 땅을 일굴 때 어떻게 사기치지 않는다는 것을 담보할 수 있을까? 곽언과 상앙이 국가를 부강하게 만들려고 새로운 정책을 펼 때 고민하던 지점이 이것이었다. 금광개발도 마찬가지이다. 금광 발견은 소수의 탐험가 모험가 자본투자가들이 리스크-테이킹을 하고 투자를 감행하지 않는 한 성공할 수 없는 산업이

다. 무역도 마찬가지이고, 새로운 부의 창출에는 먼저 투자가 필요하고, 투자는 신용에 달려 있다. 정주영회장이 세계 최대의 조선소를 지을 때 한국은행 종이 화폐 속의 이순신장군의 거북선 그림으로 공장 설립 자금 대출을 얻어낼 수 있었다는 일화가 말해주듯이 상업도 농업도 광업도 축산업도 어업도 그 성공의 기초는 신용, 믿음에 달려 있다. "疑行無成 疑事無功" (상앙). No Risk No Return. 유명한 히브리서의 구절, "믿음은 바라는 것들의 실상이요 보이지 않는 것들의 증거이니", 어찌 믿음없이 새로운 부강한 나라를 만들 수 있겠는가?[55] 不言之信(불언지신).

사람은 누구나 황금사과를 따먹을 황금의 기회 (golden opportunity)를 갖는다.[56]

---

55) "No one is ready for a thing until he believes he can acquire it."

56) "Opportunity often comes disguised in the form of misfortune or temporary defeat."
"Every adversity, every failure, every heartbreak, carries with it the seed of an equal or greater benefit."

상군서, 국정 개혁의 요체-어떻게 성공할 것인가?[57]

국정 최고 책임자의 성공 조건

臣聞之 疑行無成 疑事無功 君亟定變法之慮 殆無顧天下之議之也	행동하기를 주저하는 사람은 아무 것도 이루지 못한다. 거사에 참여하기를 머뭇거리는 사람은 어떠한 공훈도 얻지 못한다. 새로운 법을 신속하게 제정하는 결단을 내리고, 세상 사람들의 비판 여론에 개의치 말아야 한다.
且夫有高人之行者固見負於世 有獨知之慮者 必見訾於民	훌륭한 업적을 성취한 사람을 세상이 알아주지 못할 수 있고, 독자적인 지식체계로 깊은 사상을 가진 사람이 세상으로부터 비난을 받기 십상이다.
語曰 愚者闇於成事 知者見於未萌民不可與慮始而可與樂成	우둔한 사람은 일을 끝내놓고도 그것에 대한 이해를 전혀 못하는 경우가 많은 반면 지혜로운 사람은 싹이 트기도 전에 그 사유를 먼저 알아차린다. 그러므로 거사를 도모하기 전에 세상 사람들과 의논을 나누기 보다 일을 먼저 성취해 놓고 그 기쁨을 함께 공유하는 것이 보다 낫다.
郭偃之法曰 論至德者 不和於俗 成大功者 不謀於衆[58]	경제개혁정책에 성공한 곽언은 말했다: 최고의 진리를 발견하려는 사람은 세상사람들에게 유행한 생각에 동조하지 않으며, 위대한 업적을 이룬 대단한 사람은 다수군중들에게 의견을 구하지 않는다.
法者 所以愛民也禮者 所以便事也	법은 국민을 어여삐 여기고 아끼기 때문에 나온 것이며,[59]
是以聖人苟可以強國 不法其故 苟可以利民 不循其禮	따라서 국가를 부강하게 만들려면 기존의 법규에 속박될 필요가 없고, 국민을 이롭게 하려면 기존의 관행에 얽매일 이유가 없다.

57) 商鞅, "商君書", 更法편.

58) 영어 번역은 J.J.L. Duyvendak, "The Book of Lord Shang" (1928), 'He who is concerned about the highest virtue is not in harmony with popular ideas; he who accomplishes a great work, does not take counsel with the multitude.'

59) "法者 所以愛民也", 법은 국민을 사랑하는 것에 그 존재 이유가 있다는 의미에 대해서 W H오든, "Law, Like Love"(법은 사랑처럼) 영시를 참조하라.
"그들이 할 수 있는 것 이상으로 우리들은

移木之信

"令既具 未布 恐民之不信 已乃立三丈之木於國都市南門 募民有能徙置北門者予十金 民怪之 莫敢徙 復曰 能徙者予五十金 有一人徙之 輒予五十金 以明不欺 卒下令." (사마천, 사기, 商君列傳).

관행이란 매사를 잘 돌아가기 위한 도구와 수단이다. 국민들이 불신할까 봐서[60] 토지개간법의 시행을 미루고 있었는데, 더 이상 지체할 수 없었다. 10 미터[61] 높이의 큰 나무를 서울 남대문에 세우고서 사람들을 모아놓고 말했다. "이 나무를

우리 자신의 처지를 생각하고
또는 무관심한 상태로 벗어나려는
모두가 바라는 희망을 억누르네.
나는 적어도 여러분과 나의 허영심을
제한할 수 있음에도 불구하고
희미한 유사성을
소심하게나마 말한다면,
우리들은 그래도 나와 같이 주장할 수 있을 것이네
법은 사랑 같은 것이라고.

법은 사랑처럼 우리들이 어디에 있는지, 왜 사랑하는지 모르고 있는 것,
법은 사랑처럼 강요하거나 벗어날 수도 없는 것,
법은 사랑처럼 우리가 흔히 눈물 흘리는 것,
법은 사랑처럼 우리가 거의 지키기 어려운 것."

W H.오든, "Law, Like Love"(법은 사랑처럼) 영시 중에서 마지막 두 연 인용. 오든이 이 시를 쓴 시기는 히틀러의 나치 정권이 제2차 세계 대전을 일으킨 1939년 9월쯤이었다. Auden, "Collected Poems", Edited by Edward Mendelson. Vintage. 1st ed. Feb 1991 pages 262-264.

60) 왕안석의 상앙에 대한 평가의 싯구절 "一言爲重百金輕", '말 한마디는 천금의 가치보다 더 크다'. "Think twice before you speak, because your words and influence will plant the seed of either success or failure in the mind of another." (Napoleon Hill).

61) 三丈(삼장)의 길이를 미터로 환산하면 10미터에 해당한다. 사람들이 공포심을 가장 크게 느끼는 높이가 십미터 정도이고, 이로 인해서 군대 유격 훈련장에서의 높은 곳에서 뛰어내리기 코스 나무 높이가 약 10미터에 해당한다. 당연히 어린이 놀이터의 미끄럼틀 높이는 5미터도 안 될 것이다.

북대문으로 옮겨 놓는 사람에게는 황금 열냥을 주겠다." 하지만 사람들은 이상하다고 여기고 아무도 시도하려는 사람조차 없었다. 다시 외쳤다. "이 나무를 옮기는 사람에게는 황금 오십냥을 주겠다." 어떤 사람이 나타나서[62] 옮겨 놓을 때마다 즉시 황금 오십냥을 지급했다. 이렇게 하여 국가가 사기치지 않는다는 것을 명확하게 보여주었다. 이리하여 상앙의 신법 토지개간령이 성공할 수 있었다.

귤이 회수를 건너면 탱자가 된다-이식(transplant)의 문제

법과 제도와 문화는 마치 살아 있는 나무와도 같이 자라나는 생물에 비유된다. 곽언과 상앙은 과감한 경제개혁과 법률개정 그리고 인재등용 원칙을 적용해서 국가를 부강한 나라로 이끌었던 사람들이다. 공자의 무신불립과 같이 상앙의 이목지신은 어떻게 국정 개혁을 성공할 수 있을까에 대한 자문자답을 보여준다. 법(제도)과 문화의 문제에 대한 생각은 순환론법에 빠지기 쉬운 영역인데 이에 대한 생각을 안자춘추의 귤과 탱자의 나무심기 고사성어에 대한 글로써 곰곰이 생각해 보라.

"귤이 회수를 건너면 탱자가 된다", 제도와 문화, 나무 옮겨 심기, 나무 탓인가? 토양 탓인가? 사람 탓인가? 환경 탓인가?

남귤북지(南橘北枳) 귤화위지(橘化爲枳): "남쪽의 귤이 북쪽에서는 탱자가 된다. 사람도 환경에 따라 성품이 변함을 비유하여 이르는 말. 환경에 따라 선하게도 악하게도 된다." 이는 귤화위지의 국어 사전의 설명인데, 이 4자 고사성어의 유래를 설명하고 있는 "안자춘추"를 번역하면 다음과 같다.

62) "No one is ready for a thing until he believes he can acquire it." (Napoleon Hill)

晏子至 楚王賜晏子酒 酒酣 吏二縛一人詣王 王曰 縛者曷為者也 對曰 齊人也 坐盜 王視晏子曰 齊人固善盜乎 晏子避席對曰 嬰聞之 橘生淮南則為橘 生于淮北則為枳 葉徒相似 其實味不同 所以然者何 水土異也 今民生長於齊不盜 入楚則盜 得無楚之水土使民善盜耶 王笑曰 聖人非所與熙也 寡人反取病焉[63]	초나라 왕과 제나라 출신 고문이 술잔을 나누고 있는데 그 때 마침 초나라 관리 두 사람이 한 사람을 결박하여 끌고 가는 일이 벌어졌다. 왕: "포박된 그 사람은 무슨 연유에서 잡혀왔는가?" 관리: "(외국인) 제나라 출신인데, 절도죄를 저질렀습니다." 왕이 제나라 고문 안자에게 질문했다. 왕: "제나라 사람들은 원래 도둑질을 잘 합니까?" 안자가 자리에서 일어나 이렇게 답변했다. 안자: "제가 들은 바를 말씀 드리면, 귤나무가 강남에서 자라면 그대로 귤이 열매 맺는데, 같은 귤나무를 강북에 옮겨 심으면 탱자가 열린답니다. 나무 잎은 서로 비슷하지만, 그 열매 과일의 맛은 서로 같지 않습니다. 그 이유가 무엇이겠습니까? 물과 토양이 서로 다르기 때문입니다. 현재 제나라에서 살고 있는 사람들은 도둑질을 하지 않습니다. 그런데 초나라로 들어오면 도둑질을 합니다. 그렇다면 사람들이 도둑질에 물든 것은 초나라의 수질과 토양 때문이 아니라고 반박할 수 있습니까? 왕은 웃으면서 대답했다. 왕: "성인군자는 함부로 웃음을 파는 것이 아니랍니다. 웃자고 한 마디 했는데 오히려 제가 톡톡히 대가를 치르게 되었습니다."[64]

이식(transplant)

제도와 문화는 무엇이고 또 그 관계는 서로 어떻게 이어지고 서로 영향을 미치는 것일까? 제도와 문화는 인간이 공동체를 이루면서 가져온 역사성을 갖는다. 거의 모든 나라의 법과 제도는 사막에서 홀로 자라는 선인장이 아니고, 회수를 건너온 탱자나무처럼, 다른 나라 다른 곳에서 자라난 나무를 새로운 곳으로 이식해서 심은 나무와 같다. 사람이 태어나 사회에 편입된 순간, 제도와 문화로부터

63) Ibid.
64) "晏子春秋" (BC 475-BC 221), "晏子春秋內篇雜下", http://ctext.org/yanzi-chun-qiu/za-xia/zh

벗어날 수가 없다고 본다면, 제도와 문화는 어느 날 갑자기 하늘에서 뚝 떨어진 사과가 아니라 현재 이전에 생겨난 산물이다. 한편 과거의 산물인 제도와 문화는 항상 변화하고 발전해 온 사실에서 또한 미래의 개념이기도 하다. 마치 살아 있는 나무와도 같이 자라나는 생물이다.

각 나라의 문화적 특성과 그 차이

문화적 차이와 문화적 동질성

"절대라는 말을 절대 다시 하지 말라 (Never say, never again)"는 007 영화 제목이 생각나는데, 그와 같이 영미국의 문화는 "NEVER"라는 말은 가급적 피한다. 사람의 일이란 무슨 일이 일어날지 모른다고 하는데 누가 미래의 일을 확실하게 장담할 수 있다고, "절대로 일어나지 않는다", "결단코 없다", "결코 하지 않겠다" 등의 말을 확실하게 단언할 수 있겠는가? 인간사 사람의 일에서 미래에 무슨 일이 일어날지는 아무도 모르는 법이고, 따라서 "완전히 끝나기 전까지는 끝난 게 아니다 (It's not over till it's over.)"라는 영어 속담이 말해주는 대로, 끝까지 포기하지 않는 불굴의 투지를 갖는 것이 요구된다. "결코"라는 말은 두 번 다시 결코 꺼내지 말라"는 충고는 틀리지 않다.

객관식 시험 답안 고르는 요령 중에 하나 들어가는 사실을 예로 들어보자. 4지선다형 답안지에 들어있는 문항 중에 "결코"라는 문장이 들어 있는 문항은 정답이 아닐 확률이 높기 때문에 소위 "겐또 찍기"를 할 때는 그 문항을 제외하는 것이 현명하다고 선생님에게 배운 기억이 있다. 인간생활에서 극단적인 일이 일어나는 경우는 표준분산 확률적으로 판단하면 경우의 수가 적을 것이므로 자기가 정답을 모를 경우에 틀린 답으로 생각되는 문항을 우선 제외시키고 나면 정답을 고를 확률이 높아진다.

영미국인의 사고방식에서 본다면 결코(never)라는 단어를 사용하며 확신적으로 판단한다고 해서 그런 다짐이 본인의 의지대로 끝까지 지켜내지는 것도 아닐

뿐더러 또 사람의 일이란 무슨 일이 일어날지 아무도 모르기 때문에 어느 누군들 미래의 일을 확실하게 앞서 장담할 수 없다는 측면에서, "절대로" "결코" 등 이런 극단적이고 단정적인 낱말은 피하는 것이 보다 좋은 방향이다. "절대로 일어나지 않는다", "결단코 없다" 라는 표현으로 단정을 하기 보다는, 만약의 가능성을 열어두고, 자신이 모르는 일은 모른다고 말하는 것이 인간본성상 보다 바람직하다. 이런 측면에서 영미인들은 이런 단정적인 어휘인 "결코(never)" 등의 말을 쓰면 그것은 그 말을 한 사람의 단호한 의지를 보여주기보다 오히려 그 말을 한 사람의 신뢰성이 떨어지게 된다고 인식한다.

한편 프랑스 같은 대륙법국가들에서는 거꾸로 "항상(always)"이라는 말을 사용하기를 장려한다. 소년 소녀의 첫사랑의 영역에서나 결혼 맹세에서나 국기에 대한 맹세에서나 우리들의 사고는 거의 "항상", "언제까지나", "비가 오나 눈이 오나", "변함없이" 이런 단어들을 즐겨 쓰면서 사랑과 충성을 끝없이 맹세하기를 바라는 문화이다. 사랑과 권력의 세계에서는 설령 "거짓 맹세"일지라도 "언제까지나" 사랑하고 충성한다는 다짐을 나타내기를 바라는 것은 아닐까?

인간 경험칙상 사랑과 충성의 맹세는 상황이 변함에 따라 배신의 결과를 가져온다. 이것은 역사를 통해서 수긍된다. 입증 논거를 별도로 제시할 필요 없이 사람들 스스로의 인생 경험에 기대어 본다면 자명한 사실이지 않는가? 언제까지나 사랑하고, 항상 충성한다고 맹세하기를 좋아하지만 권력과 사랑의 세계에서는 배신과 음모와 술수가 난무하는 것으로 밝혀지지 않던가?

우리나라와 프랑스 같은 대륙법국가의 문화는 "언제까지나", "결코" 같은 극단적인 단어와 사고방식을 좋아하는 (호기심에서 발자크의 "The Lily of Valley"소설에서 "never", "always"등의 단어를 검색해 보니 나의 이러한 가정은 사실로 밝혀진다- "never" 단어 사용이 약 197번, "always"는 약 80번 사용된 것으로 조사되었다) 반면 영미법 국가의 문화는 "항상"이나 "절대"라는 단정적인 표현을 되도록이면 피하는 경향이 있다. 어느 쪽이 인간 본성에 보다 가깝고, 보다 나은 결과를 가져올까?

"하늘아래 변하지 않는 것은 아무 것도 없다"는 말은 인간 세상의 유동성과 불확실성을 말해준다. 세상만사 새옹지마라고 하거늘, 세상과 사람은 "변한다"는 사실을 애써 무시하거나 부정하려는 태도보다 오히려 그것을 있는 그대로 받아들여서 진솔하게 대처하는 태도가 보다 나은 태도이다. 변한다는 것이 상수인 인간세상에서 자기만은 "결코 변하지 않을 것"이라는 다짐은 오히려 자신이 먼저 "변한다"는 것을 예견해 주는 것 같아서 그다지 신뢰성이 높게 보여지지 않는다.

이러한 비유는 "키케로 추종자"의 대한 인식과 평가에 대한 서로 상반되는 입장을 보여준다. 우리나라나 프랑스 같은 대륙법 국가에서 키케로는 "완벽한 인간(perfect man)"으로 추앙 받고 사회 지도층 인사의 상징적인 존재이다. 그렇지만 키케로 같이 모든 것을 다 갖춘 "완벽한 인간"은 현실적으로 존재하지 않는다. 사람은 겉모습은 화려할지 몰라도 실상은 다른 경우가 다반사로 나타난다. 인간의 한계가 크기 때문에 애초부터 "완벽한 인간"이란 실현될 수 없다고 보는 것이 보다 진실에 가깝다. 우리나라에서는 완벽한 인간이 존재한다고 보는 수신제가치국평천하의 모델은 현실성이 낮다. 영미인들은 그런 완벽한 인간의 모델은 애초부터 존재하지 않는 것으로 여기고 "완벽한 인간"을 추종하지 않을 것이다. 관점의 차이에 대해 흔히 드는 사례를 보자. 컵 속의 물이 반쯤 차 있을 때 어떤 사람은 "물이 반밖에 안찼다 (컵의 반은 비어있다 (half empty)"고 보는 반면 어떤 사람은 "물이 반까지 찼다 (half full)" 라고 말하며 서로 반대되는 반응을 보인다. 똑같은 사건을 두고서 보는 시각이 다르면 반응도 달라질 것이다. 반응이 달라지면 결과도 달라질 것이다. 예컨대 물이 반쯤 비어있는 여기는 사람은 컵 속에 물을 더 채울 것이며 반면 물이 반쯤 찼다고 여기는 사람은 컵 속의 물을 비우려고 할 것이다. 이런 사례에서 볼 때 사람의 보는 시각 차이는 결과에서의 차이를 가져올 수 있다. 보는 관점에 따라서 행동의 동기와 그 결과가 달라지게 되는 것이다.

大唐太宗文武聖皇帝 대당태종문무성황제

진자앙의 唐故朝議大夫梓州長史楊府君碑銘 비명에 "太宗文武聖皇帝初臨天下物色幽人 焚山榜道 綱羅遺逸" 구절이 나타난다.

당태종 이세민(李世民598-649)은 당나라 제2대 황제였다. 당태종의 아버지 이연이 大野氏(대야씨)인데 대야란 곳은 양산이니 천자의 사냥터를 말한다. 유방이 한신을 운몽의 사냥터로 유인하여 죽음을 안겼듯이 예로부터 사냥터는 대권을 결정하는 승부의 결전장이었다. 수렵이란 전쟁에 다름 아니었고 천자의 사냥터를 지키는 것은 천자를 지키는 것과 동일한 의미였다. 사냥은 활과 화살로 하고 활과 화살은 나무로 만들어진다. 대야씨가 사냥터를 지키는 집안 족속이라면 와신상담의 명수 월나라 구천 또한 같은 사냥터를 지키는 추오족이었으니 이들은 거슬러 올라가면 같은 동족이 된다. 梁(양)나라의 이름 그 자체가 말해주듯 사냥터를 지키는 족속이므로 추오족 대야씨하고 같은 동족이다. 이들 족속들은 종교적 의미에서 모두 사냥터 수렵 나무와 새로 연결되고 역사적으로도 서로 연결된다. "동엽봉제"의 고사성어 의미에 대해서 이 책의 앞쪽 설명을 참조하라.

木德治世(목덕치세). 오월나라 양나라 당나라 신라는 帝嚳高辛氏(제곡고신씨)를 시조로 하는 조상이 모두 목덕치세로 같이 연결되는 동족의 혈연적 관계가 깊다. 일본에서 견당사로 이름 높은 小野(소야)씨가 이들과 연결된다고 나는 생각한다. 蘇我氏(소가씨)는 후지와라가문에 의해 멸족당해 역사적으로 사라진 것이고. 당태종에 대해서는 정관정요나 당태종전을 읽고 또 읽어도 모자랄 정도이고 그만큼 당태종은 오늘날 우리들에게 무한대의 교훈을 주는 위대한 인물임이 틀림없다.

문무왕의 역사 기록를 정확하게 이해하는 작업은 2천년 한국사의 이해에 있어서 하나의 혁명 같은 거대한 작업이기도 하다. 왜냐하면 헤게모니 체제 사회에서 진실한 이해를 가로막고 있는 이중삼중의 철책이 처져 있고, 또 기존의 학설이 편견과 선입관으로 워낙 공고하게 다져 있고, 국정 교과서에 실려 있어 어린 시절 학교와 자유 탐구의 대학 교과서와 학계의 연구서까지 그리고 해외의 모든 책에서도 한국사신론이나 삼국유사와 삼국사기를 무비판적으로 액면 그대로 인용하고 있는 진실추구의 척박한 환경을 감안하면 그렇다.

사실 당태종과 문무왕 유조문 사이에 연관성이 있을 것이라는 합리적 의문은 문무왕릉 비문 구절을 조금만 살펴보면 즉시 알 수 있다. 왜냐하면 문무왕릉 비문 문장이 거의 떨어져 나가 없어졌지만 현재까지 남아 있는 비문 파편 속에 남아 있는 부분에 "□大唐太宗文武聖皇帝應鴻社□" 구절이 분명하게 확인되기 때문이다. 이 당태종에 관한 명문은 문무왕릉 비문 앞면 12행에 등장한다.

그런데 왜 여지껏 어느 누구도 삼국사기 문무왕릉 유조문과 문무왕릉 비문과 당태종 유조문 내용에 관한 상호연관성에 관한 의문을 품거나 조사 탐구하거나 해제 해결해내지 못하였을까? 우리들에게 비판적 사고 창의적 사고가 부족했기 때문이지 않을까? 관자의 교육론을 유추해보면, '교육은 백년대계'라는 장기적 안목과 전략적 가치적 개념임을 이해할 수 있는데, 우리들의 기존의 교육의 내용과 그 방법론에서 큰 문제가 있었지 않았을까 심히 안타까운 생각이 든다. 문무왕릉 비문 12행에 적혀 있는 "□詩禮之訓姬室拜橋梓之□"의 내용을 우리들이 정확하게 이해하고 또 그것을 계승발전하였다면 어찌 이민족이 가한 억압적 진실파괴의 식민지 지배로 전락하여 신음했겠으며, 어찌 노벨상 수상자 배출이 한 두 명에 이르겠는가? 본성이 착하고 생각이 창의적이고 자신을 절제하고 타인을 위해 용기를 발휘하는 그런 위대한 선조를 갖고 있는 한국인들인데 어찌하여 이민족의 침략을 받고 중세의 암흑 세상을 겪고 헤매이다 결국 발전된 세상을 이끌어내지 못했단 말인가? 나는 의문에 의문을 품지 않을 수 없고, 이제서라도 민족 중흥의 기초가 무엇인지를 천하에 다시 묻고 싶다.

삼국사기 삼국유사의 역사 조작의 폐해

삼국사기 문무대왕 유조문은 당태종 유조문을 도용하고 표절한 역사조작의 범죄행위임을 밝힌 저자의 책 "역사 혁명: 문무대왕 유언 비밀 해제: 삼국사기는 이렇게 조작됐다-역사조작 실체해부 시리즈 1"을 참조하라.

문무왕릉비 비문 내용에 대한 정확한 번역과 이해를 통하여 삼국사기가 기술하고 있는 부분과의 차이를 들추어내고 그 진실을 밝히는 것 그리고 삼국사기의 문무왕 유조문이 당태종의 유조문을 도용하였다는 조작과 표절의 범죄 행위라는 사실을 밝혀내면 그것은 삼국사기의 역사 조작의 범죄를 규명하는 결정적인 증거 스모킹건(smoking gun)이 된다.

삼국사기의 문무왕 기사에서 문무대왕의 유조라고 소개한 유조문 전문의 전체 글사수는 350자이다.

저자는 이 중에서 238여 글자의 내용이 거의 전부 당태종 유조문을 그대로 베끼고 도용하고 차용하고 표절한 문장들로 구성되어 있다는 사실을 맨처음으로 밝혀냈다.

또 삼국사기가 기술한 유조문 가운데 경계문 구절인 "徒費資財 貽譏簡牘 空勞人力 莫濟幽魂 靜而思之 傷痛無已 如此之類 非所樂焉"의 32 글자의 내용은 당태종이 세상을 떠나기 일년 전 책으로 완성하여 태자에게 남겼던 "帝範"(제범)의 유훈 속에 들어 있는 내용임을 저자는 새롭게 밝혀냈다.

또 유조문의 律令格式 有不便者 即便改張 12 글자의 문장은 수나라 고조의 유조문에 나오는 구절을 도용한 표절임을 밝혀낸다. 삼국사기의 "율령격식에 불편한 것이 있으면 곧 다시 고치도록 하라"는 의미의 "律令格式 有不便者 即便改張"의 12 글자 부분은 수나라 고조의 유조문에 나오는 律令格式 或有不便於事者 宜依前敕修改 務當政要 구절을 도용한 표현임을 밝혀낸다.

또 삼국사기의 문무왕 유조문 전문 350 글자 가운데, 55글자의 만가시 표현 구절: "오나라 왕의 북산 무덤에서 어찌 금으로 만든 물오리의 고운 빛깔을 볼 수 있을 것이며 위나라 임금의 서릉 망루는 단지 동작이라는 이름만을 들을 수 있을 뿐이다. 지난 날 모든 일을 처리하던 영웅도 마침내 한 무더기의 흙이 되면, 나무꾼과 목동은 그 위에서 노래를 부르고 여우와 토끼는 그 옆에 굴을 판다"는 이 구절 부분은 위진남북조 시대 장재의 七哀詩(칠애시)를 차용한 표현임을 밝혀냄과 아울러 이 부분의 45 글자는 문장 구성 형식상 고려가 북방민족의 국가에 속국으로 전락한 고려시대 후기 즉 송원대에 유행했던 "구구소한도"의 형식으로 표현한 사실임을 제시하였다.
이와 같은 사실과 분석에 따라, 삼국사기 문무왕의 유조문 중 문무왕의 장례식 관련 부분인 庫門外庭 依西國之式 以火燒葬 구절의 13 글자 부분, 그리고 만가애도시 부분인 且山谷遷貿 人代推移 吳王北山之墳 詎見金鳧之彩 魏主西陵之望 唯聞銅雀之名 昔日萬機之英 終成一封之土 樵牧歌其上 狐兎穴其旁 구절의 55글자 부분을 제외한 나머지 구절들은 당태종 유조문을 베끼고 도용하고 차용하고 표절한 표현들로 이루어져 있다는 사실을 저자가 밝혀낸 것이다.

위의 짤막한 요약 설명으로 알 수 있듯이, 삼국사기의 문무왕 유조문의 전체 350개 글자수 가운데 305여 글자가 문무왕릉비 비문원문의 내용과는 전혀 다르게 쓰여있다는 것, 또 그것은 다른 글을 베끼고 도용하고 차용한 표절의 문장들로 구성되어 있음을 저자는 밝혀냈다.

이에 저자는 삼국사기의 문무왕의 유조문은 당태종 유조문을 도용하고 표절한 역사 조작의 경악할만한 범죄행위로 규정하고, 이것을 입증하기 위해서 당태종 유조문을 번역 설명함과 동시에 국편위의 삼국사기 문무왕 유조문 해석에 있어서 잘못된 오류들을 지적하고서 잘못을 바로잡는 정확한 해석문을 세시하여 묻혀진 역사의 진실을 캐내고 잘못된 역사 교과서 내용을 바로 잡고자 한다.

應鴻社▨-秋鴻社(燕)

應鴻社▨ 다음의 글자들은 떨어져 나가서 정확히 그 글자를 알 수 없으나, "應鴻社▨"라는 구절에서 秋鴻社燕(추홍사연)이라는 말이 어렵지 않게 연상된다. 가을 기러기와 봄 제비는 서로 계절을 엇갈려 오고 가는 철새의 대명사이다. 이들은 봄 가을의 계절이 그렇듯이 서로 함께 하지 못하고 엇갈리는 철새이므로 '만나자 마자 이별'이라는 우리 삶과 죽음의 엇갈림을 뜻하는 말이다. 죽도록 고생해서 이제 편히 살만하니 세상을 떠나다니! 하며 고인의 명복을 비는 경우가 흔하다. 비껴가는 우리들의 운명! 예고없는 갑작스러운 죽음에서 느끼는 슬픔, 그 사람의 죽음이 허무하다는 인생무상의 아픔이 들어 있다. 철새인 제비와 기러기는 계절을 달리하여 서로 엇갈려 날라 가듯이, 삶과 죽음이 엇갈리게 경우가 흔하지 않는가? 응홍應鴻은 기러기를 맞이한다 즉 가을 기러기의 추홍(秋鴻)과 같은 의미의 말이다. 鴻은 홍안(鴻雁), 鴻鵠(홍곡), 大雁(대안)의 기러기와 같은 뜻이다. 應鴻社燕(응홍사연)은 '가을 기러기 맞이하니 봄 제비 날라간다'는 뜻의 성어적 표현이다.

문무대왕의 갑작스런 죽음은 '應鴻社燕'(응홍사연)이라는 말을 생각나게 한다. 이 말은 우리 인간 세상에서 '생사화복이 함께 어울려 있다'는 인생사의 진리를 말해주는데, 그의 죽음은, 태종무열왕의 갑작스런 서거와 같이, 당태종이 졸지에 종남산에서 세상을 하직하였던 예기치 못한 사건과 같이, 인생무상의 슬픔을 안겨준다.

'응홍사연'의 의미는 삼국을 통일하고 일본까지 평정해서 이제 전쟁을 끝내고 평화를 달성하여 태평성대를 구가할 판인데, 그런 새세상을 열자마자 졸지에 문무대왕의 죽음을 맞고 말았다는 인생사 비껴가는 운명관에 부합한다. 인간사의 화복길흉이 함께 어울려 있다는 인생관과 세계관은 사마천이 정확하게 파악했듯이 굴원의 "복조부"에서 절실하게 묘사한 세상사 이치가 아닌가? 문무대왕의 갑작스런 죽음은 생사화복이 같이 어울려 있다는 우리 인생관을 다시 한번 확인시켜 주고 또 그것은 덕망 높았고 출중했던 당태종이 졸지에 종남산에서 세상을 하직하였던 사실을 상기시켜 준다. 이 구절은 문무대왕의 죽음을 당태종의 그것에 빗대어 시적표현을 더욱 높이는 효과를 가져다 준다.

당태종은 645년 고구려 원정군을 철수시키고 귀국했는데 그 후 4년 뒤에 졸지에 운명했다. 그 후 당나라의 원정군이 철수한 때가 676년인데 이 후 5년 뒤에 문무대왕이 갑자기 운명했다. 두 사람의 죽음의 시기가 비슷한 면이 있다고 볼 수 없을까? 성군 순임금이 남방원정길에 전사한 것, 성웅 이순신 장군이 노량해전에서 전사한 것과 같이 영웅들의 생사의 운명은 엇갈리는 경우가 허다하지 않는가?

이와 같이 추홍사연(秋鴻社燕)의 의미를 연결해 보면, 아버지 김춘추 태종무열왕이 649년 당나라에서 신라로 귀국하였는데 귀국하자마자 당태종이 사망했다는 비보를 접하게 된 역사적 사실을 상기하고, 이것을 엇갈린 영웅의 운명 과정을 대비시키고 있는 표현으로 이해할 수 있다. 좋은 일이 있으면 반대로 좋지 못한 일이 함께 일어날 수도 있다는 것이 우리 인간 세상의 돌고 도는 인생무상 소용돌이 운명이지 않는가?

應鴻社事-哀死之道

"應鴻社▨" 결자 부분을 "應鴻社事"로 메꾸어 보면 唐太宗과 　　宮車晏駕遏密의 조제애곡과 宮車晩駕(궁거만가)의 표현이 전후 문맥상 서로 연결고리가 찾아진다. "社事"는 토지신(土地神)에 대한 제사를 지내는 여러 활동을 말하는 단어이다. 應鴻社事는 떨어진 기러기를 맞이하여 제사를 지내준다는 말이 된다. 도교 종교적인 의미로는 천수를 누리지 못한 사람 즉 왕사를 당한 사람을 대신 제사지내주며 원한을 가진 사람들이 안식할 수 있도록 위로해주고 미래에 닥칠지도 모를 어떤 해를 사전에 제거하고자 하는 의식을 가르킨다. 또 정치적인 의미로는 전사자들에 대한 장례를 국가가 대신 치뤄준다는 것을 의미한다. 기러기는 제비처럼 멀고 먼 남쪽에까지 원정을 나간 자식들을 상징한다. 그런네 그 기러기들이 전장의 전투 속에 희생되고 말았다면 자식을 잃은 부모들의 가슴은 얼마나 아플텐가? 새들이 벽 앞에 헤딩하여 떨어져 죽는 모습을 보라. 전장에 나간 자식이 있는 부모라면 어떻게 하겠는가? 고이 묻어 주지 않던가? 자식 생각에 말이다. 봄날 돌아와 지저귀는 제비 새끼들의 노란 입을 쳐다보라. 누군들 자식 생각이 절로 나지 않겠는가? 떨어져 죽은 새를 묻어 주며 죽음에 대한 경건함을 다시금 깨우치는 것과 당태종의 일화를 연결하는 것은 어느 정도 당태종의 역사를 알고 있어야 가능하다.

당태종과 고구려의 천리장성

삼국사기에서는 645년 당태종의 애사지도를 기재하고 있지않다. 그 대신 631년 고구려 영류왕 14년 조기사에 다음과 같이 기재하였다: "十四年 唐遣廣州司馬長孫師 臨瘞隋戰士骸骨 祭之 毁當時所立京觀 春二月 王動衆築長城 東北自扶餘城 東南至海 千有餘里 凡一十六年畢功"

"당나라가 광주사마(廣州司馬) 장손사(長孫師)를 보내 수나라 전사자들의 해골을 묻은 곳에 와서 제사지내고, 당시에 세운 경관(京觀)을 허물었다. 봄 2월에 영류왕은 많은 사람들을 동원하여 장성(長城)을 쌓았는데, 동북쪽으로 부여성(夫餘城)으로부터 동남쪽으로 바다에 이르러 천여리나 되었다. 무릇 16년 만에 공사를 마쳤다"

삼국사기의 이 기사는 구당서와 신당서의 기록을 살짝 비틀어 적은 것에 불과하다. 구당서: "(貞觀)五年 詔遣廣州都督府司馬長孫師 往收瘞隋時戰亡骸骨 毁高麗所立京觀 建武懼伐其國 乃築長城 東北自扶餘城 西南至海 千有餘里"

신당서 (동이고려): "帝詔廣州司馬長孫師臨瘞隋士戰胔 毁高麗所立京觀 建武懼 乃築長城千里東北首扶餘 西南屬之海".

삼국사기는 삼국사기의 이 기사는 구당서와 신당서에 모두 기록되어 있는대로의 "西南至海 千有餘里"을 여기서 글자 하나를 살짝 바꾸어서 즉 西南(서남)을 동남(東南)이라고 방향감각을 정반대로 바꾸어서 역사를 조작해낸 것이다. 그런데 이런 삼국사기의 조작을 모른채, 오늘날 한국과 중국의 사학자 연구자들이 이 삼국사기의 글자조작을 규명해내지 못하고, 고구려의 천리장성이 존재했느냐 마느냐 그 실재 여부와 성격을 놓고 논쟁 아닌 논쟁을 벌이고 있음을 볼 때 가소롭기 짝이 없다. "築長城"(축장성)이란 말을 두고서 "長城"(장성)의 의미를 제대로 파악하지 못했기에, 존재하지도 않았던 천리장성의 담벼락을 두고서, 고고학적 발굴로써 입증되지 못한 천리長城(장성)을 마치 중국의 만리장성과 같은 실재적 성벽 walls이 존재했다고 우기는 사람들이 나타나고 그와같이 억지로 끼워맞추기 식으로 가소로운 논쟁을 벌이고 있는 것이다.

삼국사기가 기재하고 있는 築長城(축장성)의 장성의 의미는 중국의 만리장성(The Great Wall)과 같은 실재적 성벽 담벼락을 의미하는 것이 아니라 성벽의 보루를 견고하게 쌓아서 적이 쉽사리 침투하기 힘들 정도로 요새화했다는 의미 즉 영어로 "impregnable bulwark"을 뜻한다. 따라서 천리 사이를 쭉 이어짓는 하나의 장성을 말하는 것이 아니라 천리에 걸쳐 있는 주요 도로를 잇는 주요 성채를 견고하게 개축하고 보루를 쌓고 요새화했다는 의미이다. 따라서 오늘날 고고학적으로 만주 철령 하얼삔 길림성 심양을 거쳐 대련반도까지 천리 전체를 따라 쭉 걸쳐서 쌓은 성벽의 흔적을 쌓을 수가 없다는 사실은 분명하다. 축장성이라고 해서 만리장성과 같은 천리장성을 쌓았다는 뜻이 아니라 천리길에 이르는 주요 도시와 중요적 군사적 요새를 적의 침입에 대비해서 다시 견고하게 쌓아 올리고 요새화했다는 의미이기에 주요 성채의 부분적인 곳에서 오늘날 성벽의 흔적이 찾아지는 것이다.

당태종의 哀死之道(애사지도)

645년 당태종이 고구려 원정에서 철수하며 귀환하는 도중에 요녕성 용성(龍

城, 지금의 조양)에 다다를 때 수나라의 고구려 원정 때 희생되었던 무명용사들의 해골을 수습하여 장례를 치뤄 주었는데, 그렇게 황제가 오자병법에서 말하는 哀死之道(애사지도) (有死事之家 歲遣使者勞賜其父母 著不忘于心)를 실천하면 자식을 둔 보통사람들은 희생된 자기 자식에게 그렇게 애틋하게 장사까지 지내주는 모습을 보고서 '아 황제가 내 자식에까지 제사를 지내주니 이제 더 이상 원통함은 없겠구나' (吾儿死而天子哭之 死何所恨) 그런 위로를 받을 것이다.

당태종이 조문을 직접 지어 대성통곡을 하며 명복을 빌어 주었다는 기사는 "詔遼東戰亡士卒骸骨 並集柳城東南 並有司設太牢 上自作文以祭之 臨哭盡哀 其父母聞之曰 吾儿死而天子哭之 死何所恨" (자치통감, 당기십사);"詔集戰骸骨 葬柳城 祭以太牢 帝臨哭从臣皆流涕" (신당서, 동이전). 당태종의 死者哀而葬之(사자애이장지) 때 지은 吊祭哀哭(조제애곡) 傷遼東戰亡(상요동전망)이 전해 내려온다. 이를 인용하면 다음과 같다.

鑿門初奉律 仗戰始臨戎	착문초보율 장전시임융
振鱗方躍浪 騁翼正凌風	진린방약랑 빙익정릉풍
未展六奇術 先虧一簣功	미전육기술 선휴일궤공
防身豈乏智 殉命有餘忠	방신기핍지 순명유여충

이 당태종의 조의문을 문무왕릉의 비문의 내용과 연결시켜 해석해 보자.

오호애제라, 연안대비처럼 삶과 죽음은 교차하는 건가? 당태종이 떨어진 기러기들을 모아 장사를 치뤄주면서 마음이 슬퍼 조의문을 지었는데 거기에 이런 구절이 있다.

"未展六奇術 先虧一簣功 防身豈乏智 殉命有餘忠" (미전육기술 선휴일궤공 방신기핍지 순명유여충). 육기술은 유방이 승리했던 전술이었는데 그 육기술을 아직 펼치기도 전인데, 높은 산의 공적을 쌓는데 먼저 한 줌의 흙이 되어 보태겠다는 생각이었다는 말인가요! (그토록 병법에 뛰어난 사람이면서) 정작 자신의 몸을 간수할 지혜는 부족했나요? 그러면서 (자기 몸은 살피지 못했으면서) 나라를 위해 목숨을 바쳐 충성을 다할 힘은 남아 있었다는 건가요!

未展(미전)의 의미에 대해서, 진자앙이 쓴 묘지명 가운데 "雄圖未展 大運陵積"의 구절이 나오는데 여기의 雄圖(웅도)는 큰 포부 큰 계획을 말하고, 未展(미전)은 아직 펼쳐지지 않다의 뜻, 大運(대운)은 운수대통의 明德(명덕), 美德(미덕)이 펼쳐지다의 뜻, 陵積(릉퇴)는 쇠락(衰落)해서 무너지다(壞괴)의 뜻이다

육친은 노자도덕경에 "六親不和有孝慈"가 나오는데 왕필은 "六親 父 子 兄 弟 夫 婦" (부자형제부부)로 주해했고 관자 牧民(목민)편에 "則六親固" 구절의 육친은 "부모형제처자(父母兄弟妻子)를 이른다고 하고, 가의의 新書(신서) 六術(육술)에 나오는 六親(육친)[65]의 의미는 부모형제간의 육친을 이른다.

이렇게 六親간을 말할 때 사람마다 또는 시기마다 조금씩 다르니, 육친이라고 말하면, 부모형제를 통칭적으로 이르는 말이라고 이해되고, 따라서 未展六奇術(미전육기술)이라는 표현에는 부모형제 다 살아 있는데, '부모형제들 다 놔두고 그렇게 빨리 가실 수가 있었나요' 이런 통곡의 느낌이 들어있다.

先虧一簣功

先虧一簣功(선휴일궤공)-fall short of success for lack of a final effort-의 해석에 대해서는 유가와 도가의 해석이 전연 상반대로 해석을 달리한다. 같은 컵의 반쯤 차 있는 물을 보고도 어떤 사람은 컵에 물이 반쯤 찼다고 보는 반면 어떤 이는 물이 반쯤 비어있다고 바라보는 그런 관점의 차이라고 설명할 수 있을지 모르지만, 공자와 노자의 관점은 서로 정반대로 바라본다. 공자는 아홉길 높이의 산을 쌓는 데 한 삼태기 흙이 모자라서 쌓지 못하다 즉 '성공을 눈앞에 두고서도 실패할 수 있다'는 막판의 실수를 경계하는 입장이고, 반면 지극정성으로 최선을

65) 六親(육친)의 의미는 부모형제간의 육친 (以父, 昆弟, 從父昆弟, 從祖昆弟, 從曾祖昆弟, 族兄弟)을 이른다.

다해 대업을 성취해낸다는 노자의 입장에선 화룡정점 즉 마지막 한 순간까지 한 줌의 흙이 모여서 태산을 쌓는다는 우공이산의 지혜가 성공의 법칙임을 말해준다.[66)]

성공과 실패는 종이한장 차이라는 말이 있는데, 실패냐 성공이냐[67)] 이 둘은 동전의 양면과 같지만, 실패하지 말아야 한다는 타율적 입장의 공자의 시각과 자율적으로 해낼 수 있다는 '난 해낼 수 있다'(can-do-spirit)고 자신감을 갖고 도전하는 개척 정신, 긍정적 입장의 노자의 시각과는 실제적으로 차이가 난다.

긍정심리학의 측면에서 노자의 시각에 찬성한다. 성공이 성공을 낳은 거고, 실패는 실패를 낳기 마련이지 않는가? 시험치기 전날 밤 내일 시험에서 실패할지 모른다고 조바심 내고 두려워하면 될 일도 안되는 경우가 많다. 에디슨이나 아인슈타인도 백번 실패하더라도 한 번 성공하면 인류의 발전에 공헌하는 것이 아닌가? 따라서 성공을 위해서 도와주는 격려가 필요한 것이지, 실패했다고 야단치고 그래서 실패를 두려워하게 된다면 도전 정신은 쇠퇴할 것이다. 오자서같은 충신이 죽으면 무능한 관료들은 속으로 춤추게 마련이다. 왜? 한편 실패하지 말아라 한다는 시각은 중간관리자 입장에서는 충분히 유용하다. 하지만 기존의 것을 있는 그대로 답습하는 관리자의 입장이 아니라 기존에 없는 전혀 새로운 창의적인 일을 할 때는 다른 이야기가 된다. 빌 게이츠나 스티브 잡스 같은 경우 말이다. 창의적인 일이나 새로운 일에는 실패를 두려워할 필요가 없지 않는가? 뉴튼이나 아인슈타인을 사서삼경의 공자가 평가할 수 있겠는가? 내가 볼 때는 '실패를 두려워 말라'는 측면에서 도전과 긍정의 사고방식이 인류 발전에 더욱 기여한 것 같다.

---

66) "Most great people have achieved their greatest success just one step beyond their greatest failure." (Napoleon Hill).

67) 뛰어난 의사는 병든 사람의 죽음과 삶을 바로 알 수 있고, 훌륭한 임금은 계획한 일의 성공과 실패를 미리 알아낸다, "良醫知病人之死生 聖主明於成敗之事"(양의지병인지사생 성주명어성패지사), "전국책(戰國策)", 진책(秦策三).

12행 문장 내용 요약

(신하들은 항상 바른 길을 걷고 국가와 정의를 위해서 진실대로 간언하여야 하고)[68], 자녀들은 부모의 가르침을 믿고 따르며, 제후는 믿음의 원칙을 지키고 결코 패역을 저지르거나 교만하면 아니된다. 당태종 이세민은 (전쟁에서 희생된 군사들에게 깊은 애도를 표하고 국가가 나서서 위령제를 지내주었다).

12행 요약

□□□□□□□- (君臣守義序之德)	(신하들은 항상 바른 길을 걷고 국가와 정의를 위해서 진실대로 간언하여야 하고)
□□□詩禮之訓- (嫡親振)詩禮之訓	자녀들은 부모의 가르침을 믿고 따르며
姫室拜槗梓之ㅁ- 姫室拜橋梓之(道)	(제후는 부자간의 믿음의 원칙을 지키고 결코 패역을 저지르거나 교만하면 아니된다.)
□□□□□□□	
大唐太宗文武聖皇帝	당 태종 이세민
應鴻社□- 應鴻社(事)	당태종 이세민은 전쟁에서 희생된 군사들의 시신을 수습하고 위령제를 지내면서 깊은 애도를 표하였다.
	당태종은 (고구려 원정 귀환길에서) 전쟁에서 희생된 무명용사들의 시신을 수습하고 위령제를 지내주면서 (애도시를 지었는데 그 내용을 인용하면 다음과 같다).
□□□□□□- (未展六奇術 先虧一簣功 防身豈乏智	오호애제라, 기러기와 제비는 서로 교차 지내간다거늘 삶과 죽음도 교차하는 건가? 유방이 승리했던 육기술을 아직 펼치기도 전인데, 높은 산의 공적을 쌓는네 번저 한 줌의 흙이

68) (家教 尚存乳臭 反己正身 以順天常 雕琢切磋 敬佩弦韋 六位三親)▨▨▨▨▨(懂得 君臣守義方之德 嫡親振)詩禮之訓 姫室拜槗梓之敎▨▨▨▨▨▨▨▨▨▨▨大唐太宗文武聖皇帝應鴻社▨」

殉命有餘忠)	되어 보태었다는 건가요! 그토록 병법에 뛰어난 사람이면서 정작 자신의 몸을 간수할 지혜는 부족했나요? 자기 몸은 살피지 못했으면서 나라를 위해 목숨을 바쳐 충성을 다할 힘은 남아 있었다는 건가요!

13행 하늘이 무너지고 땅이 갈라지는 슬픔은 언제 느끼는가?

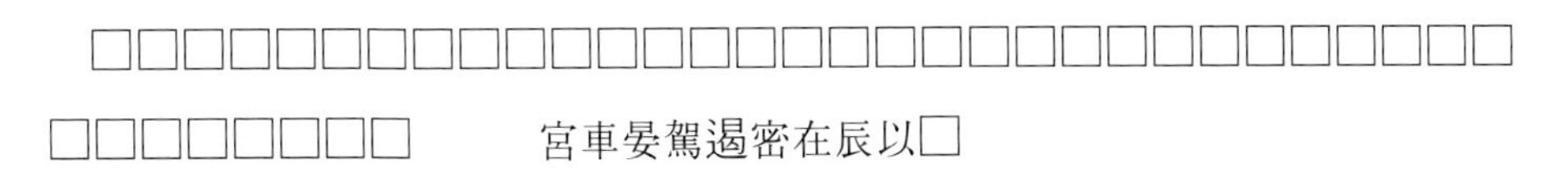

국편위 번역: 임금이 돌아가시고 풍악은 멎었다. 무진 이후에 …□

추홍희 해석: (오호애제라) 문무대왕이 서거하셨다. 대왕의 수레가 아침 먹는 시간대인 진시(오전 7-9시)에 그만 영원히 멈추었다.

宮車晏駕

宮車(궁거)는 제왕이 앉는 수레 마차이고 晏駕(안가)는 제왕의 죽음을 나타내는 만가(晩駕)하고 같은 뜻의 단어이다. 宮車晏駕(궁거안가)는 왕의 죽음을 뜻하는 가붕(駕崩)과 같은 의미의 조심스런 완사적 표현이다.

遏密在辰

박정희대통령이 저격당해 운명했을 때 정규방송이 중단되고 애통한 조의 음악만이 흘러 나왔다. 국가의 최고 지도자가 운명하면 풍악이 중단되고 경건하게 조의를 표함이 국민적 예의이다. 알밀(遏密)은 제왕이 운명하면 풍악이 일시 정지되는 것을 이르고, 그에 따라 제왕의 죽음을 의미하는 단어이다. 그러므로 遏密

在辰(알밀재진)은 왕이 진시 (진시는 아침 먹는 시간대인 오전 7시에서 9시 사이를 이른다)에 운명했다는 말이다. 왕의 운명시각이 진시라는 사실을 알려주는 표현이다.

그런데 국편위는 "在辰以□"을 "무진 이후에"으로 번역 해석했다. 이런 국편위의 번역은 크게 잘못되었다. "在辰"은 辰은 용을 말하니 용은 길일 길시에 해당한다. 遏密在辰(알밀재진)은 알밀이 진시에 일어났다는 말 즉 알밀은 제왕의 운명을 이른 완사이니 제왕이 진시 즉 아침먹는 시간대에 운명하였다는 부음 기사를 전하는 말이다. 국왕의 죽음이니까 이런 황제의 죽음에 비유하여 최고의 완사를 쓰는 것인데, 이를 생뚱맞게 전혀 관련이 없는 "무진 이후에"라는 말을 사용하여 번역하는 것은 큰 오류에 해당한다.

사주 보는 풍습을 미신이라고 치부하지만 사람의 탄생 시간을 중요하게 취급한 것처럼 고대로부터 죽음의 시각 또한 중요하게 취급했다. 만약 사람이 탄생과 죽음의 시각을 중요하게 취급하지 않는다면 어떤 일이 벌어질까? 임종시 부모의 죽음 자리를 지키는 종신자식의 개념과 속광지후를 왜 중요하게 여기는가? 장례식은 분명히 국민보건적 입장에서 다루어지는 문제이다. 하지만 그 무엇보다 인간의 존엄성 때문에 그토록 탄생과 죽음의 시각을 중요하게 취급해 온 것이다. 사람의 사망 판정을 어떻게 하는가? 의학적인 사망 판정과 철학적이나 사회적 판정은 항상 일치되는 개념이 아니다.

13행 요약

□□□□	
宮車晏駕	국왕이 서거하셨다.
遏密在辰	나랏임금님이 아침 먹는 시간대 진시(오전7-9시)에 운명하셨다.
以□ 69)	상장례 규정에 따라서 (빈소를 차리고 사람들에게 애도를 표하고 조문을 할 수 있도록 준비하였다).

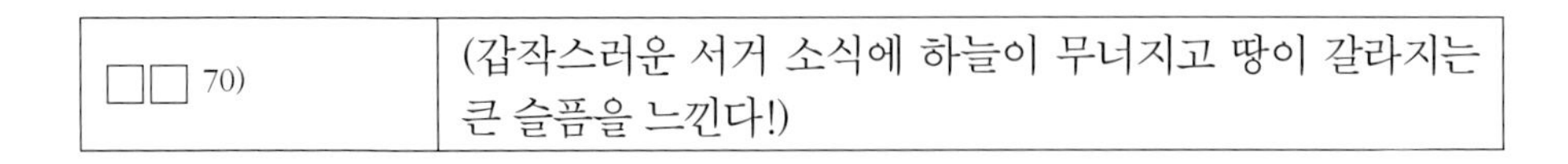

□□ [70]	(갑작스러운 서거 소식에 하늘이 무너지고 땅이 갈라지는 큰 슬픔을 느낀다!)

69) 以□ 결자부분을 추측해본다면, 以(崇嚴大禮 攸設殯殿 而展深悲哀心 典謁也), 상장례 규정에 따라서 빈소를 차리고 사람들에게 애도를 표하고 조문을 할 수 있도록 준비하였다).

70) 결자부분의 내용을 추측해 본다면, 悲慘惶恐 如天斯崩 如地斯傾, 갑작스러운 죽음에 하늘이 무너지고 땅이 갈라지는 큰 슬픔을 느낀다!

14행 슬픔은 파도를 넘고 -

舜海而霑有截懸 堯景以燭無垠

□□□□□□□□□□□□□舜海而霑有截懸堯景以燭無垠

국편위 번역: 순(舜)임금은 바다와 같이 덕을 내려도 절현(截懸)이 있었고, 요(堯)임금은 해와 같이 밝게 비추어도 은▨(垠▨)이 없었다.… □

추홍희 번역: (哀思如潮 극도(極度)의 비통한(悲痛)한 심정)
(漲)舜海而霑有截 (슬픔과 사모의 정이 솟구치고 밀물처럼 밀려와) 애도의 물결은 파도를 타고 바다 건너 먼 해외에까지 적셨다.

懸堯景以燭無垠 높이 내걸린 추모의 등불은 끝없이 넓은 곳 광대무변의 모든 지역까지 비추었다. (존경하고 숭모하는 추모의 정이 끝없이 모든 지역에서 타올랐다).

비문 13행과 비문 14행

□□□□□□□□□□□□□□□□□□□□□□□□□

宮車晏駕遏密在辰以□

□□□□□□□□□□□□□□□□□□□□□□□舜海而霑有截懸堯景以燭無垠□

댓구절 표현 형식

□舜海而霑有截懸堯景以燭無垠 구절을 해석의 편의상 재배열해 보자.

□舜海而霑有截	□순해이점유절
懸堯景以燭無垠	현요경이촉무은

두 구절은 철저히 댓구적 표현 양식을 보여준다.

비문 9행에서의 □□者皆知其際 承德者咸識其隣 구절 7글자/7글자의 댓구적 문장 표현 기법과 유사하다.

□□者皆知其際	그가 남의 뜻을 받들고 베푸는 사람 즉 승의자(承意者)임은 국내에서는 모르는 사람이 없으며,
承德者咸識其隣	그가 승덕자(承德者) 즉 많은 은사와 덕택을 받은 사람임은 이웃나라들에게까지 널리 알려졌다.

□舜海而霑有截懸堯景以燭無垠 구절의 개별 단어 의미를 분석하면 다음 표와 같다.

漲	懸	밀려 스며오다-漲 〈-〉 공중에 내걸다-懸
舜	堯	요(천관대제), 공중 높을 요 〈-〉 순(지관대제), 땅의 누운 풀 堯 高也; 舜 舜草也 (설문해자)
海	景	낮은 곳으로 흘러 들어가다-海 〈-〉 높은 곳에 매달려 밖으로 드러나다-景

而	以	"握金鏡以御寰瀛 致衢樽而歡億兆" (두광정)
霑	燭	스며들다-霑 〈-〉 밖으로 빛나다-燭
有	無	유 〈-〉 무
截	垠	반듯이, 절단-截 〈-〉 끝, 가장자리-垠

이 구절은 두 문장이 완전한 댓구를 이루고 있으므로 국편위가 번역한 "… 덕을 내려도 절현(截懸)이 있었고"의 의미가 아님은 분명하다. "有截懸"(유절현)-(截懸)이 있었고-이 아니라, 有截(유절)이라는 숙어단어의 의미로 구절로 끝나고, "懸堯景"(현요경)으로 문장이 새로 시작되는 구조이다. □舜海而霑有截/懸堯景以燭無垠, 7글자/7글자 문장 구조이다.

哀思如潮(애사여조) 슬픔은 파도를 타고

13행의 구절 "□宮車晏駕遏密在辰以□"의 문장 내용과 14행의 "□舜海而霑有截" 순해 앞의 결자 부분을 의미상으로 연결해 보면, 문무왕이 홀연히 승하하셔서 슬픈 감정이 솟구친다는 의미의 문장 내용이 찾아진다. 이러한 내용에 어울리는 표현이 哀思如潮(애사여조)이다. 哀思(애사)는 애상곡처럼 비애사념이 솟구친다는 의미이고 潮(조)는 해조류 즉 밀물을 말하므로, 슬픈 감정이 밀물처럼 밀려온다는 뜻이다. 다시 말하면 문무왕이 서거하여서 빈소를 차리자 애도조문객의 추모발길이 밀물처럼 밀려 들어오다는 의미 즉 조문객들이 몰려들었는데, 그 조문객 가운데는 멀리 해외에서까지 조문을 하려고 찾아왔다는 의미이다. 실제로 문무왕 장례식에 당나라에서 국가 조문 사절단을 파견했었다. 哀思如潮(애사여조)는 극도(極度)의 비통한(悲痛)한 심정을 나타내는 표현이다.

潮(조)는 바닷물이 불어났다-swell, 쓸려가는 것 즉 밀물과 썰물, 조수, 조류를 말한다. 슬퍼서 많이 울면 눈이 퉁퉁 붓는데 그렇게 슬픈 감정이 솟구치고 불어나는 것을 스웰(swell)이라고 말한다. 바다에 가면 스웰 현상을 느낄 수 있다. 漲

潮(창조)는 밀물, 만조를 뜻하고, 落潮(낙조)는 썰물, 간조를 말한다. 조류는 추세를 나타내므로, 이런 뜻에서 潮(조)는 시대의 사조(思潮) 등의 단어가 쓰인다. 해안가 모랫사장을 걸으면 바닷물이 스며들어오고, 습기가 축축하고 눅눅하다. 이런 측면에서 潮(조)는 습(濕)하다는 의미를 갖고 이러한 사례로 潮氣(조기), 潮濕(조습)을 쓴다.

海 바다 해

이순신 장군은 하늘 앞에 맹세했다. "三尺誓天 山河動色 一揮掃蕩 血染山河"(삼척서천 산하동색 일휘소탕 혈염산하), '삼척장검을 들고 하늘 앞에 맹세하니 강산도 감동하여 색깔을 바꾸는도다. 단칼로 쓸어내 깨끗이 처리해버리니, 붉은 피가 강산을 물들이도다.' 이 같은 이순신 장군의 맹서문을 나타내는 숙어적 표현은 "海誓山盟"(해서산맹)이다.

바다는 모든 것을 품어내는 것에 그 큰 의미를 갖는다. 산은 높고 바다는 낮은 곳에 있다. 바다가 바다인 것은 모든 것을 받아들이는 그 큰 그릇에 있다. 모든 강물은 바다로 흘러 들어간다. 그래서 옛 선인들은 바다를 천지라고 말했다. "海天池也 以納百川者". 유유장천 세상의 모든 강물이 흘러 들어가는 바다를 의미하는 단어는 수없이 많다. 가까운 바다 동해 서해 黃海(황해) 渤海(발해) 四海(사해) 등 구체적 지역의 바다의 명칭이 있고, 近海(근해) 沿海(연해) 緣海(연해) 등 먼바다와 얕은 연근해 깊이 구분에 따른 바다가 있고, 조류를 뜻하는 潮海(조해)가 있고, 전설상 신선이 거처한다는 성해(聖海)가 있다. 薄海(박해)는 해변에 맞닿아 있다는 뜻이다. 공영달소에 "外迫四海 言從京師而至于四海也"라고 말하고 있는데, 서울에서 바닷가까지 쭉 이어지는 중국의 내부 수로길을 말한다. 薄海(박해)는 또 薄海朝貢(박해조공)이라는 송사의 표현이 있는 것처럼, 해내외 각지, 광대한 지역을 지칭한다.

학문의 세계 배움의 바다와 자강불식(自强不息)

삼국사기의 표현에도 나오는 단어인 學海(학해)는 배움의 바다 즉 바다처럼 끝없는 학문의 세계 진리의 전당 상아탑 학계를 말한다. 왜 학해라고 부르는가? 양웅은 학행(學行)에서 "百川學海而至于海 丘陵學山不至于山 是故惡夫畫也"이라고 말했다. 이인의 주해를 보면, 여기의 "畫"(화)를 그치다의 "止"(지)로 해석했다. 이 구절의 중어사전의 풀이를 보면, "言百川流行不息 所以至海 丘陵止而不動 所以不至于山 謂做學問當如河川流向大海 日進不已"으로써 하루도 쉬지 않고 계속 공부를 해나가는 것, 자강불식(自强不息), 일진불이(日進不已)의 학문의 태도를 강조한다. 따라서 이 구절의 번역은,'모든 강물은 쉼없이 흘러서 마침내 바다에 이른다. 언덕배기는 움직이지 않고 거기에 언제나 멈춰 있기 때문에 산이 될 수 없다. 그러므로 배움을 그만두는 것을 미워하는 것이다.'

학문의 세계는 한없고 끝이 없다. 우주의 끝이 있는가? 제아무리 학문박식이 넓은 현인이라고 해도 지식과 학문의 세계는 우주처럼 끝없이 무한히 확장되기에 항상 부족함을 느낄 수 밖에 없다. 유한한 삶의 사람이 할 수 있다는 것은 오로지 조금도 쉬임없이 계속 나아가는 길 밖에 없다. 이것을 자강불식(自强不息)이라고 말한다.[71] 지구가 자전과 공전을 멈추는 법이 없고 돌고 도는 별과 태양이 한시도 쉬지 않는 것과 같다. 하늘은 바다와 같다. 바다는 끝없이 넓다. 수평선은 끝없고 광대무변하게 펼쳐진다.

오늘날의 태평양을 남해(南海)라고 불렀는데 이 남해의 고칭으로 漲海(창해)가 있다. 구당서 지리지에 창해를 "渺漫無際"라고 기술했는데. 묘만무제 끝없이 멀고먼 바다를 창해라고 불렀다.

71) "The way of success is the way of continuous pursuit of knowledge."

인산인해

이처럼 바다는 끝이 없기에 수량의 많음을 나타내는 표현으로 쓰인다. 잘 알고 있는 중공군의 인해전술(人海戰術)이나, 북한이 심심하면 꺼내드는 협박 카드인 "불바다" 발언의 火海(화해) 등의 바다가 말해주는대로 수많은 사람들로 人山人海(인산인해)를 이룬다는 표현이 있다. 또 海(해)는 또 '바닷물을 끓여서 소금을 만들고'의 뜻의 煮海爲鹽(자해위염)의 표현에서의 바닷물, 해수(海水)의 의미가 있다.

여기까지 해의 의미를 살펴보면, 이제 "ㅁ舜海而霑有截" 구절의 의미를 해석할 수 있는 충분한 기초를 쌓게 된다. 문무왕은 수많은 사람들에게 덕행을 베풀었던 성현철인 같은 분이었는데 그런 존경받는 사람이 갑자기 세상을 떠났으니 사람들의 슬픈 감정은 어떠했겠는가? 전국적으로 모든 사람들은 슬픔이 밀물처럼 솟구치고 애도의 감정이 넘쳐나 바닷물을 적시고 그 바닷물이 불어나 저 먼 지구 반대편 외국에까지 적셨다는 것 아닌가? 상가는 밤새 불을 밝혔고 조문객들로 꽉 들어차서 인산인해를 이루었으며, 해외에서도 조문 행렬이 그치지 않았다는 정황을 말해주고 있지 않는가?

舜

풀처럼 눕는 순한 바다와 아침 이슬과 같은 위험

우리들이 숨바꼭질할 때 "무궁화꽃이 피었습니다" 열마디를 세면서 술래잡기를 하는데, 그처럼 무궁화꽃은 아침에 피었다 저녁에 지는 꽃이다. 무궁화꽃을 木槿花(목근화) 舜英(순영)이라고 별칭으로 부르는데, 그 아름다운 무궁화꽃은, 하룻밤 사이에 역사가 바뀐다, 영고성쇠가 하루아침에 변한다, 부귀영화가 일순(一瞬)간에 지나지 않는다는 뜻을 함의하고 있다.

상앙열전에 朝露之危(조로지위)의 말이 나온다. 상앙은 각종의 개혁 법률을 제정하고 엄정한 법의 적용으로 인해서 기득권층의 반발을 샀다. 이에 상앙에게 朝露之危(조로지위)의 충고의 말을 건넨 사람이 있었는데, 이 말의 뜻은 "당신 목숨이 위태로운 상태는 마치 아침 이슬과 같다". 일본의 국화는 사쿠라 벚꽃인데, 벚꽃의 개화 시기는 반짝 보름을 넘기지 못한다. 무측천이 한탄했듯이 일장춘몽 인생무상이고, 백년도 못사는 우리인생인데, 그 일순간의 삶의 무상함의 경고를 우리나라 국화 무궁화꽃이 훨씬 더 크게 전해주지 않는가? 벚꽃은 보름을 피어 있지만 무궁화꽃은 아침에 피었다 저녁에 지는 꽃이니 말이다.

有截(유절)

截(절)은 절단하다, 절연(截然)의 단어에서 알다시피 작두나 가위로 잘라내는 것을 뜻한다. 截(절)은 가위로 비단을 자르면 일자로 반듯이 나아가는데 그처럼 반듯한 모양, 가지런한 모습을 이른다. 반듯한 모습은 복종한다는 의미를 나타낸다. 군대 정렬에서 꼿꼿하게 정렬된 모습은 상관의 명령에 복종한다는 표시를 나타낸다. 그래서 원래는 '해외유절'이라는 표현을 썼는데 해외라는 단어를 생략해도 그 본뜻을 나타나기에 충분해서 (왜냐면 복종은 주로 해외 먼 곳에서 해오는 것이니까) '유절'만으로 쓰게 된 것이다. 문무왕의 통치력이 해외에까지 미쳤다는 것을 가리킨다.

海外有截 해외유절

시경, 長發(장발)에 "九有有截"(구유유절)이라는 구절이 나오는데, 정현은 "截整齊也 四海之外率服 截而齊整"이라고 주석했다. 후대에 들어서 많은 사람들이 "海外"(해외)라는 말은 생략하고 "有截"(유절)만 써서 그 뜻을 나타냈다. 중어사전의 설명을 보면, "此處割取有截二字 以代海外" ('유절' 두 글자를 취해서 '해외'를 대신했다).[72] 북제서 번손(樊遜)전에 나오는 "有截之內 皆蹈德而詠仁"의 구절이 그런 사례이다. 이백의 명당부에 "武義烜赫於有截"(무의훤혁어유절) 구절에서도 마찬가지로 쓰였다. 여기의 유절은 "해외유절"의 생략형으로 "유절"은 "해외"라는 말을 대신했다. 有截(유절)은 반듯이 잘라지듯 가지런한 모습을 나타내는 뜻에서 "해외"까지를 보탠 의미이다. 이백의 명당부에 "武義烜赫於有截" 표현에 대한 역주에서 "有截"의 의미를 잘 설명하고 있는 "李白 文 譯註"(100쪽)의 역주를 그대로 인용한다.[73] 건릉 술성기에서의 "財成有截"(재성유절), 또 백거이의 "刑禮道策(형례도책)에 나오는 "方今華夷有截 內外無虞 人思休和" 구절의 有截(유절) 의미 또한 그것과 같다.

학문은 주고 받는다. 배움의 바다는 이쪽 바다에서 저쪽 바다까지 맞닿아 있는 것이고 해외에서 오는 것뿐만 아니라 또 반대로 맞닿아 있기에 해외까지 영향을 미친다. 병 속에 띄운 편지는 캘리포니아 해변까지 도달하고 또 후쿠시마의 원전수는 남태평양까지 돌고 돈다. 수많은 신라의 젊은이들이 당나라 유학길에 올랐던 이유가 무엇인가? "친구따라 강남간다"는 속담이 괜히 생겨난 것이 아니었다. 중원에서 큰 변란이 일어나면 왜 선인들이 사는 한반도 금수강산으로 피란을 오고 이민을 오고 문화의 꽃을 피웠겠는가? 학문의 세계는 백천이 바다로 들어가는 통합과 포용의 길이다. 진리를 받아들이지 않고서 어찌 살아갈 수 있는가?

학문은 사람 차별을 하지 않는다는 것, 진리는 언제 어디서나 누구에게나 다같이 통한다. 건축학은 이집트 피라미드나 그리스 파르테논이나 로마의 판테온이나 뉴욕의 트리니티 처치나 한국의 첨성대나 다같이 건축의 원리가 통용되고, 그

---

72) 後人割取《詩》句"有截"二字代稱九州, 天下.

73) "有截(유절): 자를 듯 가지런한 모습. '해외'라는 뜻으로 당나라의 통치력이 미치는 곳을 가리킨다.
[王] 《시경・상송・(장발長發)》에 "바다 바깥까지 가지런하다."라고 했는데, 정현의 전에 "'절'은 가지런하다는 뜻이다. 사해 밖에서도 복종하여 자른 듯이 가지런하다는 뜻이다."라고 했다. (《詩・商頌》: "海外有截." 鄭玄箋: "截, 整齊也. 四海之外率服, 截而齊整.")
[安] 여기서는 '유절' 두 글자를 취해서 해외를 대신했다. 예를 들면, 《북제서・번손전》에 "구주 내에 모두 덕을 밟고 인을 노래했다."라고 했는데, 바로 이런 경우이다. ({《詩・商頌・長發》: "海外有截."} 此處割取有截二字, 以代海外, 如《北齊書・樊遜傳》之"有截之內, 皆蹈德而詠仁." 卽是.)"

건축물의 아름다움은 다같이 영원하다.

堯舜 요순

역사상 태평성대 황금시절을 "요순우 시대"라고 표현하는데 우리들의 역사와 사람들 마음 속에 매우 깊숙이 자리잡은 요순우 임금이기에 요순우라는 명칭은 거의 일반명사화되었다. 大舜(대순)이라고 말하면 순임금의 존칭이다. 舜日堯年(순일요년)하면 요순 임금님이 통치하던 시대, 태평성대를 비유하는 말이다. 요 임금이 천관대제 화관대제로 신격화되었고, 순임금님은 지관대제로 신격화되었다. 요임금은 하늘에 비기고, 순임금은 바다에 비유된다.

舜海(순해)라고 표현하면 '바다'를 뜻한다. "순(舜)임금은 바다와 같이 덕을 내려도"라는 국편위의 번역은 얼토당토않는 잘못된 해석이다. "舜海"라는 표현이 나타나는 중국의 고전 시가 문장을 검토 분석한 논문을 참조하면 (陳宣諭, "李白詩歌海意象", 2011) 바다에 대한 시적 표현 기교와 그 의미에 대한 보다 깊은 이해를 하게 된다.

□舜海而霑有截

懸堯景以燭無垠

여기서 요(堯)와 순(舜)은 댓구적 표현기교로서 문장 구조속에 끼어 들어서 강조용법으로 쓰였다. 댓구적 표현 기교로 쓰였으므로 □舜海(순해) 앞의 결자 부분을 추측해 볼 수 있다. 당나라 요숭(651-721)의 교묘가사에 다음과 같은 구절이 등장한다.

此時舜海潛龍躍 此地堯河帶馬巡	이때 바다엔 잠겨있던 용이 뛰어오르고 이때 강에는 말부대가 지나가리라

여기에서 알 수 있듯이 순해 요하가 특정명사가 아니라 강조표현의 표현기교로 쓰인 것이다. 요순임금은 천하태평 황금시대를 나타내주는 대명사이고, 따라서 요순이 들어가는 말은 미칭이고, 좋은 뜻을 나타낸다.

霑

霑(점)은 浸濕(침습), 침윤의 단어에서 알 수 있듯이 물기가 스며들다의 뜻이다.

가랑비에 옷젖다는 우리속담이 있는데, 도연명의 "歸園田居"(귀원전거) 싯구절에 "道挾草木長 夕露霑我衣" (도협초목장 석로점아의)이 나오는데, "길 좁고 초목이 우거져 밤이슬 옷깃을 적시네" 이 구절에서 霑(점)이 비가 스며들어 옷을 적시다의 뜻이다. 눈물이 흘려 내려서 옷깃을 적시는 그런 극한 슬픔의 현장이 사람의 죽음을 맞이한 때가 아닌가? 강엄의 恨賦(한부)의 "聞悲風汩起 血下霑衿" 구절의 표현이 그것을 말해준다.

懸堯景以燭無垠

□舜海而霑有截懸堯景以燭無垠 구절을 해석의 편의상 재배열해 보자.

□舜海而霑有截	
懸堯景以燭無垠	

그러면 7자 7자의 댓구적 문장 표현임을 알 수 있다. 이 댓구절 표현의 구체적 내용에 대해서는 앞서의 설명을 참조하라.

懸(현)

懸(현)은 절에 가면 "괘불탱화"를 내걸어 놓는 경우가 보이는데 거리가 懸隔(현격)하게 차이가 나는 멀리서도 사람들 눈에 잘 보이도록 공중에 높이 매달아

걸어 놓는다는 掛(괘)의 뜻이다. 공중에 매달린 저 깃발! 백두산 천지 폭포처럼 높은 하늘에 걸린듯한 폭포를 懸瀑(현폭)이라고 말하고, 공중부양의 느낌이 들 정도로 절벽에 서면 위험한데 이런 경우를 懸崖絶壁(현애절벽)이라고 말한다. 범인 몽타쥬를 그려넣고 현상금을 내건 경우가 가끔씩 새기는데 이 때의 공개수배의 현상(懸賞)금이 내걸다의 의미이다.

懸堯景에서 堯글자는 강조표현기교로 끼어 들어갔다고 해석하면 "懸景"(현경)이 되는데 현경(懸景)은 해와 달 日月(일월)을 지칭하는 단어이다. 日月長懸(일월장현)이라고, 해와 달은 공중에 높이 매달린 것과 같이 크게 어디서나 보이지 않는가? 조식의 시 "朔風"(삭풍)에 "四氣代謝 懸景運周"의 구절의 현경이 해와 달 일월을 의미한다. "遠樹懸金鏡"이라는 표현에서 金鏡(금경)은 달빛을 말하니 遠樹懸金鏡(원수현금경)은 멀리 나뭇가지에 달이 걸려 있네, 이러한 낭만적인 모습은 요즈음 발달된 카메라 기술 덕택으로 보름달을 스쳐 지나가는 비행기의 모습을 찍는 사진을 흔히 보게 된다. 보름달이 뜬 날 시골의 바깥을 나가보면 달이 나뭇가지에 걸려 있는 모습을 실제로 볼 수 있다.

景(경)

명심보감에서 경행록(景行錄)의 구절을 많이 인용하는데, 景(경)은 경행(景行)의 의미를 갖는 말이다. 경행(景行)은 "景行仰止"의 줄임말로 숭고한 덕행을 뜻하고 이 말의 출전은 시경의 "高山仰止 景行行止" 구절이다. 채옹의 "樹碑表墓 昭銘景行" 표현이 말해주듯, 묘 앞에 비석을 세우고 명을 적어 놓은 것은 살았을 때의 큰 덕행을 기르는 목적이 있다.

숭고한 덕행 즉 덕행이 높아야 존경을 받고 숭모의 대상이 된다. 景(경)은 높을 고(高), 큰 대(大)의 의미를 갖는 낱말이다. 해와 달처럼 높고 크기 때문에 높이 우러러 바라보고 숭모하고 경배하는 것이다. 그러므로, 景(경)은 仰慕(앙모) 敬慕(경모) 즉 존경하고 숭모하고 숭배하는 것을 말한다. 이런 뜻에 佩服(패복), 信

服(신복)의 단어가 쓰인다. 영어로 admire, respect이다. 상복에 허리띠를 차는 이유는 이러한 신복, 패복의 의미가 있다.

景(경)은 높은 경치(景致), 풍경(風景), 풍광(風光)을 의미한다. 야경(夜景)이나 가을풍광(秋景)은 얼마나 아름다운가? 景(경)은 해(태양)를 뜻한다. 景(경)은 태양을 말하니 해는 빛을 낸다. 景(경)은 햇빛 日光(일광)을 이른다. 날이 밝으면 하늘에 빛이 비친다. 강엄의 이별부에 "日出天而耀景"의 景(경)은 햇빛을 말하고, 장재의 칠애시 구절의 "朱光馳北陸 浮景忽西沈"에서의 景(경) 또한 빛을 발하던 해가 서산 너머로 떨어지는 모습을 묘사하는 낱말로 쓰였다. 장재의 칠애시에 대한 번역 해석은 "곡신불사 영광불멸 문무왕릉비 비문 연구"를 참조하라.

景(경)은 景曜(경요) 景光(경광)의 말에서 알 수 있듯이 빛이 빛나는 모습을 이른다. 해처럼 높은 것은 그림자가 드리운다. 따라서 景(경)은 고대에서 그림자 영(影)과 같은 뜻으로 쓰였다. 이러한 그림자의 뜻에서 景(경)은 영정(影幀)의 뜻으로 쓰였다. 영정은 고인의 사진을 말하며 진영(眞影)을 그려 놓은 진주 논개 사당 등 사당을 영당(影堂)이라고도 불렀다. 부고를 듣고 찾아온 조문객(弔問客)들은 영정(影幀) 앞에 절을 하고 고인의 죽음에 애도(哀悼)를 표시한다.

또 景(경)은 바닷가 어촌에서 어망을 걸어 놓은 모습이나 양계장 닭치는 집에서 닭이 못 올라가도록 대롱 위에 펼쳐놓은 덮개, 씌우개, 가리개, 籠罩(농조), 燈罩(등조)를 뜻하는 낱말이다. 위에 덮는 덮개의 의미에서 외출시 걸쳐 입는 옷, 적삼의 의미와 같이, 솜옷 위에 걸쳐 입는 덧옷을 의미하는 낱말로 쓰인다. 초혼제에서 하얀 덧옷을 지붕 위에 걸어 놓는 것이 이런 의미이다. 패복 신복은 죽은 사람을 경모하고 숭배하는 의미가 들어 있다.

이러한 경의 의미를 나타내는 단어들이 갖고 있는 기본적인 의미에서 알 수 있듯이 景(경)은 따르다의 의미를 갖는데 즉 景從(경종)이란 말이 그것이다. 그림자가 따라 다니듯이 긴밀하게 뒤따라가는 모습을 말한다. 가의의 과진론(過秦論)에서의 "天下云集響應 嬴糧而景從" 구절의 景從(경종)이 양식을 휴대하고 따르는 모습을 말한다. 장례행렬의 모습이 그것 아닌가? 명정이 나부끼는 장지로 가는 행렬뿐만 아니라 조문객을 받고 추모의 정을 나눌 때 밤새도록 불을 훤히 밝혀놓는데 그와 같은 모습을 "懸堯景以燭無垠"의 표현이 나타내준다.

景(경)은 빛나는 光(광), 옷 衣(의복), 그림자 影(영), 이러한 의미의 연장선에서 별자리 景星(경성)은 가장 밝게 빛나는 세성(歲星) 즉 목성을 이르고 이들 밝은 별들을 德星(덕성)이라고 부른데 덕성의 의미에서 현인재사(賢人才士)가 나타나는 비유적 의미로 쓰인다. 하늘에 가장 밝게 빛나는 별(행성)이 목성 금성인데, 덕흥리 고분벽화에서도 확인되는 세차신앙은 12년 주기의 목성을 중심으로 삼았다. 목성의 크기는 지구의 약 300배이다. 목성의 밝기나 강한 중력은 주위 행성에 영향을 크게 미칠 것임으로 태양계에서는 제왕으로 부를 수 있다. 진국 신라 조선과 한당(漢唐)은 선조가 木德治世(목덕치세)의 제곡 고신씨로서 서로 연결된다.

燭(촉)

燭(촉)은 불을 밝히다는 조(照)의 뜻이다. 상가집은 밤새도록 불을 밝혀 놓는다. 燭(촉)은 촛불을 밝히다는 실물로써의 화촉(火燭)-양초, 신혼 첫날 밤 신혼방에 불을 밝히다 洞房花燭(통방화촉) 의미가 있지만 비유적으로 빛을 비추다는 光燭(광촉)의 의미가 있다. 사기의 노중연열전에 나오는 "名高天下而光燭隣國" 구절이 후자의 뜻으로 쓰였다. 명성이 자자하면 아인슈타인처럼 독일만에 머무르는 것이 아니라 전세계에 그 이름이 빛나지 않는가? 문무왕 그 이름은 이웃나라에까지 빛난다-光燭鄰國(광촉린국).

無垠(무은)

垠(은)은 가장자리, 변두리, 절벽, 邊(변), 岸(안)을 뜻하는 낱말이다. 즉 범위의 한계가 있는 것을 말하는데, 無垠(무은)은 그 한계가 없다는 뜻이니 광대무변의 지역을 의미한다. 無垠(무은)은 一望無際(일망무제) 無邊無際(무변무제) 遼闊無邊(요활무제)와 같은 표현으로써 끝없이 넓은 곳까지의 뜻이다. 懸景燭無垠(현경촉무은)은 해와 달은 끝없이 넓은 곳 광대무변의 지역까지 고루 비춘다는 뜻이다.

□舜海而霑有截 懸堯景以燭無垠

문무왕은 수많은 사람들에게 덕행을 베풀었던 성현철인 같은 분이었는데 그런 존경받는 사람이 갑자기 세상을 떠났으니 사람들의 슬픈 감정은 어떠했겠는가? 전국적으로 모든 사람들은 슬픔이 밀물처럼 솟구치고 애도의 감정이 넘쳐나 바닷물을 적시고 그 바닷물이 불어나 저 먼 지구 반대편 외국에까지 적셨다는 것 아닌가? 상가는 밤새 불을 밝혔고 조문객들로 꽉 들어차서 인산인해를 이루었으며, 해외에서도 조문 행렬이 그치지 않았다는 정황을 말해주고 있지 않는가?

14행

□□□□□□□□□	
□舜海而霑有截- (潮)舜海而霑有截	슬픔과 사모의 정이 솟구치고 밀물처럼 밀려와 애도의 물결은 파도를 타고 멀고 바다 건너 먼 해외에까지 적셨다.
懸堯景以燭無垠	높이 내걸린 추모의 등불은 끝없이 넓은 곳 광대무변의 모든 지역까지 비추었다.
	(존경하고 숭모하는 추모의 정이 끝없이 모든 지역에서 타올랐다)

15행 사람은 죽어서야만이 안식을 얻게 되는가?

生於憂患 死於安樂 노동자의 신 부열성

□□□□□□□□□□□□□□□□□□□□著□□□而光九列掌天府以□□

국편위 번역: 빛나고, 구렬(九列)은 천부(天府)를 관장하여 …

추홍희 해석: 희미하게 깜빡깜빡거리는 아홉개의 별들로 이루어진 騎辰尾星(기진미성)-사람이 죽으면 그 정수리를 맡아 준다는 동방청룡의 끝자리 아홉개 별들로 이루어진 별자리-에 우리의 운명을 맡기고 희망을 부여잡아 항해를 계속하여, 하늘의 뜻을 얻어냈다 (진인사대천명의 자세로써 자강불식의 노력을 한 결과 마침내 꿈을 성취해냈다).

국편위는 구렬(九列)과 천부(天府)의 의미를 해석하지 못하고 있다. 著□□□而光九列掌天府以 구절에서, 九列(구열)은 사람이 죽으면 그 정수리를 맡아 준다는 동방청룡의 끝자리 아홉개 별들로 이루어진 별자리 騎辰尾星(기진미성)을 뜻하고, 천부(天府) 또한 이 천책부 별자리를 의미하는 비유법으로 쓰였다.

天府(천부)

별자리로써 천부(天府)는 여러가지 뜻이 있다. 28수의 저수와 장수에서도 천부의 별자리가 보인다. 저수(氐宿), "氐四星為天宿宮, 一名天根, 二名天府, 木

星" (星經). 장수(張宿), "張六星為天府 一日御府 一日天昌 實為朱鳥之嗉 火星也" (觀象玩 占).

사기 천관서에 "天策 傅說星"(천책 부열성)이라고 기재하고 있고, 장자에 "傅說得之 以騎箕尾 傅說 殷高宗之相 死而託神於此星 故名爲傅說星也", "乘東維, 騎箕尾, 而比於列星" 구절이 나온다.

傅說 부열

부열은 상서 시경 맹자 등 수많은 사서에서 소개되는 최고의 성인이다. 은상나라를 최고 부흥기로 이끌었던 무정(BC 1250-BC 1192, 60년을 왕으로 재위) 때 발탁된 부열은 토목 공사판에서 축대를 쌓던 노동자 출신에서 명재상에 올랐던 인물로 힘든 노역의 노동자나 노를 젓는 뱃사람들의 신으로 신격화되었다. 부열이 죽어서 동쪽으로 갔다고 했으니 그의 후손이 한반도로 흘러들어오지 않았겠는가? 부열성이 기성(箕星)에 있으니 동방청룡 별자리의 의미에서, 기자(箕子)가 상나라가 멸망한 직후 조선에 봉해졌다는 사기의 기록은 문자해석으로도 충분히 입증된다.

노자도덕경 제27장 가운데 "善言無瑕謫" (선언무하적) 구절이 나온다. 불언지교(不言之教)를 잘 실천하면 허물을 짓지 않는다는 의미인데, 은상 나라를 최고 부흥기로 만들었던 무정 때의 명재상 부열이 간한바대로 '말을 함부로 하면 욕을 당한다' 그래서 관료 입장에서 보면 불언지교의 의미를 제대로 실천하면 유배를 가지 않는다는 말이다.

노가다 토목 공사판에서 축대를 쌓던 축암(築巖)의 노동자 출신에서 명재상에 오른 부열이었으니, 그의 모토는 "非知之難 行之惟難"(비지지난 행지유난) '아는게 어려운 것이 아니라, 행하는 것이 어렵다'이었다. 부열같이 현왕을 만나는 경우가 있는 반면 굴원처럼 억울한 충신이 생겨나는 경우가 이 나라의 현실이 아닌가?

謫(적)은 관리가 정치적인 이유로 단죄를 받아 지방으로 좌천되고 먼 타향으로 유배를 떠나는 귀양살이를 의미한다. 억울하게 유배를 떠날 때의 상황을 상기해 보라. 정치적인 이유로 종교적인 이유로 핍박받은 사람들이 피란을 떠나 신대륙에 도착하여 막연한 시작으로 새로운 삶과 개척지를 건설할 때의 심정을 생각해 보라.

메이플라워호를 타고 산대륙에 도착하던 미국의 초기 개척민들의 삶과 정신을 생각해 보라. 이들이 1620년대 대서양을 건넜던 시기보다 1천년도 훨씬 이전 시기에 머나먼 바다를 항해해서 한반도 무릉도원 신천지에 도착했던 문무왕의 선조들의 삶은 어떠했겠는가?

바다를 건널 때 거센 풍랑을 이겨내고 끝내 살아남는다는 것은 오로지 신만이 아는 운명이 아닌가? 뱃사람들이 운명을 기진미성에 맡기는 것이 어찌 신앙이 아니겠는가? 하루도 가만히 숨쉴 수 없고 "君子自強不息"(군자자강불식)이고, 맹자가 말한대로 살아 있는 동안은 우환이 가시지 않고 죽어서야 평안함을 얻는다는 "生於憂患而死於安樂" (생어우환이사어안락)이라는 우리 인생사에서!

부열성 기진미성-生於憂患 死於安樂

한줌의 흙이 모여서 산을 만들고 물방울 하나가 모여서 결국 연못을 만든다. 한 줄기의 작은 물방울이 끝내 바위를 뚫고, 큰 그릇은 오랜 시간이 걸린다. 한 걸음 한 걸음으로 태산을 오르나니 천리길도 첫걸음부터 시작한다. 블랙홀이 존재하는 것처럼 우리 눈에 보이지 않는다고 해서 움직임이 없는 것이 아니다. 우주는 광대하고 진리는 혼돈 속에서 암흑속에도 탄생된다. 갑자기 밝았다가 갑자기 어두워 지기도 한다. 음덕이 있고 양덕이 있다. 밤하늘에 총총히 빛나는 저 별들을 보라. 낮에는 별이 보이지 않지만 해가 지면 바로 보인다. 별이 뜨면 해가 보이지 않는다. 하지만 내일 아침엔 해가 또다시 떠오른다. 밝은 길은 깊은 혼돈에 빠진 것 같고 앞으로 나가는 것 같기도 하다가 뒤로 물러서는 것 같이 느껴진다. 어둠 속에서 반짝반짝 빛나는 저 별빛이 인도하는대로 하늘에 의존하고서 우리는 결코 포기하지 말고 한 걸음 한 걸음 나아가야 한다.

희미하게 깜빡깜빡거리는 아홉개의 별들로 이루어진 騎辰尾星(기진미성)-사람이 죽으면 그 정수리를 맡아 준다는 동방청룡의 끝자리 아홉개 별들로 이루어진 별자리-에 우리의 운명을 맡기고 희망을 부여잡아, 어려운 시기 가운데 국가의 핵심 기관을 장악하고 모든 간난과 어려운 난관을 극복해 나갔다.

而光九列

九列(구렬)은 九星(구성)을 말하고, 아홉 개의 별을 뜻한다. 구체적인 의미로는 九列(구렬)은 28수 가운데 동방미수 尾宿九星(미수구성)에 속하고, 사람이 죽으면 그 정신 그 혼을 맡아 준다는 동방청룡의 끝자리 아홉 개의 별-騎辰尾星(기진미성)을 뜻한다. 辰尾(진미)는 용꼬리 龍尾(용미)와 동의어이고, 28수 가운데 미수(尾宿)에 속한다. 회남자(淮南子)의 "此傅說之所以騎辰尾也" 구절에 대한 고유의 주해는 "死, 托精於辰尾星, 一名天策"이다.

"우리 모두가 시궁창에 빠져있지만, 그래도 누군가는 별을 바라보고 있다"[74]는 오스카 와일드가 레딩 감옥에서 곤란을 당할 때, 윤동주가 후쿠오카 감옥에서 욕을 당할 때 서시[75]가 말해주듯, 우리가 죽음에 맞설 때는 하늘을 쳐다보는 경향이 있다. 그래서 우리의 영혼을 별에다 위탁한다는 말은 나의 믿음이 된다.[76]

사람의 영혼은 별이 되어 하늘로 올라간다는 생각에 이르면, 아홉 개의 별, 九

74) "We are all in the gutter, but some of us are looking at the stars."

75) "죽는 날까지 하늘을 우러러/한 점 부끄럼이 없기를,/잎새에 이는 바람에도/나는 괴로워했다./별을 노래하는 마음으로/모든 죽어 가는 것을 사랑해야지/그리고 나한테 주어진 길을/걸어가야겠다./오늘 밤에도 별이 바람에 스치운다."

76) 오스카 와일드, "We are all in the gutter, but some of us are looking at the stars." 우리 모두가 시궁창에 빠져있지만, 그래도 누군가는 별을 바라보고 있다.

列(구렬), 九星(구성)은 九死魂(구사혼)이라는 말과 연결된다. 九死魂(구사혼)은 어려운 시기를 당한 사람이 겪고 있는 정신상태를 이르는 말이다. 위징(魏徵)의 시 述懷(술회) 에 나오는 "既傷千里目 還驚九死魂 豈不憚艱險 深懷國士恩"의 구절이 그 뜻이다.

天府 천부

天府(천부)는 天策府(천책부)의 줄임말로 이해된다. 고유의 주해를 따르면 기진미성을 이른다. 天策(천책)은 별자리를 말한다. "天策 傅說星". 공영달은 "傅說殷高宗之相 死而托神于此星 故名"이라고 말하며, 사람이 죽으면 이 별에다 혼을 맡겨둔다고 하는 전설을 소개하고 있다. 天策(천책)은 아홉개의 별로 이루어진 별자리 이름이기도 하고 또 다른 의미로는 제왕의 계책, 모략(謀略)이라는 뜻이 있다. 유자산의 "天策引神兵"(천책인신병)은 이와 같은 뜻으로 쓰였다.

天策府(천책부)는 당태종 이세민이 621년 天策府(천책부)를 설치하고 그 장상에 봉해진 후 거기에 머물던 관저를 말한다. 자치통감 기록을 인용한다. "以 世民爲天策上將 領司徒 … 仍開天策府 置官屬". 이와 같이 살펴보면 천부는 하늘과 땅을 떠받치고 있는 기둥 천주(天柱)라는 개념과 동일하며, 따라서 국정을 책임지는 핵심 국가 기관을 비유하는 말로 쓰였다.

천주는 당태종 제범 서문에 나오는 "啟金鏡而握天樞" 구절의 천추와 같은 의미이다. 천추의 별자리는 사기 천관서의 "天斗七星"(천두칠성)의 별 天樞(천추)를 이른다. "考靈曜"(고영요) 책에 따르면, "啟金鏡者 喩光明之道也", 啟金鏡(계금경)은 암흑의 세계를 물리치고 밝은 세상을 새로이 열었다는 당나라 개창의 역사를 말한다. 啓(계)는 개시하다의 뜻이다. "握天樞 猶得天機也", 握(악)은 持(지)의 뜻으로 갖다, 얻다의 뜻이다. 天機(천기)는 천의(天意) 하늘의 뜻, 천기누설의 말과 같이 하늘의 비밀, 미스터리 즉 과학으로 설명하기 어려운 하늘의 영기(靈機)와 영성(靈性)을 의미한다. 따라서 握天樞(악천추)는 하늘의 뜻을 얻었다는 뜻이다.

한편 金鏡(금경)은 거울의 뜻 이외에 '밝은 정도(正道)'의 비유적인 의미 또 밝은 달을 가리키는 말이기도 하므로 여기서 달의 의미로 해석하여, 별빛과 달빛에 의지하여 끝없는 항해를 계속해 나갔다는 의미로도 해석할 수 있다. 계속 노를 저어가서 새로운 신천지에 도착하는 것이 하늘의 뜻이 아닌가? 메이플라워호가 대서양을 횡단하여 신대륙 미국에 정착한 것은 신의 뜻이 아닌가? 비록 배를 타고간 그 사람들의 힘으로 간 것이긴 하지만 그 성공 이전에 얼마나 많은 사람들이 풍랑에 휩쓸려가고 말았다는 항해의 역사를 고려해보면 사람의 일만으로 단정하기란 어렵지 않는가? 제아무리 콜럼버스가 망원경과 나침반으로 무장했다고 하더라도 그당시의 항해기술의 발전 정도를 감안한다면 말이다.

掌天府以

掌天府(장천부)는 撑天柱地(장천주지)라는 말을 연상시킨다. 전설과 상상적으로 하늘과 땅을 떠받치고 있다는 기둥을 천주(天柱)라고 하는데, 천주는 국정에 큰 책임을 지고 있는 핵심 국가기관을 비유하는 말로 쓰인다. 천주(天柱)는 큰 책임을 지고 있는 사람을 지칭하고, 또 귀(耳)를 의미하는 귀의 다른 명칭이기도 하므로, 국정의 돌아가는 상황을 체크하는 부서 즉 국정의 소통 상황을 알아보는 국가의 정보 기관을 책임지고 있는 것으로 이해된다. 국가 비상 사태가 발발하면 국가의 정보 기관을 장악하는 것이 절체절명의 위기를 극복하는 관건이 된다.

天府는 천책부(天策府)를 지칭하는 줄임말과 같으니, 掌天府(장천부) '핵심 국가 기관에서 중책을 짊어지고'의 뜻이다. 문무왕이 왕위에 오르기전 경제를 총괄하던 태재부(太宰府) 재상을 맡았음을 상기하라.

15행 번역

□□□□□- (忽明忽暗)	(깜박깜박 빛나는)
□□著□□□- (閃爍)著(騎辰尾)	(희미하게) 빛나는 (저 진미성)
而光九列	아홉 개의 별에다 운명을 맡기고, 쉬지 않고 노를 저어
掌天府以	마침내 하늘의 뜻을 얻어냈다
□□□□	

16행-感通天使 천사는 언제 감동받는가?

□□□□□□□□□□□□□□□□□□□□□感通天使息其眚蘋安然利涉□□□□

국편위 번역: … 천사(天使)도 감통(感通)시켜 그 재앙을 그치게 하니, 편안하고 쉽게 건너 …□

추홍희 해석: (지극정성으로) 천사도 감동하게 만들어 (천사의 도움으로) 거친 풍랑이 멈추고 무사히 안전하게 바다를 건널 수 있었다.

感通天使

天使

여기의 "天使"(천사)라는 말은 일반명사가 아니라 종교적인 어휘로 해석함이 옳다. 기독교의 하늘의 천사 에인젤(angel)하고 그 의미가 같고, 장도릉(張道陵)의 天師道(천사도)를 일러준다.

感通天使(감통천사)는 그의 지극정성이 '천사도 감동하게 만들어'의 뜻이다.

息其眚蘋

青蘋(청빈)과 眚蘋(생빈)

비문의 판독글자인 眚(생)은 눈병 백태, 재난, 고질병을 뜻하는 낱말인데 푸를 청(青)글자와 육안으로 구별하기 힘들 정도로 글자형태가 유사한 면이 있다. 비문 앞면에서 설명한 대로 글자가 서로 비슷하게는 보이나 점 하나 선 하나 유무 차이로 글자 의미가 크게 달라지는 스승 傅부자와 전할 傳전자의 차이처럼 말이다. 문무왕릉비문 파편이 1796년 발견되고 난 직후 그 탁본을 통해서 가장 먼저 글자 판독 작업의 공을 이룬 청나라 유희해도 여기서 眚자로 판독하고 있는데, 유희해도 글자판독에 잘못한 경우가 확인되므로, (예컨대 焉(언)을 馬(마)로 잘못 판독한 사례), 그리하면 青蘋청빈이 되어 전후 문맥상 의미가 정확하게 읽혀진다. 青蘋(청빈)은 청록색의 부평초를 뜻하는 단어이고, 송옥(宋玉)의 풍부(風賦)에 "夫風生於地 起於青蘋之末 侵淫溪谷"이라는 구절, 그리고 문선에 "掩青蘋游清風"이라는 표현으로 보면, 青蘋의 의미로 해석할 수 있다.

青蘋 청빈-부평초는 바람을 타고

송옥의 "風 起于青萍之末" 구절의 의미를 보자. 青萍(청평)은 한어사전 辞海에서 부평초(浮萍)이라고 해석하고 있으므로, 청록색의 바닷풀을 이르는 청빈(青蘋)과 같은 뜻이다. 풍기어청평지말은 "바람은 부평초의 끝에서 일어난다"는 뜻이다. 왜 바람이 부평초를 스치는 지점에서 일어난다고 말할까? 실제로 바람 부는 날 바닷가에 나가 보라. 이 말을 실감할 수 있을 것이다. 바람은 모랫바닥 사막에서만 부는 것이 아니다. 바다에서 시작된다. 바람이 가장 먼저 스쳐 지나가는 것은 풀이다. 이리저리 부대끼며 살아 남는 풀, 바다에서 이리저리 부대끼며 살아가는 부평초가 바람을 가장 먼저 느낀다. 우리 시장바닥의 언어로 '우물가 동네 처녀 바람났다'는 말이 있는데 바람은 대개 어떤 전조를 불어오는 앞선 현상이다. 바람이 불면 꼭 수반되는 어떤 기상 현상이 뒤따른다. 풍우. 신풍.

바닷풀을 뜻하는 青蘋(청빈)은 여기서 바람을 비유한 말로 쓰였으니, 息其青蘋식기청빈은 '바람 즉 풍랑을 멈추게 했다'는 뜻이다.

글자판독을 息其青蘋(식기청빈)으로 하든 아니면 息其眚蘋(식기생빈)으로 하든 그 의미의 차이는 거의 나지 않는다. 왜냐면 眚(생)은 재난과 질고(疾苦)의 뜻을 갖는 낱말이기에 바다의 큰 풍랑을 만난 재난을 멈추게 했다는 뜻으로 해석되기 때문이다.

安然利涉

安然(안연)은 평안을 뜻하는 말이고 무탈하다의 安然無事(안연무사)는 平安無事(평안무사)하고 같은 말이다. 安然(안연)과 평안은 어디에서 나오는가? 믿음에서 나온다-信而安之. 천사가 풍랑을 멈추게 할 것이라는 믿음에서 험난한 항해를 시작했는데 천사에게 지극정성으로 기도하니 천사도 감동하여 정말로 풍랑이 멈추었다는 것이 아닌가? 그래서 利涉(이섭) 즉 도강을 할 수 있었다는 말이다. 천사에 대한 믿음을 통해 풍랑이 멈추어서 안전하게 강과 바다를 건널 수 있었다는 믿음의 실재를 말해준다. 믿음으로 기적이 실재함을 체험한 것이 아니겠는가? 有感必通(유감필통). 천사에 대한 믿음이 부족하다면 어찌 험난한 파고를 이기고 먼 바다를 건널 수 있겠는가?

人竹合一(인죽합일)과 천일합일, 만파식적.

사마천이 사기열전의 제일 첫번째 인물로 소개한 백이숙제의 고국은 고죽국(孤竹國, BC 11세기-BC 664 멸망)이다. 고죽국은 수서에서 기재하고 있듯이 사마천 시기 이전의 고대엔 한국의 땅 즉 한반도를 포함하였다. 고죽국(孤竹國)은 한반도에 위치하였고 따라서 천축국을 이른다. 고죽국, 천축국에서의 죽과 축은 어원이 같다. 竹(죽)은 높은 하늘과 같은 天(천)과 같은 의미를 지닌다. 삼국사기와 삼국유사가 기재한 신문왕 때의 만파식적 기사에 "竹合爲一"(죽합위일), 天下和平(천하화평) 등의 통일 신라의 국정철학을 기재해 두고 있는데, 여기의 竹(죽)이 하늘 天(천)의 뜻이다. 다시 말해 "천인합일"을 뜻한다. 천인합일은 노자도덕경 제10장에 나오는 "載營魄抱一能無離乎"(재영백포일능무리호) 구절의 의미와 같다.

載營魄抱一能無離乎

재(載)는 수레위에 가득히 실을 재, 영(營)은 영궁 행궁을 지을 영, 백(魄)은 정신적 혼과 넋의 백, 포(抱)는 가슴에 안고 품을 포, 일(一)은 하나가 되는 일, 능(能)은 할 수 있다 이루다 능, 무리(無離)는 떠나거나 흩어지지 않는다의 뜻이다. 포일(抱一)은 하나가 되도록 군대무술체조에서 곤봉체조나 가마꾼들이 상여를 안고 위로 들어올릴 때 하나로 품는 모습이다. 이를 포일(抱一)이라고 한다. 영(營)은 영궁, 병영(兵營)과 같은 말이고 영백(營魄)은 영내(營內)에 가득찬 백(魄)-즉 정신이 되고, 재영백(載營魄)은 영내 즉 온누리에 정신을 가득차게 실다의 뜻이 된다. 載營魄抱一(재영백포일)은 모두가 마음과 정신을 하나되게 일치하고 즉 일심동체로 화합한다는 뜻이다. 能無離乎(능무리호)는 '능히 떠나지 않게 할 수 있지 않는가' 뜻이다. 載營魄抱一能無離乎 (재영백포일능무리호)는 온나라 모두가 마음과 정신을 하나로 일치하면 혼이 달아나지 않게 할 수 있다는 말이다. "정신일도하사불성"은 후대에 나타난 말이지만 정신일도 하사불성 즉 바로 마음과 정신을 집중하면 위기를 극복해 낼 수 있다는 모세의 홍해가 갈라지는 신념의 정치학 긍정심리학의 이론을 말해준다.

만파식적(萬波息笛) 피리의 기적

삼국유사에서 만파식적의 피리를 불면 "바람이 잦아지고 물결이 평온해졌다"

그래서 "만파식적(萬波息笛)으로 불렀다"는 "風定波平 號萬波息笛"(풍정파평 호 만파식적)는 유래가 설명되어 있는데, 이와 같이 평화의 성취 조건은, 노자도덕경 제10장이 강조한대로, 전국민의 일치단결에 달려 있다. 문무왕릉비의 비문 앞면 16행 "感通天使息其眚蘋安然利涉" (감통천사식기생빈안연이섭)의 문장은 문무왕이 갑작스러운 서거로 국가의 위기를 가져올 뻔 했지만 군신 병졸 모두가 하나로 합심하자 하늘의 천사도 감동하여 높은 풍랑을 잠잠하게 만들어 주시고 그리하여 하늘의 도움으로 무사하게 바다를 건너왔다는 뜻이다.

문무왕릉비가 비석 파편이 떨어져 나가고 결자가 된 환란을 맞았던 이유로 비문16행에 기재된 그 구체적인 내용까지는 안타깝게도 알 수 없으나 이와 같이 남아 있는 구절만으로 해석해 본다면, 모두가 한 마음으로 똘똘 뭉쳐 위기를 극복하고자 진심전력을 다하니 하늘의 천사도 감동하여 거친 풍랑을 잔잔하게 평식시키니 안전하고 무사하게 항해를 끝마칠 수 있었다는 뜻이다.

16행

□□□□□	
感通天使	(그의 지극정성이) 천사도 감동하게 만들어
息其眚蘋	(천사의 도움으로) 거친 풍랑을 멈추게 하여
安然利涉	무사하고 안전하게 바다를 건널 수 있었다.

17행 首鼠之謀(수서지모) & 당랑포선 황작재후

近違鄰好頻行首鼠之謀外信

국편위 번역: 이웃나라와의 우호를 어기고 자주 이쪽 저쪽으로 붙으려 하면서, 겉으로는□… 을 믿는 척하니 … □

추홍희 해석: 이웃나라와의 선린우호 관계를 조금이라도 해치려는 시도를 결코 용납하지 않는 단호한 정책을 기본으로 하고, 처한 상황에 따라 수시로 변경할 수 있다는 외교 정책의 유연성의 지혜를 병행하였다. (선린우호 수서지모 당랑포선 황작재후 외유내강의 외교 정책의 기조하에) 외국에는 신임을 얻고 그들을 안심시키는 정책을 펼쳤다.

왜 수서양단의 외교정책을 필요한가?

▨▨▨▨近違鄰好 결자 부분의 내용은 전후 문맥상, "(不忍坐視)近違鄰好"로 메꾸어 볼 수 있다.

鄰好(인호)는 이웃나라와 선린우호(善鄰友好) 관계를 유지하는 것을 말한다. 不忍坐視(불인좌시)는 가만히 앉아 보고만 있지 않는다는 뜻이다. 선린우호관계를 위반하는-違 일을 근처에도 허용하지 않겠다 즉 요즈음의 제로-톨레랑스 정책처럼 조금이라도 위반하는 것을 결코 용납하지 않을 정도로 단호한 정책을 취하는 것을 말한다. 근처에도 못가게 하는 不近違(불근위)의 정책인 것이다. 하지만 이런 단호한 정책도 뒤에 나오는 구절처럼 처한 상황에 따라 수시로 변경할 수 있다는 외교 정책 유연성의 지혜를 발휘해야 한다.

頻行(빈행)은 병행(竝行)한다는 뜻의 단어이다. "百嘉備舍 群神頻行" (國語, 楚語下). 무엇을 병행한다는 말인가? 바로 수서지모를 병행하면서 선린우호 정책을 기조로 유지한다는 것을 뜻한다. 선린우호 관계를 상대방이 먼저 깨뜨리는 것을 결코 용납하지 않을 것이며, 또 외교라는 것은 상대방의 태도와 반응에 따라서 달라지는 상대성의 원리가 강하게 작동하는 측면이 있으므로 상황에 대한 판단을 경직적으로 하는 것이 아니라 상황에 따라서 수시로 외교 기조를 바꿀 수 있다는 유연성의 외교 정책을 추진한다는 뜻이다.

이런 측면에서 결자된 부분의 외교 정책 내용은 아마도 外柔內剛(외유내강)의 정책 그리고 어떤 움직임의 배후를 중요시하게 취급하는 螳螂捕蟬 黃雀在後(당랑포선 황작재후)의 외교와 군사전략을 서술하고 있을 것으로 추측된다.

성동격서 전격전을 보더라도 모든 군사 상황은 어떤 배후 없이 움직이지 않는 측면이 강하다. 군사작전은 손자병법이 말하듯이 상대방 적을 속이는 일이 기본인데, 이런 측면에서 바로 눈 앞에 전개되는 일보다 그 뒤에 숨어 있는 의도와 음모를 경계해야 한다는 말이다.

螳螂捕蟬 黃雀在后 당랑포선 황작재후

나무 위의 매미 한 마리가 울고 있는데, 그 바로 뒤에는 사마귀 한 마리가 매미를 덮쳐 물려고 하고 있고, 그런데 이 순간 사마귀 뒤에는 꾀꼬리 한 마리가 호시탐탐 사마귀를 잡아먹으려고 기회를 엿보고 있었다. 이 때 사냥꾼이 이 새를 잡으려고 활을 쏘아 맞추자 새가 떨어졌고, 그래서 새를 주우려다 사냥꾼은 연못에 빠지고 말았다는 이야기이다.

당랑(螳螂)은 사마귀, 포(捕)는 사로잡다, 선(蟬)은 매미를 뜻한다. 즉 사마귀가 눈앞의 매미를 잡는 데 온 정신이 팔려 뒤에서 참새가 자신을 노리고 있다는 것을 모르고 있다는 우화적 경계문이다.

먹이사슬 고리를 알아내는 것이 중요하다. 그래야 배후에 누가 있는지를 알아차려 위험을 미리 피할 수가 있다. 매미는 사마귀에게 먹힐 것 같지만 사마귀는 새에 잡아 먹힐 것 같지만 새를 잡았다고 좋아할 것 같지만 뜻하지 않는 함정에 걸릴 수가 있어 의도하는 바를 성취하지 못하는 수가 허다하다. 이해타산의 계산을 재빠르게 잘할 지 모르지만 이익과 손해의 계산을 어느 시점에서 하느냐에 따라 그 결과는 달라질 것이다. 바로 자기 이익이 될 것으로 알았지만 누군가가 그것을 빼앗고자 노리고 있다는 것을 알아차리지 못한다면 어떻게 될까? 자기 것이라 해도 남에게 빼앗기면 무슨 소용이 있을까? 눈 앞의 이익에 급급할 것이 아니라 항상 미래에 무슨 일이 일어날 지를 경계하고 조심해야 위험에 빠지지 않는다는 경구가 아니겠는가? 사람의 눈은 뒤를 쳐다보지 못한다는 단점이 있다. 눈을 어디에 두어야 잡아 먹히지 않을까? 사람 눈이 뒷통수에 달려 있다면 무슨 걱정을 할 필요가 있을까? 수시로 뒤돌아보는 수 밖에 없지 않는가?

장자(莊子)의 山木(산목)편에 나오는 당랑포선의 교훈을 다시 한번 새겨보자. "睹一蟬 方得美蔭而忘其身 螳螂執翳而搏之 見得而忘其形 異鵲從而利之 見利而忘其眞 … 噫 物固相累 二類召也".

그 때 매미 한 마리가 잎이 무성한 나무 그늘에 앉아서 자기의 몸조차 잊고 있었다. 그런데 또 사마귀 한 마리가 숨어서 매미를 잡으려고 하는 생각에 그 자신의 형체를 잊고 있었다. 거기에 까치 한 마리도 사마귀를 노리고 있었으니, 그 역시 자신의 참모습을 잊고 있지 않은가. 장자는 이들을 보고서 놀라 두려운 생각이 들었다. 아 그렇다, 우주만물은 본디 서로 맞물려 있고, 이익과 손해는 서로를 불러 들이고 있는 것이 아닌가!

당랑포선 황작재후

밤중에 몰래 습격하려다 적이 파놓은 함정에 빠져서 자폭하는 실수는 없어야 하고, 사마귀가 매미를 막 잡아 먹으려다, 그 뒤에서 노려보고 있던 참새에게 덮쳐서 잡아 먹히고 마는 약육강식의 세상 무서움을 꼭 기억해야 한다. 螳螂捕蟬黃雀在後 (당랑포선황작재후)의 의미는 오월춘추에서 자세하게 설명하고 있는데 이 전략책은 힘의 원리가 작동하는 외교와 군사전략상 매우 중요한 개념이다. 이에 대해서는 三國史記도 기재해 놓고 있다.[77]

"持彈而往 暗於枯井之危[78] 捕蟬而前 不知黃雀之難", "활을 당겨 나아가면서 발 앞의 마른 우물에 빠질 줄을 모르고[79] 사마귀가 매미를 잡으려고 나아가면서 참새가 자기를 노리고 있음을 알지 못하는 것[80]과 같습니다.

首鼠之謀(수서지모)

首鼠

수서는 수시(首施)라는 단어와 같은 뜻이다. 쥐의 속성이 무엇인가? 쥐는 민첩성이 빠르고 유연성이 높은 매우 영리한 동물이다. 쥐새끼라는 부정적 뉘앙스는 동양의 전통적 문화 인식과는 달리 후대에 생겨났다. 자축인묘 간지의 맨처음 띠가 아들 子(자) 공자 자 글자의 쥐이지 않는가? 쥐는 꾀가 많고 영리하다고 알려져 있고, 그래서 실험실의 모르모트 심리학 연구에 단골손님으로 대우받고 있지 않는가? 쥐는 쥐구멍을 들어오고 나갈 때도 주위를 항상 살피고 경계한다. 이쪽저

---

77) 삼국사기, "亦由持彈而往, 暗於枯井之危, 捕蟬而前, 不知黃雀之難. 此王之不知量也".

78) 徐鉉, 《稽神錄》.

79) 《稽神錄》의 설화에서 비롯된 이야기로, 江夏(중국 湖北省)에 사는 林主簿의 딸이 닭먹기를 좋아하였는데 하루는 잡으려던 닭이 우물에 들어가자 그것을 잡으려고 따라 들어갔다가 나오지 못하였다고 한다. 눈 앞의 이익에 눈이 멀어 다가오는 재앙을 알지 못함을 가리킨다. (국편위의 번역 수해).

80) 《說苑》 正諫條에 나오는 이야기로, 높은 나무 위에 앉아 이슬을 먹고 있는 매미는 자기 뒤에 螳螂(버마재비)이 있음을 알지 못하고 그 螳螂은 그 곁에서 黃雀이 자기를 노리고 있음을 알지 못하고, 黃雀은 사람이 자신을 향해 활을 겨누고 있음을 알지 못한다는 것으로 눈앞의 이익에 어두워 화가 미치는 것을 알지 못함을 풍자하는 말이다. (국편위의 번역 수해).

쪽 이리불쑥 저리불쑥 이리갈까 저리갈까 들어갈까 말까 단번에 결정해서 드나들지 않고 수시로 좌우를 살피고 행동을 결정한다. 수서양단(首鼠兩端).

이런 쥐의 속성에 따라 首鼠(수서)는 주저(躊躇)하다의 뜻, 성급히 결정하지 않고 지연하여 다시 생각해 보는, 그렇게 좌시하고 관망(觀望)하는 자세를 취하고 있음을 이르는 말이다. 삼국지에 나오는 표현인 緩則首鼠 急則狼顧(완칙수서 급칙랑고), 후한서의 二虜首施(이로수시) 등이 그 예이다.

수서지모란 그런 쥐의 속성처럼 성급하게 결론을 내리는 것이 아니라 좌시하고 관망하는 지혜 즉 좌고우면하고 지연 정책을 쓴다는 뜻이다. 이런 수시로 변하는 주변상황을 체크하고 상황에 맞게끔 탄력적으로 대처하는 유연성의 정책은 정책의 근본적 기조는 아니다. 주변 상황에 흔들리지 않는 단호한 대처의 정책이 주된 정책 기조이고 하지만 인간세상은 쥐구멍이 많듯이 수시로 변하는 것이 상정이므로 상황에 맞게 유연성있게 대처하는 탄력적 자세가 부수적으로 요청된다. 그러므로 이런 수서지모를 병행한다고 말한 것이다.

유신의 애강남부에서도 이런 수서지모의 지혜를 설파하고 있다. 해당 구절은, "但坐觀於時變 本無情於急難". 시대 상황의 변화에 급히 끼어들지 말고 가만히 앉아 좌시하고 바라보고, 갑자기 일어나는 재난상황에는 놀라서 허둥지둥 감정적으로 처리하지 말고 냉정하고 차분하게 대처하라-無情(무정).

외교정책은 상대방의 숨어 있는 의도를 알아차리기 전에는 함부로 움직여서는 아니된다. 당랑포선 황작재후의 경구의 의미를 이해한다면 말이다. 적의 숨은 의도를 알아차리기 쉽지 않고 또 세상 정세는 수시로 변하기 마련이므로 가장 중요한 것은 자신의 국내 내부를 확실히 챙기고 외부의 상황에는 유연하게 대하는 외유내강의 노자철학이 지극히 타당하고 필요하다.

外信 安之

外信(외신) 다음의 결자 부분의 내용은 정확히 알 수 없지만, 전후 문맥상 어느 정도 유추해석은 가능하다.

선린우호, 수서지모, 당랑포선 황작재후, 외유내강의 외교 정책의 기조하에서 당연히 외국에게 신임을 얻고 안심시키는 外信安之(외신안지)의 정책을 펼칠 것임은 분명하다. "守信"(수신), 신용의 중요성, 믿음의 중요성에 대해서는 공자, 소크라테스에서부터 수많은 사상가들이 강조한 주제이다.[81] 우방은 우방답게 신뢰를 지속시켜 나가는 외교정책이 매우 중요하다. 미국 영국 캐나다 호주 뉴질랜드 이들 5개국이 각기 나라들이 위치한 지리적 상황은 서로 지구의 반대 끝이지만 왜 같은 나라처럼 서로 신뢰하고 국내외 안보 정보까지 상호 교류하는 신뢰체계를 형성 유지하고 있겠는가?

상대적인 관계는 유연성을 지녀야 성공한다. 외유내강은 개인 처세의 득도술만이 아니라 剛中柔外(강중유외), 외유내강 외교정책의 기본으로 작동시켜야 함이 옳다.

17행

近違鄰好- (不忍坐視) 近違鄰好	이웃나라와의 선린우호 관계를 조금이라도 해치려는 시도를 결코 용납하지 않는 단호한 정책을 기본으로 하고
頻行 首鼠之謀	처한 상황에 따라 수시로 변경할 수 있다는 외교 정책의 유연성의 지혜를 병행하였다.
外信 - 外信(安之)	(선린우호 수서지모 당랑포선 황작재후 외유내강의 외교 정책의 기조하에) 외국에는 신임을 얻고 그들을 안심시키는 정책을 펼쳤다.

81) "移木表信", 상군서; 史記·商君列傳, "恐民之不信 已乃立三丈之木於國都市南門 募民有能徙置北門者予十金".

18행 660년 전쟁 상황과 소정방 평전

□□□□□□□□□□□熊津道行軍大摠管以　君王□□

국편위 번역: … (소정방을) 熊津道 行軍大總管*으로 삼고, 君王**을 … (* 그 직명으로 볼 때 당시 唐軍의 총사령관이었던 蘇定方이다). **(본 비문의 주인공인 文武王을 가리킨다).

추홍희 해석: (660년 소정방을) 웅진도행군 대총관으로 삼고 군왕들로 하여금 (진지를 확고히 재정비하고 적의 공격에 대비하게 하였다).

□□□□熊津道行軍大摠管

이 부분은 신구당서, 삼국사기, 자치통감, 태평어람 등의 기록을 참조하여 메꾸어 볼 수 있다.[82] 당나라가 망한 이후의 새롭게 편찬된 역사서는 새로운 왕조와 그 고위층의 지배이념에 따라 역사가 수정된 경우가 많으므로 비교적 편찬 시기가 빠른 예컨대 태평어람의 기록이 훗날에 재정리된 기록보다 신빙성이 더 크다.

당서의 소정방본전에 의해 "顯慶五年 蘇定方爲熊津道行軍大總管" 부분을 복원해 볼 수 있는데, 삼국사기의 기록 또한 당서의 기록을 다른 말로 약간 바꿔써서 재정리한 수준이다.[83] 당서는 소정방의 수군의 전투에 관해서만 기술하고 있

82) 소정방평전에 의거 결자부분을 메꾸어보면, "顯慶五年 左武衛大將軍 蘇定方為 熊津道行 軍大總管 以待君王 隨命 嚴陳 率勵義勇 平討百濟 熊津江口 因與賊戰 揚帆蓋海 賊師敗績 岸上擁陣 飛楫鼓譟".

83) 삼국사기, 문무왕조 부분중, "현경(顯慶) 5년에 이르러 성상(聖上)께서는 선왕(先王)의 뜻이 끝

고 신라와 백제의 육군이 황산벌에서 벌인 전투는 전혀 언급하지 않고 있다.

以待君王

"以▨君王" 결자된 글자는 以待君王(이대군왕)으로 해석되고 따라서 嚴陣以待(엄진이대)의 의미로 연결된다. 嚴陣以待는 '진지(陣地)를 확고히 정비하고 적의 공격을 기다리다'의 뜻이다. 즉 무모한 선제공격을 자제하였다는 의미가 내포되어 있다. 돌격형 공격을 감행하기보다는 적의 공격에 철저히 대비하고 수성하는 전략이 전쟁승리의 요체이다.

국편위는 "君王"(군왕)을 "文武王을 가리킨다"고 주해했지만, 군왕은 참전한 여러 나라의 군사지도자를 가르키는 표현이다. 660년 당시 전쟁은 한중일 뿐만 아니라 북서쪽의 변방국들도 관련된 국제전이었다.

18행

□□□□□□□□□- (顯慶五年 蘇定方為)	660년 소정방을
熊津道行軍大摠管	웅진도행군 대총관으로 삼고
以(待)君王	군왕들로 하여금 (진지를 확고히 재정비하고 적의 공격에 대비하게 하였다).

나지 않았음을 유감으로 여기시고 지난날에 남겨둔 실마리를 풀고자 배를 띄우고 장수에게 명령하여 수군(水軍)을 크게 일으키셨습니다. 선왕께서는 연세가 많으시고 힘이 쇠약해져서 군사를 이끌기 어려웠으나 이전의 은혜를 좇아 생각하셔서 힘써 국경에 이르러서 저를 보내어 군사를 이끌고 대군을 맞이하게 하였습니다. 동서가 서루 화합하고 수군과 육군이 모두 나아갔습니다. 수군(水軍)이 겨우 백강(白江) 어구에 들어섰을 때 육군은 이미 큰 적을 깨뜨려서 두 부대가 같이 [백제의] 왕도에 이르러 함께 한 나라를 평정하였습니다. 평정한 뒤에 선왕께서는 드디어 대총관(大摠管) 소정방(蘇定方)과 의논하여 중국 군사 1만 명을 남아 있게 하고 신라도 또한 아우 인태(仁泰)를 보내 군사 7천 명을 이끌고서 함께 웅진에 머무르게 하였습니다."(삼국사기 국편위 번역, 주해 생략).

19행 列陣黃山蝟聚鴟張 열진황산 위취치장

□□□□□□□□列陣黃山蝟聚鴟張欲申距□□□□□

국편위 번역: 황산(黃山)에 군진을 펼치니, 적들이 고슴도치와 올빼미처럼 모여들어 (진군을) 가로막고자 하였다.… □

추홍희 해석: 황산에 전투 전개의 군진을 쳤다. 송곳모양처럼 돌격해오는 적의 어린진 공격에 대해서 독수리매가 양날개를 펼치듯 학익진을 치고 적을 포위하고, (적의 결사대가 직진돌파를 시도할 것으로 예상하고서) 중앙지휘부는 뒤로 약간 물러나 있다가 (양 옆에서 조이고 뒤에서 후려치는 전술을 구사했고 또 어떠한 상황에서도 결코 흔들리지 않는 목계술을 견지했다).

列陣黃山 蝟聚鴟張 欲申距□

列陣 黃山

列陣(열진)은 布列陣勢(포열진세)를 말하고, 황산은 지명이다. 列陣黃山(열진황산)은 황산벌 전투에서 양측이 전투 전개의 진을 치다, 포진(布陣)하다는 뜻이다. 황산 전투가 실제로 벌어진 구체적인 장소를 정확하게 비정할 수 없으나 대개 현재 육군 논산훈련소가 위치한 충남 논산 평야 지대로 알려져 있다.

구당서와 신당서에는 소정방이 이끄는 당 수군의 전황에 대해서만 기재하고 있고,[84] 신라와 백제가 벌인 황산벌 전투에 대해서는 전혀 기록이 기재되어 있지 않기 때문에 다른 나라의 사서들로써 상호 교차 검증하기가 쉽지 않다. 삼국사기에서도 삼국의 본기와 각 열전에 기록된 전투에 관한 기록이 서로 불일치되는 경우가 많기 때문에 구체적 전투 상황을 복원하기란 매우 어려운 영역에 속한다.

전투 대열-팔진도-10진도-12진도

전투를 전개하는 전투 대열이나 대형은 제갈량의 "팔진도"가 유명하다.

손빈병법에서 팔진도를 기술하였는데, 적을 뚫고 들어갈 때 쓰는 方陣(방진), 대오를 형성하는 圓陣(원진), 진지를 넓히는 疏陣(소진), 대열이 깨뜨리지 않도록 밀집대오하는 數陣(수진), 송곳처럼 적진을 돌파하는 錐行陣(추행진), 기러기가 날듯이 화살을 빗발치듯 쏘는 雁行陣(안행진), 굽어진 해안선처럼 양옆으로 에워싸는 鉤行陣(구행진), 수많은 깃발을 휘날리며 적과 대치하는 玄囊陣(현낭진)이 팔진의 명칭이다.

수당시대는 춘추전국시대의 대진법에 비해서 군사기술의 발전상 많이 향상되었을 것이다. 당태종은 633년 "破陣樂舞圖"(파진악무도)를 직접 지었는데, 파진무도는 후대에 칠덕무(七德舞)로 알려졌다. 여기의 "舞圖 左圓右方 先偏後伍 魚麗鵝貫 箕張翼舒 交錯屈伸 首尾迴互" 구절이 말한대로 이러한 기본적인 전투전개형을 응용한 12진도를 직접 고안했다. 임진왜란 이후까지 이러한 전투 대열의 기본적인 대형이 내려오고 있는데 고대의 전투 대열 전법이 최근까지 비교적 원형대로 잘 남아 있는 경우는 특히 산록파의 병법학이 발전한 무사가 통치한 섬나

---

84) 구당서 소정방전 "定方為神丘道大總管 率師討百濟 自城山濟海至熊津口 賊瀕江屯兵 定方出左涯 乘 山而陣 與之戰 賊敗 死者數千 王師乘潮而上 舳艫 御尾進 鼓而譟 定方將步騎夾引 直趨真都城 賊傾國來酣戰 破之 殺虜萬人 乘勝入其郛 王義慈及太 子隆北走 定方進圍其城 義慈子泰自立為王 率眾固守 義慈之孫文思曰 王與太子出 而叔豈得擅為 王 若王師還 我父子安得全 遂率左右縋城下 人多從之 泰不能止 定方使士登城 建唐旗幟 於是泰開 門請命 其將禰植與義慈降 隆及諸城送款 百濟平 俘義慈 隆 泰等獻東都 定方所滅三國 皆生執其王 賞賚珍寶不勝計 加慶節尚輦奉御".

라 일본이다. 한국에선 이순신 장군이 전개한 학익진이 가장 유명하고, 일반적으로 잘 알려진 진형은 장사진이다.

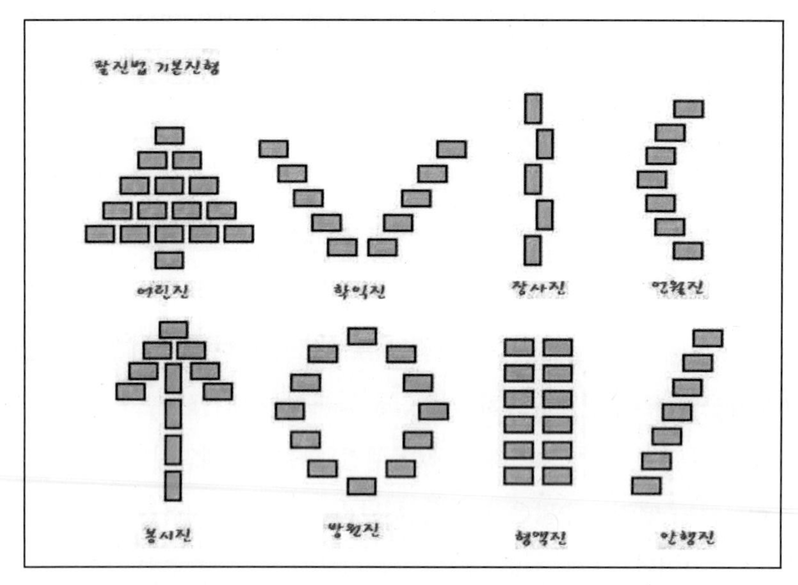

〈그림 일본의 백과사전에서 설명하고 있는 팔진도 모형〉

蝟聚 鴟張

魚麗鵝鸛 箕張翼舒

蝟聚鴟張(위취치장)은 전장터에서의 양측이 어떻게 대형으로 전투를 전개했는지를 묘사해주는 구절이다. 신라와 백제는 황산벌 전투에서 삼국사기가 기재한 "수오전" 즉 결렬한 섬멸전을 전개하였다. 제갈량의 팔진도와 당태종의 파진도 그리고 후대에 들어 좀더 발전된 전쟁론의 전투대열을 참조한다면 위취진은 어린진, 치장진은 학익진에 해당한다. 魚鱗陣(어린진)은 물고기들이 꼬리를 물고 늘어서는 모양과 같이 낚시대처럼 종대로 나아가는-進(진) 대형으로써 송곳 모양처럼 돌격형에 해당된다. 鶴翼陣(학익진)은 백조가 긴 날개를 양쪽으로 펼치면서 덥치는 모습에서 알 수 있듯이 쭉 횡렬로 늘어서서 상대방을 포위하는 대형을 말한다. 학익진을 칠 때 지휘부는 중앙에서 뒤로 물러서고 군사들을 양 옆으로 늘어서 상대방을 포위하는 대형이 학익진인데 이는 돌격해 오는 상대방의 예봉을 꺾으려고 할 때 적용하는 전투대형이다.

어린진과 학익진은 당태종이 죽기 일년전인 648년에 완성하여 아들에게 전한 "帝範"(제범) 서문의 "夕對魚鱗之陣 朝臨鶴翼之圍" 구절로써 등장한다. 633년 지은 파진무도에서는 魚麗(어려)진 鵝鸛(아관)진으로 말했는데("魚麗鵝鸛 箕張翼舒"), 제범에서는 요즈음의 표현과 같은 어린진과 학익진으로 썼다. 아(鵝)는 고니 백조를, 관(鸛)는 황새를 지칭한다. 학익진(鶴翼陣)은 장자의 서무귀(徐無鬼)편에 나오는 "鶴列陣"(학렬진)이고, 유신의 마사부에 나오는 "鸛列陣"(관열진)과 동의어이다. 고니나 백조나 황새나 백학은 모두 비슷한 새이름을 지칭하기 때문이다. 춘추좌전에서는 아(鵝)진과 관(鸛)진의 별개의 전투진으로 나누었는데, 당태종 시기에는 어린진과 학익진이라는 명칭으로 통합된 것이다. 구당서 소정방전에서 기재하고 있는 금강 전투 장면의 기사 중 "定方於岸上擁陣" 표현이 나오는데 여기의 擁陣(옹진)이 적을 포위하는 학익진의 전투 대열을 말한다. 팔진도의 전투대형은 공격형과 수비형의 진형으로 나눠서 고정된 것이 아니라 수비와 공격 양쪽의 전략으로 쓰이고 전투 상황에 따라서 수시로 변화 응용된다.

진나라가 조나라의 사십만 대군을 몰살시킨 장평대전을 두고서 유신의 애강남부에서 "碎於長平之瓦"(쇄어장평지와)-"장평의 기왓장처럼 부서졌네"이라고 애절하게 표현하였는데, 장평대전에서 그토록 수많은 살상자가 나온 까닭은 어린진의 전투대형으로 섬멸전을 전개했다는 것을 알 수 있다. 어린진은 물고기의 비늘을 이린으로 말하고, 그처럼 기왓장이 촘촘히 서로 연결되어 있는 모습이다. 꼬리에 꼬리를 무는 물고기처럼 지붕을 잇는 기왓장처럼 병사들이 촘촘히 서로 같이 붙어 평야에서 상대방과 몸으로 붙어 사생결단을 내는 섬멸전이기에(공성전과 반대되는) 살상자가 그토록 많이 나온 것이다. 장평대전과 같은 섬멸전에서는 한 장의 기왓장이 떨어져 깨진 듯 별다른 의미가 없듯이, 사마천이 임소경에게 보내는 편지에서 말한 螻蟻之命(루의지명)-땅강아지나 개미 같은 보잘것없는 목숨- 의미와 같이, 오합지졸들의 아까운 목숨만 희생되는 것이다.

〈날개를 편 독수리〉	〈고슴도치〉

蝟聚(위취)

鴟(치)는 큰수리매 올빼미를 말하고 鴟張(치장)은 鴟囂張(치효장) 즉 큰수리매가 날개를 쫙 펼치다는 뜻이다. 당태종의 파진무도에서 그려낸 '날개를 펼친다'는 翼舒(익서)와 같은 뜻이다. 날개는 옆으로 쭉 펼쳐지는 것이니 익서는 횡렬대열로 펼치는 대진법을 묘사한다.

箕張(기장)은 "兩旁伸張開去如簸箕之形", 箕張而進(기장이진), 낙엽을 쓸어가는 빗자루를 말하고 이는 예리한 송곳과 같다. 또 물고기를 낚는 고기잡이 낚시대를 드리우는 것에 비유되므로 종렬대열을 말한다. 어린진은 당나라 권덕여의 명경책문(明經策問)에서 논한 대로 鵝鸛(아관)진 즉 학익진은 어린진에 대응해서 이기고자 치는 진법이다. 당태종의 무도에서 기술한 "鵝鸛魚麗 箕張翼舒"의 구절은 이미 한나라 장형의 동경부(東京賦)에서 똑같은 표현이 등장한다.

錐刺股(추자고)

문무왕릉비에서의 蝟聚(위취)는 고슴도치가 움추리는 모습을 뜻한다. 蝟(위)는 고슴도치를 지칭하는 단어이다. 고슴도치는 그 온몸에 송곳 같은 뾰족한 가시가 솟아나 있어 적이 고슴도치 몸에 대면 찔리게 된다. 따라서 고슴도치는 송곳처럼 날카로운 공격형을 의미한다. 聚(취)는 聚集(취집)하다, 모이다, 會合(회합)하다의 뜻이다. 그러므로 蝟聚(위취)는 고슴도치의 날카로운 송곳들이 모여서 찌르며 돌격하는 전투 대진을 비유한다.

나무기둥을 땅바닥에 세우면 그 그림자가 길게 늘어지는 모습에서 알다시피 종렬대형을 의미하는데, 이런 뜻에서 전국책 진책에서 소진이 주장한 합종법과 비슷한 의미이고 바로 소진이 말한 공부법 錐刺股(추자고)를 지칭한다. 소진은 공부할 때 밀려오는 졸음을 쫓기 위해서 날카로운 꿩의 깃털 끝으로 발바닥을 찌르는 방법을 사용했는데 발바닥을 날카로운 송곳 같은 것으로 마사지해주면 혈액순환을 원활하게 돕고 이중의 이익을 얻게 된다. 소진의 錐刺(추자)는 '송곳으로 치른다'의 뜻으로 적을 돌파하려는 공격진을 펼칠 때를 비유한다. 아닌게 아니라 소진이 추진한 합종책이 약한 제후들이 서로 남북의 종대로 연결하여 강한 진나라에 맞선 전략으로써 진나라와 동서로 횡적으로 연대하는 장의의 연횡책과는 반대가 되지 않는가? 추자고라는 글귀가 동서와 남북, 가로 세로의 合縱 連橫(합종연횡)책의 전략적 의미를 갖고 있다니!

고구려-백제-일본으로 남북 종대로 서로 연계해서 슈퍼 파워 당나라에 맞서려고 했던 것은 소진의 합종책에 가깝고, 신라와 당나라가 동서로 서로 연결된 전략적 제휴를 구사한 것은 장의의 연횡책과 가깝다. 진나라의 통일과정을 보면 결과적으로 소진의 합종책은 장의의 연횡책에 각개격파되었다. 소진은 거열형을 받고 저자거리에 목이 매달렸고. 고구려-백제-일본의 약소국 합종책은 당-신라의 연횡책에 의해서 격파되고 문무왕의 삼국통일의 역사가 완성된 것이 아닌가?

섬멸전의 황산벌 전투에서 일대십의 절대적 수적 우위를 점한 신라군이 절대적 수적 열세의 백제군을 포위하는 학익진 즉 문무왕릉비문에서의 "鴟張"(치장)진을 쳤으면 백제군이 취할 진형으로는 일당천명의 결기로 오천 결사대를 조직하고 정면돌파를 시도하는 최후의 선택을 할 수 밖에 없게 된다. 결국 계백의 오천 결사대는 전부 몰살하고 말았다.

1600년 세키가하라 전투에서 12만 대군의 동군에 포위당한 시마즈의 1500명 결사대는 적군의 정중앙을 돌파하는 최후의 선택을 하고 결국 많은 인명 피해는 입었지만 소수의 장수는 탈출하여 살아남을 수 있었다. 백병전에서는 상대방 적진의 군사 또한 죽음을 두려워하기 때문에 직진해서 중앙을 돌파할 때에는 틈이 생기게 마련이다. 계백의 오천결사대가 몰살했지만 그 가운데 충상과 상영 등 장수 20명은 살아남아서 신라의 포로가 되었다. 백강의 전투에서나 이후 9백년이 지난 임진왜란에서나, 황산벌 전투에서나 이후 일천년이 지난 세키가하라 전투에서나 기본 전투대형과 전쟁론의 기본적 전략전술은 크게 바뀌지 않았다. 전쟁의 폐해를 어찌 기억하지 않을 수 있겠는가?

문무왕릉비의 "蝟聚 鴟張"은 건릉 술성기의 구절 "殲蝟結而殄鴟張"의 표현과 같은 의미를 갖는다. 聚(취)는 聚集(취집)하다, 모이다, 會合(회합)하다의 뜻으로 술성기의 結(결)과 같은 뜻이다.

그러므로 국편위가 "적들이 고슴도치와 올빼미처럼 모여들[었]"다고 해석한 것은 큰 잘못이다. 蝟聚鴟張(위취치장)은 고슴도치와 올빼미라는 개별적 낱말 뜻으로 쓰인 것이 아니라 좌전과 손빈병법과 제갈량의 팔진도, 당태종의 파진무 12진도, 무측천의 술성기에서의 "蝟結鴟張"과 같은 의미로써 황산벌 전투에서 펼친 전투 군진법을 지칭하는 비유적 의미로 쓰였다.

계백의 오천결사대가 고슴도치형 결사적 공격을 취할 때 신라군은 독수리가 양날개를 펼치듯이 군사들 양 옆으로 쭉 벌려 펼치는 독수리날개진 치장 즉 학익진의 포위전술을 구사했음이 추측된다. 삼군 중 중앙지휘부는 약간 뒤로 물러서서 마치 닭의 며느리발톱이 뒤로 나 있지만 그 며느리발톱을 숨기고 있다가 한순간에 냅다 후려 갈겨치는 닭싸움 같은 전략-이러한 전투대열을 묘사하는 구절이 문무왕릉비문의 이어지는 "欲申距□" 표현이다.

欲申距□

닭싸움, 투계의 기본 전술은 상대방을 뛰어올라 머느리발톱이 있는 뒷쪽발로 차는 것이다. '며느리 발톱을 숨기고'라는 말이 있듯이 수탉의 발톱은 뒤로 향해 있다.

斂(렴)은 숨기다, 은장(隱藏)의 뜻을 갖는 단어이고, 그래서 收斂(수렴)이란 말은 언행 행동거지를 각별히 신중하고 조심하다는 뜻이다. 이런 수렴의 의미는 전쟁론에서도 그대로 쓰인다. 공격은 함부로 하는 것이 아니고 조심하고 신중하게 준비한다. 뒤로 물러서는 경우가 정말로 패배해서가 아니라 삼국사기 김유신전에서 기술하듯이 "거짓 패배한 척 풀로 위장하고 밤에 빠져 나왔다"는 경우가 흔히 있었다. 이순신장군의 노적봉 위장술로 유명한 수비전술뿐만 아니라 공격에서도 위장전술을 전개하기도 한다.

비문의 "距"(거)는 拒(거)하고 동의어이기도 하지만 서로 떨어진 거리(距離)의 뜻 그리고 수탉의 며느리발톱(雄雞爪子后面突出像) 腳趾(각지)를 의미하는 글자이다. 따라서 비문의 欲申距□의 결자부분의 글자는 국편위의 해석대로의 "저항(抵抗)하려고 했다"는 뜻이 아니라, 학익진의 기본전술을 펼쳤고 적의 결사대가 중앙부를 직진돌파하려고 시도할 것을 예상하고서 중앙지휘부는 뒤로 약간 물러나 있다가 양 옆에서 조이고 덮치면서 뒤에서 후려치는 투계의 기본술을 구사했다는 의미의 欲申距斂(욕신거렴)으로 해석된다. 欲申距斂(욕신거렴)은 斂足(렴족) 즉 收住脚步 不往前進(수주각보 불왕전진)의 뜻이다. '저항했다'는 뜻의 欲申距張(욕신거장)의 의미가 아니다.

유명한 병법서 六韜(육도)에 "鷙鳥將擊 卑飛斂翼"(지조장격 비비렴익) 문장이 나오듯이, 독수리는 날개를 접고 웅크리고 있다가 단숨에 하강해 먹이사슬을 날쌔게 낚아챈다.[85] 斂翼(렴익), 斂足(렴족) 날개를 접고, 발을 거두고 있다.

85) 가도가도 끝 없는 황야를 홀로 걷다가 독수리가 먹이를 낚아채는 모습을 내 눈 바로 앞에서 목

국편위는 "(진군을) 가로막고자 하였다"라고 번역했는데 이런 해석은 잘못되었다. 신라군이 취한 전투 행위를 말한 것이지, 백제군이 원하는 것을 말하는 것이 아니다. 욕신의 주어는 신라군이지 상대방 적군인 백제군이 아니다. 국편위는 문법의 기본을 지키지 못한 잘못을 범한 결과 올바른 해석을 해내지 못한 것이다. 국편위는 "적들이 고슴도치와 올빼미처럼 모여들어 (진군을) 가로막고자 하였다"라고 해석하였는데, 이런 잘못된 해석은 비문의 列陣黃山(열진황산)의 의미를 놓친 결과이다. 열진은 전투대열을 갖춘 것 그 布陣(포진)대열을 이른다. 따라서 손빈병법 제갈량과 당태종이 논한 팔진법의 기본을 먼저 이해해야, 列陣黃山 蝟聚鴟張 欲申距의 구절의 의미를 제대로 해석할 수 있다.

또 欲申(욕신)이라는 말에서도 申(신)은 屈伸(굴신)의 의미가 들어 있다. 즉 당태종의 무도에서 말한 交錯屈伸(교차굴신) 즉 앞으로 전진하고 뒤로 후퇴하기를 반복한다는 뜻이다. 이런 유형은 실제로 전투대형에서 흔히 일어나는 경우이다.

개미처럼 모여들고

蝟(위)는 고슴도치를 뜻하는 낱말이고 猬(위)자가 같은 말로 쓰임을 볼 때 猬(위)자로 해석하여, 곤충이나 뱀 등 그 숫자가 우글거리고 득실거리는 '떼거리'라는 뜻으로 달리 해석하는 오류를 범하기 쉽다. 우글거리다 떼거리로 해석하고자 할 때 蝟聚(위취)와 비슷한 말로는 蟻聚(의취)가 있다. 蟻(의)는 螞蟻(마의) 즉 개미를 뜻하는 낱말이고, 聚(취)는 모이다는 뜻으로 結(결)과 같은 뜻이다. 蟻聚(의취)는 개미처럼 모인 숫자가 많다는 뜻이다.

평백제비는 이런 가차적 해석으로써 의미를 비틀어 표현했는바, "稽天蟻聚迊地蜂飛"으로 표현했다. 국편위는 이 구절을 "하물며 하늘 끝까지 개미처럼 모여

똑히 목격한 행운을 잡은 적이 있었다. 평생을 살아도 그런 모습을 한두번 목격하기란 쉽지 않은 흔치 않는 일인데 아무도 쉽게 도전하지 않는 깊은 산 속 홀로 여행에서 얻는 기쁨이다.

들고 땅을 삥 둘러 벌떼처럼 날아드는 것"으로 번역했다.

19행

□□□□	
列陳黃山	황산에 전투 전개의 군진을 쳤다
蝟聚鴟張	송곳모양처럼 돌격해오는 적의 어린진 공격에 독수리매가 양날개를 펼치듯 학익진을 치고 적을 포위하고
欲申距ㅁ- 欲申距(斂)	(적의 결사대가 직진돌파를 시도할 것으로 예상하고서 중앙지휘부는 뒤로 약간 물러나 있다가 양 옆에서 조이고 뒤에서 후려치는 그리고 어떠한 상황에서도 결코 흔들리지 않는 목계술을 전개했다)

20행 元惡泥首(원악니수) 적의 우두머리들은 언제 항복하는가?

□□□至賊都元惡泥首轅門佐吏

국편위 번역: 적의 수도(首都)에 이르자 그 우두머리가 군문에서 머리를 조아리며 사죄하였고, 그 좌리(佐吏)들도… □

추홍희 번역: (兵追奔)至賊都 (패퇴하는 적군을 우리 병사들이 좇아 추격하여) 적군의 수도에 이르니, 적의 우두머리들은 외문에까지 나와서 머리를 조아리며 항복을 해왔고, 지방 좌리 하급 무리들과 (포의검수 일반백성들 또한 모두 머리를 숙이고 귀순해왔다).

□□□兵追奔 至賊都

□□□至賊都 부분의 결자를 전후문맥상 의미 고리를 찾아서 "兵追奔至賊都"으로 메꾸어 볼 수 있다. 패퇴하는 적군을 우리 병사들이 좇아 추격하여 적군의 수도에 이르니

元惡泥首轅門

元惡(원악)은 首惡(수악)과 같은 말이고, 泥首(니수)는 스스로 머리를 땅에다

들이박고 조아리다 즉 죽을 죄를 지었으니 살려달라고 항복을 표시하는 모습을 나타내는 단어이다. 元惡泥首轅門(원악니수원문)은 적의 우두머리는 수도 밖 외문에까지 나와서 땅에다 머리를 대고 항복을 해왔다.

□□□兵追奔 至賊都

兵追奔

追奔(추분)은 도망하는 적을 추격하는 것을 말한다. 추분은 추병(追兵)과 같은 말이다. 도망하는 적을 추격해서 적의 수도까지 도달했다는 뜻이다. "追奔 至賊都" 표현은 구당서 소정방열전에 나오는 "追奔 入郭"(추분입곽)의 의미와 같은 뜻이다. 신라의 백제 정벌전은 남녀노소가 가담한 전면전이었음은 분명하다. 백제와 신라가 벌인 황산벌 전투의 성격에 대해서는 삼국사기의 기재대로 "遂鏖戰"(수오전)이었으니, 섬멸전에 해당한다. 鏖戰(오전)은 격렬한 전투(激烈地戰斗)를 벌린 것 즉 인명살상이 큰 섬멸전을 의미한다.

5만 병력의 신라군의 주력군은 정예 기마군단이었음은 분명하다. 화랑관창전에 "新羅多奇士"의 표현이 이를 확인해준다. 주력군이 신라 왕경에서 출발한 때가 5월 26일이고, 6월 18일에 남천정에 이르고, 7월 9일에 탄현을 넘어서 황산벌 전투를 벌이게 되는 과정과 시간을 분석해 보면, 7월 10일에 백제 수도 사비에서 당수군과 합세하기로 하였다는 삼국사기의 전투 일지는 정확하게 전투 과정을 기술한 것으로 볼 수 없다는 결론을 얻게 된다. 황산벌 전투의 성격은 계백의 오천 결사대가 모두 전멸했으니 섬멸전을 치룬 것으로 보인다. 다음 행 구절의 표현에서 위취치장으로 묘사된 전투 대진 장면과 삼국사기에서 말하는대로 신라군이 예정보다 늦게 사비성에 도착하여 당군으로부터 힐난을 받았다는 기사를 고려하년 신라군이 전투 개시를 서두르지 않았다는 사실과 백제 사비성에 대한 점령을 목표로 공성전을 전개하지 않았다는 사실을 파악할 수 있다. 따라서 전면전이었음에도 불구하고 백성들이 입은 인명살상의 전쟁 피해는 생각보다 적었던 것을 알 수 있다. 사비성에서는 국왕부터 하급관리들까지 모두 수도 진입 입구까지 나와서 순순히 항복을 했다는 표현에서 알 수 있듯이 수도 사비성에서는 전투가 벌어지지 않았기 때문이다.

轅門(원문)은 군대 주둔지나 관서의 바깥 출입문을 뜻하는 말이다.

佐吏 좌리

佐吏(좌리)는 지방관, 지방 수령에 속하는 관리들을 말한다. 이들은 지방관청 관아에 근무한다.

佐吏□□ 이후의 결자부분의 문장은 (적의 우두머리들은 외문에까지 나와서 머리를 조아리며 항복을 해왔고) 지방 좌리 하급 무리들은 줄행랑을 치고 달아났거나 우두머리가 항복하면 그 아래 하급 관리들은 당연히 신복하는 것이 상례이었으니 그와 같은 전쟁 패배자 백제의 관리들의 강복신복의 혼란상을 묘사하는 내용으로 추측된다. 적장과 하급관리들이 순순히 항복해 왔다면, 포의검수(布衣黔首) 즉 일반 평민들과 노백성들은 어떠했겠는가? 당연히 저항하지 않고 새로운 국가에 포용흡수된다. 포의검수는 黔黎(검려)와 동의어로써 일반 평민 노백성을 지칭한다. 黔黎(검려)는 반악의 서정부에 나오는 "愿黔黎其誰聽" 구절에서 쓰였다.

전쟁에선 국가를 멸망의 도탄에 빠지게 만든 국가 지배계층을 혼내고 벌을 주었고, 그 책임을 물을 수 없는 일반백성들에게는 자비를 베풀었다. 이사가 쓴 진시황제의 순수비 비문에 나오는 "黔首康定"(검수강정)의 표현과 비슷한 구절이 결자부분에 들어있는 내용으로 추측된다.

국가를 멸망에 이르게 만든 썩고 고루한 지배계층을 확 쓸어버리면 일반 평민들의 삶은 윤택해지고 행복해진다.

20행

□□□□□	
□□□至賊都- (兵追奔)至賊都	패퇴하는 적군을 우리 병사들이 쫓아 추격하여 적군의 수도에 이르니
元惡泥首轅門	적의 우두머리들은 외문에까지 나와서 머리를 조아리며 항복을 해왔고
佐吏□□□□	지방 좌리 하급 관리들 (또한 머리를 숙이고 귀순해왔다. 포의검수 일반 평민 백성들의 삶은 안정되었다).

21행 三年苦役(삼년고역)의 의미

21행

□□□□□□□□□□□□□□□□□□□□三年而已至龍朔元年□

국편위 번역: 삼년이었다. 용삭(龍朔) 원년(元年)에 이르러 …□

추홍희 해석: (三年化碧)(三年之畜) (擧事制勝於)三年 전쟁은 3년 이내에 끝내야 한다는 원칙이 있다. (통일 전쟁이 끝난 때인) 龍朔元年(용삭원년) 즉 서기 661년 까지) 3년이 걸렸다.

三年之畜

已至(이지)는 已到(이도)와 같은 말로 걸리다, 이르다의 뜻이다.

삼년고역 3年苦役

우리들 우스개 소리에 서당개 삼년이면 라면을 끓일 줄 안다는 말이 있는데, 그와 같이 3년이면 무엇이든 완성해 낼 수 있는 시간으로 친다. 부모가 돌아가시면 삼년상三年喪을 치룬다고 했고, 군대도 3년 복무했고, 공부 마치는 기간도 3년으로 정해져 있다. 이를 통해 알 수 있듯이 이런 3년 과정의 힘든 과정의 임무수행을 우리 선조들은 "삼년고역"이라고 표현했다.

三年化碧(삼년화벽), 삼년고역이라는 말로 대변되듯이, 학제의 기본틀이 중고등대학 3년 3년 3년제이다. 요즘 대학은 미국식으로 4년으로 늘어났지만 미국 대학도 초기에는 3년제가 기본이었다. 전쟁도 마찬가지로 3년안에 끝내야 했다.

그래서 전쟁 비상 식량은 3년치를 비축했었다. 이 원칙을 "三年之畜"(삼년지축)이라고 한다.

따라서 삼국사기가 648년 당태종 고구려 정벌 기사조에서 '동정을 하면서 1년치의 식량을 준비해야 된다'는 기사는 전쟁 기본 원칙을 벗어나므로 그 삼국사기의 기록의 신빙성이 부족하다. "大軍東征 須備經歲之糧 非畜乘所能載 宜具是艦爲水轉", "대군이 동으로 정벌하려면 모름지기 한 해를 견딜 식량을 준비하여야 하고, 가축과 수레로는 실어 나를 수 없으니 마땅히 배를 갖추어 물로 운반해야 합니다." (삼국사기, 국편위 번역).

평상시에도 1년치의 식량을 준비해 두어야 했던 당나라 당시의 국가 정책상, 전쟁시에는 3년치의 식량을 비축해 두어야 한다는 "三年之畜"(삼년지축)의 원칙이 통용되었을 것이다.

또 '전쟁은 삼년안에 끝내야 한다'는 전쟁 격언이 있다. 당태종이 645년 고구려 원정에서 철수를 결정하면서 "明王擧事制勝於三年" (명왕거사제승어삼년)으로 그 논거를 거론했던 바 고려반사조가 당소칙령에 실려 있는데, 전쟁을 3년 이상 질질 끌게 되면 결코 이길 수가 없다. 속도전 전격전을 전개했던 나치 히틀러가 전쟁에서 패배한 2차대전도, 3년 전쟁의 한국전쟁에서도 입증된 전쟁 이론이다. 전쟁을 3년 이상 끌게 되면 백성은 도탄에 빠진다. 용두사미로 끝나고만 풍신수길의 임진왜란을 보라. 克敵制勝(극적제승)의 전쟁에서 전쟁을 어떻게 해야 승리하는지에 대한 전쟁 수행 전략은 손자병법에서도 잘 정리해 놓고 있다.

3년내에 전쟁을 끝내야 한다는 전쟁의 기본 원칙은 문무왕릉 비문의 내용에서 확인된다. "三年而已至龍朔元年"의 구절이 그것이다.

三年而已至龍朔元年

三年而已至龍朔元年 부분의 결자 부분의 내용은, "삼년고역"이라는 익숙한 관행적 의미를 가용하고, 삼년 기간의 전쟁 준비와 전쟁 물자 충당의 전쟁론의 기본적 개념에 의거하여 추측해 보면, '3년만에 통일전쟁이 완성되었다' 즉 '용삭원년 즉 서기 661년에까지 3년이 걸렸다'는 사실을 말해준다. 결자된 부분은 구체적 전쟁 준비와 전쟁 승리의 기록을 보다 구체적으로 기술하는 내용일 것으로 추측된다.[86)]

21행

□□□□□□□□□	(三年化碧)(三年之畜)
□□□□□□□三年- (擧事制勝於)三年	전쟁은 3년 이내에 끝내야 한다는 전쟁론의 기본 원칙이 있다.
而已至	(661년까지) 3년이 걸렸다.
龍朔元年□	661년 (통일 전쟁이 끝날 때인)

86) 某年而已(모년이이)의 표현에 대해서는, "회수의 동쪽 땅을 평정한 지 2년 내에 모두 안정되었고 모든 제후들이 주나라 천자에 복종했다"는 주노공세가의 "二年而畢定 諸侯咸服宗周"의 기술을 참조하라.

22행 悠仁訪道(유인방도)-천하의 인재를 어떻게 찾는가?

□□□□□□□□□□□□□所寶惟賢爲善最樂悠仁□□

국편위 번역: … 보배로 여기는 바는 오직 어진 사람이니, 선(善)을 행함을 가장 즐거워하고, 인(仁)을 ▨함을 …□

추홍희 해석: 오로지 재덕을 갖춘 그런 능력 있는 사람을 찾아내 직위를 수여하는 인재 채용 원칙을 지켰다. 선을 행하는 것을 스스로 기쁘게 여기고 선을 행하는 (문화를) 이루었다. 능력있는 인재를 찾는 길이라면 천리 길을 마다하지 않고 찾아가서 숨은 인재를 초빙해 왔다.

所寶惟賢

所(소)는 장소 곳, 處(처), 寶(보)는 진귀보물, 惟賢(유현)은 授職惟賢(수직유현)의 의미이다. 授職惟賢(수직유현)은 오로지 재덕(才德)을 갖춘 그런 능력있는 사람에게만 직위를 수여한다는 원칙을 말한다. 그러므로 所寶惟賢(소보유현)은 오로지 재덕을 갖추고 능력있는 사람만을 나라의 보물 동량으로 여기니 그런 능력 있는 사람을 천거해서 직위를 수여하고 쓴다는 인재 채용 원칙을 설명하는 말이다. 유현과 비슷한 말로는 寶賢(보현)이 있는데 珍愛賢才(진애현재)의 뜻이다.

惟賢(유현)은 당태종의 유명한 진사명(晋祠銘) 서문의 “惟德是輔 惟賢是順” 구절에도 나온다.

爲善最樂

為善(위선)은 僞善者(위선자)의 뜻이 아니라 '선을 행하다'의 行善(행선)의 뜻이다. 為善最樂(위선최락)은 '선을 행하는 것이 가장 즐겁다' 즉 기꺼이 누가 명령해서가 아니라 자기 스스로 기쁘게 여기고 선을 행한다는 뜻이다.

悠仁□□ 悠仁訪道

悠仁□□의 결자부분을 추측하면 인재를 구하다, 진리를 찾는다는 뜻의 訪道(방도)라는 말로 메꾸어진다.

任重道遠(임중도원)이란 숙어 표현이 있는데 이는 '맡은 바 책임은 무겁고 갈 길은 아직도 멀다'는 뜻으로, 논어 태백전에 출전한다. 垂仁(수인)은 인애(仁愛)를 베풀다. 依仁(의인)은 인(仁)을 언행의 표준으로 삼는다는 뜻이다. 仁者인자는 덕을 베푸는 사람, 은정恩情을 베푸는 사람을 뜻한다. 仁心은 仁愛之心인애지심을 말한다. 輔仁보인은 인덕仁德을 배양한다는 뜻이고, 求仁得仁구인득인은 이상을 실현한다는 비유의 뜻이다. 悠(유)는 멀리 내다 보다 久, 遠, 長의 뜻이고, 訪道(방도)는 '국가치리 방법론을 찾는다'는 뜻 그리고 그런 진인을 찾는다는 뜻이다.

이렇게 낱말풀이를 해보고 悠仁□□을 메꾸어 보면 "悠仁訪道"가 적절하다고 여겨지지 않는가? 유인방도는 訪道依仁不遠千里(방도의인불원천리)하고 같은 뜻이다. 능력있는 인재가 나라의 보배인데 그런 인재를 찾는 길이라면 천리 길을 마다하지 않고 찾아가서 숨은 인재를 초빙해 온다는 국가 인재 채용 원칙을 갈파하고 있다. 따라서 悠仁訪道(유인방도)는 건륭 술성기의 "逍遙而訪道 思窅眇以尋眞" 소요이방도 사요묘이심진)의 구절과 같은 의미이다.

22행

□□□□□	
所寶惟賢	오로지 재덕을 갖춘 그런 능력 있는 사람을 찾아내 직위를 수여하는 인재 채용 원칙을 지켰다.
爲善最樂	선을 행하는 것을 스스로 기쁘게 여기고 선을 행하는 (문화를) 이루었다.
悠仁(訪道)	능력있는 인재를 찾는 길이라면 천리 길을 마다하지 않고 찾아가서 숨은 인재를 초빙해 왔다.

23행 無爲(무위)와 無不爲(무불위)는 무엇을 말하는가?

□□□□□□□□□□□□□□朝野懽娛縱以無爲無□□□□

국편위 번역: 조야(朝野)가 모두 즐거워하니, 굳이 애써 행함이 없다고 하더라도 …□

추홍희 해석: 조정의 관리들이나 일반 백성들이 다들 좋아라 하였다. 강요하거나 구속하지 않고 자기 스스로 하게 만들고, 무위의 정치 이념에 따라서 나라 전체가 스스로 굴러 가게 만드니, (사람들은 본성대로 제 스스로 알아서 자기 일을 해나갔고 그리하여 국가와 백성은 날로 부강해지고 잘 살게 되었다. 무위의 사상이 천하를 통치하는 제왕의 원칙으로 적합하다.)

朝野懽娛 조야환오

懽娛(환오)는 歡樂(환락), 喜樂(희락) 즉 좋아하고 기뻐한다는 뜻이다. 懽(환)은 歡(환)과 같은 글자이다. 여씨춘추에 나오는 "不謀而親 不約而信 相爲殫智竭力 犯危行苦 志懽樂之 此功名所以大成也 固不獨." (불모이친 불약이신 상위탄지갈력 범위행고 지환락지 차공명소이대성야 고불독) 구절에서 쓰이고 있다. '굳이 만나서 얘기를 나누기 전에도 서로 마음 속으로 통하고, 굳이 문서를 만들어 꼭 도장을 찍지 않아도 서로 신뢰한다. 서로 모든 지혜를 총동원하고 있는 힘을 다하며, 위험을 무릅쓰고 괴로움도 참아가면서, 마음 속으로 기뻐하고 즐거워하는

것, 이것이 큰 공을 세우고 이름을 크게 날리는 까닭이 된다. 진실로 혼자서는 공을 이룰 수 없다.'

朝野懽娛(조야환오) 즉 조정의 관리들이나 일반 백성들이 다들 좋아라 하였다. 왜 모두들 좋아라 하였겠는가? 정치에서 "무위"의 개념을 실천해서-縱以(종이), 정치가 깨끗하고 투명했기 때문이 아니었는가?

요순우 시대와 같이, '해뜨면 일하고 해지면 쉬고 내 밭에 우물 파서 물 먹고, 내 밭 갈아서 먹으니 천하의 왕인들 내게 뭐라고 할 것이 있을까?' "日出而作 日落而息 鑿井而飮 耕田而食 帝力于我何有哉". "含哺鼓腹皆歡聲"(함포고복개환성). 한 나라가 잘 살려면 어떻게 정치를 해야 하는지 왜 조야가 환오하는지 그 내용과 이유에 대해서는 유신의 애강남부에서도 "於是朝野歡娛 池台鐘鼓" (어시조야환오 지대종고)의 표현으로써 그 핵심을 잘 묘사하고 있다.

無爲而無不爲

無爲無□□□ 결자 부분은 "無爲而無不爲 天下自和 淸寧無事" (무위이무불위 천하자화 청녕무사)라는 표현으로 메꾸어진다. 하지 않아도 될 일을 억지로 시키거나 거짓으로 일을 꾸며내서 조작하거나 공치사하지 않고, 하지 않아야 될 일은 할 필요가 없으니 사람들이 다들 좋아라 하는 것 아니겠는가? 무위(無爲)의 개념을 실천하면 세상이 맑고 깨끗해지기 마련이지 않는가? 이는 역사를 통해서도 입증이 된다.

무위의 개념은 노자도덕경 제45장의 淸靜爲天下正(청정위천하정)의 개념으로 설명된다. 거짓으로 꾸미거나, 가리고 은폐하는 것은 불평과 원망을 사게 마련이지 않는가? 맑고 깨끗하게 만사를 투명하고 공정하게 처리하면 천하가 바르게 선다. "무위"의 정치이념 개념에 대해서는 수많은 석학들이 수없이 분석하고 갈파해왔다. 무위의 가장 기초적인 개념은 '조작을 하지 않는 것'에 있다. 내가 삼국사기, 삼국유사의 조작질에 분노하고, 그것의 연원을 명백하게 밝히는 첫 번째 이유와 동기가 여기에 있다.

노자도덕경 제38장의 개념을 보자. "上德無爲 而無以爲 下德爲之 而有以爲" (사덕무위 이무이위 하덕위지 이유이위). '높은 덕을 가진 사람은 하려고 함이 없으므로 조작질을 시도할 필요성이 없다 낮은 덕을 가진 사람은 억지로 일을 꾸미려고 하니 조작을 하게 된다.'

또 노자도덕경 제48장의 구절을 보자. 도를 행하면 일들이 줄어드는데, "損之又損 以至於無爲 無爲而無不爲" (손지우손 이지어무위 무위이무불위), '줄고 또 줄어 하는 일이 없게 된다 이 경지에 이르면 기어이 해야 할 일이 없어지고 또 굳이 하지 않아도 될 일 또한 없게 된다.'[87]

縱以無爲

縱(종)은 放任(방임), 不拘束(불구속) 즉 구속하지 않는 것을 말한다. 縱以無爲(종이무위)는 오늘날의 정치이념으로 치면, 자본주의, 자유민주주의, 자유 방임주의에 들어맞는다. 無爲無不爲(무위무불위)의 개념에 대해선 道德眞經傳序(도덕진경전서), 운급칠첨의 총서도덕 부분의 설명을 참조하라. "夫惟老氏之術 道以爲體 名以爲用 無爲無不爲 而格於皇極者也" (陸希聲, "道德眞經傳序").

值天下之無爲

자유민주주의 사회는 '자치'[88] 개념에 기초한다. 자화, 천하자화, 天下自治(천하자치)의 개념에 개인과 사회와 국가의 발전의 길이 놓여 있으므로 현인양재의 훌륭한 인재를 구해서 쓰는 것이 필요하다. 인간 사회는 비단에 염색물이 순식간

87) Less and less is done until one reaches non-action. When nothing is done, nothing is left undone.
88) Self-governance, self-government, or self-rule.

에 번지듯이 역병이 한순간에 퍼져나가듯이 서로 주고받는 영향력이 매우 크다. 당태종의 제범 제3구현(求賢)편에 "夫國之匡輔 必待忠良 任使得人 天下自治" 구절이 나온다.

유신의 애강남부에서 천하를 무위의 개념에 따라서 정치해야 할 것이라고 주장하였다. 그 구절을 보자. "值天下之無爲 尚有欲於羈縻". 值(치)는 수치, 가치라는 단어들에서 잘 알다시피, 그만한 값어치, 밸류(value)가 있다는 뜻이다. 이런 측면에서 마땅하다는 當(당)의 뜻이 있다. 羈(기)는 말 굴레, 고삐, 羈絆(기반)을, 絆(반)은 올가미, 덫, 채를, 縻(미)는 소를 매는 고삐, 밧줄을 뜻하는 낱말이니 羈縻(기미)는 굴레, 고삐를 뜻한다.

우리 사람들은 말고삐를 자기가 쥐려고 하는 욕구가 있지 않는가? 그런 인간의 속성을 존중하는 것이 마땅하지 않을까? 그렇다. 스스로 굴러 가게 만드는 것 아닌가? 우주만물을 보라. 누가 명령해서 누가 강요해서 그렇게 돌아가는가? 우주 천체 만물이 제 스스로 돌아가듯이 정치 또한 마찬가지이다. 강요하지 않고 조작하지 않고 인간의 자기 이익 추구 본성에 맞게 스스로 알아서 처리하게 만드니 행정 관료나 일반 백성이든 세상 사람들 모두가 그것을 좋아라 한다는 것 아닌가?

사람은 자기이익에 따라가는 존재이니 제 스스로 알아서 자기 뜻대로 스스로 하게 만들어라. 강요하거나 윽박지르면 아니되고, 잘 구슬려야 한다. 사람들은 말고삐를 자기가 직접 쥐려고 하는 욕구가 있다는 것을 언제나 잊지 말고 그것을 존중해 주어라.

비문의 23행 구절의 뜻은 이와같이 유자산의 애강남부의 구절에서의 의미하고 상통한다. 우리 사람들은 자기 이익에 따라 사는 존재이니 자기 하고 싶은 대로 자기 스스로 알아서 처리하도록 내버려두어도 잘만 돌아간다는 것 아닌가? 저 유명한 경제학의 태두 아담 스미스의 '자유방임주의'의 내용 그대로이다. 그런데 아담 스미스의 "국부론"이 언제 출판되었는가? 겨우 1776년이었다. 반면 우리는 그보다도 2천년 전에 이미 국부론을 이론적으로 실제적으로 국정으로 반영했던 관중이 있었고, 그처럼 문무왕이 존재했었다.

자기 이익추구 본능(self- interest)과 사람의 행동을 결정짓는 최후의 판단자

아담 스미스의 인구에 회자되는 저 유명한 구절을 다시 보자. "우리가 식사를 할 수 있는 것은 정육점, 양조장, 빵집 주인의 자비심에 의한 것이 아니라 그들 자신들의 이익에 대한 관심 때문이다."[89]

하지만 아담 스미스가 말한 "보이지 않는 손"의 개념은 "자기 이익을 추구하는 인간의 자기애의 본성"에만 머무르는 개념이 아니었다. 양심 또한 보이지 않는 손의 힘에 속한다. 양심에 대해 자세하게 논하고 있는 도덕감정론의 3부3장의 한 구절을 간단하게 인용하면 다음과 같다.

사람들의 소극적인 감정은 거의 언제나 이처럼 야비하고 이처럼 이기적일 때, 어떻게 사람의 적극적인 원칙들은 흔히 그처럼 관대하고 그처럼 고귀할 수 있는가? 사람들이 언제나 다른 사람들에 관련된 일보다도 자기 자신에 관련된 일에 의해 훨씬 많은 영향을 받는다면, 무엇이 자선을 베푸는 사람들로 하여금 모든 경우에, 그리고 일반 사람들로 하여금 많은 경우에, 다른 사람들의 더 큰 이익을 위하여 그들 자신의 이익을 희생시키도록 촉구하는가? 자기애의 가장 강한 충동에 대항할 수 있는 것은 휴머니즘의 물렁한 힘이 아니며, 신이 인간의 마음에 밝혀준 박애정신의 약한 불꽃도 아니다. 이러한 경우에 요구되는 것은 보다 강렬한 힘이고 보다 강제력있는 동기이다. 그것은 이성, 법칙, 양심, 가슴 속의 살아 숨쉬는 것, 인간 내면의 흉중에 있는 것, 사람의 행동을 결정짓는 최후의 판단자이고 조정자이다.[90]

여기에 참고가 될만한 코멘트를 간단히 덧붙인다.

---

89) "It is not from the benevolence of the butcher, the brewer, or the baker, that we expect our dinner, but from their regard to their own interest."

90) "It is reason, principle, conscience, the inhabitant of the breast, the man within, the great judge and arbiter of our conduct."

막스 베버는 그의 저서 "프로테스탄트 윤리와 자본주의 정신"의 제목에서 시사하는 바와 같이 경제적 이해와 정신과의 관계를 도출했는데 그 분석으로 일약 세계적으로 유명한 학자가 되지 않았는가? 베버는 "사상이 역사의 실질적 힘이 된다"는 것을 논증하였는데 그것은 "사상이 경제적 상황의 반영이나 또는 상부구조로서 기능한다"는 마르크스 견해를 반박하는 것이었다. 막스 베버는 사람들의 행위 선택이 개인의 경제적 이익 추구에 따라 합리적으로 행동한다고 여기며 "호모이코노미쿠스-경제적 인간론"을 주장하였다. 그러나 무엇이 자신에게 이득인지에 대해 사람들이 이해하는 방식, 다시 말해 이익이 지닌 의미는 문화나 관념에 기초한다고 주장했다. 베버는 문화를 "railroad switchman"(철로의 전철수)와 같은 것이라고 파악했다. 베버의 말을 인용하면 각주와 같다.[91]

"관념이 아니라 물질적 또는 이념적 이해관계야말로 인간의 행위를 직접 지배한다. 그러나 관념(ideas)으로 만들어진 세계상(world image)이 이해관계(interests)의 동학에 의해 추진된 행위의 경로를 마치 철로수(switchman)처럼 바꾸어 놓는 경우도 매우 빈번했다."

23행

□□□□	
朝野懽娛	조정의 관리들이나 일반 백성들이 다들 좋아라 하였다.
縱以無爲	강요하거나 구속하지 않고 자기 스스로 하게 만들고,
無□□□- 無(不爲而 格於皇極者也)	무위의 정치 이념에 따라서 나라 전체가 스스로 굴러 가게 만드니, (사람들은 본성대로 제 스스로 알아서 자기 일을 해나갔고 그리하여 국가와 백성은 날로 부강해지고 잘 살게 되었다. 무위의 사상이 천하를 통치하는 제왕의 원칙으로 적합하다.)

91) "Not ideas, but material and ideal interests, (this) directly govern men's conduct. Yet very frequently the 'world images' that have been created by 'ideas'have, like switchmen, determined the tracks along which action has been pushed by the dynamic of interest".

24행 민족중흥 오태백(吳泰伯)은 누구인가?

▨▨▨▨▨▨▨▨▨貺更興泰伯之基德▨▨▨

국편위 번역: 진백(秦伯)의 터전를 다시 일으켰다. …

추홍희 해석: 오나라 시조 오태백은 덕치에 기반하여 새나라를 건설했는데, 그와같은 도덕정치로 민족 중흥의 선물을 가져다 주었다.

국편위는 글자 판독을 "秦伯"(진백)으로 하였으나, 정확한 판독글자는 진백이 아니라, 유희해의 판독대로 "泰伯"(태백)이 옳다.

▨貺更興

貺황은 선물을 주다, 선사하다, 베풀다의 贈(여) 賜(사)의 뜻이다. 更興(경홍)은 復興(부홍) 中興(중홍)과 같은 말이다. ▨貺更興은 민족 중홍의 선물을 가져왔다는 뜻이다. 민족 중홍은 그 바탕인 민족 정신의 부활을 의미한다. 그것은 정신적 복록이고 축복인 것이다. 이런 의미를 갖는 단어는 靈貺(영황)이다. 영황의 사전 풀이는 神靈賜福(신령사복)이다. 승선태자비 가운데 "白魚呈貺"이 나온다. 靈貺(영황)이 쓰인 예는 후한서 광무기찬의 "世祖誕命 靈貺自甄", 이신의 시에 "瑞彰知有感 靈貺表無災"의 구절이 찾아진다. 따라서 ▨貺更興의 결자부분은 "靈貺更興"(영홍경홍)으로 메꾸어서, '민족 중홍의 선물을 선사하였다'고 해석된다.

"更興泰伯之基"(경홍태백지기)를 국편위는 "진백(秦伯)의 터전를 다시 일으켰다"고 해석했으나, 이 문장은 '오나라 시조 오태백은 덕치에 기반하여 새나라를 건설했는데, 그와같은 도덕정치로 민족 중흥의 선물을 가져다 주었다'는 의미이다. 국편위는 "泰伯"(태백)을 "秦伯"(진백)으로 오판했다. 비문앞면24행의 "泰伯之基"에 대해서 국편위는 "秦伯"(진백)으로 판독했으나, 저자는 "泰伯"(태백)으로 판독하고 오나라 시조 오태백으로서 해석하여 '민족 중흥'의 의미와 그 조건을 풀어냈다.

泰伯之基

泰伯(태백)

泰伯(태백)은 오나라의 시조 오태백을 지칭한다. 오월춘추의 오태백전, 사기의 오왕세가를 참조하라. 왜 사마천이 오태백을 세가 중 맨 첫 번째로 올려 놓고 추앙했는지 그 이유가 무언가 있지 않았겠는가? 정치이념이 다른 공자가 왜 오태백을 논어에 기술하고 칭송했겠는가? 德(덕)의 정치를 펼쳐서 천하의 인심을 얻고 나라를 부강하게 만들었던 오태백이었다. 오태백은 덕의 대명사인 것이다. 오태백의 정치 기초는 德治(덕치)에 있었다. 성인군자의 대명사 오태백의 정치이념의 기초인 덕화의 물결이 다시 부흥하게 되는 큰 선물을 받게 되었다는 의미가 비문의 내용으로 보인다. 이런 후사는 바로 조상의 음덕이 아니겠는가? 오태백의 天下三讓(천하삼양)의 미덕은 김춘추의 천하삼양 고사로 이어진다. 김춘추가 하늘에서 그냥 떨어진 사과가 아니지 않는가? 훌륭한 선조 오태백의 후손이기 때문에 오태백의 부활의 그의 화신으로 이해되어야 하지 않을까? 민족중흥의 황금시대의 부활은 누구에게 달려 있을까? 천의인가? 인사인가?

도와 덕의 정치 개념에 대해선 운급칠첨의 총서도덕(總敘道德) 부분을 참조하라.

진백 秦伯

秦伯(진백)은 민족중흥의 기틀을 닦았다는 의미로는 적합하지 않는 말이다. 왜냐하면 진백은 주나라가 쇠퇴한 결과로 나타난 역사이기 때문이다. "平王之时 周室衰微 諸侯强并弱 齊 楚 秦 晋 始大 政由方伯". 주평왕(周平王, BC 781-BC 720)은 BC 770년 주나라 수도를 낙읍으로 옮기는 동천을 단행했다. 귀족들의 발호가 심해지자 천자국인 주나라가 쇠약해지고 대신 제후국들인 초나라 제나라 진나라가 강성해졌는바, 함곡관 서쪽의 하서 지방은 주양왕(周襄王) 때 진나라를 "秦伯"(진백)으로 봉해서 서쪽의 우두머리 제후국으로 강성해지고, 결국 춘추전국시대 들어서 진(秦)·연(燕)·제(齊)·초(楚)·한(韓)·위(魏)·조(趙)의 전국칠웅(戰國七雄)이 나타나 최강대국 진나라에 대항해서 합종연횡책을 구사하면서 서로 패권을 다투는 혼란을 거듭하게 되었다.

秦伯嫁女(진백가녀)

또 진백가녀(秦伯嫁女)라는 고사성어의 의미에서도 진백을 민족중흥의 의미로써 쓸 수 없다. 진백가녀(秦伯嫁女)는 진(秦) 목공(穆公)이 진(晋)나라와 결맹을 맺고 자기의 딸을 진나라 공자에게 시집을 보낼 때 금은비단으로 화려하게 치장한 시녀들을 70명이나 함께 딸려보내면서 진공자가 자기 딸을 어여삐 봐줄 것으로 기대했으나 오히려 정반대로 진공자는 공주 대신 딸려온 시녀를 사랑해버리는 바람에 애초에 기대한 결과가 망쳐지게 되었다는 고사에서 실질은 도외시하고 겉만 화려하게 겉치레하려는 속빈 생각을 질타하는 의미를 가졌기 때문이다. 겉치레를 배격하는 사상을 강조하였던 묵자와 한비자 또한 당연하게 진백가녀를 질타했다.

결자된 부분을 문맥상 의미로 추측하여 메꾸어 본다면 다음과 같다. (則必靈典)貺更興 秦伯之基 德(化祥流).

24행

▨旣更興- (靈)旣更興	민족 중흥의 선물을 선사하였다
泰伯之基	오나라 시조 오태백은 덕치에 기반하여 새나라를 건설했는데
德▨▨▨- 德(化祥流)	그 덕치의 (정치와 문화의 바람이 강물의 흐름처럼 부단하게 흘러내려)

학자적 양심과 올바른 학문적 태도

"신라인들은 왜 삼국통일의 위업을 달성하는 과정에서 자신들을 흉노로 자처했을까?"92) 이런 비과학적이고 거짓된 글들이 대학 교수라는 타이틀을 달고 학자적 탈을 쓰고 인터넷에 범람하고 있다.

이렇게 학문적 근거가 미약하고 부실한 글들로 점철하면서 (왜냐하면 학자의 의무는 자신의 이전에 제기된 사실 예컨대 문무왕릉비문의 글자가 "진백"이 아니라 "태백"이라는 사실(팩트)는 1832년에 알려졌고 또 그 팩트가 1873년과 1881년에 세상에 공표된 책에 의해서 이미 제기된 것은 사실이므로 이러한 사실을 검토하지 못한 학자라면 그 연구의 부실에 대한 책임을 면하기 어렵다) 여지껏 식민지 기부 기득권층 쓰레기들이 쌓아올린 역사학 적폐들이 일거에 일소될 것이다. 거짓과 혼란을 부추기는 말세의 혼탁을 일거에 쓸어 버리고자, 이순신 장군의 맹서문 "三尺誓天 山河動色 一揮掃蕩 血染山河" (삼척서천 산하동색 일휘소탕 혈염산하), "삼척장검을 들고 하늘 앞에 맹세하니 강산도 감동하여 색깔을 바꾸는도다"의 결기를 담은 저자의 국편위를 정면으로 통박하는 실증주의 문언 해석 결과가 세상에 나왔기 때문이다.

한겨레 신문 2020년 5월29일 게재된 글에서 "신라 문무왕 비문 등에 중국 서북

---

92) http://www.hani.co.kr/arti/PRINT/947012.html.

지역에서 살던 흉노의 후손이라 적시"되어 있다고 주장하고, 또 "문무왕릉비에는 신라인이 생각하는 자신들의 기원을 더 구체적으로 추정할 수 있는 글자도 있다. 그의 비에는 진백(秦伯)이라는 사람도 나온다. 이 이름은 '진목공'(秦穆公)을 의미하는데 그는 진시황의 22대 선조로 중국 서부에서 유목민들을 평정하고 진나라를 강대국으로 만들었다."라고 이렇게 주장하고 있는 학자들이 있다.

그렇다면, 이런 가짜 지식인들의 거짓된 주장을 밑받침하는대로 정말로 문무왕릉비 비문에 "진백(秦伯)"이라는 문구가 나올까? 다시한번 살펴보자. 문무왕릉비 탁본에 의거 판독한 유희애의 비문판독문을 똑똑히 보라.

문무왕릉비 비문 글자는 "진백(秦伯)"이 아니라 "泰伯"(태백)이라는 글자가 분명하지 않는가? 그렇다면 한겨레 신문 게재(2020.5.29.) 글과 같이 명색이 사학과 대학 교수라는 타이틀을 갖고 쓴 글들이 그동안 주구장창 외쳐왔던 근거가 장평대전의 기왓장이 무너지듯 한 순간에 와르르 무너지게 된다. 팩트가 무너지면 결론이 무너지게 되는 증거법칙에 대한 확률적 의미를 설명하는 저자의 아래 글을 참조하라.

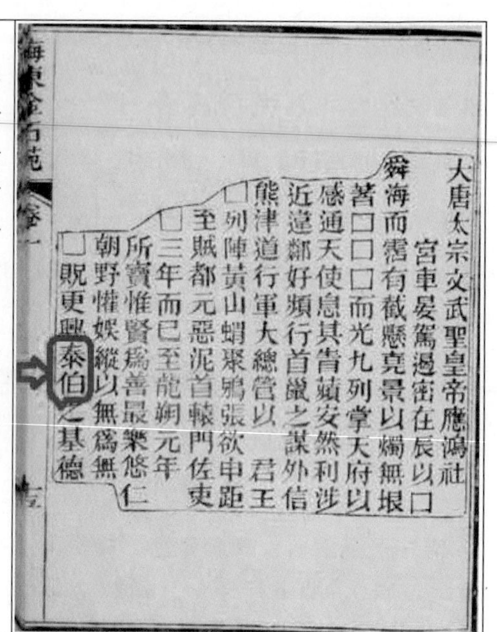
海東金石苑 卷一

大唐太宗文武聖皇帝應鴻社
宮車晏駕遏密在辰以□
舜海而霑有截懸堯景以燭無垠□
著□□□而光九列掌天府以
感通天使息其眚蘋安然利涉
近違鄰好頻行首鼠之謀外信
熊津道行軍大總管以 君王
□列陣黃山蝟聚鴟張欲申距
□至賊都元惡泥首轅門佐吏
□三年而已至龍朔元年
所寶惟賢為善最樂悠仁
朝野懽娛縱以無為無
□既更興泰伯之基德

문무왕릉비 비문의 글자는 "진백(秦伯)"이 아니라 "泰伯"(태백)이다. 따라서 일제식민지사학자들 그리고 그들의 지도 아래 성장한 한국사학자들이 그동안 국사학계를 장악하면서 쌓아놓은 적폐가 하루아침에 와장창 무너지게 된다.

국편위가 여지껏 문무왕릉비 판독 근거로 삼거나 현재까지 국편위가 소장하고 있는 탁본 근거 판독문은 1922년에 발간된 오흥유씨(吳興劉氏) 유승간(劉承幹, 1881-1963)의 희고루간본(希古樓刊本)이다. 이 유승간 발간본(劉喜海《海東金石苑》八卷, 《補遺》六卷, 《附錄》二卷)은 국편위가 스스로 인정하듯이[93], 시간적 가치 측면에서나 학문적 가치 측면에서 이전 시기에 출간된 다른 판본에 비해서 학문적 가치가 떨어진다. 그럼에도 불구하고, 우리나라의 실정은 2020년 5월 현재까지 네이버 지식백과의 기술 그리고 저자 문의에 따른 국편위의 답변에서 확인되는 바대로, 국편위는 저자가 정리표에서 서술한 1873년, 1881년, 1888년 중국에서 발간된 "해동금석원"의 서적들을 전혀 보유하지 못하고 있고 따라서 그만큼 매우 낙후되고 무척 나태한 기관에 머물러 있음이 노출되었다.

이에 저자는 정리표에서 알 수 있다시피, 국편위가 여지껏 공개하지 못한 1922년 유승간보유본보다 무려 40여년이나 앞서 발간된 "해동금석원"의 "문무왕릉비" 탁본 판독문을 한국 최초로 공개한다. 공개되는 판독문은 1881년 발간된 동무유씨 "海東金石苑"이므로, 국편위가 과거 언론에 공개했던 1922년에 발간 오흥유씨 유승간의 희고루간(希古樓刊)보다 무려 40여년이나 앞서 발간된 사료이므로 문무왕릉비 비문 해석에 대한 매우 유용한 자료로써 그 가치가 무척 높다. 국내학계에서 공개된바 없는 가장 앞선 시기에 출간된 탁본에 의거한 문무왕릉비 판독문을 일반에게 공개함으로써 새로운 사료 제공은 물론 그동안 학계의 학문 수행의 구겨지고 잘못된 관행으로 역사의 진실이 은폐되어 온 식민사학의 적폐를 쓸어내고 바로잡아 새로운 역사가 쓰여지기를 기대한다. 일제식민사학의 적폐에 물들지 않는 저자의 새롭고 논리적으로 역사적으로 정확한 해석이 식민사학의 적폐에 가위눌린 그동안의 잘못된 한국사를 발칵 뒤집어 놓는 반만년 한국사의 위대한 혁명을 불러 일으키지 않을 수 없을 것으로 판단하고 기대한다.

비문의 글자판독은 지금까지의 식민사학자들이 판단한대로의 "秦伯"(진백)이

---

93) "현재 국내에 알려진 劉承幹 印本 외에 학문적 가치가 뛰어난 판본이 중국 내에 존재하고 있지만, 국내에 보급되어 있지 않을 뿐 아니라, 후대의 어느 金石文集에도 소개되어있지 않은 상황이다.", 김애영, "海東金石苑 연구"(2008).

아니라 "泰伯"(태백)이다. 따라서 문무왕릉비 비문에는 "秦伯"(진백)이 나오지않고, 문무왕릉비에 나오는 글자는 " 泰伯"(태백)이다. 그리고 "泰伯"(태백)이 되어야 "泰伯之基德"(태백지기덕)이라는 문무왕릉비 비문 구절의 문맥상 의미가 올바로 해석된다.

그동안 식민사학자들의 비학문적 태도와 비학자적 양심의 결과들이 낳은 "신라인은 왜 스스로를 '흉노의 후예'라 불렀을까" 또는 "신라 문무왕 비문 등에 중국 서북지역에서 살던 흉노의 후손이라 적시"하였다는 이러한 잘못된 주장들은 곡신불사 영광불멸 문무왕과 당태종의 살아 있는 역사정신에 인도된 저자와 같은 진실의 추구자들이 추적한 실증주의적 문언해석의 업적에 따라서 일거에 멸지될 것이다.

25행 挹婁(읍루)족과 여진족과 만주족

▨▨▨▨▨▨▨▨▨▨▨▨▨▨之風北接挹婁蜂▨▨」

국편위 번역: 교화가 북으로 읍루(挹婁)에까지 접하니, 벌떼처럼 …□

추홍희 해석: (歸德)之風 덕으로 주변을 교화시키는 덕화정치의 바람이 산을 흔들듯이 세차게 불어서, 北接挹婁 북쪽으로 국경을 맞대어 있는 읍루까지 불어서, 蜂(翔吐飯) (호전적이던 읍루족이 마치 벌꿀이 만들어지듯이 완전히 변화해서 귀순해 왔고 감히 도발할 생각은 꿈에도 하지 못하고 그리하여 평화가 정착되고 서로 잘 살게 되었다.)

▨▨之風 北接 挹婁 蜂▨▨▨

歸德之風 搖山之風

歸德(귀덕)은 덕화정치 德政(덕정)으로 인해서 귀부(歸附) 귀순(歸順)해 온다는 뜻이다. 한나라 응초의 글에 "京師歸德 四方影附"의 예가 그것이다. 비문의 결자부분을 전후 문맥상 연결고리를 찾아서 추측하여 메꾸어 본다면, 歸德之風 搖山之風 北接挹婁 蜂翔吐飯의 의미가 들어 있다.

덕으로 주변을 교화시키는 도덕 정치가 산을 흔들 만큼의 큰 기세를 타고 북쪽으로 국경을 맞대어 있는 읍루(청나라를 건국한 여진족 만주족, 금나라를 건설한 말갈족의 선조)에까지 불어서 이들 읍루족이 완전히 변화되어 (우리들에게 귀부 귀순해 온 바 그리하여 평화가 정착되었다.)

蜂翔吐飯 봉상토반

吐飯蜂翔(토반봉상)은 吐飯成蜂(토반성봉)과 같은 말로써 사람이 완전히 변해서 새사람이 되었다는 뜻이다. 吐飯成蜂(토반성봉)의 의미를 오늘날의 개념으로 비유하면 "진화론"에 해당한다. 제3의 길을 여는 것과 같다. 사람은 변화 발전할 수 있다는 존재로 전제한다. 사람의 변화는 교육의 과정을 통해서 이루어지고 변화 발전된다. 다만 그 변화와 발전이 하루아침에 이루어지는 것은 아니라는 점이다. 벌꿀은 하루아침에 모아지지 않으며, 덕화와 교화는 시간이 걸린다. 로마는 하루아침에 세워지지 않았다. 교육이 시간이 걸린다고 해서 결코 포기할 수 없는 이유이다.

벌꿀은 어떻게 만들어지는가? 벌이 벌꿀을 만들어 내는 과정과 그 원리를 에라스무스가 잘 설명해 내고 있는데, 에라스무스가 들고 있는 벌꿀의 비유를 읽어보자.[94] 벌꿀이 만들어지는 과정을 반대의 측면에서 살펴보면 알겠지만, 개구리가 올챙이에서 나오듯이, 파충류가 탈각을 통해서 새로이 태어나듯이, 나비가 애벌레에서 나오듯이, 사람 또한 여러 변화 발전의 과정을 겪어서 온전한 인간이 만들어진다.

토반성봉의 어원을 설명하는 오숙의 봉부 蜂賦에서 인용주해를 보자. "蜂飛入口 悉復成飯".[95]

---

94) "자연계에서 한 예를 보자. 벌은 벌집에 꿀을 모이기 위해서 하나의 수풀에서 재료를 모와 오는가? 그게 아니라 벌은 온갖 종류의 꽃, 잡목, 수풀 모두를 정말 열심히 날아다니지 않는가? 또 벌이 모아온 것 그것이 바로 꿀이 되는 것도 아니다. 벌은 그들이 모아온 재료를 자신의 기관을 이용하여 액으로 변화시킨다. 그리고 얼마 후에 새로운 것이 만들어진다. 이렇게 새롭게 만들어진 것은 이전의 꽃이나 수풀이 가졌던 향기나 맛은 가려낼 수도 없을 정도로 모든 재료들이 적당한 비율로 서로 혼합된 것인데 벌은 이렇게 해서 새로운 물건을 만들어 낸다. 이와 마찬가지로 암양은 한 가지 풀로 뜯어 먹고서 우유를 만들어 내는 것이 아니다. 암소는 온갖 가지 풀을 뜯어 먹고 또 풀에서 즙을 짜내는 것이 아니라 그 즙에서 변화된 우유를 생산해 내는 것이다." (Erasumus, Ciceronianus (The Ciceronian) at 82).

95) (吳淑, 事類賦·蜂賦, 注引 葛仙公別傳). "仙公與客對食 客曰 當請先生作一奇戲 食未竟 仙公即吐口中飯 盡成飛蜂滿屋 或集客身 莫不震肅 但皆不螫 良久 仙公乃張口 蜂飛入口 悉復成飯".

당나라 왕계의 "吞刀吐火賦"의 구절 "且夫神仙兮不常 變化兮多方 或漱水而霧含 或吐飯而蜂翔"을 읽어보자.

사람은 변화 발전되는 존재-교육의 목적-덕화의 의미-나라와 민족도 마찬가지로 변화 발전한다

삼국사기 고구려본기에서 "四方聞之 來附者衆 … 靺鞨畏服 不敢犯焉"이라고 기술하고 있는데, 말갈은 읍루를 지칭하는 말이고, 따라서 靺鞨畏服(말갈 외복)은 '북쪽의 읍루가 귀순해 오고 또 감히 처들어올 생각은 아예 하지도 못했다'는 의미이다.

四方聞之 來附者衆 其地連靺鞨部落 恐侵盜爲害 遂攘斥之 靺鞨畏服 不敢犯焉(고구려본기, 동명성왕) (사방에서 듣고 와서 복종하는 자가 많았다. 그 땅이 말갈* 부락에 잇닿아 있어 침입하여 훔쳐 피해를 입을까 두려워하여 마침내 그들을 물리치니, 말갈이 두려워 복종하고 감히 침범하지 못하였다.)

호전적이었던 읍루족이 어찌해서 완전히 변해서 새사람이 되었고 신라에 귀순해 왔을까? 손님을 잘 대접해야 한다는 그 정치철학적 이유에서 찾을 수 있을 것이다.

"꿀먹은 벙어리"라는 우리속담이 있는데, 꿀을 입에 바르면 양 입술이 붙어서 말을 못하게 입이 닫혀진 모습에서 그런 말이 생겨났는지는 모르지만, 입에 꿀이 흐르면 여자 입술처럼 상대방을 유혹하는 그래서 침샘이 꿀컥할 정도일테고 따라서 입술에 벌꿀의 윤택이 흐른다는 것은 말을 잘 한다는 의미일지 모른다. 사실 꿀벌이 꽃을 찾듯이 상대방이 입으로는 교묘하게 좋은 말로 구수리고 마음 속에는 다른 흑심을 품고 있는 것을 의미하는 口蜜腹劍(구밀복검)의 고사성어가 있다. 입에 꿀을 바른듯한 말은 자기 속내를 감추고 상대방에게 감언이설로 꼬시는 것을 이른다. 양약은 입에 쓴 법인데 입에 쓰면 뱉고 달콤한 벌꿀 같은 감언이설에 꼬드겨 넘어간다면 어떻게 되겠는가? 말벌의 침샘에 쏘여서 퉁퉁 부어 오르거나 까닥 잘못하면 목숨까지 잃고만다. 북방민족의 속임수나 달콤한 미끼에는 경계를 늦추어서는 아니되지만 상대방을 덕으로써 교화시키려는 노력을 포기해서도 아니된다. 누구에게나 어디서나 항상 교만하지 않고 상대방을 설복시키는 태도가 요구된다. 이런 대외 외교 정책은 외유내강의 철학에 기인한다.

봉상토반- 握髮吐哺(一沐三握髮 一飯三吐哺)

주공단이 자신의 아들을 노나라 제후로 봉하면서 인재를 널리 구하고 후대하며 결코 교만하지 말라는 엄명을 내렸는데, 이처럼 천하의 권력을 손안에 두고 있는 최고의 권세가도 자식을 가르칠 때는 교만함과 오만함을 경계했다. 하물며 보통 사람이 교만하고 오만한 자식을 내버려둔다면 어떻게 되겠는가? 남도 아니고 바로 자신의 부모로서 사랑하는 자식을 망치는 결과를 초래할지 모른다. 그래서 명심보감은 훈자(訓子)편에서 다음의 경구로써 재삼강조하였다: "憐兒多與棒 憎兒多與食"(련아다여봉 증아다여식), '아이를 사랑하거든 회초리를 들고, 아이가 밉거든 먹을 것을 더 주라.' 요사이 자녀가 비만스러워지는 것을 경계하는 바와같이, 아이가 배부르면 게을려지고 나태해지기 쉽다.

"나는 주나라 문왕의 아들이요, 무왕의 동생이며, 주나라 제2대왕인 성왕(BC 1055-BC 1020)의 숙부로서, 세상에서 둘째가라면 서러울 정도로 최고 권력자이다. 하지만 나는 머리를 감다가도 손님이 오면 머리채를 양손으로 감싸고 손님접대하기를 하루에도 세 번씩, 밥을 먹다가도 손님이 오면 밥상을 물리치고 즉시 손님응대하기를 하루에도 세 번씩, 이렇게까지 절실하게 유능한 인재를 모시기에 열과 성을 다했다. 유능한 인재를 구해서 모시지 못할까 노심초사 전전긍긍했다. 이제 천부의 혜택을 받은 땅 노나라의 제후에 봉해졌으니 나라안에 누구라도 교만한 사람이 결코 나와서는 아니된다는 점을 명심하여라."[96]

---

96) 사마천, 사기, 魯周公世家(주노공세가), "而使其子伯禽代就封於魯 周公戒伯禽曰 我文王之子

北接 挹婁 북접 읍루

挹婁(읍루)는 민족적으로 구분하면 청나라를 건국한 여진족, 금나라를 건설한 말갈족의 선조에 해당한다. 청나라가 국호를 후금으로 정했던 사실이 말해주듯 청나라는 금나라를 건국했던 여진족의 후손이고 이들은 청나라 건설 이후엔 만주족으로 불리게 된다. 이들의 총칭은 흉노족에 속한다. 읍루라는 명칭은 흉노족을 한나라 때 부르던 이름이다. 당나라 때는 이들을 말갈족으로 불렀다. 국편위의 주해를 인용하면 다음과 같다: "靺鞨은 隋·唐代에 불리웠던 명칭으로 '靺鞨'이 중국기록에 처음으로 보이기 시작한 것은 《北齊書》 부터이다."[97]

삼국사기는 "읍루"를 "말갈"로 바꿔쓰기하였다.

"四方聞之 來附者衆 其地連靺鞨部落 恐侵盜爲害 遂攘斥之 靺鞨畏服 不敢犯焉". (고구려본기, 동명성왕), (사방에서 듣고 와서 복종하는 자가 많았다. 그 땅이 말갈* 부락에 잇닿아 있어 침입하여 훔쳐 피해를 입을까 두려워하여 마침내 그들을 물리치니, 말갈이 두려워 복종하고 감히 침범하지 못하였다.)[98]

동명성왕 때 접촉한 북쪽의 말갈이란 족속은 당시 한나라 때의 명칭으로는

武王之弟 成王之叔父 我於天下亦不賤矣 然我一沐三捉髮 一飯三吐哺 起以待士 猶恐失天下之賢人 子之魯 愼無以國驕人".

97) 국편위, 삼국사기 고구려본기 동명성왕 번역, "퉁구스 계통의 종족으로 중국 史書에서 秦·前漢代에는 肅愼, 後漢·魏代에는 挹婁, 北魏代에는 勿吉이라 하였다. 靺鞨은 隋·唐代에 불리웠던 명칭으로 '靺鞨'이 중국기록에 처음으로 보이기 시작한 것은 《北齊書》 부터이다. 따라서 본문에서 동명왕대에 이미 고구려가 말갈과 접촉한 것으로 쓰고 있는 것은 사실과 맞지 않는 것이다. 이후에도 《삼국사기》에는 말갈이 간혹 나오는데, 隋•唐과의 전쟁 시기 이전에 보이는 말갈은 '僞靺鞨'로서(정약용, 《강역고(疆域考)》 권2 《말갈고(靺鞨考)》, 《여유당전서》 6집), 이는 濊(濊貊)를 가리킨다는 설(이병도, 《국역 삼국사기》, 19쪽)이 지배적이다. 특히 본문의 동명왕 시기의 말갈은 挹婁를 말하는 것으로 후대의 칭호가 치환된 것으로 보는 견해가 있다(鳥山喜一). 말갈은 그 종족의 일부(白山靺鞨•粟末靺鞨 등)가 고구려와 발해에 복속되었다."

98) Ibid.

“挹婁”(읍루)에 해당하므로, 국편위의 주해에서 인용하는 일본인학자의 견해와 같이 “(삼국사기)본문의 동명왕 시기의 말갈은 挹婁를 말하는 것으로 후대의 칭호가 치환된 것으로 보는 견해”가 옳다.[99)]

문무왕 때는 당나라 시대인데 왜 한참 이전인 한나라 때 부르던 “挹婁”(읍루)라는 명칭을 고수하고 있을까? 그 이유는 그만큼 신라는 독자성이 강하고 전통을 유지해 왔다는 반대 증거가 아니겠는가? 중국의 동북쪽에 자리잡고 있었던 숙신 부여 읍루 말갈 물길 여진 만주족은 중국과 직접적으로 국경을 맞대고 있는 변경국가인 관계로 중원의 왕조의 교체기에 따라 민족의 흥망성쇠가 부침을 거듭하였다. 같은 민족 중에도 주전파와 주화파로 나뉘고 각자의 처한 상황 때문에 동화되고 사라진 지파들이 대부분이었다.

하지만 기본적으로는 중국의 서북쪽에서 침입하는 서하 흉노족은 오늘날 아프카니스탄이 오랜 외세 지배에 대해 반감을 갖고 호전적이듯 이들 유목 민족은 대체적으로 호전성이 강하다. 종교적으로는 서쪽으로는 오늘날의 이슬람이고 동쪽으로는 그 이전에 불교가 이들의 종교이었다. 말갈족의 금나라, 거란족의 요나라, 몽고의 원나라, 여진족 만주족의 청나라 등은 기본적으로는 서하, 서강, 숙연, 돌궐, 선비, 읍루, 흉노 제국에 해당한다. 시대에 따라서 족속 명칭이 바뀌어서 혼란이 생기는 측면도 있는데, 한나라 때 읍루, 위진시대 돌궐, 당나라 때 말갈, 송나라 고려시대 조선시대 때 여진, 청나라 때 만주족으로 명칭들이 바뀌었을 뿐 흉노종족의 기본적인 맥은 유지해 왔다. 발해는 고구려가 망한 이후 고구려 계통 말갈족이 세운 나라이었다.

蜂王(봉왕) 여왕벌

“蜂▨▨▨” 결자 부분을 “蜂翔吐飯”(봉상토반)의 의미로 추측할 수 있다고 앞

---

99) Ibid.

에서 논했는데, 이러한 해석을 더불어 밑받침하는 다른 말을 찾아보면, "蜂王"(봉왕)이라는 단어로 메꿀 수 있다. "蜂王"(봉왕)은 여왕벌이라는 우리말이 있듯이, 일족 가운데 최고위 인물 추장(chief) 즉 "首領"(수령)을 말한다. 당 이조위의 유의(柳毅)전에 나오는 "王久不至"(왕구부지)의 의미가 봉왕 즉 치프(chief), 수령의 의미로 쓰였다.

"北接挹婁蜂王"(북접읍루봉왕)의 의미는 오늘날로 치면 (한민족 개념을 차치하고 법치국가 자유민주주의 국가 체제와 반대되는 북한의 공산사회주의 비사법국가 독재체제이라는 측면에서 적대적인 국가체제이고 적성국이다) 북한의 백두혈통의 김씨 "수령"과 비슷하다. 북한은 오늘날도 "수령"이라는 말을 쓰고 있다.

"北接挹婁蜂王"(북접읍루봉왕)은 '북쪽으로 국경을 맞대어 있는 읍루족의 수령이 (귀순해 왔다)'는 의미이다.

25행

之風- (歸德)之風 (搖山) 之風	덕으로 주변을 교화시키는 덕화정치의 바람이 산을 흔들듯이 세차게 불어서
北接挹婁	북쪽으로 국경을 맞대어 있는 읍루까지 불어서
蜂 - 蜂(翙吐飯)	(호전적이던 읍루족이 마치 벌꿀이 만들어지듯이 완전히 변화해서 귀순해 왔고 (감히 도발할 생각은 꿈에도 하지 못했고 그리하여 평화가 정착되고 서로 잘 살게 되었다.)

삼국 정립 시대가 아닌 남북국 시대 관점 필요성

삼국사기는 많은 부분에서 실제적인 역사에 부합되지 않고, 또 가장 중요한 내용과 부분들에서 역사를 교묘하게 조작하였다. 삼국사기는 많은 부분에서 거짓과 조작이 가미되고 편집되고 가공되고 희화화되고 진실이 탈루된 조작과 망작의 위서에 해당한다.

읍루족 가운데 신라에 귀순하지 않고 구당서가 서술하였듯이 고구려의 풍속을 유지하고, 별도의 왕조를 체제를 세웠던 발해국은 당나라와 통일신라가 망한 이후 고구려를 계승한 고려에 귀순하였다. 이런 측면에서 한반도의 역사 시대 구분의 관점은 현재 많은 사람들이 무의식적으로도 갖고 있는 "삼국"시대 즉 삼국 정립 시대가 아니라, "남북국" 시대로써 전체 역사를 새롭게 재조명하고 리얼하게 바라보는 통합적 시각을 요구한다. 삼국의 정립 시대가 아닌 남북조 대치의 양강구도적 역사 관점은 정치적 이념 구분 측면에서도 유용한 시각이다. 미국의 정치 지형도 링컨대통령의 남북전쟁에서부터 오늘날의 공화당과 민주당의 남북국 보수와 진보의 양진영 대결 구도요, 일본도 막부 체제가 성립하던 시기에 벌어졌던 남북조 정통성의 전쟁 역사가 말해주듯 존왕양이 쇄국과 개방의 그네타기요, 중국의 역사도 장강을 양계로 유교대도교의 남북조 시대요, 한국도 읍루발해대신라 남북국 시대이다. 따라서 여야대립적 양체제 관점으로써 정치 경제 사회 문화의 심층적 구조를 이해하려는 노력이 오늘날에는 더욱 절실하게 필요하다.[100]

---

100) "They soon split up into groups, and whereas some work peacefully together, others violently rebel. The boys' behavior symbolizes the broader human struggle between the civilizing instinct to obey rules and behave morally and the savage instinct to attain power, ignore moral rules, and act violently." "그들은 곧 두 무리로 나뉘어져, 한 쪽은 평화롭게 일하고, 다른 쪽은 폭력적으로 반항한다. 소년들의 행동은 규칙을 따르고 도덕적으로 행동하는 문명화된 본성과, 권력을 얻고 도덕 규칙을 무시하며 폭력적으로 행동하는 야만적인 본능 사이의 보다 광범위한 인간 투쟁을 상징한다." (윌리엄 골딩의 "파리대왕" 소개 다음 아고라 글에서 인용).

만주사관

"만주족"은 우리 민족과 요순시대 때부터 북쪽에 국경을 접해 살아 온 북방 오랑캐를 지칭하는 말이다. "만주"는 청나라 때부터 부른 이름이고, 청나라가 세워진 병자호란 이전까지는 "여진" 족이라는 이름으로 잘 알려진 북방민족의 지칭이다. 여진족이라고 하면 고려시대의 역사 그리고 이순신 장군이 녹둔도 만호를 지낸 시절 국경을 침범하는 여진족을 몰아내고 우리 강토를 지켜낸 역사를 상기한다면 여진족이 북방 오랑캐족속임을 누구라도 쉽게 이해한다.

그런데 그런 똑같은 여진족들이 청나라 대국을 세우고 난 후 "만주"족으로 호칭을 바꾼 이후 그리고 특히 일제가 조선을 집어 삼켜 먹고 만주를 경략하기 위해서 한민족을 만주족과 같은 동족으로 내세우는 만선일체의 역사조작이 이루어진 일제시대를 겪으면서 만주족이라고 부르면 여진족과는 다른 민족이고 우리나라 한민족이 마치 만주족과 동족인냥 잘못된 인식을 확산시켜 오고 말았다.

일제가 대륙 침략의 목적을 달성하기 위해서 "만선일체" 즉 (만주+조선)이라는 식민지 역사 조작을 동원했는데 이를 통해서 만주족이 마치 한민족과 동류이고 원류인냥 만주족을 청나라 왕정이 거짓으로 기술해낸 역사책의 의도에 입맞춰 만주족을 미화시켜 왔다. 일제의 만주경략의 목적에 크게 이바지한 역사서 가운데 하나가 신채호의 "조선상고사"이었다. 만선일체의 식민지 경략 이념이 짙은 대표작 "조선상고사"는 일제가 1931년 만주사변을 일으키고, 1932년 일제괴뢰정권인 만주국을 세우고, 중국침략을 본격화하던 시기에 일제하의 신문 조선일보가 1931년 6월 10일부터 103회 연재하였던 책이다.

신채호는 "도둑을 끌어들여 형제를 멸하게 한 자"라며 김춘추를 혹평했고, 연개소문을 높이 평가하면서 김춘추는 대한민국의 국토 경계선을 한층 남쪽으로 낮게 가져왔다며 신라의 삼국 통일을 비판했다. 하지만 신채호는 역사적 본질을 제대로 분석하지 못했고, 불교를 도교와 동일시한 큰 잘못을 범했다.[101] 또 신채호의 이런 생각은 북방오랑캐가 조작한 삼국사기의 견해를 답습하고 연장한 사고에 다름아니니다. 삼국사기의 한 구절을 인용해보면 바로 알 수 있다. "先君盛業奉而異圖 内潰疑臣 外招強陣 豈爲智也"(삼국사기, 문무왕조), "선왕의 뛰어난 위업을 계승한다고 하면서 다른 생각을 품고, 안으로는 의심스러운 신하를 없애고 밖으로는 강한 군대를 불러들였으니 어찌 지혜롭다 할 수 있겠습니까?" (국편위 번역). 무엇보다도 신채호는 문무왕릉비 비문을 제대로 해석조차 해내지 못했고, 한민족의 원류를 규명하는데 크게 실패했다. 신채호의 책은 일제의 만주사관에 경도되었고, 일제의 만주경략에 이용되었고, 일제의 정치적 목적에 봉사했을뿐이다.

읍루와 여진족과 만주족

읍루 발해 거란 말갈 여진 만주 요나라 금나라 원나라 청나라

청나라 만주족이 청나라를 세우고 중원을 차지하고 다스리게 되면서부터 만주평야를 자신들의 조상의 땅이라고 숭앙하고 그곳에 사람들의 발을 못붙이게 하고 접근 금지시켰다. 청나라가 망해가자 일본이 그 버려진 황무지 만주 평야를 차지하고자 대륙을 진출한 것이다. 일본이 명치유신을 단행하고 개항하고 산업화를 완성한 후 만주 경략을 본격화하면서 일본인 이주민 이외에 노동력 확보를 위한 조선사람들의 만주 지역 이주를 촉진시키기 위해서 "만선일체론"이 필요하였던 것이다.

---

101) 신채호, 『조선사연구초』, " … 그러면 조선 근세에 종교나 학술이나 정치나 풍속이나 사대주의의 노예가 됨은 무슨 사건에 원인하는 것인가. … 나는 한마디 말로 회답하여 말하기를 고려 인종 13년 서경 천도 운동, 즉 묘청이 김부식에게 패함이 그 원인으로 생각한다. (중략) 묘청의 천도 운동에 대하여 역사가들은 단지 王師가 반란한 적을 친 것으로 알았을 뿐인데 이는 근시안적인 관찰이다. 그 실상은 郎家와 불교 양가 대 유교의 싸움이며, 국풍파 대 한학파의 싸움이며, 독립당 대 사대당의 싸움이며, 진취 사상 대 보수 사상의 싸움이니, 묘청은 전자의 대표요 김부식은 후자의 대표였던 것이다. 묘청의 천도 운동에서 묘청 등이 패하고 김부식이 이겼으므로 조선사가 사대적 보수적 속박적 사상인 유교 사상에 정복되고 말았다. 만약 김부식이 패하고 묘청이 이겼더라면 조선사가 독립적 진취적으로 진전하였을 것이니 어찌 일천년래 제일대 사건이라 하지 아니하랴." (밑줄 강조는 필자가 한 것임).

한민족의 원류는 중국 본토의 비옥한 땅 중원이지 쓸모없는 동토의 땅 동북삼성 만주평야가 아니었다. 한민족의 원류는 동북의 한켠 추운 변방이 아니라 중국 중원을 차지하고 최고의 문명의 꽃을 피운 역사의 주인공이었다. 그런데 시대의 아픔에 밀려서 한민족의 찬란한 문명은 파괴되고 쓰러지고 말았다. 근세에 들어서 일제 그리고 2차대전후 중공과 소련의 공산주의 체제가 아시아 패권을 추구하면서 은연중 만주족과 한민족 원류가 동일하다고 주입하면서 몽고 알타이호수를 신비화하는 역사조작이 끊임없이 진행되어왔던 것이다.

한민족과 만주족은 비록 오랜 역사를 통해서 서로 국경을 맞대어 살아온 이웃나라 사람들이긴 하지만 긴 역사를 통해서 대대로 평화와 전쟁의 시기를 함께 가져온 다른 민족임이 분명하다. 만주족이 여진족의 다른 별칭임이 분명한데 여진족이라고 말하면 우리 민족을 괴롭혀온 적이라는 개념이 강한 반면 만주족이라고 말하면 여진족이라는 상대방 적이라는 개념이 다소 무디어지고 희미해지는 결과를 가져오게 된다.

지금의 중국은 동북삼성의 소수민족의 구성을 동북공정을 통해서 만주족을 조선족과 구별하지 않고 있는데 이런 동북공정은 일제의 만선일체론과는 반대입장에서 똑같은 맥락을 갖고 있지 않는가?

다시 명칭 구별의 문제로 돌아가서 재확인해 보자. "여진"이라는 북방오랑캐 이름은 고려 시대 즉 송나라 때부터 원나라 명나라 때까지 쓰였던 말이고, 그 이전의 수나라 당나라 시대 때엔 "말갈"족으로 불리웠다. 수당 이전의 남북조 시대엔 "물길"로 지칭됐고, 그 이전의 한나라 땐 "읍루"로 불리웠다. 이 "읍루"라는 북방오랑캐 호칭이 당나라 시대였던 문무대왕의 문무왕릉비 비문에 쓰여져 있다.

이런 읍루, 말갈족이라는 명칭은 한나라 이전 주나라 땐 "숙신"으로 쓰였고, 그 이전의 상고시대 요순시댄엔 "식신"으로 일컬었다.

고려는 후기로 접어들어 몽고족의 식민지로 전락하게 되었는데, 원나라를 세운 몽고족은 여진족 말갈족과 사촌지간에 해당한다. 몽고족과 만주족과의 관계는 조선이 병자호란으로 청나라의 식민지로 전락할 때 세운 삼전도의 비문에서 확인된다.

조선이 병자호란에 패하고 청나라의 식민지로 전락하면서 이들 북방 오랑캐에 대한 호칭을 여진족으로 부르지 못하게 되었으며, 그렇게 청나라의 식민지로 전락한 후 청나라의 조공 노예로 살아오기를 300년 동안이나 허덕여오다가, 20세기 들어서도 조선 독립을 이루지 못하고 역으로 일제에게 집어 삼켜 먹히고 말았다.

일제 36년을 겪고 6.25 동란을 겪은 주된 이유는 중국과 일본이라는 외세 때문이었다. 비록 세계 제국 미국의 우산아래 물질적 번영은 구가하게 되었으나 한편으론 일본과 중국의 식민지 상태에서 완전히 벗어나지 못한 정신적 노예 그리고 무역산업적 노예로 신음해 온 것이 불쌍한 한민족의 현재까지의 상황임을 결코 부인할 수 없고 심히 유감이지 않을 수 없다.

역사책에 여러 다른 이름들로 바꾸어 등장한다고 해서 북방 오랑캐들의 본질이 변한 것이 아니다. 숙신, 말갈, 물길, 여진. 만주 이러한 북방의 같은 동족들은 그 부르는 호칭이 시대와 왕조의 출현에 따라서 달라졌을 뿐 북방 오랑캐 민족들이라는 역사의 본질이 변한 것이 아니라는 점이다.

오늘날 또한 마찬가지이다. "중국"이라고 호칭이 달라졌다고해서 북방오랑캐의 본성과 역사의 줄기가 변한 것이 아니라는 점을 결코 놓쳐서는 아니된다. 자유와 민주주의를 부정하고 억압의 체제를 유지하는 북방오랑캐들이 중원을 차지하고 있는 한 우리나라 한민족에게 크나큰 역사적 고통을 안긴 북방오랑캐들과 다를 바가 결코 없다는 점을 말이다.

숙신, 말갈, 여진, 만주족이라는 중국의 북방오랑캐 민족들은 상고시대 이래로 중국에 밀려서 우리나라 북쪽에 자리를 틀고 우리민족과 서로 접해 살아 왔는데 이들은 우리 조상들로부터 물질적으로 또 정신문화적으로 크나큰 은혜를 받았으면서도 혼란한 시대에 틈만 나면 무력을 들고 일어나 우리 조상들에게 받았던 큰

은혜를 져버리고 배은망덕하면서 우리 한민족에게 크나큰 해악을 끼친 철천지 원수임에 다름 아니다.[102)]

북방 오랑캐들의 역사 조작

1135년 '조선일천년래제일대사건'의 내전에서 승리를 거둔 개경파 김부식 도당이 1145년 삼국사기를 완성하고 역사를 조작했던 것처럼 말이다. 고려시대 1200년대, 1500년대 당시의 역사와 관련하여 문서 조작이 쉽게 가능한데 하물며 그보다 한참 오래 전인 서기 600년대의 역사를 조작하기란 훨씬 더 쉬었지 않았겠는가? 일제시대 이후 최근 들어서까지 고조선 역사를 조작하는 것처럼 말이다. 북한의 역사 조작이야 두말할 필요도 없다. 다시 오래 전의 역사로 되돌아가서 살펴보자. 한서에서도 곽광과 상호대비시키며 김일제를 투후라며 역사를 바꿔치기하려는 시도가 이루어졌다. 그런 천벌받을 몹쓸 짓은 천성지금의 왕릉을 도굴하는 것만큼, 카톨릭의 면죄부 장사만큼, 조선말의 양반 족보 편입하기만큼 비일비재한 일이 아니었던가? 고려는 말갈족의 금나라, 거란족의 요나라, 몽고족의 원나라의 식민지로 전락하였고, 조선 개국으로 세종의 중흥시대를 낳았고 이후 임진왜란과 병자호란을 맞아 여진족 만주족 청나라의 식민지로 전락하였고 이러한 식민지배 동안 어찌 올바른 역사가 살아 남을 수 있었겠는가? 숙신 읍루 말갈 거란 여진 여진 만주 몽고 이들은 각자 지파로 구분된다 하더라도 종족 개념으로 판단하면 같은 족속에 속한다. 1135년 묘청의 패배 이후 조선 건국까지 257년, 병자호란 이후 일제병탄까지 274년, 이렇게 530년 동안 만주족의 식민지로 전락했는데 그동안 어찌 조선과 신라의 민족혼이 살아 남을 수 있었겠는가? 조선 건국과 임진왜란 발발까지 230년 동안 민족 중흥기를 마련했지만 그 이후

---

102) "가노라 삼각산아 다시보자 한강수야", 인조의 고두배 그 삼전도의 피눈물로 인해서 만주 땅수도 심양으로 끌려가 "환향녀"라는 노예의 한맺인 삶을 살았던, 그 역사적 원한이 어찌 그냥 잊혀질 수 있으리오!

만주족과 일제의 식민지로 다시 전락하는 바람에 자주 독립 한반도 한민족 국가는 쓰러지고 말았다. 한민족의 중흥을 이룰 한민족 고유 정신의 부활은 언제 어떻게 다시 일으켜 세울 수 있을까?

조선1천년래제일대사건

고려는 당나라 신라가 망한 이후 홍성한 이들 흉노족들이 세운 요나라 금나라 몽고의 원나라 식민지로 전락하면서 우리 민족의 중세 암흑기를 가져온 시대라고 평가할 수 있다. 이들 주변국가들이 세운 나라의 식민지로 전락하면서 혈통도 섞이게 되고 문화와 종교가 파괴되고 이중삼중의 폐해를 겪게 되었다. 가장 결정적으로는 청나라의 식민지배를 250년 이상 겪다 보니, 민족중홍의 기본 저력이 모두 말살당해, 결국 일본의 식민지로 재전락하면서 삼중사중의 피해를 겪고 말았다. "조선일천년래제일대사건" 묘청의 난이 1136년 진압된 후 고려는 흉노 식민지로 전락하고 말았다. 반오백년 이후 목덕 조선 건국으로 임진왜란 이전까지 민족 중홍의 역사를 다시 썼지만 임진란으로 다시 쑥대밭이 되었고 그 결과 지금까지 400년 동안 청나라와 왜국의 식민지에서 벗어나지 못하고 굴욕과 반역의 역사를 당해왔다. 그런데 천도회선 물극필반이라고 했던가? 세상이 다시 돌고 돌아 2천년 전의 역사가 다시 전개될 새로운 세상을 맞이하고 있다. 성삼문 등 사육신이 패배하지 않았다면 임진란도 없었을 것이고 병자호란도 겪지 않았을 것이다. 400년의 식민지를 청산하고 1천년을 지속해 온 잃어버린 역사를 되찾게 된다면 2000년 전에 건설했던 찬란한 황금시대를 다시 건설할 수 있지 않을까? 아 하늘에게 물어보아야 하는가? 2천년 동안 묻혀 있던 역사의 보물이 다시 살아난다면? 천의인가? 인사인가?

26행 罪己詔(죄기조)-자아비판

▨▨▨▨▨▨▨▨▨▨▨▨▨▨▨▨▨詔君王使持節▨」

국편위 번역: 군왕에게 조서를 내려, 사지절(使持節) … 으로 봉하였다. …

추홍희 해석: 군왕급과 사지절들을 초치하여 (唯疑請以 上代之政) (역사 공부를 하면서 마음가짐을 새롭게 다지게 했다).

詔(조)의 의미 쓰임새

詔(조)는 제갈량의 출사표에 나오는 "以諮諏善道 察納雅言 深追先帝遺詔" (마땅히 스스로 헤아리시어 옳고 바른 방도를 취하시고, 신하들의 바른 말을 잘 살펴 들으시어 유비 선제께서 남기신 명령을 끝내 완수하옵소서) 구절처럼, 황제의 명령을 의미하는 명사로 쓰인다. 또 詔(조)는 굴원의 이소경에 나오는 "麾蛟龍使梁津合 詔西皇使涉予"(휘교룡사량진합 조서황사섭여), '교룡을 부려 나루터에 다리를 놓고, 소호금천씨에게 빌어 날 건너 주게 하리라'의 쓰임새에서와 같은 동사로 쓰여서 고계(告誡)하다, 교도(教導)하다의 뜻이 있다.

사람은 잘못을 했다고 무조건 처벌하는 것만이 능사가 아니다. 핵심은 잘못을 뉘우치게 만들고 그리하여 변화되게 만드는 것 이것이 교도와 처벌의 본뜻 아닌가? 죄는 미워하되 사람은 미워하지 말라는 격언의 의미가 여기에 있다. 처벌보다 교도하는 것이 사람의 변화를 이끄는 보다 효율적인 방법이다.

君王 使持節

▨▨▨詔君王使持節▨의 결자 부분의 글자들의 내용을 정확히 복원하기는 힘드나 전후 문맥상 의미를 연결하여 추적해 보자. 詔(조)는 가르쳐 계도하다는 뜻이니 군왕사지절들을 초치하여 역사 공부를 하면서 마음가짐을 새롭게 다지게 했다-唯疑請以 上代之政 詔於君王-(유의청이 상대지정 조어군왕)- 의미로 해석된다.

使持節(사지절)은 위진남북조 시대에 지방의 행정관인데 군대를 함께 지휘한다는 측면에서 사지절(使持節)이라고도 불렀다. 지방관은 중앙 행정부에 예속되지 않고 독립적으로 업무를 처리한다고해도 군대 통솔에 관해서는 일사분란하게 왕의 직접적 명령에 따라 움직이기에 국왕이 직접 보낸 파견관의 신분이라는 이중성을 갖고 있기 때문이다.

군지휘관이라는 신분은 예하 소속된 부하를 즉시 처결할 수 있는 절대 권한을 가진 무장이었다. 假節(가절), 持節(지절), 使持節(사시절)의 계급 구분이 있었고, 당나라 시대엔 자사(刺史)라고 불렀는데, 당고종 집권 시기 650년 부터는 都督(도독)이 사지절을 겸하면서 節度使(절도사)로 호칭하였다.

무사(武士)가 행정을 함께 담당하는 일본과는 다르게, 문사(文士)가 군대를 지휘하는 문사의 나라 체제가 한국과 중국의 근간이었다. 신라엔 지방 군정을 책임진 당주(幢主)가 이에 해당한다. 그러므로 君王使持節▨ 다음의 결자 부분에 당주 등의 관명이 열거되어 있을지도 모른다. 그럼 왜 사지절이라는 관명을 사용하고 있을까? 절도사라는 호칭이 나타난 당나라 시절이라면 말이다. 그것은 세계화 추세 시대에 뒤떨어졌던 의미가 아니다. 이 역시 중국에선 한나라 때에 사용하던 "읍루"라는 명칭을 문무왕의 통일신라 시기까지 여지껏 사용하고 있는 이유와 마찬가지로 신라의 대중국에 대한 독자성과 자주독립 전통을 시사하는 것이 아니겠는가? 진흥왕 순수비의 내용을 상기하라. 삼국사기가 김춘추의 시호 태종무열왕에 대해서 중국과 시비를 다툰 일화를 소개하고 있는데 그와 동렬선상으로 신라의 자주 독립 정신이 배어 있다.

罪己詔(죄기조)-자아비판

자기 스스로 책망하는 罪己詔(죄기조)를 묘사하는 내용이 이 행 문장을 구성하고 있을 것으로 추측된다. 죄기는 자책하는 것을 이른다. 罪己詔(죄기조)는 죄를 자신에게 돌리고 자기를 책망하는 것 임금이 스스로를 꾸짖는 조서 즉 공개적 자아비판이다.[103] 구당서 대종기에 "朕所以馭朽懸旌 坐而待曙 劳懷罪己之念 延想安人之策" 구절이 보인다.

좌전(左傳), 장공편에 "禹 湯 罪己 其興也悖焉 桀紂罪人 其亡也忽焉"이라고 기록하였다. 이 구절의 뜻을 대강 살펴보자. 하나라 우임금 상나라 탕왕은 세상을 향해서 자신의 잘못을 자가검토하였는바, 그랬으니 당연히 나라가 융성하였다. 반면 하나라 걸왕과 상나라 주왕은 자기 잘못을 다른 사람에게 전가시켰다. 그랬으니 국가가 멸망한 것은 당연한 것이 아닌가?

신당서의 "天子下罪己詔 并赦群盜", 그리고 백거이 하우(賀雨)라는 제목의 한시에 "上心念下民 懼歲成災兇 遂下罪己詔 殷勤告萬邦" 구절이 보이므로, 고대사회에서만 자아비평의 행위가 나타난 것이 아니었다. 당나라 덕종(德宗)의 "罪己大赦詔"를 참조해 보자: "天譴於上而朕不悟 人怨於下而朕不知", "上累於祖宗 下負於黎庶".

上梁不正下梁歪 (상량부정하량왜). 윗물이 맑아야 아랫물이 맑다. 상나라 후예이자 한나라 천자의 후손인 신라의 지도층은 솔선수범하고 근검의 미덕을 실

---

103) 가의 신서 수정어 하 참고. "周成王曰 寡人聞之 有上人者 有下人者 有賢人者 有不肖人者 有智人者 有愚人者 敢問上下之人何以為異 粥子對曰 唯, 疑, 請以上世之政詔於君王 政曰 凡人者 若賤若貴 若幼若老 聞道志而藏之 知道善而行之 上人矣 聞道而弗取藏也 知道而弗取行也 則謂之下人也 故夫行者善 則謂之賢人矣 行者惡 則謂之不肖矣 故夫言者善 則謂之智矣 言者不善 則謂之愚矣 故智愚之人有其辭矣 賢不肖之人別其行矣 上下之人等其志矣周成王曰 受命矣"(賈誼, 《新書》, 修政語).

천하였다. 노블레스 오블리주 윤리를 실천하고 견지한 신라이었으니, 통일왕국 건설의 주인은 마땅히 누구이었겠는가? 사회 지도층이 솔선수범의 윤리도덕으로 무장되어 있었던 신라 사회에서, 만약 그 사회내에서 누군가가 잘못을 할 때 남에게 전가시키는 것이 아니라 자아비평으로써 자신이 먼저 뉘우치고 공개적으로 회개하는 죄기조의 개념을 실천했을 것이라고 보는 생각은 합리적인 도출이라고 여겨지지 않는가?

26행

- (唯疑請以 上代之政)	(군왕급과 사지절들을 초치하여 역사 공부를 하면서 마음가짐을 새롭게 다지게 했다.)
詔君王使持節	군왕급과 사지절들을 초치하여

27행 天上旌旗(천상정기)

▨▨▨▨▨▨▨▨▨▨▨▨▨▨▨▨▨▨▨▨▨▨▨▨軍落於天上旌▨」

국편위 번역: 군(軍)이 하늘로부터 내려오니, 깃발이 …

추홍희 해석: (적군을 유인하여) 아군의 깃발 아래로 떨어지게 하였다.

깃발이 나부끼는 전장터

적진과 대치하는 전장터의 상황속에서 군진의 움직임은 전투 대열을 지시하는 깃발의 형태를 보고 그것에 따라서 움직였다는 고대 당시의 전투 장면에 대한 이해를 바탕으로 해석하면, ▨軍落於天上旌▨ 이 구절의 내용은, '(적군을 유인하여) 아군의 깃발 아래로 떨어지게 하였다'의 의미 즉 대적하고 있는 상대방 적진을 깃발로 혼미하게 만들고 나락으로 떨어지게 유인했다는 의미이다.

軍落於天上旌旗

손자병법 병세(兵勢)편을 읽어보고, 정기분분(旌旗紛紛)한 전장터의 장면을 상상해 보면, ▨▨▨軍落於天上旌▨▨▨ 부분은 "(誘讓敵)軍落於天上旌(旗飛彩)" 이와같은 (유양적 군락어천상정기비채) 문장으로써 결자부분이 메꾸어진다.

고대 당시에는 요즈음의 전장과는 달리 군인들이 평지에서 전투할 때 깃발 등의 신호에 따라 움직였다. 그러므로 하늘 높이 날리는 깃발 즉 天上旌旗(천상정기)라는 말이 적절하다. 落(락)은 陷入不利境地(함입불리경지) 즉 불리한 위치로 떨어지다의 뜻이므로, 그렇다면, '대적하고 있는 적진을 깃발로 유인했다'는 誘讓敵軍落(유양적군락)의 의미로 해석된다. 적군을 유인하여-誘讓敵軍(유양적군), 아군의 깃발-天上旌旗(천상정기) 아래로 떨어지게 하였다-落(락)의 의미가 문맥상 서로 어울린다.

이 대목에서 손빈병법의 팔진도 중 旌旗(정기)-깃발을 수없이 많이 꼽고 휘날리게 하여 적을 맞이하는 현낭진(玄囊陣)을 펼쳤다는 의미를 읽어낼 수 있다.

27행

軍落於天上旌 － (誘讓敵)軍落於天上旌(旗飛彩)	(적군을 유인하여) 아군의 깃발 아래로 떨어지게 하였다.

28행 權宜之謀(권의지모)
시의적절한 계책

▨▨▨▨▨▨▨▨▨▨▨▨▨▨之謀出如反手巧▨▨▨

국편위 번역: 꾀는 손을 뒤집는 일처럼 쉽게 나왔는데, 절묘하기가 …

추홍희 해석: (千方百計) (權宜)之謀 出如反手 巧(不可言 事不可筆/巧乃可與造化者同功乎): (처한 상황에서 시의적절한 임시 변통의 계책이 천방백계로 마치 손바닥을 뒤집는 것처럼 매우 쉽게 나오고 그 교묘함은 (마치 신이 조화를 부린 듯하고, 어찌 다른 말이나 글로써 다 형언하기 어려울 정도였다).

□□之謀 出如反手 巧□□□

反手(반수)는 손바닥을 반대로 뒤집는 것처럼 매우 쉽다는 말이다. 무슨 꾀-謀(모)-가 손바닥 뒤집기처럼 술술 나온다-出(출)-는 것일까? 몇 가지를 생각해 볼 수 있겠으나 문맥상 군사 전략에서 임시변통의 계책, 다양한 상황에서 다양한 전술전략이 나올 수 있는 것이므로 임기응변의 꾀가 그렇게 술술 나온다는 것이 아닐까? 이러한 뜻에 부합되는 말이 權宜之計(권의지계)이다.

權宜之計는 임기응변으로 처리하다, 임시 변통(變通)의 계책을 뜻하는 성어이다. 權宜(권의)는 시의적절(時宜適節)하다 또는 그 반대로 시기가 적합하지 않다는 不合時宜(불합시의)의 표현에서 그 뜻이 나타나듯이, '그 처한 상황에 맞다'는 뜻으로 권편(權便), 변통(變通)과 같은 말이다. 후한서 단경(段熲)전의 "臨時量

宜 不失權便" (임시양의부실권편) 구절에서 그 쓰임새가 보인다.

권의지계는 임시 변통의 계책을 이르는 말이니, '권의지계가 출여반수'이라는 말은 임기웅변에 매우 능해 처한 상황에서 곤란을 극복하는 꾀가 즉시로 튀어 나왔다는 의미이다. 그 방법들은 巧妙(교묘)해서 마치 신이 조화를 부린 것인지 의아해할 정도였다는 뜻, 기묘해서 가히 찬탄을 금치 못했다는 뜻이니, 이에 어울리는 표현은 巧不可言事不可筆 (교불가언 사불가필)이다. 이 교불가언사불가필은 그 기묘함은 어찌 말로 다 형언하기 어렵고 또 하도 많아서 일일이 적어내기도 힘들다는 뜻이다. 열자(列子)의 탕문(湯問)에 "人之巧乃可與造化者同功乎" (인지교내가여조화자동공호)라는 말이 나오는데, 이 구절이 여기에 어울리는 표현이다. 神出鬼沒(신출귀몰)하고, 솜씨가 신의 조화와 같다.

攻心之術(공심지술)

한편 권의지계라는 표현 대신 결자 부분을 채울 수 있는 다른 적당한 단어들을 찾아본다면, 攻心之術(공심지술)을 이르는 楚歌之計(초가지계), 은폐 은장(隱藏) 위장술에 능하다는 뜻의 韜晦之計(도회지계), 적의 허를 찌르거나 예측불가능한 우회전략을 이르는 말인 迂直之計(우직지계) 등 몇몇 성어들을 생각해 낼 수 있다.

뒤따르는 구절이 "出如反手 巧同造化"의 의미이므로 權宜之計(권의지계)의 표현이 문맥상 적절한 의미로 어울린다. 전쟁은 변화무쌍하므로 그 처한 상황에 따라 능수능란하게 대처해야 한다고 주장하며 손자병법은 전쟁에서 유연술의 중요성을 강조한다. 여기 28행의 문장 내용은 전쟁에서 승리한 공을 치하하고 있는 내용이므로 손자병법의 이같은 내용이 들어 있을 것으로 추측된다.

迂直之計(우직지계)

迂直之計(우직지계)의 의미에 대해서 손자 병법의 군쟁편의 구절을 잠시 살펴

보자. "軍爭之難者 以迂爲直 以患爲利 故迂其途 而誘之以利 後人發 先人至 此知迂直之計者也". 유리한 고지를 먼저 점령하려고 서로 경쟁하는 대치 상황에서 어려운 점은 먼 길을 돌아가는 우회전략을 택함으로써 곤경함을 오히려 이로움으로 삼는 것이다. 따라서 적을 이롭다고 여기는 길로 유인하고서, 자신은 그곳을 피해서 먼 길을 돌아가는 결정은 비록 출발은 늦었더라도 적보다 먼저 앞서서 도착하게 된다. 어떤 경우에는 우직스런 길이 결과적으로는 목표를 달성하는데 큰 도움을 주는 경우가 허다하다.

지름길을 놔두고 먼 길을 돌아가는 것은 시간이 지체되고 또 더 힘들고 고난한 길이지만, 고지 선점의 목표를 달성한다는 측면에서 보면 결국 더 빠르고 자신에게 이롭게 작용한 것이다. 중요한 것은 목표를 달성하는 것에 있으므로 닥치는 곤경일랑 감수하고 이겨내서 정해진 목표를 달성해야 한다. 한편 지름길을 택할 때는 사람들 모두가 지름길로 다투어 가려고 할 것이므로 매복조의 습격을 받을 위험이 있을테니 적이 예상치 못한 우회로를 택하는 것이 결과적으로 더 빠르고 효과적인 방법이 된다.

28행

□□□□□□□- (千方百計)	(천방백계)
□□之謀- (權宜)之謀	처한 상황에서 시의적절한 임시 변통의 계책이 천방백계로
出如反手	마치 손바닥을 반대로 뒤집는 것처럼 매우 쉽게 나오고
巧□□□□□□□□- 巧(不可言 事不可筆/ 巧乃可與 造化者同功乎)	그 교묘함은 (마치 신이 조화를 부린 듯하고, 어찌 말이나 글로써 다 형언하기 어려울 정도였다).

Ⅳ. 문무왕릉비 비문 앞면 국편위 번역 오류 지적 정리표

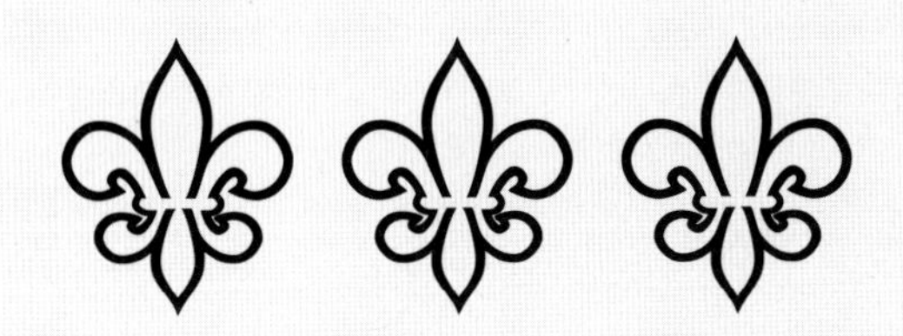

문무왕릉비 비문 앞면 국편위 번역 오류 지적 정리표 104)

1. 비문 앞면 1행-28행 국편위 번역

(前面)

(1행) … 국 신라 문무왕릉의 비이다. 及飧인 國學少卿註001金□□가 敎를 받들어 찬하다.

(2행) … 하늘을 짝하여 사물을 잘 다스리고, 땅의 경계를 구분하며, 덕을 쌓아 … 시대의 어려움을 구제하고, 신에 응하여 …

(3행) … 鯨津氏註002를 파견하여, 三山註003의 闕을 비추고, 동으로는 開梧의 지경을 막고, 남으로는 □桂의 □과 이웃하고, (북으로는) 황룡을 맞아 朱蒙을 태우고,註004… 白武를 이어 받아 …을 우러르며 …

(4행) … 그 능한 바를 다 잘하여 이름과 실제가 다 이루어지고, 덕과 지위가 겸하여 융성해지니, 땅은 八方註 005 먼 곳까지 걸쳐 있고, 그 훈공은 三(韓)에 뛰어나, 그 높고 넓음을 다 일컬을 수가 없는 분이 우리 신(라) …

(5행) … 그 신령스러운 근원은 멀리서부터 내려와 火官之后註006에 창성한 터

104) 국편위 웹사이트 게재된 최광식의 번역주해를 그대로 옮긴 것이다. 국편위가 형식적으로는 여러 판독자의 견해들을 수습하고 있으나 한국고대사회연구소 편 《譯注 : 韓國古代金石文》, 최광식의 연구를 그대로 게재하고 있으므로 그것이 국편위의 견해로 받아들였다.

전을 이었고, 높이 세워져 바야흐로 융성하니, 이로부터 □枝가 영이함을 담아낼 수 있었다. 秺侯註 007 祭天之胤이 7대註 008를 전하여 … 하였다.

(6행) … 15대조 星漢王註 009은 그 바탕이 하늘에서 내리고, 그 靈이 仙岳에서 나와, □□을 개창하여 玉欄을 대하니, 비로소 조상의 복이 상서로운 수풀註 010처럼 많아 石紐註 011를 보고 金輿에 앉아 … 하는 것 같았다. …

(7행) … 대왕註 012은 생각하심이 깊고 멀었으며, 풍채가 뛰어났고, 도량은 하해와 같았으며 위엄은 우뢰와 같았다. … □은 바야흐로 자취를 거두고 봉화는 멎고 척후는 파해지니, 만리의 맑은 기운은 부지런히 … 를 열었다. …

(8행) … 簡□의 덕에 내외가 평화로워지고, 광대한 기풍에 원근이 편안하고 깨끗해지니, □功 盛□은 장래에 … 하고, 쌓이고 뭉친 순수함과 곧음은 후예들에게 넉넉함을 드리워 주었다. …

(9행) … □□舍誨는 곧 聖哲의 뛰어난 모습이라, 은혜로써 사람들을 어루만지고 너그러움으로써 사물을 다스리니, … 한 자는 그 시기를 알고, 덕을 이어받은 사람은 모두 그 이웃을 알아보니, 그 명성이 開河에까지 넘쳤다. …

(10행) … □峯을 □하여 □幹하고, 5백년을 기약하여 큰 명을 내려주니, 거하면 모두 … 함을 얻었고, … 비춤은 丹府에 거의 가까웠다. 義는 性에 부합하여 일어나고, 깊은 정은 … 을 살펴 …

(11행) … 바탕을 돕고, 情의 근원은 맑디맑아, 삼키어 받아들임은 襟□에 □하였다. … 하시는 말씀은 규범을 이루고, 용모와 행동은 가히 볼 만하였으며, 학문은 고(금)을 두루 통하였다. …

(12행) … 詩와 禮의 가르침에 … (하고), 주나라는 橋梓註 013의 □에 경의를 표하였다. … 당나라 太宗文武聖皇帝註 014가 사직의 □에 응하여 …

(13행) … 임금이 돌아가시고註 015 풍악은 멎었다. 무진 이후에 …

(14행) … 舜임금은 바다와 같이 덕을 내려도 截懸이 있었고, 堯임금은 해와 같이 밝게 비추어도 垠□이 없었다. …

(15행) … 빛나고, 九列은 天府를 관장하여 …

(16행) … 天使도 감통시켜 그 재앙을 그치게 하니, 편안하고 쉽게 건너 …

(17행) … 이웃나라와의 우호를 어기고註 016 자주 이쪽 저쪽으로 붙으려 하면서,註 017 겉으로는 …을 믿는 척하니 …

(18행) … (소정방을) 熊津道 行軍大總管註 018으로 삼고, 君王註 019을 …

(19행) … 黃山에 군진을 펼치니, 적들이 고슴도치와 올빼미처럼 모여들어註 020 (진군을) 가로막고자 하였다. …

(20행) … 적의 首都에 이르자註 021 그 우두머리가 군문에서 머리를 조아리며 사죄하였고, 그 佐吏들도 …

(21행) … 삼년이었다. 龍朔 元年註 022에 이르러 …

(22행) … 보배로 여기는 바는 오직 어진 사람이니, 善을 행함을 가장 즐거워하고, 仁을 □함을 …

(23행) … 朝野가 모두 즐거워하니, 군이 애써 행함이 없다고 하더라도 …

(24행) … 秦伯의 터전를 다시 일으켰다. …

(25행) … 교화가 북으로 挹婁註 023에까지 접하니, 벌떼처럼 …

(26행) … 군왕에게 조서를 내려, 使持節 … 으로 봉하였다. …

(27행) … 軍이 하늘로부터 내려오니, 깃발이 …

(28행) … 꾀는 손을 뒤집는 일처럼 쉽게 나왔는데, 절묘하기가 …

註 001

國學少卿 : 國學에 대해 『三國史記』 新羅本紀와 職官志上에 장관으로 '卿' 1

인을 두었다고 하는데, 여기서는 '少卿'으로 기록되어 있어 차이를 보인다. 이 비문은 국학의 장관이 찬술하여 중국의 고사성어가 많이 인용되고 있다.

註 002

鯨津氏 : 본 비 말미의 銘 부분에도 '粉骨鯨津'이라 하여 '鯨津'이 보인다. 이 때의 鯨津은 고래가 살 만한 깊은 바다, 즉 동해바다를 의미하는 것으로 생각된다. 그러나 여기 '鯨津氏 … '의 鯨津도 같은 뜻인지는 알 수 없다. 鯨津氏를 箕子나 그 후예로 일컫는 鮮于氏 등과 관계 있지 않을까 추측하는 견해도 있다.

註 003

三山 : 『三國史記』 祭祀志에 大祀로 나오는 奈歷, 骨火, 穴禮의 三山을 가리키는 듯하다.

註 004

接黃龍駕朱蒙 : 「廣開土王陵碑」와 『東國李相國集』 所引 『舊三國史』 등에는 鄒牟王(東明王), 즉 朱蒙이 황룡에 업혀 승천했다는 기사가 나오는데, 본 비의 이 부분은 이와 관련이 있는 것 같다.

註 005

八夤 : 八埏 즉 八方의 끝을 뜻한다.

註 006

火官 : 중국 신화상의 炎帝神農氏로서 그에 뒤이어 黃帝軒轅氏가 일어났다고 한다. 본 비에서 신라의 유래를 三皇五帝傳說과 결부시키고 있음을 알 수 있다.

註 007

秺侯 : 漢武帝의 총애를 받았던 金日磾(B.C. 134~86). 匈奴 休屠王의 태자로서 霍去病의 흉노 토벌시 포로가 되었다. 그 뒤 馬監, 侍中駙馬都尉光祿大夫 등을 거치고, 莽何羅의 亂 때 武帝를 구한 공으로 秺侯에 봉해졌다.

註 008

祭天之胤傳七葉 : 金日磾는 休屠王이 金人을 만들어 祭天했다는 고사에 따라 漢武帝로부터 '金' 姓 하사받았고, 그 자손 7대가 內侍로 혁혁한 번영을 전승하였다고 한다. 여기서는 文武王 先代의 7대 전승을 의미하는 것으로 보인다.

註 009

星漢王 : 星漢王에 대해서는 金閼智로 보는 견해, 알지의 아들인 勢(熱)漢으로 보는 견해, 알지의 7세손으로 김씨 중 최초로 왕위에 오른 味鄒王으로 보는 견해, 昔脫解로 보는 견해 등 각인각설이 제시되어 있다.

註 010

祥林 : 혹시 신라 국도의 명칭인 鷄林, 新羅, 斯盧 등과 같은 의미가 아닌가 한다.

註 011

石紐 : 石紐는 중국 사천성 문천현 서북쪽에 있는 夏나라 禹王의 탄생지이나, 여기서의 의미는 미상이다.

註 012

大王 : 이 대왕이 太宗武烈王인지 文武王인지 또는 다른 임금인지 확실하지 않다.

註 013

橋梓 : 父道 및 子道 또는 父子를 의미한다.

註 014

大唐太宗文武聖皇帝 : 그의 시호가 674년에서 749년까지 사용된 것을 볼 때 당 태종 李世民을 말한다.

註 015

宮車晏駕 : 天子의 崩御를 의미한다. 당 태종이 승하하여 나라에 音曲이 정지되었음을 말하는 듯하다.

註 016

□違隣好 : 백제 義慈王이 즉위 초반 신라를 자주 침공한 사실을 말하는 듯하다.

註 017

頻行首鼠之謀 : 首鼠는 어느 쪽으로도 마음을 정하지 못하고 의심하여 주저하는 것을 말하는데, 백제가 당에 붙었다 떨어졌다 한 것을 의미하는 것으로 보인다.

註 018

熊津道行軍大總管 : 그 직명으로 볼 때 당시 唐軍의 총사령관이었던 蘇定方이다.

註 019

君王 : 본 비문의 주인공인 文武王을 가리킨다.

註 020

列陣黃山 蝟聚鴟張 : 黃山에서의 신라군과 백제군의 전투 모습을 그리고 있다.

註 021

元惡泥首轅門 : 轅門은 軍門, 陣營의 門을 의미한다. 이 구절은 적의 우두머리가 군문에서 머리를 더럽혔다는 뜻으로, 백제의 의자왕이 항복하는 모습을 그리고 있다.

註 022

龍朔 元年 : 661년. 태종무열왕이 승하하고 문무왕이 즉위한 해이다.

註 023

挹婁 : 뒷날의 女眞으로 漢魏대에 사용되던 명칭이다. 秦漢代에는 肅愼, 後魏代에는 勿吉, 隋唐代에는 '靺鞨'이라 불리었다.

2. 비문 앞면 1행-28행
국편위 해석 오류 지적 정리표

행	비문원문 /국편위 번역문	국편위 번역 오류 지적
2	□□□通三後兵殊□□□匡□配天統物畫野經圻積德□□匡時濟難應神□□□□□靈命□□□□□□□□□□ … 하늘을 짝하여 사물을 잘 다스리고, 땅의 경계를 구분하며, 덕을 쌓아 … 시대의 어려움을 구제하고, 신에 응하여 …	① 국편위는 "通三"(통삼)을 해석해내지 못했다. 하지만 저자는 통삼을 통신삼부(洞眞통진 洞玄통현 洞神통신의 三部)로 해석한다. '통신삼부를 통달하고 득도하였다'는 뜻이다. ② 국편위는 "後兵殊□"를 해석하지 못했다. 저자는 "後兵殊□"를 '군대를 일치단결 화합의 정신으로 이끌었다'는 뜻으로 해석한다. ③ 국편위는 "配天統物"(배천통물)을 잘못 번역했다. 配天은 "하늘을 짝하여"라는 개별 낱말 뜻이 아니라, '하늘의 부름으로 천자의 자리에 올라 교외의 산천에 나가서 제천의식을 거행하였다'는 뜻이다. 統物은 "사물을 잘 다스리고"의 뜻이 아니라 '온 나라를 통치하다'의 뜻이다. 일부 지역만을 통치한 것이 아니라 온누리를 다스렸다는 뜻 즉 제국의 황제와 같은 위치였다는 의미이다. ④ 畫野經圻(화야경기)는 "땅의 경계를 구분하며"의 뜻이 아니라, '화폭과 도면 위에 그림을 그려가는 것처럼 청사진을 펼치고 국가를 계획적으로 관리 경영해 나갔으며, 원대한 미래를 내다보고 베틀로 비단 짜듯이 치밀하게 통치해 나갔다'는 국가 경영 정책의 의미심장한 말이다.

행	비문원문	국편위 번역 오류 지적
3	□□□□□□□□□ □□□□□□派鯨津氏映三山之闕東拒開梧之境南鄰□桂之□□接黃龍駕朱蒙□□□□承白武仰□□□□□□ □ 경진씨(鯨津氏)를 파견하여, 삼산(三山)의 궐(闕)을 비추고, 동으로는 개오(開梧)의 지경을 막고, 남으로는 ▨계(▨桂)의 ▨과 이웃하고, (북으로는) 황룡을 맞아 주몽(朱蒙)을 태우고,… 백무(白武)를 이어 받아…을 우러르며…	① 映三山之闕 (영삼산지궐)은 "삼산(三山)의 궐(闕)을 비추고"의 뜻이 아니라, '한반도의 약점을 조명하고 반영하게 하였다'는 뜻이다. 경진씨를 파견하여 삼산 즉 반도지형의 결점을 반영하여 전쟁계획을 수립했다는 의미이다. 映(영)은 비추다의 뜻이 아니라 보고하다, 반영하다의 뜻으로 쓰였다. 궐(闕)은 대궐 궁전의 뜻이 아니라 결점, 틈새의 의미로 쓰였다. ② 東拒開梧之境(동거개오지경)은 "개오(開梧)의 지경을 막고"의 뜻의 아니라, 한반도는 '동쪽으로는 개오라는 지역을 국경으로 하고 있다'의 뜻이다. 개오는 지명이다. ③ "□接黃龍"은 "(북으로는) 황룡을 맞아"의 뜻이 아니라, 하늘의 부름에 응한 천자가 황룡함을 타고 내려오다'의 뜻이다. 즉 여기서 황룡은 지명이 아니라 천자 또는 황룡전함의 인칭 또는 전함을 가르킨다. ④ "□接"은 뒷문장 "黃龍"에 연결되는 의미가 아니라, 앞문장의 "南鄰□桂之□□接"에 연결된다. ⑤ "駕朱蒙"(가주몽)은 "주몽(朱蒙)을 태우고"의 뜻이 아니라, '여름철 붉은 서기를 타고'의 뜻이다. 주몽은 사람이름이 아니라, 여름철 더운 서기의 계절과 대기상태를 의미한다. 660 년 전쟁 당시의 시후를 말한 것이다.

행	비문원문	국편위 번역 오류 지적
		⑥ "□承白武"는 "백무(白武)를 이어 받아"의 뜻이 아니라, (전쟁을 불러온 당사자) '서방 백호는 자기 죄상을 자백하였다'의 뜻이다. "承"(승)은 백무를 이어받은 것이 아니라 백무가 "□承"(승)했다는 의미 즉 백무는 목적어가 아니라 주어로 쓰였다. 백무-서방백호가 전쟁을 불러왔는데 그 서방백호가 (두 손을 들고 항복하고 자기 죄를 하늘에다 대고 용서해 달라고 빌었다)는 내용이다.
4	□□□□□□□問盡善其能名實兩濟德位兼隆地跨八夤勳超三□(巍)巍蕩蕩不可得而稱者 我新 그 능한 바를 다 잘하여 이름과 실제가 다 이루어지고, 덕과 지위가 겸하여 융성해지니, 땅은 8방(八方) 먼 곳까지 걸쳐 있고, 그 훈공은 삼(한)(三(韓))에 뛰어나, 그 높고 넓음을 다 일컬을 수가 없는 분이 우리 신(라)…	① "盡善其能" (진선기능)은 "그 능한 바를 다 잘하여"의 뜻이 아니라, (아랫사람들에게 물어보는 것을 수치로 여기지 않았고) '질문하기를 주저하지 않았으며 또 결코 게을리하지 않았다'는 국왕의 국정에 임하는 도리를 의미한다. ② "名實兩濟"(명실양제)는 "이름과 실제가 다 이루어지고"의 뜻이 아니라, '끝낸 일이든 끝내지 못한 일이든 말한 것과 실제 결과가 꼭 일치하였다'는 뜻이다. 兩濟(양제)는 미제와 기제의 의미로 쓰였다. ③ "德位兼隆"(덕위겸륭)은 "덕과 지위가 겸하여 융성해지니"의 뜻이 아니라, '지위가 올라감에 따라 덕망도 겸비하고 더욱 올라갔다'는 뜻으로 노블레스 오블리주의 의미로 쓰였다. ④ "勳超三□"(훈초삼□)은 "그 훈공은 삼(한)(三(韓))에 뛰어나"의 뜻이 아니라, '그의

행	비문원문	국편위 번역 오류 지적
		공훈은 현저하게 뛰어나서 삼황을 뛰어넘을 수준이었다'의 의미이다. 勳超三韓의 의미가 아니라 勳超三皇(훈초삼황)의 의미이다. 또는 勳超三讓(훈초삼양)의 의미로써, (그는 출사를 권유받았지만 겸손하게 3 번이나 왕의 자리를 사양하였다)의 김춘추의 삼양 고사를 의미한다. ⑤ "(巍)巍蕩蕩不可得而稱者"(외외탕탕불가득이칭자)는 "그 높고 넓음을 다 일컬을 수가 없는 분"의 뜻이 아니라, '그런 위풍당당한 그의 모습, 고대 장관의 그의 모습은 어떻게 말로 꼭 끄집어내서 표현하기가 다 어려울 정도이었다 따라서 그는 천하의 귀인이었다'는 의미이다.
5	□□□□□□□□□□□□□□□君靈源自敻繼昌基於火官之后峻構方隆由是克□□枝載生英異秺侯祭天之胤傳七葉以□ □ 그 신령스러운 근원은 멀리서부터 내려와 화관지후(火官之后)에 창성한 터전을 이었고, 높이 세워져 바야흐로 융성하니, 이로부터 ▨지(▨枝)	① 靈源自敻(영원자형)은 "신령스러운 근원은 멀리서부터 내려와"의 뜻이라기보다는 "까마득한 옛날까지 올라가서 조상의 뿌리를 찾으면"이라는 뜻이다. 즉 거슬러 올라간다는 의미이다. 그러므로 (우리 신라 사람들은 삼황오제의 후손들)이라는 의미이다. 靈源(영원)은 강의 발원지를 뜻한다. ② 국편위는 "화관지후(火官之后)"라고만 그대로 번역해놓고 화관지후의 의미를 해석해내지 못했다. 삼황오제인 제곡 고신씨를 이어받은 왕이 요임금이었다. 화관대제 불의 임금님-화관지후-는 요임금님이었다. ③ 국편위는 "克□"를 해석해내지 못했다. 저자는 "克祚"(극조)로 해석한다.

행	비문원문	국편위 번역 오류 지적
	가 영이함을 담아낼 수 있었다. 투후(秺侯) 제천지윤(祭天之胤)이 7 대를 전하여… 하였다.	④ 국편위는 "▨枝"를 해석해내지 못했다. 저자는 "天枝"(천지)로 해석한다. ⑤ "載生英異"는 "▨枝가 영이함을 담아낼 수 있었다"의 뜻이 아니라, '조상으로부터 복록을 이어 받을 자격과 능력이 있는 황족의 일원 즉 극조천지-이라는 연유로 비범한 재주와 인덕을 갖춘 투후(秺侯)가 태어났다는 의미이다. 英異(영이)는 영특하고 특이한 재주를 가진 아이 즉 영재를 의미한다. ⑥ 국편위는 "秺侯"(투후)를 설명해내지 못했다. 저자는 투후에 대한 구체적이고 역사적 인물로서 투후를 해석해냈다. ⑦ 국편위는 "祭天之胤"(제천지윤)의 의미를 설명해내지 못했다. 투후는 '하늘에 제사를 드릴 자격이 있는 천자의 후예'라는 의미이다. 후한의 광무제와 유비가 그러했듯이 신라는 촉한에서 일어선 유방의 한나라 황실 후손이라는 뜻이다. ⑧ 국편위는 "傅"(부) 글자를 "傳"(전) 글자로 판독한바 글자판독을 잘못했다. ⑨ "七葉"(칠엽)은 "七世之廟"(칠세지묘) 즉 "七廟"(칠묘)의 뜻과 같고, 七廟(칠묘)는 王朝(왕조)의 뜻을 갖는 말이다. 비문의 "傅七葉"(부칠엽)은 국사위가 해석한대로의 "7 대를 전하여"의 뜻이 아니라, "敷七葉"(부칠엽)의 뜻으로 쓰여서, '천자국을 떨어져 나와 새로운 왕조를 부설했다'는 뜻이다. 비문의 傅七

행	비문원문	국편위 번역 오류 지적
		葉(부칠엽)은 건릉 술성기에 나오는 칠묘지기(七廟之基)의 뜻으로 새기는 것이 옳다. 따라서 "秺侯祭天之胤傳七葉以□□□" 문장은 '천자의 후예인 투후는 새왕조의 기틀을 다져서 (선조를 빛냈다)를 의미가 된다.
6	□□□□□□□□□ □□□□□□爲 十五代祖星漢王降質圓穹誕靈仙岳肇臨以對玉欄始蔭祥林如觀石紐坐金輿而」 □□□□□□□□ □ 15 대조 성한왕(星漢王)은 그 바탕이 하늘에서 내리고, 그 영(靈)이 선악(仙岳)에서 나와, ▨▨을 개창하여 옥란(玉欄)을 대하니, 비로소 조상의 복이 상서로운 수풀처럼 많아 석뉴(石紐)를 보고 금여(金輿)에 앉아… 하는 것 같았다.…	① 국편위는 "爲▨▨十五代祖"의 결자부분을 해석해내지 못했다. 저자는 '민족 중흥을 일으킨 중흥군주 중시조인 제 15 대조 할아버지'로 해석한다. ② "降質圓穹"(강질원궁)은 "그 바탕이 하늘에서 내리고"의 뜻이 아니라, 質(질)은 贄(지)의 동의어로 禮物(예물), 폐백을 뜻하는 낱말이고, "誕靈降德"(탄영강덕)의 의미를 지닌다. 降德(강덕)은 예물을 내려보내는 것-賜予恩惠(사여은혜)를 뜻하므로 降質(강질)은 降德(강덕)과 같은 뜻이다. 降質圓穹(강질원궁)은 '천자가 예물을 보내왔다'는 뜻이다. ③ "以對玉欄"(이대옥란)은 "옥란(玉欄)을 대하니"의 뜻이 아니라, '두 쌍의 난간을 세우고'의 뜻이다. ④ "始蔭祥林"(시음상림)은 "비로소 조상의 복이 상서로운 수풀처럼 많아"의 뜻이 아니라 '상림 수목원을 가꾸기 시작했다'는 의미이다. 상림은 도교의 최고 성지 중 하나이다. 한반도에선 지리산이 그곳을 가리킨다. ⑤ "如觀石紐"(여관석뉴)는 "석뉴(石紐)를 보고"의 뜻이 아니라, 상림이란 곳이 '마치

행	비문원문	국편위 번역 오류 지적
		하나라 시조 우임금이 태어난 곳인 석뉴를 보는 듯 그곳과 닮았다'는 뜻이다. 신라의 선조가 우임금의 고향인 사천성의 그곳과 같다는 의미 즉 선조가 한뿌리라는 동족개념을 말해준다. ⑥ "坐金輿而□"(좌금여이□은 "금여(金輿)에 앉아"의 뜻이 아니라, 상림에서 "금수레를 타고 세상을 나섰다"는 세상 출유를 의미한다.
7	▨▨▨▨▨▨大王思術深長風姿英拔量同江海威若雷霆▨地▨▨▨方卷蹟停烽罷候萬里澄氛克勤開▨」 □ 대왕은 생각하심이 깊고 멀었으며, 풍채가 뛰어났고, 도량은 하해와 같았으며 위엄은 우뢰와 같았다.… ▨은 바야흐로 자취를 거두고 봉화는 멎고 척후는 파해지니, 만리의 맑은 기운은 부지런히… 를 열었다.…	① "▨方卷蹟"은 "▨은 바야흐로 자취를 거두고"의 뜻이 아니라, "八方卷蹟"(팔방권적) 즉 '천리만방의 검은 먹구름도 일거에 쓸어 버릴 만큼 큰 파워를 가졌다'는 의미이다. ② "萬里澄氛克勤開▨"(만리징분극근개▨은 "만리의 맑은 기운은 부지런히… 를 열었다"의 뜻이 아니라, '맑고 깨끗한 평화의 기운이 저 멀리 만리까지 불어서, 사람들은 농업 등 오로지 자기 맡은 바 일에만 힘쓰게 되었고, 그리하여 나라를 새롭게 열어갈 수 있었다'는 의미이다. ③ 국편위는 "▨方卷蹟" 글자판독을 "▨方卷跡"으로 하였으나 저자는 유희애의 판독을 따라서 "▨方卷蹟"으로 해석한다. "跡"(적)과 "蹟"(적)은 발자취라는 뜻에서 큰 의미차이는 없다.

행	비문원문	국편위 번역 오류 지적
8	□當簡▨之德內平外成光大之風邇安遠肅▨功盛▨▨▨於將來疊粹凝貞　垂裕於後裔」 간▨(簡▨)의 덕에 내외가 평화로워지고, 광대한 기풍에 원근이 편안하고 깨끗해지니, ▨공(▨功) 성▨(盛▨)은 장래에… 하고, 쌓이고 뭉친 순수함과 곧음은 후예들에게 넉넉함을 드리워 주었다.…	① "簡▨之德"(간▨지덕)은 선과 악을 분별할 줄 알고 악을 경계하고 선한 행동이 무엇인지 가려내고 선을 좇아서 사리분별에 맞고 이치에 맞게 세상을 대하니, 국내의 지방세력들은 한나라로 결속되어 화평하고 안정한 삶을 누리고, 주변 적국들 또한 교화되어 평화를 도모하고 그리하여 모두가 함께 무탈하고 안정된 삶을 살아가게 되었다. 이러한 뜻에서 결자부분의 문장은 "簡善之德"(간선지덕)이 된다. ② "光大之風"(광대지풍)은 "광대한 기풍"이라는 뜻으로는 부족하다. 光大之風의 光大(광대)는 혁혁하고 성대하게 드러내다 즉 發揚光大(발양광대)의 뜻이므로 光大之風(광대지풍)은 지켜내려온 전통문화와 미풍양속을 더욱 고취시킨다는 의미이다. ③ "▨功盛▨▨▨於將來"은 "▨공 성▨은 장래에… 하고"의 뜻이 아니라, 앞문장에서 열거한 그러한 큰 업적을 이루었으니, 그와 같은 '성대한 공적과 크나큰 업적이 먼 미래에까지 오래도록 미치고 드러나리라'는 의미이다. ④ "疊粹凝貞"(첩수응정)은 "쌓이고 뭉친 순수함과 곧음"의 뜻이 아니라, '순수하고 고결한 그의 정신과 곧고 바른 그의 행동 모두'의 뜻이다. 疊(첩)은 중첩되다의 뜻이고, 첩수응정은 고결한 정신과 곧은 행동 이 정신과 행동의 두 가지 모두를 포함하여의 뜻이다.

행	비문원문	국편위 번역 오류 지적
		⑤ "垂裕於後裔"(수유어후예)는 "후예들에게 넉넉함을 드리워 주었다"는 뜻이 아니라, '그의 뛰어난 정신과 행동으로 이룩한 업적과 그에 걸맞게 드높은 그의 명성 모두가 후손들에게 남기는 풍부하고 값진 유산'이라는 의미이다. 문무왕의 높은 명성이 어디에서 나왔는가? 나라를 위해 몸을 던진 희생정신과 천년에 한번 나올까할 정도의 통일영웅이었으니 얼마나 큰 실제적 유산인가? 그렇지 않는가? 문무왕 이후 오로지 단 한 사람 세종대왕이 나타났을 뿐이고, 세종대왕마저도 문무왕이 이룩한 통일제국은 건설하지 못했으니 어찌 문무왕이 남긴 유산을 되찾질 않을 수 있으리요!
9	□□□□□□□挹亠舍謙乃聖哲之奇容恳以撫人寛以御物▨▨者皆知其際承德者咸識其隣聲溢間河□ ▨▨사회(▨▨舍誨)는 곧 성철(聖哲)의 뛰어난 모습이라, 은혜로써 사람들을 어루만지고 너그러움으로써 사물을 다스리니,… 한 자는 그 시기를 알	① "挹亠舍謙乃聖哲之奇"은 "▨▨사회(舍誨)는 곧 성철(聖哲)의 뛰어난 모습이라"는 뜻이 아니라, '겸손함은 성현철인들에게서 보여지는 특이한 점인데, 그는 매우 겸손하였으니 성인철현의 반열에 들어섰다고 말할 수 있다'의 뜻이다. ② "寛以御物"(관이어물)은 '임금님 자신에게 속하는 물건에도 관대하게 대해 남들에게 후하게 베풀었다'는 의미이다. 자기 가진 것을 남에게 베풀었다 즉 노블레스 오블리주를 실천했다는 의미이다. ③ "▨▨者皆知其際承德者咸識其隣"은 "□ 한 자는 그 시기를 알고, 덕을 이어받은

행	비문원문	국편위 번역 오류 지적
	고, 덕을 이어받은 사람은 모두 그 이웃을 알아보니, 그 명성이 한하(閒河)에까지 넘쳤다.…	사람은 모두 그 이웃을 알아보니"의 뜻이 아니라, '그가 남의 뜻을 받들고 베푸는 사람 즉 승의자(承意者)임은 국내에서는 모르는 사람이 없으며, 그가 승덕자(承德者) 즉 많은 은사와 덕택을 받은 사람임은 이웃나라들에까지 널리 알려졌다'는 의미이다. ④ "聲溢閒河"(성익간하)는 "그 명성이 한하(閒河)에까지 넘쳤다"는 뜻이 아니라, '그의 명성은 바다를 건너 멀리 장안 낙양까지 알려졌다'는 의미이다.
10	▨▨▨▨▨▨▨▨▨▨▨▨▨▨▨▨記▨峯而▨幹契半千而涎命居得一以▨▨▨▨▨▨照惟幾於丹府義符惟興洞精鑒▨」 □ ▨봉(▨峯)을 ▨하여 ▨간(▨幹)하고, 5 백년을 기약하여 큰 명을 내려주니, 거하면 모두… 함을 얻었고,… 비춤은 단부(丹府)에 거의 가까웠다. 의(義)는 성(性)에 부합하여 일어나고,	① "涎命"(연명)은 "큰 명을 내려주니"의 뜻이 아니라, 涎(연)은 토사자부(吐絲自縛)의 뜻이 있으므로 涎命(연명)은 자연스럽게 천명을 받은 자신감을 표출한 말이다. ② 국편위는 "誕命"(탄명)으로 판독하였으나 유희애는 "涎命"(연명)으로 판독하였다. ③ "幹契半千"(간계반천)은 "▨간(幹)하고, 5 백년을 기약하여"의 뜻보다는, (유유히 돌아가는 강물이 내려다 보이는 곳에 기러기 떼가 붕정만리를 질서정연하게 쉬지도 않고 날듯이) '나라가 천년 이상 갈 천명을 보장하는' 뜻으로 이해된다. ④ "居得一以"(거득일이)는 "거하면 모두… 함을 얻었고"의 뜻이 아니라, '오로지 도를 통달하고 나서야 세상을 바로잡을 수 있는 것' 그런 수신제가치국평천하의 이치를 말한 것이다. 세상의 혼란을 바로잡는 것은

행	비문원문	국편위 번역 오류 지적
	깊은 정은… 을 살펴…	사람이다. 그런데 그 사람이 먼저 올바른 사람이 아니라면 무기를 든 도둑 밖에 더 되겠는가? 먼저 올바른 사람이 되고서야 어지러운 세상을 구할 수 있다. ⑤ "照惟幾於丹府"(조유기어단부)는 "비춤은 단부(丹府)에 거의 가까웠다"는 뜻이 아니라, '오직 지극정성으로 다했는지 자신의 가슴 깊은 곳에 비추어 보아야 한다'는 자기검열의 자세를 말한 것이다. ⑥ "義符惟興"(의부유흥)은 "의(義)는 성(性)에 부합하여 일어나고"라는 식으로 애매모호한 말이 아니라, '믿음은 믿음으로 홍하는 것, 따라서 믿음의 신뢰체계가 중요하다'는 신뢰체계의 중요성을 강조한 말이다. ⑦ "洞精鑒▨"(통정감▨)은 "깊은 정은… 을 살펴…"의 뜻이 아니라, '믿음의 신뢰체계는 세밀한 통찰력과 변별능력을 필요로 한다'는 왕도, 군도의 자세를 의미한다.
11	▨▨恬▨輔質情源湛湛呑納▨於襟▨▨▨▨▨▨▨ 握話言成範容止加觀學綜古」 바탕을 돕고, 정(情)의 근원은 맑디맑아, 삼키어 받아들임은 금▨	① "恬▨輔質"(염▨보질)은 "바탕을 돕고"의 뜻이 아니라, (조용하고 차분한 마음과 바른 자세를 추구하고 길러서) '아름다운 문체로 질박하고 소박한 것을 보충하여 소박하지만 조잡하지 않고 단순하되 아름다우며'의 뜻이다. 恬雅輔質(염아보질)의 표현으로 이해된다. ② "情源湛湛"(정원담담)은 "정(情)의 근원은 맑디맑아"의 뜻이 아니라, '그의 성정이

행	비문원문	국편위 번역 오류 지적
	(襟▨)에 ▨하였다.… 하시는 말씀은 규범을 이루고, 용모와 행동은 가히 볼 만하였으며, 학문은 고(금)을 두루 통하였다.	원래부터 맑고 깨끗함이 깊고 넘치니'의 뜻이다. 湛湛(담담)은 물이 깊고 가득차다, 맑고 깨끗하다의 뜻이다. 한서와 삼국사기에서 조선사람들은 '천성이 착한 사람들'이어서 다른 지역의 사람들과는 다르다는 사실을 명기하고 있는데, 대한사람들은 천성적으로 본성이 유순하고 착한 사람들임이 틀림없다. ③ 국편위는 "呑納▨於襟▨" 부분을 해석해내지 못했다. 저자는 '呑納總於襟內' (탄납총어금내)로 해석한다. 문무왕은 '가까이 마주 앉아서 가슴 속을 털어 놓고 나눈 이야기는 모든 것을 용납하고 받아들였다'는 뜻이다. ④ "容止加觀"(용지가관)은 "용모와 행동은 가히 볼 만하였으며"의 정도의 번역으로는 그 의미가 약하다. 앞문장에서 열거된대로 그의 말과 행동거지는 타의 모범이 되었고, 그러한 그의 '행동과 매너는 다른 사람들이 본받을 만한 모델이었다'는 뜻이다. 아이돌에 박수만 보내는 정도가 아니라. 직접 자신의 삶의 모델로 옮기는 행동모델이 된다는 것을 강조한 표현이다.
12	□□□□詩禮之訓姬室拜槗梓之▨▨▨▨▨▨▨▨▨▨▨▨大唐太宗文武聖皇帝應鴻社□	① "詩禮之訓"(시례지훈)은 "시(詩)와 예(禮)의 가르침"이라기 보다, 시례지훈의 출전인 논어에 소개된 의미대로 '자녀들은 부모의 가르침을 믿고 따른다는 자승부교(子承父教)의 의미이다. 공자같은 대성현도 자기자

행	비문원문	국편위 번역 오류 지적
	시(詩)와 예(禮)의 가르침에… (하고), 주나라는 교재(橋梓)의 ▨에 경의를 표하였다.… 당나라 태종문무성황제(太宗文武聖皇帝)가 사직의 ▨에 응하여…	식이라고 해서 특별하게 공부시키지 않고 다른 학생들과 똑같이 시경과 예기를 배우게 했다는 뜻에서 "시례지훈"이라는 말은 "子承父教"(자승부교)와 같은 의미로 쓰인다. ② "姬室拜橋梓之▨"은 "주나라는 교재(橋梓)의 ▨에 경의를 표하였다"는 뜻이 아니라, 자승부업(子承父業)의 의미 그리고 제후는 부자간의 믿음의 원칙을 지키고 결코 패역을 저지르거나 교만하면 아니된다는 제후의 도리를 말한다. "姬室拜橋梓之▨" (희실배교재지도)는 시경과 說苑(설원)에서 설명한대로, 伯禽趨跪(백금추궤)의 의미를 전해주는 표현이다. 주공단의 장자 백금이 노나라 제후에 봉해질 때의 고사성어로써 백금추궤와 교재지도는 父子之道(부자지도)를 가르키는 비유적 의미이다. ③ "應鴻社□"(응홍사□)는 "사직의 ▨에 응하여…"의 뜻이 아니라, 應鴻社事(응홍사사)의 뜻이다. 應鴻社事는 당태종의 哀死之道(애사지도)를 가르킨다. 哀死之道는 당태종이 전쟁에서 희생된 군사들에게 깊은 애도를 표하고 국가가 나서서 위령제를 지내주었다는 사실을 가르킨다. 당태종의 吊祭哀哭(조제애곡)은 이세민의 "傷遼東戰亡" (상요동전망)의 한시로 전해진다.
13	□□□□□□□□□ 宮車晏駕遏密在辰以	"在辰以□"(재진이□)은 "무진 이후에…"라는 뜻이 아니라, 문무왕의 서거 시간이 辰

행	비문원문	국편위 번역 오류 지적
	□ 임금이 돌아가시고 풍악은 멎었다. 무진 이후에…	(진)시임을 알려주는 표현이다. 진시(辰時)는 아침 먹는 시간대인 오전 7 시에서 9 시 사이를 가르키는 시간 표시이다. 우리들이 어른들에게 "진지 잡수셨어요?"라고 하면서 안부인사를 묻는데, 진지는 진시를 의미한다. 時(시)를 일본어로 "じ(지)"라고 발음한다. 대개 아침 먹는 시간대는 대개 오전 7-9 시 사이이다. 진시는 하루 중 5 번째 시간대로 아침해는 동남쪽에서 뜬다. 辰(진)은 용을 의미한다. 해를 용으로 표현하는 이유는 해가 만물의 제왕이기 때문이다.
14	□□□□□□□□□□□□□舜海而霑有截懸堯景以燭無垠 순(舜)임금은 바다와 같이 덕을 내려도 절현(截懸)이 있었고, 요(堯)임금은 해와 같이 밝게 비추어도 은▨(垠▨)이 없었다.…	① "□舜海而霑有截 懸堯景以燭無垠"은 "순(舜)임금은 바다와 같이 덕을 내려도 절현(截懸)이 있었고, 요(堯)임금은 해와 같이 밝게 비추어도"의 뜻이 아니다. 이 문장에서 순(舜)과 요(堯) 글자는 댓구법으로 쓰여진 문장 구절에서 강조용법의 의미로 쓰인 문장수식어구이지, 국편위가 해석한대로의 순임금과 요임금을 가르키는 인칭으로 쓰인 것이 아니다. ② "有截懸"(유절현)은 "절현(截懸)이 있었고"라는 뜻이 아니라, 애도의 물결은 파도를 타고 바다 건너 먼 '해외'에까지 적셨다는 의미이다. "有截"(유절)은 "海外有截" (해외유절)에서 해외라는 단어를 생략하고 축약적 표현으로 쓰였다. ③ 懸(현)은 문장 구성이 순해이점유절에서 끝나고 현요경이촉무은의 구절로 시작되어 댓구절을 이르는 문장구성형태이다.

행	비문원문	국편위 번역 오류 지적
		④ "無垠"(무은)은 "은▨(垠▨)이 없었다"는 뜻이 아니라. "燭無垠"(촉무은)의 무은(無垠)은 뒷따르는 문장을 받는 글자가 아니라 '끝이 없다'는 글자 그대로의 의미이고, 따라서 앞의 글자인 "燭"(촉)을 꾸며주는 부사로 쓰였다. 즉 '끝없이 타오르다' 의 뜻이다. ⑤ "□舜海而霑有截懸堯景以燭無垠"은 (슬픔과 사모의 정이 솟구치고 밀물처럼 밀려와) '애도의 물결은 파도를 타고 바다 건너면 해외에까지 적셨고, 높이 내걸린 추모의 등불은 끝없이 타올랐고 드넓은 곳 모든 지역까지 비추었다'는 의미이다. 다시말하면, 문무왕에 대한 존경하고 숭모하는 추모의 정이 끝없이 모든 지역에서 타올랐다.
15	□□□□□□□□□□著▨▨▨而光九列掌天府以□□ 빛나고, 구렬(九列)은 천부(天府)를 관장하여…	국편위는 "九列"(구렬)의 의미를 해석해내지 못했다. 九列(구렬)은 아홉개의 별들로 이루어진 별자리 騎辰尾星(기진미성) 즉 부열성을 가르킨다. 이 별자리는 사람이 죽으면 그 그 영혼을 맡아 준다는 동방청룡의 끝자리 아홉개 별들로 이루어진 별자리를 말한다. 따라서 이 구절의 의미는 우리의 운명을 밤하늘의 부열성에 맡기고 희망을 부여잡아 항해를 쉬지 않고 계속하여, 마침내 하늘의 뜻을 얻어냈다는 의미 다시 말하면, 진인사대천명의 자세로써 자강불식의 노력을 한 결과 마침내 꿈을 성취해냈다는 내용이다.

행	비문원문	국편위 번역 오류 지적
16	□□□□□□□□□□□□□感通天使息其眚蘋安然利涉□□□□ 천사(天使)도 감통(感通)시켜 그 재앙을 그치게 하니, 편안하고 쉽게 건너…	① 천사는 앞 문장의 결자부분의 행동(예컨대 사람의 지극정성)에 감동하여 뒷문장에 나오는 거친 풍랑을 잠재워주었다는 의미이므로 天使(천사)는 종교적 의미로 해석해야 한다. ② 安然利涉(안연이섭) 또한 '거친 풍랑이 멈추고 무사히 안전하게 바다를 건널 수 있었다'는 의미이므로 모세의 홍해의 기적과 같은 종교적 의미로 해석되어야 한다.
17	▨▨▨▨▨▨▨近違鄰好頻行首鼠之謀外信 이웃나라와의 우호를 어기고 자주 이쪽 저쪽으로 붙으려 하면서, 겉으로는…을 믿는 척하니…	① "▨▨▨▨近違鄰好"는 "이웃나라와의 우호를 어기고"라는 뜻이 아니라, '이웃나라와의 선린우호 관계를 조금이라도 해치려는 시도를 결코 용납하지 않는 단호한 정책을 기본으로 하였다'는 의미이다. ② "頻行"(빈행)은 "자주"라는 뜻이 아니라, '병행'하다의 뜻이다. "首鼠之謀"(수서지모)는 "이쪽 저쪽으로 붙으려 하면서"의 뜻이 아니라, '처한 상황에 따라 수시로 변경할 수 있다는 유연성의 지혜'를 말한다. 쥐구멍을 찾아내는 쥐는 민첩성이 빠르고 유연성이 높은 매우 영리한 동물이다. ③ "外信▨▨"(외신▨▨)은 "겉으로는…을 믿는 척하니…"라는 뜻이 아니라, (선린우호관계를 기본정책으로 하고 수서지모를 병행하면서 안으로는 당랑포선황작재후의 경계를 늦추지 않고 외유내강의 굳건한 자세를 견지하면서 '밖으로는 외국의 신임을 얻는

행	비문원문	국편위 번역 오류 지적
		외교정책을 구사하였다'는 의미이다. 쓸데없이 괜히 외국을 자극시키는 것보다 외국을 안심시키는 정책이 국익에 도움이 된다.
18	□□□□□□□□□□□熊津道行軍大摠管以▨君王□□ □ (소정방을) 熊津道行軍大總管*으로 삼고, 君王**을… *(그 직명으로 볼 때 당시 唐軍의 총사령관이었던 蘇定方이다). **(본 비문의 주인공인 文武王을 가리킨다).	① 국편위는 "君王"(군왕)을 "文武王을 가리킨다"고 주해했지만, 군왕은 참전한 여러 나라의 군사지도자를 가르키는 표현이다. 660 년 당시 전쟁은 한중일 뿐만 아니라 북서쪽의 변방국들도 관련된 국제전이었다. ② "以▨君王" 결자된 글자는 以待君王(이대군왕)으로 해석되고 따라서 嚴陣以待(엄진이대)의 의미로 연결된다. 嚴陣以待는 '진지(陣地)를 확고히 정비하고 적의 공격을 기다리다'의 뜻이다. 즉 무모한 선제공격을 자제하였다는 의미가 내포되어 있다. 돌격형 공격을 감행하기보다는 적의 공격에 철저히 대비하고 수성하는 전략이 전쟁승리의 요체이다.
19	列陳黃山 蝟聚鴟張 欲申距□ 황산(黃山)에 군진을 펼치니, 적들이 고슴도치와 올빼미처럼 모여들어 (진군을) 가로막고자 하였다.…	① "蝟聚鴟張"(위취치장)은 "적들이 고슴도치와 올빼미처럼 모여들어"의 뜻이 아니라, 황산에 전투 전개의 군진을 쳤는데, 그 군진의 형태가 군사병법에 따라서, '송곳모양처럼 돌격해오는 적의 어린진 공격에 대해 독수리매가 양날개를 펼치듯 그렇게 적을 포위하는 학익진을 쳤다는 의미이다. "蝟聚鴟張"(위취치장)은 손지병법과 제갈량의 팔진도, 당태종의 12 진법에 따른 어린진과 학익진의 진법을 나타내는 표현이다.

행	비문원문	국편위 번역 오류 지적
		② "欲申距□"(욕신거□)은 적이 우리의 "진군을 가로막고자 하였다"는 뜻이 아니라, 적의 결사대가 직진돌파를 시도할 것으로 예상하고서 아군 중앙지휘부는 뒤로 약간 물러나 있다가 양 옆에서 조이고 뒤에서 후려치는 전략을 구사했다는 의미이다. "欲申距□" 收住脚步 不往前進(수주각보불왕전진)의 뜻 欲申距斂(욕신거렴)의 의미이지, '저항했다'는 뜻의 欲申距張(욕신거장)의 의미가 아니다.
20	□□□□□□至賊都 元惡泥首轅門佐吏 적의 수도(首都)에 이르자 그 우두머리가 군문에서 머리를 조아리며 사죄하였고, 그 좌리(佐吏)들도…	"□□□至賊都"은 "적의 수도(首都)에 이르자"의 단순한 의미보다는 결자부분의 맥락상 (兵追奔)至賊都로써 해석하는 것이 자연스럽다. "(兵追奔)至賊都"(병추분지적도)는 '(패퇴하는 적군을 우리 병사들이 좇아 추격하여) 적군의 수도에 이르다'의 뜻이다.
21	□□□□□□□□三年而已至 龍朔元年□ 삼년이었다. 용삭(龍朔) 원년(元年)에 이르러…	"□□□□□三年而已至"은 단순하게 "삼년이었다"고 해석하기 보다는, '전쟁은 3년 이내에 끝내야 한다'는 "擧事制勝於三年"(거사제승어삼년)의 전쟁론의 기본 원칙으로 해석하는 것이 합리적이고 타당하다.
22	□□□□□□□□□□□□□□所寶惟賢爲善最樂悠仁□□	① "所寶惟賢"(소보유현)은 '오로지 재덕을 갖춘 그런 능력 있는 사람을 찾아내 직위를 수여하는 인재 채용 원칙을 지켰다'는 의

행	비문원문	국편위 번역 오류 지적
	□ 보배로 여기는 바는 오직 어진 사람이니, 선(善)을 행함을 가장 즐거워하고, 인(仁)을 ▨함을…	미이다. 이러한 인재등용 원칙은 당태종의 "제범"에 잘 설명되어 있다. "제범"에 대해서는 저자의 "역사 혁명" 책에서 설명된다. ② "悠仁▨▨"은 "인(仁)을 ▨함을"의 뜻이 아니라, '능력있는 인재를 찾는 길이라면 천리 길을 마다하지 않고 찾아가서 숨은 인재를 초빙해 왔다'는 의미이다.
23	□□□□□□□□□□□□□朝野懽娛縱以無爲無□□□□ 조야(朝野)가 모두 즐거워하니, 굳이 애써 행함이 없다고 하더라도…	"無爲無□□"는 '굳이 강요하거나 구속하지 않고 자기 스스로 알아서 하게 만들고, 무위의 정치 이념에 따라서 나라 전체가 스스로 굴러 가게 만드니'의 의미이다. 다시 말해, 사람들은 본성대로 제 스스로 알아서 자기 맡은 바 일을 해나갔고 그리하여 국가와 백성은 날로 부강해지고 잘 살게 되었다. 즉 무위의 사상이 천하를 통치하는 제왕의 원칙으로써 적합하다는 노자의 국정철학을 말해준다. 무위의 국정철학으로써 국가를 경영하니 공무원들이나 일반국민들이나 모두 좋아라 하고 국왕을 지지했다는 의미이다.
24	睨更興泰伯之基德 진백(秦伯)의 터전를 다시 일으켰다.…	"更興泰伯之基"(경흥태백지기)를 국편위는 "진백(秦伯)의 터전를 다시 일으켰다"고 해석했으나, 이 문장은 '오나라 시조 오태백은 덕치에 기반하여 새나라를 건설했는데, 그와 같은 도덕정치로 민족 중흥의 선물을 가져다 주었다'는 의미이다. 국편위는 "泰伯"(태백)을 "秦伯"(진백)으로 오판했다.
25	▨▨▨▨▨▨▨▨▨▨▨▨▨▨▨之風北接	① "▨▨之風北接挹婁蜂"(지풍북접읍루)는 "교화가 북으로 읍루(挹婁)에까지 접하

행	비문원문	국편위 번역 오류 지적
	挹婁蜂▨▨」 교화가 북으로 읍루(挹婁)에까지 접하니, 벌떼처럼…	니"의 뜻이 아니라, '덕으로 주변을 교화시키는 덕화정치의 바람이 (산을 흔들듯이 세차게 불어서), 북쪽으로 국경을 맞대어 있는 읍루까지 불어서'의 의미이다. 즉 읍루족과는 북쪽으로 국경을 맞대고 있는 북쪽의 이웃나라인데, 문무왕의 덕화정치가 북쪽의 읍루족까지 영향을 크게 끼쳤다는 의미이다. ② "蜂▨▨▨"은 "蜂王" 또는 "蜂翔吐飯"(봉상토반)의 의미로 해석된다. 호전적이던 읍루족이 마치 벌꿀이 만들어지듯이 완전히 변화해서 귀순해 왔고 감히 도발할 생각은 꿈에도 하지 못하고 그리하여 평화가 정착되었다는 내용이다.
26	▨▨▨▨▨▨▨▨▨▨▨▨▨▨▨▨▨詔君王使持節▨」 군왕에게 조서를 내려, 사지절(使持節)…으로 봉하였다.…	① "▨▨詔君王使持節"은 "군왕에게 조서를 내려, 사지절(使持節)… 으로 봉하였다"는 뜻이 아니라, '군왕급과 사지절들을 초치하여 (唯疑請以 上代之政) 역사 공부를 하면서 마음가짐을 새롭게 다지게 했다'는 의미이다. ② 詔(조)는 제갈량의 先帝遺詔(선제유조)의 표현과 같이 황제의 명령을 의미하는 명사로 쓰이지만 굴원의 이소경에 나오는 "詔西皇使涉予"(조서황사섭여)(소호금천씨에게 빌어 날 건너 주게 하리라)의 쓰임새에서와 같은 동사로 쓰여서 고계(告誡)하다, 교도(教導)하다의 뜻이 있다. 처벌보다는 교도하는 것이 사람의 변화를 이끌어내는 보다 효율적인 방법이다.

행	비문원문	국편위 번역 오류 지적
27	▨▨▨▨▨▨▨▨▨▨ ▨▨▨▨▨▨▨▨▨軍 落於天上旋▨」 군(軍)이 하늘로부터 내려오니, 깃발이…	"▨軍落於天上旋▨"은 "군(軍)이 하늘로부터 내려오니"의 뜻이 아니라, '(적군을 유인하여) 아군의 깃발 아래로 떨어지게 하였다'의 의미 즉 대적하고 있는 상대방 적진을 깃발로 혼미하게 만들고 나락으로 떨어지게 유인했다는 의미이다. 당시의 전투 전개를 묘사하는 구절이다. 현대의 공수부대가 있는 것도 아니었는데 어찌 "군(軍)이 하늘로부터 내려오니"라고 번역할 수 있을까?
28	▨▨▨▨▨▨▨▨▨▨ ▨▨▨▨之謀出如反 手巧▨▨▨ 꾀는 손을 뒤집는 일처럼 쉽게 나왔는데, 절묘하기가…	"▨之謀出如反手巧▨▨▨"은 처한 상황에서 시의적절한 임시 변통의 계책이 천방백계로 마치 손바닥을 반대로 뒤집는 것처럼 매우 쉽게 나오고 그 교묘함은 (마치 신이 조화를 부린 듯하고, 어찌 말이나 글로써 다 형언하기 어려울 정도였다)는 의미가 담겨 있다. 巧不可言 事不可筆 事不可息 등 이러한 표현어법은 명문장 속에 수시로 나타난다.

3. 1행-28행 추홍희 번역 정리표

행	비문원문	번역
1	國 新羅文武王陵之碑 及飡國學少卿臣金▨▨奉 教撰	(대당상주)국 신라 문무왕릉의 비이다. 급찬 국학소경 김▨▨이 왕명에 의해 비문을 짓고 이에 바친다.
2	□□□通三後兵殊□□□匡□配天統物畫野經圻積德□□匡時濟難應神□□□□□靈命□□□□□□□□□□□	통신삼부(洞眞통진 洞玄통현 洞神통신의 三部)를 통달하고 득도하였다. 군대를 일치단결 화합의 정신으로 이끌었다. 세상을 구제하는데 정치의 중심을 두고 정사를 보살폈다. 하늘의 부름으로 천자의 자리에 올라 교외의 산천에 나가서 제천의식을 거행하고 온 나라를 통치하였다. 화폭과 도면 위에 그림을 그려가는 것처럼 청사진을 펼치고 국가를 계획적으로 관리 경영해 나갔으며, 원대한 미래를 내다보고 베틀로 비단 짜듯이 치밀하게 통치해 나갔다. 덕행을 쌓고 좋은 일을 많이 베풀었다. 혼란한 세상과 어려운 시국을 구해 냈다. 세상 적폐를 청산하고 혼란한 시국을 바로 잡으라는 신령의 계시에 부응하고, (사해 바다를 통치하라는 하늘의 명령에 부응하여 분연히 일어섰다.)
3	□□□□□□□□□□□□□□派鯨津氏映三山之闕東拒開梧之境南鄰□桂之□□接黃龍駕朱蒙□□□□承白武仰□□□□□□	이에 경진씨를 파견하여 한반도의 약점을 조명하고 반영하게 하였다. 한반도는 동쪽으로는 개오라는 지역을 국경으로 하고 있고, 남쪽으로는 팔계 지방에 맞닿아 국경으로 삼고 있는데, 바다를 서로 접하고 있다. 하늘의 부름에 응한 천자가 여름철 붉은 서기를 타고 (준마처럼 빠르게 배를 달려 내려오니) (전쟁을 불러온) 서방 백호는 (자기 죄상을 자백하고) (두 손을 들고 항복하고 하늘에다 죄를 용서해 달라고 빌었다) (그리하여 평화가 찾아오고 도의의 정치를 펼치니 인재들이 몰려들어 궁전안에는 봉황

행	비문원문	번역
		이 내리고 교외밖엔 기린이 뛰어 놀며 바다에는 청룡이 노닐었다).
4	□□□□□□□□□□□□□□□問盡善其能名實兩濟德位兼隆地跨八夤勲超三□巍巍蕩蕩不 可 得 而 稱 者我新	아랫사람들에게 물어보는 것을 수치로 여기지 않았고 질문하기를 주저하지 않았으며 또 결코 게을리하지 않았다. 끝낸 일이든 끝내지 못한 일이든 말한 것과 실제 결과가 꼭 일치하였다. 지위가 올라감에 따라 덕망도 겸비하고 더욱 올라갔다. 그의 활동 반경과 그 영역은 사방 팔방 먼 변방까지 걸쳐 뻗어나갔다. 공훈이 현저하게 뛰어난 사람이어서(출사를 권유받았지만 겸손하게 3번이나 왕의 자리를 사양하였다/그의 공훈은 현저하게 뛰어나서 삼황을 뛰어넘을 수준이었다). 그런 위풍당당한 그의 모습, 고대 장관의 그의 모습은 어떻게 말로 꼭 끄집어내서 표현하기가 다 어려울 정도이었다. 그는 천하의 귀인이었다.
5	□□□□□□□□□□□□□□□君靈源自敻繼昌基於火官之后峻構方隆由是克□□枝載生英異秺侯祭天之胤傳七葉以□	(우리 신라 사람들은 삼황오제의 후손들이다). 까마득한 옛날까지 올라가서 조상의 뿌리를 찾으면, 창성한 왕업을 (화관지후)에게 이어받게 하고, 불의 임금님-화후는 요임금인데, (제곡 고신씨는) 요임금님에게 (왕위를 물려 주었다.) 방정하고 드높은 구조물들을 건설하며 사방으로 반듯하게 뻗어 나갔다. 조상으로부터 복록을 이어 받을 자격과 능력이 있는 황족의 후예, 천자의 후손으로 태어난, 비범한 재주와 인덕을 갖춘 투후(秺侯)는 하늘에 제사를 드릴 자격이 있는 천자의 후예로서, 새왕조의 기틀을 다졌다. (그리히여 선조를 빛냈다)
6	□□□□□□□□□□□□□□□焉　　十五代祖星漢王降質圓穹誕	우리 신라의 중흥을 일으킨 중시조 성한왕은 15대조 선조이다. 신선이 사는 신령이 깃든 산에서 탄생하여, 광야가 시작되는 산모퉁이

행	비문원문	번역
	靈仙岳肇臨　　以對玉欄始蔭祥林如觀石紐坐金輿而」□□□□□□□	에서 삶을 시작했다. 산맥이 내려와 광야가 펼쳐지는 산모퉁이 구릉지에 두 쌍의 난간을 세우고, 상림 수목원을 가꾸기 시작했는데, 상림은 마치 하나라 시조 우임금이 태어난 곳인 석뉴를 보는 듯 했다. 상림에서 금수레를 타고 세상을 나서, (천리마 말을 달리며 여우와 토끼를 쫓아내고, 세상 가는 곳마다 큰 이름을 떨치고 남겼다.)
7	▨▨▨▨▨▨▨▨▨▨▨▨▨▨大王思術深長風姿英拔量同江海威若雷霆▨地▨▨▨方卷蹟停烽罷候萬里澄氛克勤開▨」	문무대왕은 생각하는 것과 생각하는 방법이 매우 깊고 넓었으며 멀리까지 내다보았다. 그의 풍채와 자태는 모란꽃 봉오리같이 출중하게 뛰어났다. 사람됨의 그릇 크기는 장강과 동해만큼 크고 넓었다. 그의 권위와 위엄은 마치 천지를 진동하는 우뢰와 벼락 천둥소리같이 크고 엄해 보였다. 피 흘리는 것을 멎게 하고, 소리 없이 낫게 하는 치유의 권능을 가졌다. 천리만방의 검은 먹구름도 일거에 쓸어 버릴 만큼 큰 파워를 가졌다. 봉화불은 멈추고 척후병은 그만 돌아가니, 맑고 깨끗한 평화의 기운이 저 멀리 만리까지 불어서, 사람들은 농업 등 오로지 자기 맡은 바 일에만 힘쓰게 되었고, 그리하여 나라를 새롭게 열어갈 수 있었다.
8	□當簡▨之德內平外成光大之風邇安遠肅▨功盛▨▨▨於將來曡粹凝貞 垂裕於後裔」	선과 악을 분별할 줄 알고 악을 경계하고 선한 행동이 무엇인지 가려내고 선을 쫓아서 사리분별에 맞고 이치에 맞게 세상을 대하니, 국내의 지방 세력들은 한나라로 결속되어 화평하고 안정한 삶을 누리고, 주변 적국들 또한 교화되어 평화를 도모하고 그리하여 모두가 함께 무탈하고 안정된 삶을 살아가게 되었다. 지켜내려온 전통문화와 미풍양속을 더욱 고취시켰다. 국내 정치가 맑고 깨끗해서 사람들이 안락함을 누리니 먼 타국에서까지 자발적으로 사람들이 순종하고 귀순해 왔

행	비문원문	번역
		다. 성대한 공적과 크나큰 업적이 먼 미래에까지 오래도록 미치고 드러나리라. 순수하고 고결한 그의 정신과 곧고 바른 그의 행동 모두는 후손들에게 남기는 풍부하고 값진 유산이다.
9	□□□□□□□□挹宀舍謙乃聖哲之奇容恳以撫人寬以御物▨▨者全知其際承德者咸識其隣聲溢閒河□	겸손함은 성현철인들에게서 보여지는 특이한 점인데, 그는 매우 겸손하였으니 성인철현의 반열에 들어섰다고 말할 수 있다. 그는 남을 용서하고 포용하고 받아들여서, 정성껏 키워주는 은혜를 베풀었으며, 임금님 자신에게 속하는 물건에도 관대하게 대해 남들에게 후하게 베풀었다. 그가 남의 뜻을 받들고 베푸는 사람 즉 승의자(承意者)임은 국내에서는 모르는 사람이 없으며, 그가 승덕자(承德者) 즉 많은 은사와 덕택을 받은 사람임은 이웃나라들에까지 널리 알려졌다. 그의 명성은 바다를 건너 멀리 장안 낙양까지 알려졌다.
10	▨▨▨▨▨▨▨▨▨▨▨▨▨▨▨▨▨▨記▨峯而▨幹契半千而誕命居得一以▨▨▨▨▨▨▨照惟幾於丹府義符惟興洞精鑒▨」	(기러기 떼가 붕정만리를 질서정연하게 쉬지도 않고 날듯이) 오래도록 나라가 천년 이상 갈 천명을 보장하는 기운과 지맥을 가진 오봉에서 하늘의 천명을 받고, 심산유곡 동굴에서 수련하고 득도하여 천하를 바로잡고자 일어섰다. 오로지 도를 통달하고 나서야 세상을 바로잡을 수 있는 것이다. 오직 지극정성으로 다했는지 자신의 가슴 깊은 곳에 비추어 보아야 한다. 믿음은 믿음으로 흥하는 것, 따라서 믿음의 신뢰체계가 중요하다. 또 그런 믿음의 신뢰체계는 세밀한 통찰력과 변별능력을 필요로 한다.
11	▨▨恬▨輔質情源湛湛呑納▨於襟▨▨▨▨▨▨ 握話言成範容止加觀學	(조용하고 차분한 마음과 바른 자세를 추구하고 길러서) 아름다운 문체로 질박하고 소박한 것을 보충하여 소박하지만 조잡하지 않고 단순하되 아름다우며, 원래부터 맑고 깨

행	비문원문	번역
	綜古」	끗함이 깊고 넘치니, 허심탄회한 자세로 진실하게 터놓고 말하면 모든 것을 받아들이는 사람이었다. 멀리 내다보고 책략을 수립하는 것, 전장에서든 어디에서든 사람들을 휘어잡는 그의 말과 화술은 타의 모범이 되었다. 그의 행동과 매너는 다른 사람들이 본받을 만한 모델이었다. (어려서부터 배움을 좋아하여), 많은 분야에 걸쳐서 학식을 연마하고 쌓아 올렸고, 그 수준은 옛 것과 현대의 지식(그리고 자기나라뿐만 아니라 외국의 그것까지를) 다 함께 통달하였다.
12	□□□□詩禮之訓姬室拜槁梓之▨▨▨▨▨▨▨▨▨▨▨▨大唐太宗文武聖皇帝應鴻社□	(신하들은 항상 바른 길을 걷고 국가와 정의를 위해서 진실대로 간언하여야 하고), 자녀들은 부모의 가르침을 믿고 따르며, 제후는 부자간의 믿음의 원칙을 지키고 결코 패역을 저지르거나 교만하면 아니된다. 당태종 이세민은 (전쟁에서 희생된 군사들에게 깊은 애도를 표하고 국가가 나서서 위령제를 지내주었다).
13	□□□□□□□□□宮車晏駕遏密在辰以□	(오호애제라) 문무대왕이 서거하셨다. 대왕의 수레가 아침 먹는 시간대인 진시(오전 7-9시)에 그만 영원히 멈추었다.
14	□□□□□□□□□□□□舜海而霑有截懸堯景以燭無垠	(슬픔과 사모의 정이 솟구치고 밀물처럼 밀려와) 애도의 물결은 파도를 타고 바다 건너면 해외에까지 적셨다. 높이 내걸린 추모의 등불은 끝없이 넓은 곳 광대무변의 지역까지 비추었다. (존경하고 숭모하는 추모의 정이 끝없이 모든 지역에서 타올랐다).
15	□□□□□□□□□□著▨▨▨而光九列掌天府以□□	희미하게 깜빡깜빡거리는 아홉개의 별들로 이루어진 騎辰尾星(기진미성)-사람이 죽으면 그 정수리를 맡아 준다는 동방청룡의 끝자리 아홉개 별들로 이루어진 별자리-에 우리의 운명을 맡기고 희망을 부여잡아 항해를

행	비문원문	번역
		계속하여, 하늘의 뜻을 얻어냈다 (진인사대천명의 자세로써 자강불식의 노력을 한 결과 마침내 꿈을 성취해냈다).
16	□□□□□□□□□□□□□感通天使息其眚蘋安然利涉□□□□	(지극정성으로) 천사도 감동하게 만들어 (천사의 도움으로) 거친 풍랑이 멈추고 무사히 안전하게 바다를 건널 수 있었다.
17	近違鄰好頻行首鼠之謀外信	이웃나라와의 선린우호 관계를 조금이라도 해치려는 시도를 결코 용납하지 않는 단호한 정책을 기본으로 하고, 처한 상황에 따라 수시로 변경할 수 있다는 외교 정책의 유연성의 지혜를 병행하였다. (선린우호 수서지모 당랑포선 황작재후 외유내강의 외교 정책의 기조하에) 외국에는 신임을 얻고 그들을 안심시키는 정책을 펼쳤다.
18	□□□□□□□□□□□熊津道行軍大摠管以▨君王□□	(660년 소정방을) 웅진도행군 대총관으로 삼고 군왕들로 하여금 (진지를 확고히 재정비하고 적의 공격에 대비하게 하였다).
19	列陳黃山蝟聚鴟張欲申距□	황산에 전투 전개의 군진을 쳤다 송곳모양처럼 돌격해오는 적의 어린진 공격에 독수리매가 양날개를 펼치듯 학익진을 치고 적을 포위하고 (적의 결사대가 직진돌파를 시도할 것으로 예상하고서 중앙지휘부는 뒤로 약간 물러나 있다가 양 옆에서 조이고 뒤에서 후려치는 그리고 어떠한 상황에서도 결코 흔들리지 않는 목계술을 전개했다)
20	□□□□□□□□□□□□□□至賊都元惡泥首轅門佐吏	(패퇴하는 적군을 우리 병사들이 쫓아 추격하여) 적군의 수도에 이르니, 적의 우두머리들은 의문에까지 나와서 머리를 조아리며 항복을 해왔고, 지방 좌리 하급 무리들과 (포의검수 일반백성들 또한 모두 머리를 숙이고 귀순해왔다).

행	비문원문	번역
21	□□□□□□□三年而已至 龍朔元年□	(‘전쟁은 3년 이내에 끝내야 한다’는 전쟁론의 기본 원칙이 있다) (661년까지) 3년이 걸렸다. 661년 (전쟁이 끝날 때인)
22	□□□□□□□□□□□□□所寶惟賢爲善最樂悠仁□□	오로지 재덕을 갖춘 그런 능력 있는 사람을 찾아내 직위를 수여하는 인재 채용 원칙을 지켰다. 선을 행하는 것을 스스로 기쁘게 여기고 선을 행하는 (문화를) 이루었다. 능력 있는 인재를 찾는 길이라면 천리 길을 마다하지 않고 찾아가서 숨은 인재를 초빙해 왔다.
23	□□□□□□□□□□□□朝野懽娛縱以無爲無□□□□	조정의 관리들이나 일반 백성들이 다들 좋아라 하였다. 강요하거나 구속하지 않고 자기 스스로 하게 만들고, 무위의 정치 이념에 따라서 나라 전체가 스스로 굴러 가게 만드니, (사람들은 본성대로 제 스스로 알아서 자기 맡은 일을 해나갔고 그리하여 국가와 국민은 날로 부강해지고 잘 살게 되었다. 무위의 사상이 천하를 통치하는 제왕의 원칙으로 적합하다)
24	旣更興泰伯之基德	오나라 시조 오태백은 덕치에 기반하여 새나라를 건설했는데, 그와같은 도덕정치로 민족 중흥의 선물을 가져왔다
25	▨▨▨▨▨▨▨▨▨▨▨▨▨▨之風北接挹婁蜂▨▨」	(歸德)之風 덕으로 주변을 교화시키는 덕화정치의 바람이 산을 흔들듯이 세차게 불어서, 북쪽으로 국경을 맞대고 있는 읍루족까지 불어서, 읍루족 추장이 蜂翔吐飯(봉상토반) 즉 (호전적이던 읍루족이 마치 벌꿀이 만들어지듯이 완전히 변화해서 귀순해 왔고 그리하여 평화가 정착되었다.)
26	▨▨▨▨▨▨▨▨▨▨▨▨▨▨▨▨▨▨詔君王使持節▨」	군왕급과 사지절들을 초치하여 (唯疑請以 上代之政) (역사 공부를 하면서 마음가짐을 새롭게 다지게 했다).

행	비문원문	번역
27	▨▨▨▨▨▨▨▨▨▨▨▨▨▨▨▨▨軍落扵天上旌▨」	(적군을 유인하여) 아군의 깃발 아래로 떨어지게 하였다. (상대방 적군 진영을 깃발로 혼미하게 만들고 나락으로 떨어지게 유인했다)
28	▨▨▨▨▨▨▨▨▨▨▨▨▨之謀出如反手巧▨▨▨	(처한 상황에서 시의적절한 임시 변통의 계책이 천방백계로 마치 손바닥을 뒤집는 것처럼 매우 쉽게 나오고 그 교묘함은 (마치 신이 조화를 부린 듯하고, 어찌 말이나 글로써 다 형언하기 어려울 정도였다)

문무왕릉비 연구 제2권 & 제3권 주요 내용 요약

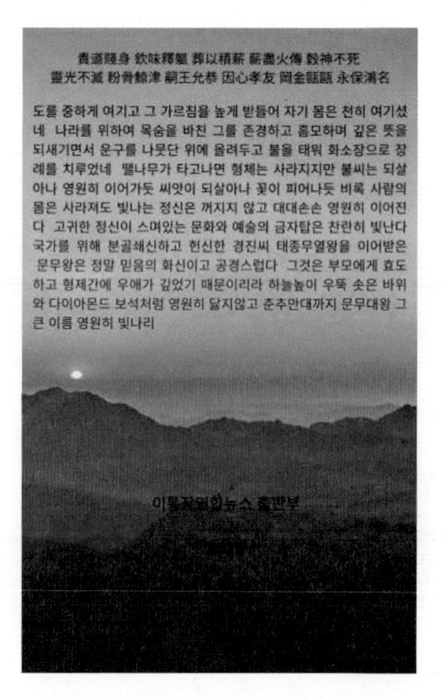

『곡신불사 영광불멸 문무왕릉비 비문 연구 제2권』

책 주요 내용 요약

1. 국사편찬위원회의 문무왕릉비 비문 번역 해석에 대해 통렬하게 정면 비판하고 새롭고 올바른 해석을 제시한다

문무왕릉비는 682년에 건립되었는데, 1796년 경주에서 문무왕릉비 비문 파편

이 발견되기 전까지 역사상 실종된 상태였다. 문무왕릉비 파편이 발견된지 약 220년 후 그리고 문무왕릉비가 건립된지 1338년이 지난 후인 2020년 오늘에서야 저자의 문무왕릉비 비문 연구-제1권 제2권 제3권 제4권의 이 책들을 통해서 문무왕릉비 비문 내용에 대한 정확한 번역과 해석과 내용이 밝혀지게되었다. 따라서 저자는 지금까지 잘못된 번역과 해석이 게재된 국사 교과서의 내용 서술에 대해서 그것들이 즉시 수정되기를 담대하게 요구한다. 저자는 문무왕릉비 비문의 내용을 역사적 사료에 근거하여 정확하게 해석하고 그리하여 국사편찬위원회가 잘못 번역하고 잘못 해석한 관련 내용을 자세하게 지적하고 통렬하게 비판한다.

2. 삼국사기의 역사 조작을 밝혀내다

저자는 역사 사료에 근거하여 문무왕릉비 비문 원문을 새롭고 정확하게 해석해냄으로써 왜 그리고 어떻게 삼국사기와 삼국유사가 역사를 조작해냈는지 그 조작의 실체를 밝혀낼 수 있게 되었다. 삼국사기에 기재된 문무대왕의 유언 내용은 당태종의 유언을 표절하고 도용한 역사조작임을 입증해낸 저자의 책을 참고하라: 『역사 혁명: 문무대왕 유언 비밀 해제: 삼국사기는 이렇게 조작됐다』

3. 삼국사기와 삼국유사에 기재된 역사에 대한 정면 도전

김정희는 어떻게 무학대사 왕심비라든가 도선국사비 등으로 알려진 기존의 황당무계한 설을 물리치고 진흥왕 순수비임을 밝혀냈는가? 추사는 말했다: "千二百年古蹟 一朝大明 辨破無學碑弔詭之說 金石之學 有補於世 乃如是也 是豈吾輩一金石因緣而止也哉"-"1천200년이 지난 고적(古蹟)이 하루아침에 크게 밝혀져서 무학비라고 하는 황당무계한 설이 변파(辨破 밝혀져 격파)되었다. 금석학(金石學)이 세상에 도움이 되는 것이 바로 이와 같은 것이다. 그러나 이것이 어찌 우리들이 밝혀 낸 일개 금석의 인연으로 그칠 일이겠는가."

국사 교과서에 기재된 내용을 정면으로 반박하는 저자의 연구물은 1816년 김정희가 자부한 내용을 능가할 것이다. 왜냐하면 김정희 당시는 국사 교과서가 존재하지 않았기에 그때는 기존의 벽을 격파하기가 요즘만큼 힘들지 않았을 수도 있다고 보기 때문이다. 또 지금은 모든 학교와 모든 대학에서 국사 교과서에 기재되어 있는 내용대로 가르치고 배우며 또 학생의 학교 진학과 공무원 임용 시험 과목을 통해서 비록 잘못된 기존의 학설과 견해일지라도 그것이 강요되고 수용되고 있는 형편이므로 기존의 학설에 정면으로 반박하려면 이중삼중의 벽으로 둘러처진 큰 어려움에 직면하기 때문이다.

로제타 스톤을 해석하는 것은 보통사람으로서는 해내기 어려운 고난도 학문 연구의 영역임이 틀림없다. 한편 진실을 추구하는 학자가 시중의 낭설에 대항하는 것은 생각보다 어렵지 않을 수 있다. 왜냐면 황당무계한 낭설이란 학계의 통설적인 연구의 위치하고는 분명히 크게 다르기 때문이다.

그런데 보라, 880여년 740여년전 기재되어 그토록 오랫동안 국사의 위치로 점해온 삼국사기와 삼국유사의 내용을 정면 반박하고, 또 발견된지 220여년 동안 기라성 같은 대가들이 축적한 기존의 문무왕릉비 비문 해석에 대해서 정면 반박하고, 또 1340여년전의 오래된 고문자의 의미를 추적하면서 그동안 국가와 학계가 정해놓은 기존의 국사 지식을 정면으로 격파하기란 계란으로 바위치기만큼 어려운 일에 속할지 모른다.

한문의 의미를 올바로 해석해낸다고해도 그것이 기존의 학계의 다수설의 견해에 정면 배치되고 또 그리하여 지금까지의 축적된 기존의 지식체계가 붕괴될 정도의 충격적인 내용이라면, 기존의 교과서적 지식체계와 그것에 안주하고 혜택을 누려온 기득계층의 억압을 뚫어낼만한 담대한 용기와 진실 추구의 완결성을 먼저 요구하기 때문이다.

또 제아무리 수주화씨벽의 보배라고 해도 지금까지 그것이 전해지지 못하고 사라지고 말았던 인간 사회의 약한 고리가 존재한다는 측면에서 또 생각의 빈곤으로부터의 자유를 실현하기 힘든 헤게모니 지배 계급 사회에서 수백년 아니 수천년 묵은 역사속의 진실을 캐내고 거짓과 잘못을 바로잡을 수 있을지에 대한 개인적 믿음과 국가와 사회의 진실 추구 체제에 대한 회의감 사이의 괴리가 크다면, 더구나 요즈음 일부 국가에서 우려스럽게 나타나고 있는 '탈진실(Post-Truth) 시대'의 반지성주의적 행태가 활개를 친다면, 공유된 지성과 문화가 꽃피우지 못할 위험이 있음을 감안한다면, 진실의 추구와 복원 작업은 극히 어려운 작업에 해당한다.

한편 새로운 지식체계를 수립하는 일이 만약 백지상태에서 시작한다면 어쩌면 더 쉬울지도 모르고 또 그래서 기존의 잘못된 편견과 오도된 지식과 낡은 생각의 벽을 깨는 작업이란 생각보다 훨씬 더 어렵고 지난하고 고단한 일에 해당한다.

이런 측면에서 저자의 문무왕릉비 비문 연구 결과는 갈릴레오와 뉴튼과 아인슈타인이 이룩한 코페르니쿠스적인 역사 혁명에 해당할 것으로 자부한다.

4. 국사편찬위원회의 번역과 해석에 대한 정면 반박

저자는 문무왕릉비 비문 뒷면 제20행의 구절을 다음과 같은 내용으로 번역 해석하고 국사편찬위원회의 번역과 해석을 정면으로 반박한다.

貴道賤身 欽味釋軀 葬以積薪 薪盡火傳 穀神不死

靈光不滅 粉骨鯨津 嗣王允恭 因心孝友 岡高金甌

永保鴻名

도를 중하게 여기고 그 가르침을 높게 받들어 자기 몸은 천히 여기셨네 나라를 위하여 목숨을 바친 그를 존경하고 흠모하며 깊은 뜻을 되새기면서 유구를 나뭇단 위에 올려두고 불을 태워 화소장으로 장례를 치루었네 땔나무가 타고나면 형체는 사라지지만 불씨는 되살아나 영원히 이어가듯 씨앗이 되살아나 꽃이 피어나듯 비록 사람의 몸은 사라져도 빛나는 정신은 꺼지지 않고 대대손손

영원히 이어진다 고귀한 정신이 스며있는 문화와 예술의 금자탑은 찬란히 빛난다 국가를 위해 분골쇄신하고 헌신한 경진씨 태종무열왕을 이어받은 문무왕은 정말 믿음의 화신이고 공경스럽다 그것은 부모에게 효도하고 형제간에 우애가 깊었기 때문이리라 하늘높이 우뚝 솟은 바위와 다이아몬드 성배처럼 영원히 닳지않고 춘추만대까지 문무대왕 그 큰 이름 영원히 빛나리!

5. "粉骨鯨津" (분골경진)의 의미에 대한 경천동지 같은 새롭고 정확한 해석

저자는 문무왕릉비 비문 뒷면 20행의 "粉骨鯨津 嗣王允恭" 구절을 "국가를 위해 분골쇄신하고 헌신한 경진씨 태종무열왕을 이어받은 문무왕은 정말 믿음의 화신이고 공경스럽다"는 뜻으로 번역한다. 여기의 "鯨津"은 비문 앞면 3행에서 나오는 "鯨津氏"(경진씨)라는 호칭을 의미하며, 비문 뒷면 20행에서의 "鯨津"은 비문명부분의 4글자 제한성 때문에 "경진씨"에서 "씨"글자를 생략하고 "경진"이라고 쓴 것이다.

문무왕의 선왕인 태종무열왕의 묘호 대신에 경진씨라는 경칭을 비문 앞면에서 썼는데, 한 예로 "故孔氏之訓可資釋氏"라는 구절에서와 같이 공자 석가를 공씨 석씨로 쓰기도 했다. 비문뒷면 20행의 "鯨津"은 비문앞면 3행의 "鯨津氏"를 지칭하는 인명으로 해석된다. 따라서 "粉骨鯨津"(분골경진)은 '분골쇄신한 경진씨'라는 뜻으로 해석된다.

분골쇄신이란 목숨을 아끼지 않고 국가를 위해서 몸바쳐 헌신하고 진심전력으로 충성을 다하는 헌신적 태도를 보이는 사람을 두고서 말하는 사자성어 표현이다. 粉骨(분골)은 "粉身碎骨"의 준말 즉 '목숨도 아끼지 않고 가벼이 여길만큼 목숨 바쳐 헌신하다'는 뜻이다. 여기의 "분골"의 의미는 국편위의 해석처럼 '뼈가루를 날린다'는 뜻이 결코 아니다. 粉(분)은 보리나 밀이 밀가루가 되듯이 분쇄(粉

碎)하다의 뜻이고, 粉身碎骨(분신쇄골) 분골쇄신(粉骨碎身)은 몸이 가루가 되고 뼈가 깨어지도록 노력하다 또는 그와같이 목숨을 걸고 충성을 다한다는 獻身(헌신)의 뜻을 나타내는 비유적인 의미로 사용되었다.

삼국사기에 기재된 문무왕 671년 7월26일 기사 가운데, "粉身碎骨 望盡驅馳之用 肝腦塗原 仰報萬分之一" 구절이 나오는데, 분신쇄골 망진구치지용 간뇌도원 앙보만분지일 이 구절의 의미는 "몸이 부스러지고 뼈가 잘게 부서져도 모두 부리시는데 쓰임이 되기를 바랐으며, 간과 뇌를 들판에 발라서라도 은혜의 만 분의 일이라도 갚고자 하였다".

"鯨津"(경진)은 문무왕의 선왕인 태종무열왕 김춘추를 지칭하는 인명에 해당하고, 따라서 "粉骨鯨津"(분골경진)은 '분골쇄신한 경진씨' 즉 '목숨을 아끼지 않고 국가를 위해서 헌신을 다한 경진씨=태종무열왕 김춘추'의 뜻이 된다.

그러므로 "粉骨鯨津"을 "경진(鯨津)에 뼈가루를 날리셨네"-으로써 번역한 국편위의 해석은 크게 잘못된 번역임이 확인된다.

"粉骨鯨津 嗣王允恭", 분골경진 다음에 이어지는 구절이 "嗣王允恭"인데 사왕윤공은 분골쇄신의 선왕 경진씨(태종무열왕)를 '이어받은 왕으로서 문무왕은 참으로 믿음직스럽고 공경스럽다'의 뜻이다. 이렇게 올바로 해석하면 앞뒤의 문맥상 의미가 정확하게 연결된다. 따라서 "嗣王允恭"을 "대를 이은 임금은 진실로 공손하여"으로써 번역한 국편위의 해석은 크게 잘못되었음이 다시금 재확인된다.

6. 靈光不滅(영광불멸)

노자 도덕경에 나오는 '곡신불사'의 개념에 대해서는 많은 사람들이 잘 알고 있을 것이다. 하지만 인간에게 영원불멸의 정신이 있다는 믿음과 그런 신비스런 생명력을 이어가는 요제가 무엇인지에 대한 역사와 현실적 통찰력을 가지기란 쉬운 일이 아니다. 또 모든 사람들이 "靈光不滅"(영광불멸)의 개념에 대해서 즉시 이해하는 수준도 아닐 것이다. 역사적인 측면에서 "靈光"(영광)의 의미를 찾을 경우 더욱 그러할지 모른다. 영광전(靈光殿)은 공자의 고향인 산동성 곡부에 세워진 사당인데, 한경제의 비 정희가 낳은 자식인 노공왕 유여(?-BC 128)가 이곳의 제후로 있던 시절에 중건했다. 한나라 왕연수가 노영광전부(魯靈光殿賦)에서 다른 궁전들은 전란으로 인해 황폐화되었는데 오로지 영광전만이 살아 남은 이유를 서술했는데 거기에 "靈光巋然獨存"(영광규연독존) 표현이 나온다.

靈光(영광)은 영광전의 이름 이외에 다른 뜻이 있는데, 신비한 광채, 왕이나 성현의 덕택, 인간의 선한 본성, 碩果僅存(석과근존) 즉 마지막까지 남아 있는 큰 열매 그리고 비유적인 의미로써 오래 남아 전하는 위대한 인물이라는 뜻이 있다. 靈光(영광)의 靈은 靈氣(영기) 즉 살아 있는 정기(精氣)를 내뿜는 것의 의미와 통한다. 왜 영광전만이 홀로 살아 남았겠는가? 그 명당에서 오묘한 광채의 빛이 발하고 있기 때문이 아닐까?

한민족은 영광전처럼 숱한 전란 속에서도 살아 남았다. 살아남았으니 앞으로도 영원무궁토록 발전할 것이다. 永不朽兮(영불후혜) 영원무궁토록! 위진남북조시대의 유신은 불후의 작품 "애강남부"에서 "靈光巍然"(영광외연)이라는 표현을 남겼다. 왕연수의 巋然(규연)이나 유신의 巍然(외연)이나 '저 높이'라는 高大(고대)의 뜻으로 같은 의미의 단어이다. 유신은 비록 자신의 후손들이 세상 부귀영화와 절연되고 또다시 삶의 나락으로 떨어진다해도 영광(靈光) 즉 위대한 인물 또는 위대한 것은 계속 전해지리라는 인류 최고의 믿음을 적어 놓았다.

여기서 영광(靈光)은 큰 업적을 나타낸 큰 인물이라는 뜻 이외에 우리 인류의 마음 속에 면면히 살아 전해져온 고귀한 정신까지를 포함한다. 영광 그 영원의 불빛은 꺼지지 않고 끝까지 계속 살아 남을 것이라는 역사관과 민족과 인류의 존

속에 대한 믿음과 소망과 사랑을 지칭한다. 사마천이 비록 몸은 망가졌지만 끝내 살아남아 유언을 완수해 내고 불후의 작품을 남길 수 있었던 그 위대한 정신의 힘과 같다. 영광(靈光) 고귀한 정신은 별빛처럼 영원히 빛나고, 인간의 선한 본성과 지식의 힘은 영원불멸하다. 사람의 몸은 죽어도 사람의 마음과 가슴과 정신과 혼백과 영혼은 영원히 살아 남으리라. 인간세상이 끊임없이 변해 왔지만 소크라테스 노자 석가 공맹 예수 같은 성인철현은 영원히 전하고 있지 않는가?

이같은 역사인식과 세계관을 바탕으로 저자는 애강남부에서의 "靈光巍然"(영광외연) 구절을, 문무왕릉비 비문 뒷면 20행의 "葬以積薪 ▨▨▨▨ ▨▨▨滅"의 결자 부분을 메꾸어 주는 표현으로 도입하였다.

문무대왕은 화소장으로 장례를 치루어 비록 자신의 몸은 사라졌지만 그의 통일의 역사와 희생정신은 영원히 살아 빛나고 무궁토록 전해지리라. 어두운 밤을 밝혀주는 등대불처럼, 꺼지지 않는 영원한 불꽃(Eternal Flame)이 되어, 별빛처럼 진실로 아름다운 성화(聖火)로 타오르리라.

7. 欽味釋軀 (흠미석구)

저자는 지금껏 한국사 연구 학계의 통설적 위치로 굳어진 내용인 문무왕릉비 비문 뒷면 20행 중의 "欽味釋▨ 葬以積薪" 결자 부분을 "欽味釋典 葬以積薪"(흠미석전 장이적신)으로 해석해온 국편위의 번역 오류와 잘못된 해석을 정면으로 반박하며 국편위의 잘못된 오류들을 통렬히 비판하고 새로운 해석을 제시한다.

"欽味釋▨葬以積薪"은 국편위의 번역대로의 "欽味釋典葬以積薪" (흠미석전 장이적신)의 글자가 아님은 명백해졌다. 국편위가 "釋典"이라는 글자로 메꾸워서 임의적으로 "欽味釋典"(흠미석전)이라고 판독하고 이를 "부처의 가르침을 흠미하여"로 해석하여, "欽味釋▨葬以積薪" 부분을 "부처의 가르침을 흠미하여, 장작을 쌓아 장사를 지내니"라고 번역하였는데, 이런 국편위의 해석은 단어와 어구와 구절과 문장과 전체 비문 내용과의 의미 연결상 전혀 맞지 않고 크게 잘못되었음이 분명하게 재확인된다.

만약 "欽味釋典"(흠미석전)이라면 비문의 글자를 삼국사기 망작자들이 저지른 죄악과 같이 고의적으로 마멸시키는 비문에 대한 테러행위를 감행했을 이유가 존재하지 않았을 것이다.

국사편찬위원회는 비문 해석을 시도함에 있어서 마멸된 글자 한 글자를 메꾸더라도 그 글이 나타내는 단어와 구절과 문장과 전체 비문 내용과 연결지어서 부분과 전체적 의미가 서로 온전하게 연결되어 해석되어야 할 문언해석의 기본 원칙을 따르지 못했다.

공자의 "서수획린"의 의미를 후대의 사가들이 각자 나름대로 해석한다고 해도 춘추의 역사와 공자의 삶 전체를 통해서 해석되어야 할 것이고, 마찬가지로, 문무대왕릉비 비문 원문이 마멸 훼손되고 사라진 이후의 "欽味釋▨" 문장은 그 정확한 글자가 이미 사라진 이상 "절필지운"으로 여겨져야 한다. 공자가 다시 살아나지 않는 이상 "欽味釋▨"을 "欽味釋典"(흠미석전)이라고 잘못 번역하고 엉뚱하게 해석한 국사편찬위원회와 그 아류들이 저지른 지금까지의 잘못은 즉시 수정되어야한다.

8. 射熊莫返 (사웅막반)

문무왕릉비 비문 뒷면 13행의 "射熊莫返" 구절에 대해서 국사편찬위원회는 "웅(熊)을 맞추시고도 돌아가지 않으셨다"라고 번역했는데, 이 국편위의 번역은 잘못되었다. "射熊莫返" 사웅막반의 보다 정확한 의미는 "(문무대왕이시여 안타깝게 천수를 누리지 못하고 일찍 세상을 떴지만) 하늘에 올라 북극성처럼 빛나시라! 북극성처럼 영원히 빛나소서!"의 뜻이다. 莫返(막반)은 忘返(망반), 忘歸(망귀)와 같은 뜻으로써 죽음을 뜻하는 완사 즉 유퍼미즘으로 쓰였다. 射熊(사웅)은 "着其高處"(착기고처)의 뜻으로, '높은 곳에 솟아올라'의 뜻 즉 문맥상 조금 가다듬으면 "하늘에 높이 올라 북극성처럼 영원히 빛나라"의 뜻이다. 따라서 "射熊莫返"(사웅막반)은 '하늘에 올라 북극성처럼 높은 곳에서 영원히 빛나시라'.

9. 太子雞(犬昇天) (태자계견승천)

문무왕릉비 비문 뒷면 13행의 "太子雞▨▨▨" 구절에 대해서 국편위는 "태자계(雞) …"라고만 번역해 놓고 있어 이에 대한 비문 문맥상 의미를 파악해내지 못하고 있다. 반면 저자는 "太子雞(犬昇天)"(태자계견승천)의 의미로써 결자부분을 제시하며, '승선태자가 신선이 되어 승천한 것처럼 문무왕께서 신선승천하신다면 나머지 다른 사람들도 다함께 승천할 것입니다'라는 "一人善射 百夫決拾"(일인선사백부결습)의 의미로써 해석하여, 문무왕의 죽음은 국가사회 지도층의 희생정신과 노블레스 오블리주의 전형적인 케이스임을 제시한다.

10. 문무왕릉비 비문 판독의 어려움

1796년(정조 20년) 경주에서 문무왕릉비 비문 파편이 발견되었다. 문무왕릉비는 682년에 건립되었는데 그 이후 최근의 바미안 석굴의 폭파 사건이나 역사속에 묻히어 아직 밝혀내지 못한 무측천 몰자비처럼 비문이 테러당하고 파편은 어디론가 사라졌다. 그러다 문무왕릉비 건립 이후 약 1천1백년이 지난 시점인 1796년 그 파편 일부분이 기적과도 같이 발견되었고 이어 탁본되었다. 이후 사라진 비문 파편이 1961년과 2009년 각각 비문 파편 일부분이 재발견되면서 역사

앞에 그 모습을 다시 드러내었다. 1796년 홍양호에 의해서 문무왕릉비 파편이 발견되었다는 소식이 전해진 후 추사 김정희가 1817년에 경주를 직접 답사하고 그때 천왕사에서 문무왕릉 비문 하단 부분을 직접 수습했다고 밝혔다. 그 후 김정희가 비문의 탁본을 청나라에 전해 유희애(劉喜海 1794-1852)가 수집 보관하다 1832년 편찬하였고, 이 탁본 판독문이 1873년 발간된 포강의"海東金石苑", 1881년 발간된 동무유씨의 "海東金石苑", 1888년 발간된 육심원(陸心源)의 "唐文拾遺", 1922년 발간된 유승간의"해동금석원" 책에 실려 있다. 이 가운데 저자는 한국에 공개된 적이 없는 1881년 東武劉氏著錄 "海東金石苑"과 1888년 "唐文拾遺"(당문습유)의 비문 판독문 문헌자료에 의거하여 문무왕릉비 비문을 번역하고 해석하였다. 그리하여 지금까지 국편위가 번역하고 해석한 문무왕릉비의 내용을 정면으로 통박하고 이 책과 이어지는 제2권 제3권의 내용으로써 문무왕릉비의 새롭고 정확한 사실을 밝히게 되었다.

『역사 혁명: 문무대왕 유언 비밀 해제: 삼국사기는 이렇게 조작됐다』

책 주요 내용 요약

이 책에서 밝혀내는 위 두 가지에 대한 진실은 고려시대 김부식 일당이 삼국사기를 쓰면서 역사 조작을 범했다는 사실을 밝히는데 직접적이고 결정적인 증거로 쓰여진다. 문무왕릉비 비문 내용에 대한 정확한 번역과 이해를 통하여 삼국사기가 기술하고 있는 부분과의 차이를 들추어내고 그 진실을 밝히는 것 그리고 삼국사기의 문무왕 유조문이 당태종의 유조문을 도용하였다는 조작과 표절의 범죄 행위라는 사실을 밝혀내면 그것은 삼국사기의 역사 조작의 범죄를 규명하는 결정적인 증거 스모킹건(smoking gun)이 된다.

삼국사기의 문무왕 기사에서 문무대왕의 유조라고 소개한 유조문 전문의 전체 글자수는 350자이다.

① 이 중에서 238여 글자의 내용이 거의 전부 당태종 유조문을 그대로 베끼고 도용하고 차용하고 표절한 문장들로 구성되어 있다는 사실을 저자는 이 책의 설명을 통해서 맨처음으로 밝혀냈다.

② 또 삼국사기가 기술한 유조문 가운데 만가 애도시 부분인 吳王北山之墳 詎見金鳧之彩 魏主西陵之望 唯聞銅雀之名 昔日萬機之英 終成一封之土 樵牧歌其上 狐兎穴其旁 이 55자의 구절은 장재의 七哀詩(칠애시)에서 차용하였다는 점을 맨처음으로 제기하고 그 근거를 자세히 설명한다. 이 둘 사이에 "▨牧哥其上狐兎穴其傍" 구절만이 문무왕릉 비문과 일치하는 문장 내용 부분이다. 이 초목가기상 호토혈기방의 구절에서 삼국사기는 "樵牧歌其上狐兎穴其旁"이라고 표현했는데, 여기의 "歌"는 문무왕릉비의 "哥"를, "旁"은 문무왕릉비의 "傍"의 글자를 각각 바꾸어 쓴 것이다. 물론 歌는 哥, 旁은 傍과 서로 의미가 같고 글자의 쓰임새가 서로 통하는 같은 뜻의 글자이기에 서로 바꾸어 써도 의미의 변화는 없지만 삼국사기의 글자는 문무왕릉비의 비문 원문의 글자를 바꾸었다는 사실을 재확인해준다.

③ 또 삼국사기가 기술한 유조문 가운데 경계문 구절인 "徒費資財 貽譏簡牘 空勞人力 莫濟幽魂 靜而思之 傷痛無已 如此之類 非所樂焉"의 32 글자의 내용은 당태종이 세상을 떠나기 일년 전 책으로 완성하여 태자에게 남겼던 "帝範"제범의 유훈 속에 들어 있는 내용임을 저자는 새롭게 밝혀낸다.

④ 또 유조문의 律令格式 有不便者 即便改張 12 글자의 문장은 수나라 고조의 유조문에 나오는 구절을 도용한 표절임을 밝혀낸다. 삼국사기의 "율령격식에 불편한 것이 있으면 곧 다시 고치도록 하라"는 의미의 "律令格式 有不便者 即便改張"의 12 글자 부분은 수나라 고조의 유조문에 나오는 律令格式 或有不便於事者 宜依前敕修改 務當政要 구절을 도용한 표현임을 밝혀낸다.

⑤ 또 삼국사기의 문무왕 유조문 전문 350 글자 가운데, 55글자의 만가시 표현 구절: "오나라 왕의 북산 무덤에서 어찌 금으로 만든 물오리의 고운 빛깔을 볼

수 있을 것이며 위나라 임금의 서릉 망루는 단지 동작이라는 이름만을 들을 수 있을 뿐이다. 지난 날 모든 일을 처리하던 영웅도 마침내 한 무더기의 흙이 되면, 나무꾼과 목동은 그 위에서 노래를 부르고 여우와 토끼는 그 옆에 굴을 판다"는 이 구절 부분은 위진남북조 시대 장재의 七哀詩(칠애시)를 차용한 표현임을 밝혀냄과 아울러 이 부분의 45 글자는 문장 구성 형식상 고려가 북방민족의 국가에 속국으로 전락한 고려시대 후기 즉 송원대에 유행했던 "구구소한도"의 형식으로 표현한 사실임을 제시한다.

이와 같은 사실과 분석에 따라, 삼국사기 문무왕의 유조문 중 문무왕의 장례식 관련 부분인 庫門外庭 依西國之式 以火燒葬 구절의 13 글자 부분, 그리고 만가애도시 부분인 且山谷遷貿 人代推移 吳王北山之墳 詎見金鳧之彩 魏主西陵之望 唯聞銅雀之名 昔日萬機之英 終成一封之土 樵牧歌其上 狐兎穴其旁 구절의 55글자 부분을 제외한 나머지 구절들은 당태종 유조문을 베끼고 도용하고 차용하고 표절한 표현들로 이루어져 있다는 사실을 저자는 밝혀낸 것이다.

위의 짤막한 요약 설명으로 알 수 있듯이, 삼국사기의 문무왕 유조문의 전체 350개 글자수 가운데 305여 글자가 문무왕릉비 비문원문의 내용과는 전혀 다르게 쓰여있다는 것, 또 그것은 다른 글을 베끼고 도용하고 차용한 표절의 문장들로 구성되어 있음을 저자는 밝혀냈다.

이에 저자는 삼국사기의 문무왕의 유조문은 당태종 유조문을 도용하고 표절한 역사 조작의 경악할만한 범죄행위로 규정하고, 이것을 입증하기 위해서 당태종 유조문을 번역 설명함과 동시에 "국사편찬위원회"의 삼국사기 문무왕 유조문 해석에 있어서 잘못된 오류들을 지적하고서 잘못을 바로잡는 정확한 해석문을 제시하여 묻혀진 역사의 진실을 캐내고 잘못된 민족 역사 교과서 내용을 바로 잡고자 한다.

문무왕릉비 판독문

1. 판독문

문무왕릉비 비문 원문

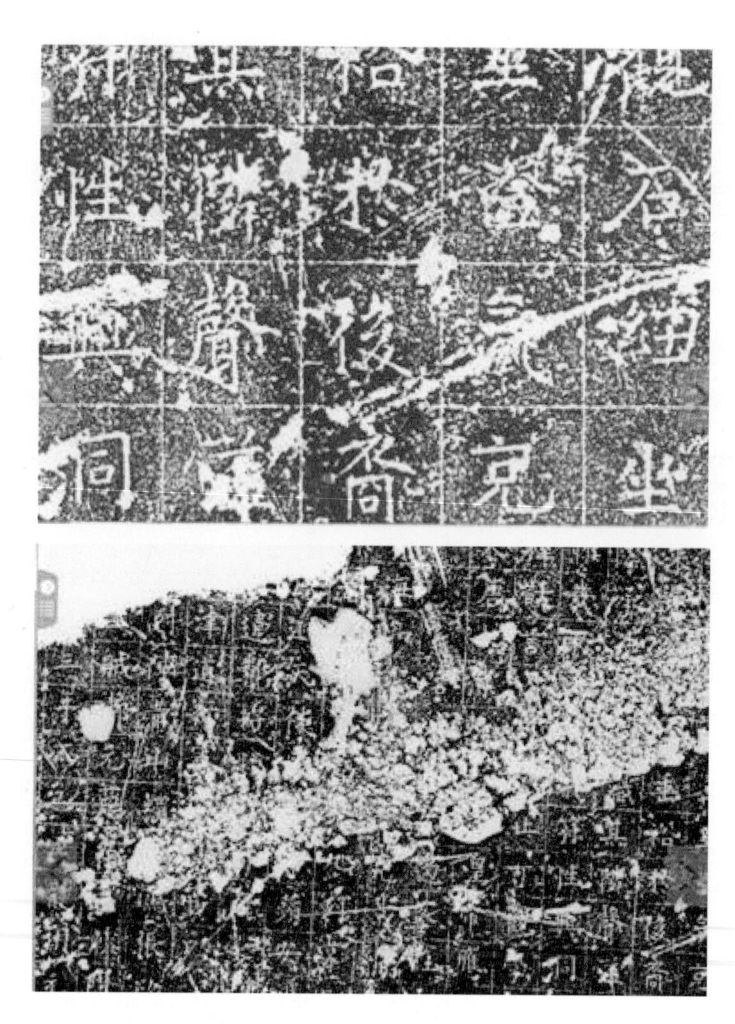

비문 앞면 105)

□□□□國新羅文武王陵之碑□□□及飱國學少卿臣金□□奉□敎撰

□□□□□□□□□□□□□□□□通三後兵殊□□□匡□配天統物畫野經圻積德□□匡時濟難應神□□□□□靈命□□□

□□□□□□□□□□□□□□□□派鯨津氏映三山之闕東拒開梧之境南鄰□桂之□□接黃龍駕朱蒙□□□□承白武仰□□

□□□□□□□□□□□□□□□□問盡善其能名實兩濟德位兼隆地跨八夤勳超三□□巍蕩蕩不可得而稱者□□□□我新□

□□□□□□□□□□□□□□□□君靈源自敻繼昌基於火官之后峻構方隆由是克□□枝載生英異秺侯祭天之胤傳七葉以□

□□□□□□□□□焉□□　十五代祖星漢王降質圓穹誕靈仙岳肇臨□□以對玉欄始蔭祥林如觀石紐坐金輿而

□□□□□□□□□□□□□□□大王思術深長風姿英拔量同江海威若雷霆□地□□□方卷蹟停烽罷候萬里澄氛克勤開□

□□□□□□□□□□□□□□□當簡□之德內平外成光大之風邇安遠肅□功盛□□□於將來疊粹凝貞垂裕於後裔

□□□□□□□□□□□□□□□□挹宀舍謙乃聖哲之奇容恩以撫人寬以御物□□□知其際承德者咸識其隣聲溢間河□

□□□□□□□□□□□□□□□□□□記□峯而□幹契半千而誕命居得一以□□□□□□照惟幾於丹府義符惟輿洞精鑒□

□□□□□□□□□□□□□□□□□□恬□輔質情源湛湛呑納□於襟□□□□□□□□□□□握話言成範容止可觀學綜古□

□□□□□□□□□□□□□□□□□□□□□詩禮之訓姫室拜槁梓之□□□□□

105) 『譯註 韓國古代金石文』 II(1992)] (http://gsm.nricp.go.kr/_third/user/search/KBD007.jsp?ksmno=2812)을 기본으로 참조하고 유희애의 판독문 등 여러 판독자들의 견해를 감안하였다.

□□□□□□□大唐太宗文武聖皇帝應鴻社□

□□□□□□□□□□□□□□□□□□□□□□□□□□□□□□□□

□□□□□□□　　　宮車晏駕遏密在辰以□

□□□□□□□□□□□□□□□□□□□□□□□□□□□□□□□□

□□□□□□□舜海而霑有截懸堯景以燭無垠

□□□□□□□□□□□□□□□□□□□□□□□□□□□□□□□□

□□□□□□□□著□□□而光九列掌天府以

□□□□□□□□□□□□□□□□□□□□□□□□□□□□□□□□

□□□□□□□□感通天使息其眚蘋安然利涉

□□□□□□□□□□□□□□□□□□□□□□□□□□□□□□□□

□□□□□□□□□違鄰好頻行首鼠之謀外信

□□□□□□□□□□□□□□□□□□□□□□□□□□□□□□□□

□□□□□□□□熊津道行軍大摠管以□君王

□□□□□□□□□□□□□□□□□□□□□□□□□□□□□□□□

□□□□□□□□□列陳黃山蝟聚鴟張欲申距

□□□□□□□□□□□□□□□□□□□□□□□□□□□□□□□□

□□□□□□□□□至賊都元惡泥首轅門佐吏

□□□□□□□□□□□□□□□□□□□□□□□□□□□□□□□□

□□□□□□□□□□三年而已至龍朔元年□

□□□□□□□□□□□□□□□□□□□□□□□□□□□□□□□□

□□□□□□□□□□所寶惟賢爲善最樂悠仁

□□□□□□□□□□□□□□□□□□□□□□□□□□□□□□□□

□□□□□□□□□□朝野懽娛縱以無爲無□

□□□□□□□□□□□□□□□□□□□□□□□□□□□□□□□□

□□□□□□□□□□□旣更興泰伯之基德□

□□□□□□□□□□□□□□□□□□□□□□□□□□□□□□□□

□□□□□□□□□□□之風北接挹婁蜂□□

□□□□□□□□□□□□□□□□□□□□□□□□□□□□□□□□

□□□□□□□□□□□□□詔君王使持節□

□□□□□□□□□□□□□□□□□□□□□□□□□□□□□□□□

□□□□□□□□□□□□□軍落於天上旌□

□□□□□□□□□□□□□□□□□□□□□□□□□□□□□□□□

□□□□□□□□□□□□□之謀出如反手巧

비문뒷면

□□□□□□□□□□□□□□□□□□□□□□□□□□□□□□□□

□□□□□□□□□□□□丸山有紀功之將以

□□□□□□□□□□□□□□□□□□□□□□□□□□□□□□□□

□□□□□□□□□□□□直九合一匡東征西

□□□□□□□□□□□□□□□□□□□□□□□□□□□□□□□□

□□□□□□□□□□□□宮前寢時年五十六

□□□□□□□□□□□□□□□□□□□□□□□□□□□□□□□□

□□□□□□□□□□□□□牧哥其上狐兔穴其傍

□□□□□□□□□□□□□□□□□□□□□□□□□□□□□□□□

□□□□□□□□□□□燒葬即以其月十日大

□□□□□□□□□□□□□□□□□□□□□□□□□□□□□□□□

□□□□□□□□□□□□妣□□□天皇大帝

□□□□□□□□□□□□□□□□□□□□□□□□□□□□□□□□

□□□□□□□□□□□□王禮也□君王局量

□□□□□□□□□□□□□□□□□□□□□□□□□□□□□□□□

□□□□□□□□□□□國之方勤恤同於八政

□□□□□□□□□□□□□□□□□□□□□□□□□□□□□□□□

□□□□□□□□□□瞻歸乃百代之賢王寔千

□□□□□□□□□□□□□□□□□□□□□□□□□□□□□□□□

□□□□□□□□□□清徽如士不假三言識駿

□□□□□□□□□□□□□□□□□□□□□□□□□□□□□□□□

□□□□□□□□□而開沼髣髴濠梁延錦石以

□□□□□□□□□□□□□□□□□□□□□□□□□□□□□□□□

□□□□□□□□之賓聆嘉聲而霧集爲是朝多

□□□□□□□□□□□□□□□□□□□□□□□□□□□□□□□□

□□□□□□□□即入昇忘歸射熊莫返太子雞

□□□□□□□□□□□□□□□□□□□□□□□□□□□□□□□□

□□□□□□□□丹青洽於麟閣竹帛毁於芸臺

□□□□□□□□□□□□□□□□□□□□□□□□□□□□□□□□

□□□□□□□餘下拜之碣迺爲銘曰

□□□□□□□□□□□□□□□□□侍星精□□□□□□□□□□□□

□□□□□□□域千枝延照三山表色盛德遙傳

□□□□□□□□□□□□□□□□□道德像棲梧□□□□□□□□□□

□□□□□□□允武允文多才多藝憂人呑蛭尊

□□□□□□□□□□□□□□□□□九伐親命三軍□□□□□□□□□

□□□□□□□威恳赫奕茫茫沮穢聿來充役蠢

□□□□□□□□□□□□□□□□□欽風丹甑屢出黃□鎭空□□□□□

□□□□□□雄赤烏呈灾黃熊表祟俄隨風燭忽

□□□□□□□□□□□□□□□□命凝眞貴道賤身欽味釋□葬以積薪□□

□□□□□滅粉骨鯨津嗣王允恭因心孝友冈

□□□□□□□□□□□□□□□鴻名與天長兮地久

□□□廿五日景辰建碑□□□□大舍臣韓訥儒奉

2. 문무왕릉비 발견과 탁본 판독문 전승 내역표

년도	내용	비고
681년	문무대왕 서거	
682년	문무왕릉비 건립	
1145년	"삼국사기" 완성	문무왕릉비 언급 없음
1281년	"삼국유사" 편찬	문무왕릉비 언급 없음
1796년	경주에서 문무왕릉비 비문 파편이 발견되어 경주부윤 홍양호(洪良浩 1724-1802)가 탁본	
1817년	추사 김정희(1786-1856)가 경주를 직접 답사하고 천왕사에서 문무왕릉 비문 하단 부분을 직접 수습함	
1832년	청나라 유희애(劉喜海 1794-1852)가 김정희가 전한 비문의 탁본을 수집 보관하다 찬(撰)하여 海東金石存考 一卷 活字印本	
1843년	홍양호의 손자가 문무왕릉비 탁본 사실을 적고 있는 홍양호의"耳溪集"(이계집) 발간	
1873년	흡현포강씨(歙鮑氏)포강(鮑康, 1810-1881)이 유희애(劉喜海)편찬(編) 청나라 국자감제주(國子監祭酒) 왕의영(王懿榮 1845—1900) 감수 〈海東金石苑〉一卷 관고각각본(觀古閣刻本) 발간	
1881년	"海東金石苑"(해동금석원), 유희애(劉喜海) 편찬 동무유씨(東武劉氏著錄), 이명초당(二銘艸堂) 발간	
1888년	청나라 육심원(陸心源, 1838-1894) "唐文拾遺"(당문습유) 발간	
1919년	조선총독부(朝鮮總督府), 『朝鮮金石總覽』(조선 금석 총람) 발간	
1922년	오홍유씨(吳興劉氏) 유승간(劉承幹, 1881-1963)이 1832년 유희애의 편찬"海東金石苑"을 기초로 1922년 "海東金石苑" 해동금석원 희고루각본(希古樓刻本) 발간(八卷補遺六卷附錄二卷)	

년도	내용	비고
1961년	문무왕릉비 비신 하부에 해당하는 비문파편 1개가 경주시 동부동에서 발견되고, 국립경주박물관에 소장됨	
1992년	한국고대사회연구소(韓國古代社會研究所)编, 『譯註韓國古代金石文』 II(1992)] 신라문무대왕릉비(新羅文武大王陵碑) 번역 해석문 발간	
2009년	경주시 동부동에서 유희애 판독문 중 제1석과 제4석에 해당하는 비신 상단 부분이 발견되고, 국립경주박물관에 소장됨	
2020년	추홍희 저자가 국내에 공개되지 않았던 1881년 "海東金石苑", 1888년 "唐文拾遺" 문무왕릉비문에 기초하여 지금까지의 국편위의 주장을 정면으로 통박하는 매우 새로운 내용으로 비문을 해석해내고, 또 삼국사기의 문무왕 유조문이 당태종의 유조문을 표절하였다는 사실을 입증해내는 연구서를 발간함	

★ 현재 국편위가 소장하고 있는 문무왕릉비 판독문은 1922년 발간된 유승간의 〈해동금석원〉 희고루간본(希古樓刊本)이므로, 이보다 무려 40년이나 앞서 발간된 1881년 이명초당 발간본 〈해동금석원〉 그리고 1888년 〈당문습유〉의"문무왕릉비" 판독문은 2020년 한국에 최초로 공개되는 셈이다.

3. 문무왕릉비 비문 판독문

-유희애 〈해동금석원〉

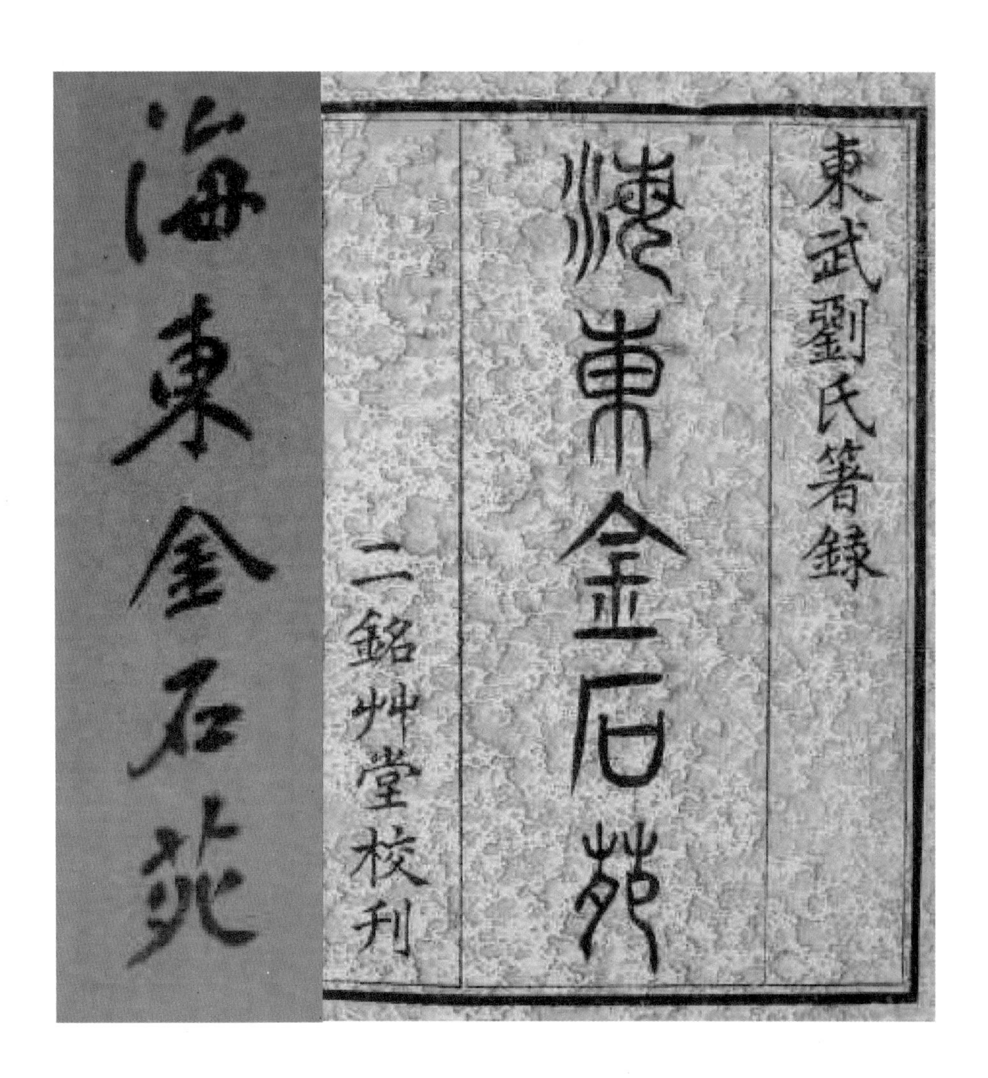

唐新羅文武王陵殘碑

第一石存一十二行行存八字至二十字不等正書

國新羅文武王陵之碑　　及飱國學少卿臣金

通三後兵殊扌□□□□配天統物畫野經圻積德

派鯨津氏映三山之闕東拒開梧之境南鄰□桂之

間盡善其能名實兩濟德位兼隆地跨八貪勳超三

君靈源自夐繼昌基於火宮之后峻構方隆由是克

馬□□十五代祖星漢王降質圓穹誕靈仙岳肇臨

大王思術深長風姿英拔量同江海威若雷霆□地

簡□之德內平外成光大之風邇安遠肅□功盛

挹宀舍謙乃聖哲之奇容恩以撫人寬以御物

□□□峯而疏幹葉半千而誕命居得一以

恬□輔質情源湛湛吞納□□襟□

海東金石苑　卷一

第一石) 비문파편 제1석

國新羅文武王陵之碑ooo及飱國學少卿臣金

通三後兵殊扌□□□配天統物畫野經圻積德

派鯨津氏映三山之闕東拒開梧之境南鄰□桂之

間盡善其能名實兩濟德位兼隆地跨八夤勳超三

君靈源自敻繼昌基於火官之后峻構方隆由是克

馬　　十五代祖星漢王降質圓穹誕靈仙岳肇臨

大王思術深長風姿英拔量同江海威若雷霆□地

o簡□之德內平外成光大之風邇安遠肅□功盛

o挹宀舍謙乃聖哲之奇容恩以撫人寬以御物o

o□□□峯而疏幹契半千而涎命居得一以 o o

o 恬□輔質情源湛湛呑納□□襟oooo

之訓姬室拜槁梓之

第二石存二十八行行存二字至十六字不等

奉　教撰

臣時濟難應神　靈命

接黃龍駕朱蒙　承白武仰

巍蕩蕩不可得而稱者　我新

枝載生英異秺侯祭天之亂傳七葉以

以對王欄始蔭祥林如觀石紐坐金輿而

方卷蹟停烽罷候萬里澄氣克勤開

於將來疊粹凝貞垂裕於後裔

知其際承德者咸識其隣聲溢間河

照惟幾於丹府義符性興洞精鑒

握話言成範容止可觀學綜古

oooo之訓姬室拜橋梓之oooo

비문 파편 제2석

奉o 敎撰

�時濟難應神   靈命

接黃龍駕朱蒙   承白武仰o

巍蕩蕩不可得而稱者   我新o

枝載生英異秺侯祭天之胤傳七葉以o

以對玉欄始蔭祥林如觀石紐坐金輿而

o方卷蹟 停烽罷候萬里澄氛克勤開o

o於將來疊粹凝貞垂裕於後裔ooo

o知其際承德者咸識其隣聲溢間河o

oo照惟幾於丹府義符性興洞精鑒o

ooo握話言成範容止可觀學綜古o

大唐太宗文武聖皇帝應鴻社
宮車晏駕遏密在辰以□
舜海而霑有截懸堯景以燭無垠
著□□□而光九列掌天府以
感通天使息其眚蘋安然利涉
近違鄰好頻行首鼠之謀外信
熊津道行軍大總管以　君王
□列陣黃山蝟聚鴟張欲申距
至賊都元惡泥首轅門佐吏
□三年而已至龍朔元年
所寶惟賢爲善最樂悠仁
朝野懽娛縱以無爲無
□既更興泰伯之基德

ooo大唐太宗文武聖皇帝應鴻社o

ooo宮車晏駕遏密在辰以

舜海而霑有截懸堯景以燭無垠

o著□□□而光九列掌天府以

o感通天使息其眚蘋安然利涉

o近違鄰好頻行首鼠之謀外信

o熊津道行軍大總管以o君王

o　列陣黃山蝟聚鴟張欲申距

oo　至賊都元惡泥首轅門佐吏

oo　　三年而巳至龍朔元年o

ooo　寶惟賢爲善最樂悠仁

ooo 朝野懽娛縱以無爲無o

ooo　䝱更興泰伯之基德o

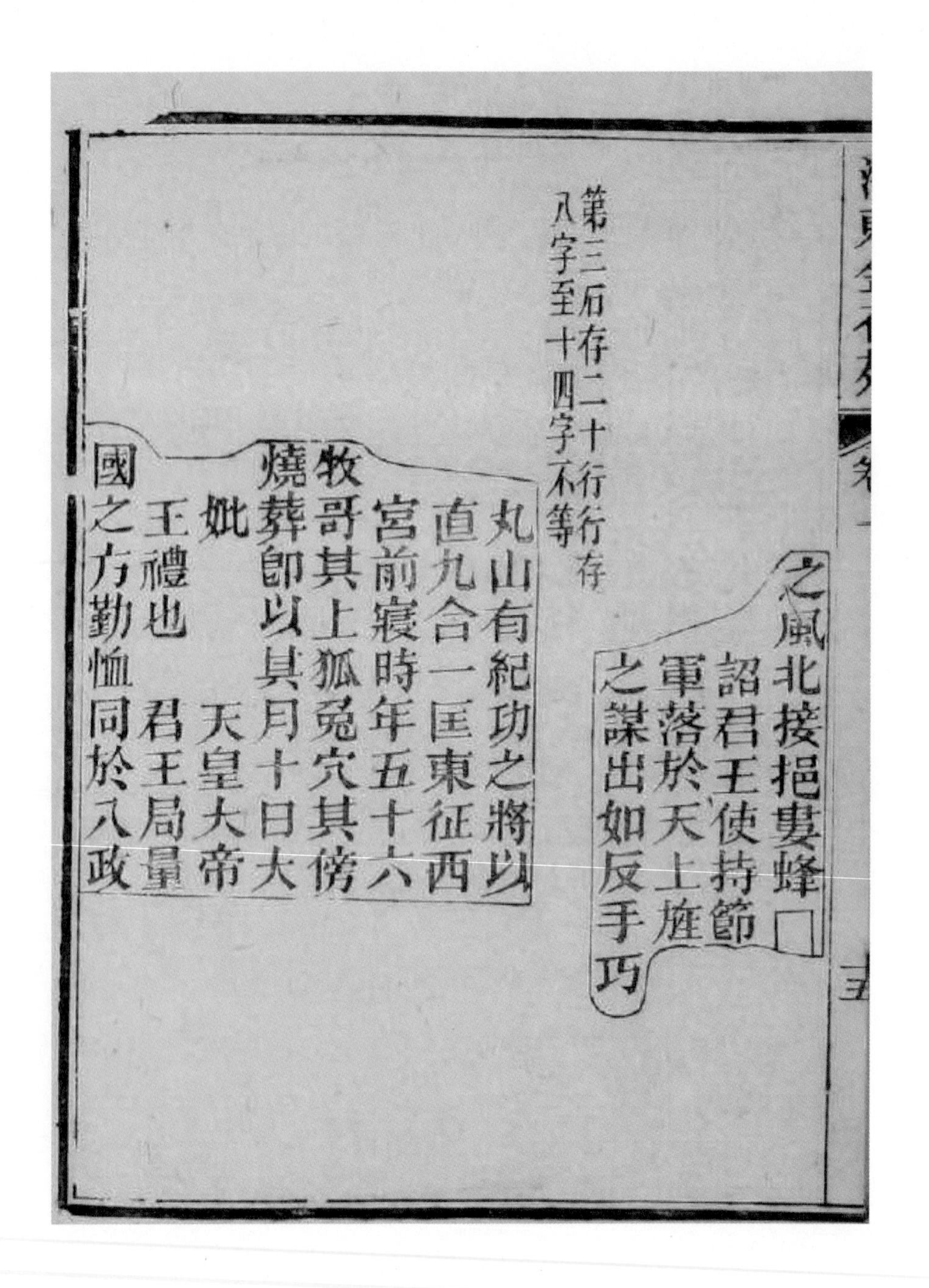

之風北接挹婁蜂□
詔君王使持節
軍落於天上旌
之謀出如反手巧

第三石存二十行行存八字至十四字不等

丸山有紀功之將以
直九合一匡東征西
宮前寢時年五十六
牧哥其上狐兎穴其傍
燒葬卽以其月十日大
妣　天皇大帝
王禮也　君王局量
國之方勤恤同於八政

ooooooooo之風北接挹婁蜂□o

oo oo詔君王使持節o

oo軍落於天上旌o

oo之謀出如反手巧

비문파편 제3석

o丸山有紀功之將以

o直九合一匡東征西

□o宮前寢時年五十六

牧哥其上狐兔穴其傍

燒葬卽以其月十日大

o妣ooo天皇大帝

o王禮也o君王局量

國之方勤恤同於八政

貝歸乃百代之賢王寔千
淸徽如土不假三言識駿
而開沼㝱鬚濠梁延錦石以
之賓聆嘉聲而霧集爲是朝多
卽入昇忘歸射熊莫返太子雜
丹靑洽於麟閣竹帛毁於芸臺
餘下拜之碣迺爲銘曰
域千枝延照三山表邑盛德遥傳
允武允文多才多藝憂入呑蛭尊
匕威恩赫奕茫茫沮穢聿來充役蠢
雄赤烏呈災黃熊表祟俄隨風燭忽
滅粉骨鯨津嗣王允恭因心孝友罔

第四石存七行行存
二三字至十四字不等

海東金石苑 卷一

ㅇㅇㅇㅇ貝歸乃百代之賢王寔千

ㅇㅇㅇㅇ 淸徽如士不假三言識駿

ㅇㅇㅇ而開沼髣髴濠梁延錦石以

ㅇㅇ之賓聆嘉聲而霧集爲是朝多

ㅇㅇ卽入昇忘歸射熊莫返太子鷄

ㅇㅇ丹靑洽於麟閣竹帛毁於芸臺

ㅇ餘下拜之碣迺爲銘曰 ㅇㅇㅇㅇ

ㅇ域千枝延照三山表色盛德遙傳

ㅇ允武允文多才多藝憂人吞蛭尊

□威恩赫奕茫茫沮穢聿來充役蠢

雄赤烏呈災黃熊表祟俄隨風燭忽

滅粉骨鯨津嗣王允恭因心孝友冈

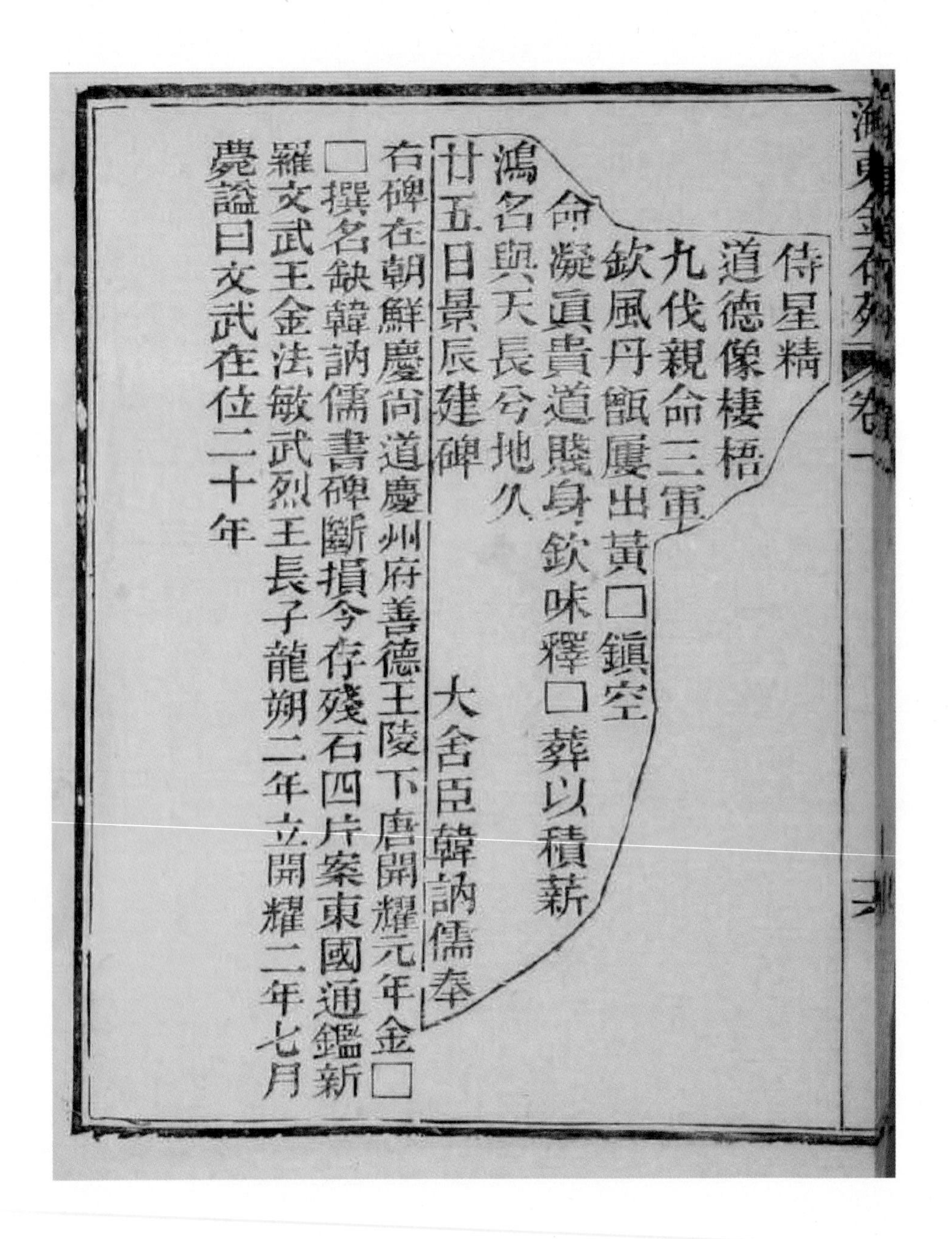

海東金石苑 卷一

侍星精
道德像棲梧
九伐親命三軍
欽風丹甑屢出黃□鎮空
命凝眞貴道賤身欽味釋□葬以積薪
鴻名與天長兮地久
廿五日景辰建碑　大舍臣韓訥儒奉

右碑在朝鮮慶尚道慶州府善德王陵下唐開耀元年金□
□撰名缺韓訥儒書碑斷損今存殘石四片案東國通鑑新
羅文武王金法敏武烈王長子龍朔二年立開耀二年七月
薨謚曰文武在位二十年

비문파편 제4석

(第四石)

ㅇ ㅇ侍星精ㅇㅇㅇㅇㅇㅇㅇㅇㅇㅇㅇㅇㅇ

ㅇ ㅇ道德像棲梧ㅇㅇㅇㅇㅇㅇㅇㅇㅇㅇㅇ

ㅇ ㅇ九伐親命三軍ㅇㅇㅇㅇㅇㅇㅇㅇㅇㅇ

ㅇ ㅇ欽風丹甑屢出黃□鎭空ㅇㅇㅇㅇㅇㅇ

ㅇ 命凝眞貴道賤身欽味釋□葬以積薪ㅇㅇ

ㅇ 鴻名與天長兮地久

ㅇ 廿五日景辰建碑ㅇㅇㅇㅇ大舍臣韓訥儒奉

제2권과 제3권에 이어질 내용

1. 진국과 가야의 영토 경계선

진국, 가야, 신라의 영토 경계

신라의 영토 경계선에 대해서 한국의 역사 교과서는 섬진강을 경계로 백제와 신라의 영토를 나누고 있다. 하지만 일본의 역사 교과서는 신라의 남부 경계선을 지리산에서 광주 무등산을 거쳐서 전남의 해안인 목포 북쪽의 영광까지 이어지는 선으로 영토 경계선 표지를 하고 있다.

4世紀末の朝鮮半島　やがて高句麗が南下を試み，百済を圧迫する。

高句麗の広開土王（好太王）碑　高さ6.4m。この石碑に，王が，朝鮮半島に兵を出した大和朝廷の軍勢と戦ったことがしるされている。

東アジアの国々と大和朝廷

百済を助け高句麗と戦う　古代の朝鮮半島の国々や日本は，中国の動向によって大きく左右された。220年に漢がほろんでから，6世紀末まで，中国では，多数の小国に分かれたり，南北に分かれたりして争う内乱の時代が続き，周辺諸国に

〈가야, 백제, 신라 국경선 표시 지도 일본의 역사 교과서, 32쪽 일부〉

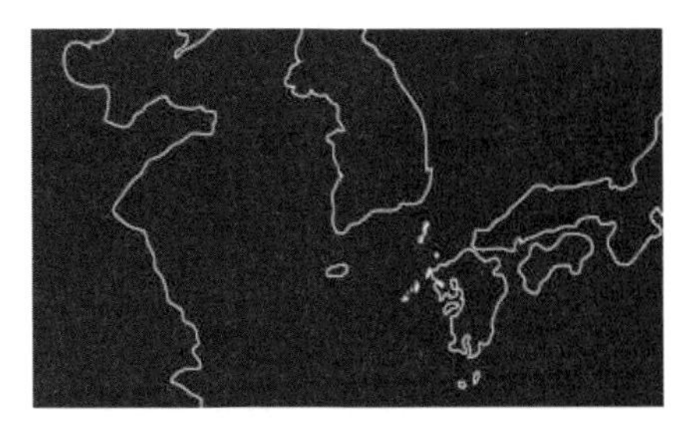

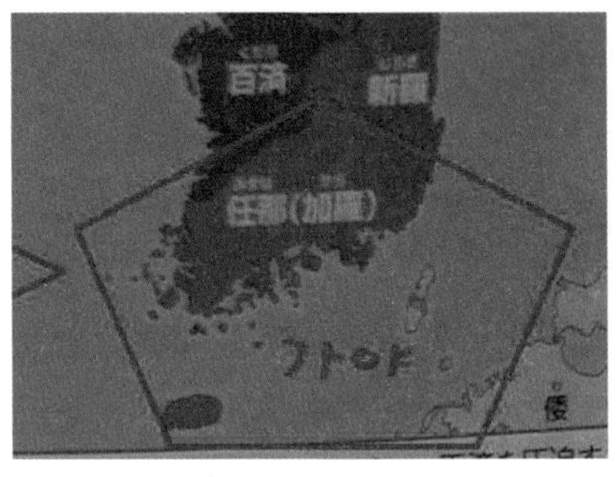

가야와 백제와 신라의 영토 경계선에 대해서는 한국의 역사 교과서 서술이 틀렸고, 일본의 역사 교과서가 올바르게 기술하고 있다 (임나일본부설에 대해서는 차치한다. 왜냐하면 가야가 대마도를 지배하였고, 김수로왕과 문무왕의 통일신라 시대에 낙랑해를 지배하였기 때문이다. 이 시기엔 신라가 당연히 일본의 서쪽 섬 큐슈 본토까지 남해 전체를 지배했기 때문이다. 일본의 큐슈섬에 지금까지 확연하게 존재하는 신라가 쌓았던 "라성"의 의미와 일본이 한반도 남해안 지방에 임진왜란 때 쌓은 "왜성"의 의미를 비교하면 임진왜란 발발 일천년 이전 시기에는 신라가 일본의 큐슈까지를 지배했음을 알 수 있다. 다만 일본의 역사 교과서는 큐슈섬에 대한 진실된 역사를 생략하고 있을 뿐이다. 한국 역사에서 김부식의 역사조작에 의해서 가야의 역사가 사라진 것과 마찬가지로.)

〈산해경에 기록된 진국의 역사, 지도 그림 출처, 위키〉

"山海經"(산해경) 海内北經(해내북경) 구절에 "蓋國在鉅燕南 倭北 倭属燕", 후한서에 "皆古之辰國也" 이와 같이 辰國(진국)의 존재가 기록되어 있다.

광주 무등산에서 영광까지 즉 남부 해안선 전체가 가야 즉 "辰國"(진국)의 고유 영토였다. 진국과 가야의 역사적 측면에서 일본의 역사 교과서가 올바른 영토 지도 표시를 하고 있고, 한국의 역사 교과서는 오류를 범하고 있다. 김부식의 삼국사기에서는 국사로서 결정적으로 갖추어야할 가장 기본적인 영토에 대한 기술 자체를 아예 삭제해 없애버렸다는 사실을 상기할 필요가 있다.

김정희의 감개를 참고로 여기에 적어둔다.

진흥왕 순수비는 단순한 비석 돌이 아니라 그 자체가 역사서 그 자체라고 말하면, '그게 무슨 역사서인가?'라고 반박하는 사람이 있을지도 모른다. 혹은 "삼국사기" 같은 역사사서만이 "역사서"라고 받아들이는 사람들도 나타날지 모른다. 하지만 진흥왕 순수비는 역사를 명기하고 있다. 나라의 대표자인 국왕이 명기한 국가의 정식 역사 기록인 국사로써 제일차적인 국가 문서 국서에 해당한다. 그러므로 만약 삼국사기의 내용에서 진흥왕 순수비에서 말하는 내용과 다르거나 또는 배치되는 점이 나타난다면 수정되어야할 것은 "삼국사기"의 내용이다. 추사 김정희의 글을 보라. "대개 이 진흥왕 순수비는 그저 우리나라 금석의 시조가 될 뿐만이 아니다. 신라의 봉강(封疆)에 대하여 국사(國史)를 가지고 상고해 보면 겨우 비열홀(比列忽: 安邊)에 미치고 있다. 이 비를 통해서 보지 않으면 어떻게 신라의 봉강이 멀리 황초령에까지 미쳤던 것을 다시 알 수 있겠는가. <u>금석이 국사보다 나은 점이 이와 같으니</u>, 옛 사람들이 금석을 귀중하게 여긴 까닭이 어찌 하나의 고물(古物)이라는 것에만 그칠 뿐이겠는가." (번역된 "완당전집" 권3, 밑줄 강조는 필자가 한 것임).

인간의 사적 재산권 개념에 따라서 개인이든 국가이든 자기의 영토 구분은 가장 기초적인 동물적 본능의 욕구에서 나오기 때문에 누구든지 재산권이나 삶의 개념에는 자기 관할 영역을 분명하게 표시해 놓으려든다. 인간의 사적 자유 추구는 "자기만의 방" 고유의 영토의 확보없이 이루어지기 어렵다. 영국의 속담으로 유명한 "My home is my castle"의 가치를 보라. "집은 나의 성이다." 불가침의 공간, 남이 나의 허락을 받지 않고서는 함부로 침입할 수 없는 나의 절대적 자유의 공간이 자기가 사는 집이다. 자기만의 영역을 가지려는 욕구는 동물적 본능에 속한다. 그렇게 중요한 영토개념인데 왜 삼국사기에서는 자기 영토의 경계선을 생략하고 있단 말인가? 그 이유가 무엇이겠는가? 삼국사기가 역사를 조작했기 때문이다.

하지만 삼국사기하고는 너무나 대조적으로, 문무왕릉비에는 분명하게 동서남북으로 다른 나라와 접하고 있는 신라의 영토 경계선을 분명하게 기록해 놓고 있다: "北接挹婁"(북접읍루), "東拒開梧之境 南鄰八桂之際 海接", "西承百武"으로써 국경을 표시하고 있다.

동거(東拒)는 국경 동쪽을 이른다. 東拒開梧之境(동거개오지경)은 동쪽으로는 개오와 국경을 맞대고 있다는 뜻이고, 南鄰八桂之際(남린팔계지제)는 남쪽으로는 팔계와 국경을 접하고 있다는 의미이다. 海接(해접)은 이 동쪽과 남쪽의 국경인 개오와 팔계가 바다를 끼고 접해 있다는 뜻이다. 拒, 鄰, 接, 承 이 단어들은 다같이 '접하고 있다'는 뜻으로 같은 의미를 갖는다. 주서 수서 구당서의 사서에서 보이듯이 국경선을 표시하는 표현들이다. 동어반복을 피하기 위해서 국경을 맞대고 있는 이웃나라들을 이렇게 각각 東拒, 南鄰, 西承, 北接 이런 표현으로 국가의 영토 경계선과 상대방 외적의 개념을 분명하게 적어 놓았다.

결론적으로 사료적 해석을 집약해 보면 신라의 고유 영토는 한국의 역사 교과서에서 표시하는 대로의 섬진강 경계선이 아니라, 일본의 역사 교과서에 기술한 바대로 지리산에서 광주 무등산을 거쳐 영광까지 이어주는 남부 해안선이 그 경계선이 된다. 광주의 옛고을 이름이 "海陽"(해양)이라는 점만 봐도 알 수 있지 않는가? 광주가 무등산[106]에서 나오는 영산강이 흘러가고 있다는 지리적 사실에서 바다 해 "海陽"(해양)을 썼을까? 또 광주 무등산에 위치한 충장공 묘소가 자리하고 있는 "이치고개"가 그 입증의 하나가 된다. 물론 "梨峙"(이치) 고개라는 지명은 임진왜란시의 금산전투가 벌어진 금산에도 위치하고 여러 곳에서 나타난다.

106) 저자는 "무등산"의 산이름 기원을 "무당산"으로 추정한다. 이에 대해서는 저자의 "첨성대 연구" 책에서 설명된다.

다만 가야의 경계선을 논할 때 참고사항이 된다는 풍속적으로 적의 개념이 고대에서부터 분명했다는 사실을 지적하기 위해서이다.

배꽃 이화에 월백하고

많은 사람들이 "梨"(이) 글자는 배꽃의 이화여대의 이름자의 뜻 먹는 배(bear) 이화로 익숙해있는 글자이지만 "梨"(이)는 "黎"(려)와 같은 뜻의 글자로 쓰였다. 따라서 일반 인민들, 려민(黎民), 보통 백성들을 지칭하는 말이다. 일반 백성들이 넘나들던 고개라는 뜻이 이치고개인데, 그렇다면 가마 타는 양반들이 넘나들 수 없는 험한 고개하는 뜻이다. 고개가 험하면 영토의 경계선으로 구분되기 십상이다. "黎"(려)는 고구려의 구려민족과 같은 뜻의 글자이다. 또 "梨"(이)는 "梨面"이라는 말로써 흉노족이 슬픔을 이기지 못할 때 얼굴에다 피를 흘리는 자상을 의미하는 할(割) 즉 커팅(cut)의 뜻으로 쓰였다. 과일 배가 유난히도 동그란 씨앗이 큰 과일이어서 이러한 속성 때문에 "梨"(리)를 '도려내다'의 뜻인 "剺"(리)와 같은 뜻으로 쓰였지 않았을까? (사람사는 세상에는 싸움이 간혹 벌어진다. 여자끼리 싸울 때 주타겟이 상대방 얼굴을 할퀴는 것인데 그 상처가 무섭다!) "梨"(리)의 뜻이 이러하기에 이치고개는 상대방 적과의 경계선을 나타내는 지명으로 쓰인 것이다. 남원을 대방군의 땅으로 비정한 역사가들의 서술등으로 미뤄 금산의 이치고개나 광주 무등산의 이치고개는 영토 경계선이 되기에 충분한 주위 여건을 갖고 있다.

또 다른 근거 하나로 문중의 이동 역사를 살펴보고 그것을 통해서 간접적으로 입증할 수 있다. 당나라가 무너지기 시작하자 나라가 망하면 가장 먼저 피해를 입게 되는 명문 귀족 지방의 유력 호걸 사족들이 해외로 피신하게 되었는바, 당나라가 무너질 위기를 맞이하고 그 느낌을 먼저 알아차린 공자의 고향 노나라 곡부 지방의 호족인 노씨들이 광주 무등산으로 피난와서 정착하였다고 전하는데 이들이 노무현 대통령으로 유명한 광주노씨의 시조가 됨을 볼 때 무등산은 불교 관련이 아니라 도교 관련성이 보다 높다는 결론이 가능하다.

또 하나 근거는 "무등산"이라는 산이름의 기원에 있다. 단적으로 오늘날의 무등산이라는 이름은 후대에 들어서 붙은 불교적 명칭이 아니라, 서석대 등의 존재로써도 쉽게 입증되는 바 불교가 들어오기 훨씬 이전에는 도교적 성지에 속했음은 어렵지 않게 알 수 있다.

2. 무죄추정의 원칙과 beyond reasonable doubt (합리적인 의심이 없을 정도의 증명)

형사재판에서 공소된 범죄사실을 증명하는 책임은 정부에게 있고 또 법관으로 하여금 '합리적인 의심을 할 여지가 없을 정도'로 공소사실이 진실한 것이라는 확신을 가지게 하는 증명력을 가진 증거에 의해서만 유죄가 인정된다. '합리적인 의심'을 충족시킬만한 증거를 제시하지 못하면 피고인은 유죄로 방면되어야 한다. 이를 무죄 추정의 원칙이라 한다. 대법원의 판례는 다음과 같이 설명하고 있다. "형사 재판에 있어서 유죄의 증거는 단지 '우월한 증명력'을 가진 정도로서는 부족하고 법관으로 하여금 합리적인 의심을 할 여지가 없을 정도의 확신을 생기게 할 수 있는 증명력을 가진 것이어야 하며 이와 같은 증거가 없다면 설사 피고인에게 유죄의 의심이 간다 하더라도 피고인의 이익으로 판단할 수 밖에 없다."[107] "무릇 형사재판에서 공소된 범죄사실에 대한 입증책임은 검사에게 있는 것이고, 유죄의 인정은 법관으로 하여금 합리적인 의심을 할 여지가 없을 정도로 공소사실이 진실한 것이라는 확신을 가지게 하는 증명력을 가진 증거에 의하여야 하므로, 그와 같은 증거가 없다면 설령 피고인에게 유죄의 의심이 간다 하더라도 피고인의 이익으로 판단할 수밖에 없다."[108]

형사재판상 위법성의 입증기준은 "beyond reasonable doubt"이고, 이는 검찰이 법정에 제출한 피고가 위법을 저질렀다는 증거에 대해서 제기되는 모든 합리적인 의심을 검찰이 직접 해소시켜 주어야 한다는 원칙을 말한다.[109] 이를 수치

---

107) 대법원 1985.12.24 선고 85도2178 판결.

108) 대법원 2000. 7. 28. 선고 2000도1568 판결, 대법원 2001. 2. 9. 선고 2000도4946 판결 참조.

109) "무죄 추정 the presumption of innocence"은 "이말은"모든합리적인의심(beyond reasonable doubt)"이라는 입증책임 기준의 말이 생략되어 있음을 상기하라. 이 표현은 입증 책임의 주체뿐만 아니라 입증 책임 기준을 동시에 의미한다. 보통 중요한 후반부 "beyond reasonable doubt"의 말로 단독적인 어휘로 쓰여진다. 무죄추정의 헌법상 원칙 확립의 판례는 다음을 참조하라. Coffin v. U.S. 156 U.S. 432 (1895); Taylor v. Kentucky 436 U.S. 478 (1978);

적으로 표현하면, 피고가 불법을 저질렀다는 사실에 대해서 어떠한 합리적인 의심이 들어갈 여지가 없을 정도로 99% 확실하다고 믿을만한 증거를 대지 못하는 한 무죄로 방면되어야 한다는 형사증거법 원칙을 말한다.

원칙은 미국헌법상 명문규정으로 나타난 것이 아니다. 미국에서 무죄추정 원칙이 법원 판결문에 처음 나타난 곳은 1835년 오하이오주 판결문이다. "피고인에게 유리한 무죄추정의 원칙은 의심의 여지가 없는 법이고, 법격언이고, 가장 기초적인 것이다. 이 원칙을 적용하는 것은 형사 재판의 기초적 토대에 해당한다."110)

우리나라 헌법 제27조4항은 무죄 추정의 원칙을 규정하고 있다: "형사피고인은 유죄의 판결이 확정될 때까지는 무죄로 추정된다." 반면 민사소송법상 입증책임 기준은 증거 우위의 원칙(preponderance of the evidence)이다. "무죄 추정 원칙"의 보다 정확한 영어 표현은 "innocent until proved guilty beyond a reasonable doubt"이다. 형사법 입증 책임 기준은 '모든 합리적인 의심을 넘는 확신'(innocent until proved guilty beyond a reasonable doubt)의 원칙에 있는데 이는 '무죄추정(presumption of innocence)'의 원칙 기준이다.

판례법국가의 증거법상 입증 책임의 정도와 기준에 대해서는 다음 표의 설명을 참조하라.

Woolmington v DPP [1935] AC 462: "Throughout the web of the English criminal law one golden thread is always to be seen - that it is the duty of the prosecution to prove the prisoner's guilt subject to what I have already said as to the defence of insanity and subject also to any statutory exception."

110) "Principle that there is a presumption of innocence in favor of the accused is the undoubted law, axiomatic and elementary, and its enforcement lies at the foundation of the administration of our criminal law." Coffin v. U.S., 156 U.S. 432 (1895).

입증 기준	의미	유무죄 판단	확률적 표현
No evidence (증거 없음)	범죄 소명의 증거 없음	무죄 (Not guilty)	10%(1%) 이하
Scintilla (무혐의)	혐의 입증 안됨	무죄	10%(1%) 이하
Reasonable suspicion (상당한 의심)	구체적인 사실에 근거한 의심이 듬. 추측이나 상상이 아님	무죄 불심 검문 가능 압수수색 불가	35%
Probable cause (상당한 이유)	일반적으로 믿을 수 있는 정보에 근거하여 범죄 행위 의심이 듬	무죄 압수 수색 기준	50% (40-50%)
Preponderance (증거 우위)	증거가 어느 한 쪽으로 기울어질 정도로 분명하게 판단됨	민사상 입증 기준	51%
Clear and convincing (분명한 확신)	범죄 입증에 대한 확신이 듬	무죄 구속 기준	67%
Reasonable doubt (합리적인 의심)	범죄 입증에 확신이 듬 (a firm belief)	무죄	90%
Beyond reasonable doubt (모든 합리적인 의심을 뛰어넘음)	모든 합리적인 의심을 해명함	유죄 (Guilty)	90% 이상 (99%)

*확률적 표현[111)]

** Probable cause(상당한 이유)[112)]

---

111) 판사는 입증 책임의 정확한 기준과 정도에 대해서 확률적 또는 수치적인 표현으로 말할 수 없다. 저자가 이 표에서 확률적 수치를 제시한 것은 법원판사의 판단에 따른 그것이 아니라, 독자의 이해 편의를 위하여 저자의 주관적인 설명에 따라 대략적인 확률로써 표시한 것이다. 참조: Colb S. Probabilities in Probable Cause and Beyond: Statistical versus concrete harms, http://www.law.duke.edu/journals/lcp.

112) 미국 수정헌법 제4조(수색 및 체포 영장): "부당한 수색, 체포, 압수로부터 신체, 가택, 서류 및 통신의 안전을 보장받는 국민의 권리는 이를 침해할 수 없다. 체포, 수색, 압수의 영장은

형사법을 준수하지 않았다는 99% 증거와 형사법을 준수하지 않았다는 51% 증거 기준 사이에 존재하는 간격의 차이는 매우 크다. 여기서 '국가가 모든 합리적인 의심이 드는 부분들을 모두 해소시키기 전까지는 결코 유죄라고 볼 수 없다'라는 증거법 원칙을 완화시키게 된다면 피고 자신이 '유죄가 아님'((즉 무죄 추정이 아니라 유죄 추정(guilty until proven innocent))을 밝혀야 된다는 결과가 되므로 입증책임이 도치되는 것과 거의 같아진다.

영미판례법상 민사상의 입증 책임 기준은 '증거 우위의 원칙(preponderance of the evidence)'이다.[113] 증거 우위의 원칙이란 원고와 피고의 양당사자가 제출한 증거 중에서 어느 한 쪽이 제출한 증거의 신빙성이 약간이라도 다른 쪽보다 보다 우세하다면 (즉 99%가 아니라 51% 이상만 넘으면) 그 증거를 제출한 쪽이 승리한다는 증거법 원칙이다. 영어 'preponderance' 뜻은 어느 한 쪽으로 무게의 중심축이 기울어진다는 의미로써 99% 또는 67% 이상 거의 '분명한 확신(moral certainty)할 수준'까지는 아니라고 해도 어느 한 쪽의 증거가 다른 쪽이 제출한 증거보다 보다 믿을만한 확률이 '조금 더 높다(more likely than not)'는 의미이다. 민사 사건은 압수 수색 등 강제력을 통해서 증거를 수집하는 것이 아니기 때문에 양당사자가 제출하는 증거의 수준차이에 의존할 수 밖에 없다. 그러나 형사소송의 경우 국가가 압수 수색 등 강제력을 동원해서 증거를 수집할 수 있음으로 형사재판에서 원고인 검찰은 언제 어디서나 피고보다 증거 제출의 우월한 지위를 점할 수 밖에 없다. 따라서 국가가 입증책임을 지는 형사재판에 있어서 민사상 증거법 원칙을 적용하게 되면 거의 대개(99%)는 국가가 승리하게 되는 결과를 가져올 것이다. 검찰은 압수 수색의 권한을 가지고 있으므로 검찰이 제출하는 증거는 양과 질적인 면에서 피고보다 더 우세한 지위에 서있기 때문이다.

상당한 이유(probable cause)에 의하고, 선서에 의하여 뒷받침되고, 특히 수색될 장소, 체포될 사람 또는 압수될 물품을 기재하지 아니하고는 이를 발급할 수 없다."

113) 민사소송법상 입증 책임 기준은 증거 우위의 원칙(preponderance of the evidence)이다. '증거우위의 원칙'은 '우월한 증명력'이라는 말로 표현하기도 한다.

검찰은 압수 수색을 통하여 얻어낸 증거를 가지고 있는 반면 피고는 그러한 권한과 기회가 주어져 있지 않아 불리한 위치에 놓여져 있는 이런 구조적인 위치 때문에 형사법 재판의 입증 기준은 51% 확신 기준이 아니라 99% 확신 기준을 요구하게 된다. 증거력 수집 능력에서 대등한 위치가 아니라 절대적으로 불리한 위치에 서있는 형사 피고인에게 무죄를 입증하라고 요구하는 것은 증거법상 허용되기 어려운 이유가 여기에 있다. 형사 재판에서 입증책임의 주체를 검찰에게 부담시키고 또 입증책임의 범위를 과실이 아닌 고의(intent) 부분까지 검찰이 입증해야 하고 또 그 입증 기준은 모든 합리적인 의심의 범위를 넘어설 정도로 완벽하게 입증해야 한다는 원칙을 마련하게 된 것이다.[114)]

법원은 99% 확신 기준의 형사법 원칙의 바탕에서 압수 수색을 허락할 것이고 따라서 역으로 51% 확신의 민사상의 입증기준을 채택하는 재판이라면 법원이 압수수색을 허락해야 할 이유가 줄어들게 된다. 압수수색을 통해 얻은 증거는 형사 재판에서 허용될 성격이다. 민사 재판에서는 그러한 공권력의 강제력이 동원되는 증거 확보의 장이 아니니다. 피고가 원고에 대항에서 대등한 입장에서 방어권을 행사할 수 있으려면 재판절차에서 공정성이 담보되어야 한다. 헌법 재판에서 재판의 공정성이 보장되어야 하는 이유다.

역사의 혁명 재판에서, 저자는 증거법 기준을 적용하여 김부식의 삼국사기와 일연의 삼국유사를 탄핵해낼 것이다. 국편위와 같은 국가기관이 아닌 사인의 입장인 저자로서는 수많은 난관에도 불구하고, 사마천이 기록한대로의 공자의 "세한연후지송백지후조야(歲寒然後知松柏之後彫也)와 노자의 "천도무친상여선인(天道無親 常與善人)을 입증해낸다.[115)] 그리고 무엇보다 수백년 세월이 흐른 지

114) Taylor v. Kentucky 436 U.S. 478 (1978); Woolmington v DPP [1935] AC 462: "Throughout the web of the English criminal law one golden thread is always to be seen - that it is the duty of the prosecution to prove the prisoner's guilt subject to what I have already said as to the defence of insanity and subject also to any statutory exception."

115) 공자, "When the year is cold, only then does one know that the pine and cypress are the last to lose their leaves."; 노자, "Heaven's Way favors none, but always sides with good

금 삼국사기의 김부식, 삼국유사 일연에게 직접적인 반대심문을 할 수 없다. 하지만 수많은 사료들에서 나타난 외부적 증거들에 의해서 김부식과 일연의 역사조작의 범죄를 규명해낼 때 요구되는 범죄의 "의도"까지 입증해낼 수 있다. 왕망이 다시 나타난다면 그 뱀같은 요괴를 단칼에 처치하겠다는 당태종의 유언을 상기하고, 저자의 이어지는 제2권, 제3권, 제4권을 참고하라.

---

persons."

■ **도서의 구입 주문과 배본**

이 책의 주문과 배본은 도서 발행처 이통장연합뉴스 출판부가 총괄하고 있습니다.

주소 Ι 본사 서울특별시 중구 마른내로 4가길 26

전화 Ι 02-2272-5569

은행 계좌명 Ι 이통장연합뉴스 계좌번호: 농협 301-0119-4771-91

■ **도서 구매 방법**

이 책은 교보 문고, 반디앤루니스 서점,영풍 문고 등 전국 유명 서점그리고 예스24, 알라딘, 인터파크, 11번가, GS Shop 등 인터넷 서점에서 안전하고 편리하게 구매할 수 있습니다.

◇ 교보문고	www.kyobobook.co.kr
◇ 영풍문고	www.ypbooks.co.kr
◇ 반디앤루니스서점	www.bandinlunis.com
◇ 알라딘서점	www.aladin.co.kr
◇ 인터파크도서	book.interpark.com
◇ 예스 24 도서	www.yes24.com

『위대한 한국 문무대왕릉비 연구』

제1권: 문무대왕릉비 연구

발행일 | 2020년 6월 10일 제1판 제1쇄

저 자 | 추홍희

발행처 | 이통장연합뉴스 출판부
발행인 | 추연창
발행처 | 본사 (04556) 서울특별시 중구 마른내로4가길 26
등록번호 | 서울 아 52346
전 화 | 02-2272-5569
팩 스 | 02-2266-4370
모바일 | 010-7576-8889
e메일 | ceyc2000@hanmail.net
홈페이지 http://www.ltnews.co.kr
인쇄처 | ㈜이통장연합뉴스 출판부
전 화 | 02-2268-5656
팩 스 | 02-2266-4370
주 소 | 서울시 중구 마른내로 4가길 24

정가 22,000원
ISBN 979-11-969291-1-4(13910)

이 책의 출판사 도서목록 (CIP)은 www.nl.go.kr/ecip 국가자료 공동 목록 시스템 www.nl.go.kr/kolisnet 국립 중앙 도서관 포털 www.dibrary.net/에서 이용할 수 있습니다.

"Boys and girls, be ambitious!"

"소녀 소년들이여, 최고가 되고자 하는 담대한 포부를 가져라!"

♦ "호랑이는 굶주려도 풀을 먹지 않는다"-한국 격언-

♦ "독수리는 굶주려도 이삭을 주워 먹지 않는다
(鷹は死しても穂は摘まずと)"-일본 격언-

♦ "봉황은 굶주려도 떨어진 밤알을 쪼아 먹지 않는다
(鳳飢不啄粟)"-당 이백 한시 "古風" 구절-

♦ "기러기는 물 한 모금도 마시거나 먹지도 않고 멀리 난다
(孤雁不飮啄)"-당 두보 한시 "孤雁" 구절-